绥远地区垦务档案选编 1

SUIYUAN DIQU KENWU DANG'AN XUANBIAN

鄂尔多斯市达拉特旗民族文化研究学会 主编

孟克吉雅
斡亦古歹·满来 编
訾铁柱

广西师范大学出版社

GUANGXI NORMAL UNIVERSITY PRESS

·桂林·

图书在版编目（CIP）数据

绥远地区垦务档案选编：全三册／鄂尔多斯市达拉特旗民族文化研究学会主编． —桂林：广西师范大学出版社，2020.4
　　ISBN 978-7-5598-2641-1

　　Ⅰ．①绥… Ⅱ．①鄂… Ⅲ．①农垦－档案资料－汇编－绥远 Ⅳ．①F329.27

中国版本图书馆 CIP 数据核字（2020）第 029696 号

广西师范大学出版社发行
（广西桂林市五里店路 9 号　邮政编码：541004）
（网址：http://www.bbtpress.com）
出版人：黄轩庄
全国新华书店经销
三河弘翰印务有限公司印刷
（河北省三河市黄土庄镇二百户村北　邮政编码：065200）
开本：787 mm ×1 092 mm　1/16
印张：87.25　　字数：1 396 千
2020 年 4 月第 1 版　2020 年 4 月第 1 次印刷
定价：2400.00 元（全三册）
如发现印装质量问题，影响阅读，请与出版社发行部门联系调换。

序

内蒙古西部地区亦即河套黄河沿岸地区大面积的土地开垦始于清末，到了民国年间较之清代有过之而无不及。土地的大量开垦，不仅改变了这一地区传统的生活生产方式，且导致了各阶层、各群体间的社会矛盾、利益纷争日益加剧，成为内蒙古西部地区近代社会历史动荡变迁的重要诱因之一。研究近代内蒙古西部地区历史，不能不涉及垦务史实而绕道前行。鉴于此，我们编纂了《绥远地区垦务档案选编》。

《绥远地区垦务档案选编》的编纂，基于伪蒙古联合自治政府『地政总署』（或『内政部地政科』）于一九三九年至一九四二年间编纂的绥远垦务卷宗目录表、绥远垦区清理丈放并荒租章程集、绥远垦区清理丈放地图、绥远垦务总局资料（伊克昭盟·杭锦旗）、绥远垦务总局资料（伊克昭盟·准噶尔旗）、绥远垦务总局资料（伊克昭盟·王爱召）等六种档案资料集。上述六种档案资料是原档案的文字转录集，为内部印刷非卖品，印数极少，现已难找寻。资料集所收录的垦务档案原件，更是七零八落，丢失甚多。

该资料集，收录了清光绪二十七年（一九〇一）至民国二十六年（一九三七）三十余年间的绥远省垦务档案，涵盖内容极为丰富，有卷宗目录、章程、丈放地图以及伊克昭盟杭锦旗、准噶尔旗等地的垦务档案。尤其难能可贵的是，绥远垦务卷宗目录表为我们找寻相关原始档案资料留下了宝贵的线索。此外，解题和资料说明（日文）为我们进一步了解所收资料的相关信息，也不无益处。

《绥远地区垦务档案选编》的编纂出版，为研究清末、民国期间绥远地区垦务状况提供了最珍贵的第一手资料，对这个时期内蒙古西部地区垦务状况以及相关社会矛盾、生态变迁、人口流动等社会问题的研究，也具有极高的文献史料价值。

编者

总目录

第一册

绥远垦务卷宗目录表 .... 一

绥远垦区清理丈放并荒租章程集 .... 二一五

第二册

绥远垦区清理丈放并荒租章程集 .... 四四五

绥远垦区清理丈放地图 .... 五七一

绥远垦务总局资料（伊克昭盟·杭锦旗） .... 七一五

第三册

绥远垦务总局资料（伊克昭盟·杭锦旗） .... 八九七

绥远垦务总局资料（伊克昭盟·准噶尔旗） .... 一〇三五

绥远垦务总局资料（伊克昭盟·王爱召） .... 一二七五

目 录

绥远垦务卷宗目录表

　解题 … 一

　第一部　清代卷宗目录 … 五

　　目次 … 一五

　第二部　民国卷宗目录 … 一七

　附录 … 一八七

绥远垦区清理丈放并荒租章程集

　解题 … 二一五

　凡例 … 二一九

　目次 … 二二一

　第一部　清理办法并二丈放章程 … 二二九

绥远垦务卷宗目录表

成紀七三四年十月
調査資料第一號

前綏遠墾務卷宗目錄表

蒙古聯合自治政府
地政總署

解題

> 本目録は、舊綏遠蒙務總局に保存せられてゐた類稀關係文書の總目録であり、從前に於ける整理方法を體化してゐる舊目録に從ひ、前清時代にかゝるものを第一部とし、民國時代にかゝるものを第二部として編輯した。本資料は、其のオリヂナリテイの高きことに於て、また他に類比なき完全性に於て保存せられてゐる點に於て、特に注目せらるべき資料であると共に、直接的には、蒙古に於ける特殊な社會構成と農業の進展と共に始まつた其の轉化の過程を究明する爲めに役立てらるべき高い學術的意義をもつてゐる。以下、この目録を編纂、刊行するに當つて、本資料の持つ價値と意義について若干の贅言を費し、紹介の辭に代へることゝする。

內蒙に於ける社會的・經濟的諸關係を明らかにする爲めには、先づ遊牧に基礎をおく牧畜社會の一般的問題を明らかにしなければならない。かゝる問題に寄せられた研究として、吾々は多くの勞作を擧げることが出來る。就中、ウラヂミツクによつて成しとげられた蒙古社會に對する社會構成史的研究は、これらの勞作の中にあつて、燦然たる光輝を示してゐると言へる。吾々は、彼のなしとげた努力によつて、遊牧に基礎を置く蒙古社會の特殊な社會的・經濟的構成の發生・死滅並びに其の新らたな構成への移行をとらへることが出來る。

併し、現在に於ける內蒙社會の社會的・經濟的諸關係の特質を明らかにする爲めには、吾々は單に、遊牧的牧畜社會の一般的問題にたちとゞまる譯にはゆかない。吾々は進んで商業資本と農業の進展によつて速進された內蒙社會の具體的轉換・變異化の問題を究めねばならない。

何故ならば、長城の邊外に位置する內蒙の社會は、最近三四世紀の期間に於て、殊に淸末を轉機として、極めて急速な社會的轉換・變異化の過程を經驗したからである。かゝる社會的な轉換と變異化の過程は、先づ社會の內部に侵透する商業・

解題　　　　　　　　　　　一　　　　　五

解題

　高利貸付的資本によつて進められたが、それは單に部分的に解體・變異し得たとしても、社會的生產を全面的に變化するこ とは出來なかつた。この轉化と變異化の過程は、支那移民の進出とこれに伴ふ巨大な開墾によつて始めて、全面的に社會的 生產を轉化せしめ、蒙古社會の構成を其の根底から變化せしめた。吾々は、この領域に於ても、勝れた幾多の研究を持つて ゐる。所謂、蒙地問題に寄せられた數多くの研究は、かゝる內蒙社會の轉換を基礎的な土地問題から究明せんとする努力と 見なすことが出來よう。併し、この領域に於ける從來の研究は、大きな弱さと狹さを內包してゐたと云はれねばならない。

　然らば、かゝる弱さと狹さは如何なる點に所在してゐたか？

　第一の弱さとして指摘されねばならぬことは、吾々が具體的な系統的資料を持つてゐなかつたこと、卽ち資料に對する把 持が不充分であつたことである。精力的な諸先輩の努力にも拘らず、この領域に於ける從來の研究は、具體的・系統的資料 の缺除に制約されて、未だ滿足すべき成果に到達してはゐない。從つて、多くの問題は、未だ解明せられてゐない問題とし て、吾々の前にのこされてゐる。卽ち、系統的資料の缺除が、吾々の研究を制約する最大のモメントとして吾々の前進を妨 げてゐる。このことは、多くの研究家自らが一致して承認せざるを得ない弱さと考へられる。資料の貧困によつて研究の前進が妨げられてゐる現在で は、當面の問題として、具體的な信賴しうる資料の追求を忽せにするわけにはゆかない。

　第二に指摘せらるべき弱さは、吾々が日本人によつてなされた研究の多くが、局部的に東蒙地方卽ち現在の政治的區劃に 從へば、滿洲國の領域に包括せしめられる內蒙地方にのみ局限せられて、土默特兩翼、察哈爾、烏蘭察布、伊克昭地方に對す る研究が、全く放棄せられてゐたと云ふ點にあると考へられる。勿論これは政治的理由によることであつた。從つて吾々は研究に於けるかゝる局地性を一擲すべきであると考へ かゝる政治的要因は、完全に解消されてしまつてゐる。併し現在では

る。殊に、蒙古聯合自治政府の政治的・組織的強化が要求されてゐる今日では、この地方に對する研究の充足が益々要請されてゐるものと見ねばならない。かくして吾々は、當面した政治的要請にそなへる爲めに、且つは從來の研究に於ける弱さと狹さを克服する爲めに、現在に於ける蒙古聯合自治政府管内に關聯する具體的な比較的信頼しうる資料を紹介しながら、本目錄によって示されてゐる舊綏遠墾務總局保存資料に言及することにする。

一般的に言って、この地方に關聯する資料は、極めて寡々たるものである。縣志・廳志等の方志も極めて限られた數しか數へ上げられないし、歸綏道志、綏遠通志の如きは、脫稿の儘、未印刷にのこされてゐると云ふ狀態である。殊にこの地方の土地關係竝びに内蒙に於ける農業の進展と共に始まった社會的・經濟的構成の轉換に、直接役立たせうる資料は、僅かに三四のものが數へ上げられるに過ぎない。卽ち次の如くである。

 (1) 綏遠墾務計畫
 (2) 蒙墾奏議
 (3) 綏遠奏議
 (4) 蒙墾續供
 (5) 蒙墾陳訴供狀
 (6) 調査歸綏墾務報告書
 (7) 墾政輯覽

併し、これらの資料も、夫々の瑕理をもってゐる。例へば第一に揭げた綏遠墾務計劃の如きは、其の精彩な六色刷りの地圖と正確・簡單に叙述した開墾の具體的進展過程によって注目されてゐる資料であるが、察哈爾右翼の旗名・旗界を誤寫し

解　題

三

解題

四

てゐること、資料の排列が極めて亂雜・無理論であることは、重大な瑕瑾として指摘さるべきであらう。殊に、この書が、開墾の進展過程に表れた各盟・各旗の政治的・社會的特異性を明らかにしてゐないことは致命的な弱點と云はれねばならない。從つて察哈爾、伊克昭、烏蘭察布、土默特の持つ社會的特殊性——この特殊性が土地關係に集中的に表れてゐる——を問題とすれば、この資料は、決して吾々の要求を滿足せしめるものではない。現在の蒙古聯合自治政府の領域に包括せしめられてゐる諸地方——烏蘭察布、伊克昭、巴彥塔拉、錫林郭勒の各盟は、現在でも依然として蒙旗としての一般的共通性を持つてゐるが、併し、夫々同一視出來ない歷史的過程をたどり、異つた政治的・經濟的特殊性を胎生して來た。從つて、內蒙社會の特殊性と特殊な土地關係、其の發生と轉化等々を明らかにする爲には、かゝる特殊性に特別な注目を拂はねばならぬ。かゝる觀點から言へば、第二第三の資料として揭げた墾務大臣・貽穀の上奏文・貽穀の上奏文「蒙墾奏議」並びに綏遠城將軍としての上奏文「綏遠奏議」は、極めて價値高く評價せらるべきである。更に、彼の上奏文と竝せて、彼の業蹟を杳辦した協辦大學士尚書・鹿傳霖の査辦報告、法部の訊問、これに對する貽穀の抗辯等を集錄した蒙墾續供竝びに蒙墾陳訴供狀等も注目せらるべき資料として數へ上げられるであらう。

併し、これらの資料は、貽穀が墾務大臣の任にあつた時代、卽ち光緒二十八年以後同三十四年に亙る僅か十年未滿の過程を內包してゐるに過ぎない。從つて民國時代に於ける過程は全く把へ得ない憾みがある。かゝる點に於てこの資料も全過程を把へる上から限られた意義しか持たないものと言ふことが出來る。民國時代に出された信憑すべき資料としては、察哈爾全區墾務總局から出された「墾政輯覽」と甘雲鵬の報告「調查歸綏墾務報告書」が舉げられる。この二つの資料は共の內包する資料の性質に於て、編輯・敍述の形式に於て、全く異つた形態をとつてゐるが、共に民國初期に於ける資料として注目せらるべきである。前者は、察哈爾左右兩翼に於ける民國四年から同六年に至る重要な文書を、文書の性質に從つて項目別に排

解題

列したものであるが、後者は、綏遠全省に跨がる地方の開墾を、各旗別、地目別に簡単に叙述し、丈放の地畝數、押荒、歲租等を等則別に數字によつて明らかにしてゐる。併し、この二つの資料も、極めて限られた地方と年代しか包括してゐないと云ふ弱點を持つてゐる。卽ち墾政輯覽は、地域的には察哈爾のみ、年代的には民國四年から同六年迄の資料を含んでゐるに過ぎないし、調查歸綏墾務報吿書も光緖二十八年から民國四年迄の期間を內包してゐるに過ぎない。

以上、信賴しうる三四の資料について、簡單な紹介を試みたが、これらの資料によつて、現在の蒙古聯合自治政府管內の蒙古地帶に於ける開墾の進展過程と、この過程に形成された土地關係並びにこの過程に生起した種々の諸契機を、或る程度に捕捉することが出來る。併し、これらの資料も、こゝに紹介しようとする舊綏遠墾務總局に保存せられてゐた厖大な資料に比べれば、僅かに從屬的な意義が與へられるに過ぎない。舊綏遠墾務總局は、光緖二十八年、歸化城に墾務大臣行轅が設置されて以來、驚くべき程厖大な資料を、系統的に蓄へて來たが、これらの文獻は、あらゆる政治的軍事的紛亂にもかゝはらず亡失の運命に遭ふことなく、今日まで殆んど完全に保存されて來た。今次の事變によつても、省政府關係の文書は、ほとんど剩すところなく亡失してしまつたが、墾務局に保存せられてゐた文書のみは、燒却、賣却等の災厄からまぬがれこの地方に於ける土地關係を闡明にし、土地制度並びに政策を樹立する爲めに役立てらるべき貴重な資料として殘されてゐる。

この資料の持つ意義、特質について、まづ指摘せられねばならぬ第一のことは、この資料の持つ具體性とオリヂナリテイの高さである。資料の持つ價値の大半は、それの持つ具體性とオリヂナリテイにかゝつてゐる。かゝる點から考へれば、この資料の持つ具體性とオリヂナリテイは、正當に評價されねばならない。先きにあげた調查歸綏墾務報吿、蒙墾奏議等々の資料を基礎資料として編輯したものであり、具體性、オリヂナリテイについて信賴すべき資料であるには違ひないが、この資料に比較せらるべくもない。奏議又は報吿に述べられてゐる平板な事實も、この資料によれば、生々しい、しかは、この資料に比較せらるべくもない。

解　題

も極めて錯雜した關係として表れてくるし、奏議又は報告に於ては、背景に隱されてゐる重要な契機も把へることが出來る

第二に指摘せらるべきことは、この資料の持つ統一性と完全性であらう。吾々は、滿洲に於て、また北支に於て、幾多の人々の尊ぶべき努力の成果として、貴重な資料が續々發見せられてゐるのを知つてゐる。併し、これらの資料の多くは、保存の狀況が良好でなかつたため、資料の持つ統一性は極めて稀薄であり、或る種のものは、全體的關聯を捕捉するには餘りに斷片的である。比較的良好に保存せられてゐたものであつても、尚、亡失、脫落した多くの部分があるようである。これらの資料に比較すれば、本資料は、其の統一性が寸毫も毀損されてゐないことによつて、極めて高い意義を持つてゐるように思はれる。墾務大臣が任命されてから今日迄、約四十年に近い時日が經過してゐるが、この半世紀に近い過程に於ける墾務關係の文書は、ほとんど完璧に近い狀態に於て保存せられてゐる。あらゆる文書は登錄せられ、しかも、其の一つ一つには番號、年月、案件名が記載せられ、夫々の文書は、其の年代別に從つて分類せられ、系統づけられてゐる。

第三に指摘せらるべきことは、この資料の關聯する地域が極めて廣汎であることである。本資料は、內蒙社會の中核地帶とも云ふべき土默特兩翼、烏蘭察布、察哈爾兩翼、伊克昭の諸地方を含んでゐるが、このように資料の關聯する地域が極めて廣汎であることは、地方地方の持つ自然的、社會的特殊性を明らかにし、對比せしめるに役立つ。由來、これらの地方は自然的にも、種々雜多な特質をもつてゐた。廣汎な沙質地帶と黃土地帶、其の間を點綴するアルカリ地帶、網の目の如く構築された灌漑地帶等々を包括してゐる。そして蒙旗としても、夫々特殊な政治的・社會的構成を持つてゐた。察哈爾、土默特の如く其の內部的構成を滿洲族の軍事的編成に倣つて改編せしめられた蒙旗もあれば、伊克昭、烏蘭察布の如く、可成りに高い半獨自的體制を持續した蒙旗もふくまれてゐる。そしてかゝる特殊性は、土地の領有關係にも明白に表現され、開墾の具體的進展をも規定してゐる。かゝる點から、蒙旗の特殊性を把へる爲めに、また共の特殊性を對比する爲めには、本資

解題

最後に指摘せられねばならぬことは、この資料の持つ現實的意義である。この現實的意義については、現在では餘りに過少に評價せられてゐるが、吾々はあらゆる機會に於て、其の誤りを打破しなければならない。この資料は、既に幾度も指摘した如く、この地方の社會的・經濟的諸關係と其の轉換の過程を明らかにする爲めには、極めて重要な、そして極めて高い學術的意義を含んでゐる。併し、本資料は、決して學術的にのみ評價せらるべきではない。否、むしろ、この資料の價値はより直接的な、より現實的な政治的意義によつて、より高く評價せらるべきであらう。本資料は清末から今日に至る全期間約四十年の資料であつて、すくなくとも土地關係に關する限り、本資料を離れて具體的な立論をなすことは全く不可能である。

蒙古聯合自治政府も、其の組織的・政治的强化を計る爲めには、當面の課題として、新らしい土地政策と制度を確立せねばならない。併し、か～る政策と制度とは、決して歷史的に形成された事業と諸關係に對應して破綻することのないものでなければならない。本資料がか～る政策と制度の確立の爲めに、不可缺の基礎的資料として充分に攝取され、現實的に利用せられねばならぬことは勿論であらう。

以上、極めて粗雜であるが、本資料の持つ價値と特質について簡單に槪說して見たが、資料の持つ豐富な內容は、これだけにつきるものではない。この資料の持つ價値、特質については、從來支那側によつても又したる關心が拂はれてゐなかつた。否むしろ、この文書の存在さへ知られてゐなかつたと言ひ得る。從つて、吾々が、こ～で、この資料の持つ意義を强調し、本目錄を編纂して本資料の內容の一端を紹介することも、單なる徒事ではないであらうと考へる。

倂し、吾々は、單にこの目錄の編纂によつて滿足するものではない。吾々は、更に進んで、當面せる政治的要請、卽ち蒙古聯合自治政府管內に於げる不拔の土地政策と制度の確立の爲めに先づ本資料を編纂刊行し、現實的にこの資料を役立てる

七

解　題

と共に更に進んでは、内蒙社會の特殊な社會的構成と其の轉換の過程を明らかにする爲めの學術的資料として、この資料を社會に送らんと計劃してゐる。

當調査室は、蒙古聯合政府管内に於ける土地制度確立に關する基礎的調査、殊に蒙地に於ける特殊な土地關係の徹底的究明を任務とするものである。この政治的任務に從つて、本調査室は、第一班をして土地に關する法制、慣習、慣行の調査、第二班をして現勢調査を遂行せしめ、これと竝行し否これに先んじて、第三班をして前淸時代に於ける第一次整理がほゞ完成の域に到達してゐる。この計劃は、既に本年二月から具體的に着手され、現在では、既に前淸時代に關する本資料を編纂刊行し、この政治的・學術的任務の一班を果しうることを喜びとするものである。

從つて、吾々は、近き將來に於て、前淸時代に關する本資料を編纂刊行し、この政治的・學術的任務の一班を果しうることを喜びとするものである。

附　託

最後に、本目錄の構成上、注目すべき二三の點に觸れておくことにする。

(1) 光緒三十四年份は、墾務大臣・貽穀の失脚（四月）を境として、號數を改めてゐる。即ち失脚以前を戊字一號より戊字四十九號に編み、失脚以後を戊字一號より編んでゐる。

(2) 渠工卷宗（自宣統三年至民國元年）竝に財政科呈四字卷目（自宣統二年至民國四年）の兩目錄は、夫々一括して整理せられてゐたが、便宜上年度別に分けて本目錄に編入することゝした。

(3) 總字竝びに局字は共に民國四年五月から同年末に至る卷宗であるが、總字、局字に分類されてゐたものを、年度別に組みかへ、年度別主義を貫徹することゝした。

(4) 民國十三年度份は、祿字として整理されてゐる目錄の外に、部照處卷宗は部字、淸理地畝處卷宗は祿字、臺站處卷宗

解題

(5) 附錄として添付した綏遠墾務第三分局と第四分局卷宗は、從前墾務總局に保管せられてゐた卷宗ではない。本資料をより具體的に裏付ける考へで、當調査室が新らたに接收した卷宗である。

は壽字として一括して編まれてゐた卷宗であるが、これは共の儘十三年份に編み入れることゝした。

成紀七三四年十月

地政總署土地制度調査室

目次

第一部　前清卷宗目錄 …… 一

第二部　民國卷宗目錄 …… 二三

附錄　包頭墾務第三分局卷宗目錄 …… 一六七

固陽墾務第四分局卷宗目錄 …… 一六九

固陽墾務第四分局賬簿目錄 …… 一八六

第一部 前清卷宗目錄

光緒二十七年份綏遠墾務卷宗目錄表

字號	事 由
辛字 1	山西巡撫岑奏請開墾蒙地案

光緒二十八年份前綏遠墾務卷宗目錄表

壬字 1	開用廳防事件
同 2	奏請人員事件 齐謝附
同 3	示諭蒙漢辦墾事件
同 4	札委各差事件
同 5	籌撥弁兵糧餉事件
同 6	歸昌薪水等項事件
同 7	豐寧押荒委員銜名各項事件
同 8	沙綠寶綠案件
同 9	墾務情形事件
同 10	墾務公司交涉事件
同 11	綏遠城擴充收賑案件
同 12	察哈爾右翼四旗案卷
同 13	文案處申報案件
同 14	收支處申報案件

第一部 前清卷宗目錄

同 15	蒙族墾務總局申報事件
同 16	右翼墾務情形案件
同 17	墾務左翼勘分直界址案件
同 18	修建墾務公所置辦一切案件
同 19	另存事件
同 20	墾務奏效案件
同 21	大同鎮續備軍馬隊第四旗撥歸墾務調遣案件
同 22	墾務經費收發款項事件
同 23	包頭鎮設立分局情形事件
同 24	辦理西二盟墾務案件
同 25	設立墾務公司案件
同 26	開墾墾務公司事件
同 27	東路墾務公司案件
同 28	西路墾務公司發款項事件
同 29	豐寧察哈爾王公牧廠案件
同 30	查明前署薩拉齊廳同知李公假稱辦差索取銀物案件
同 31	豐寧墾務局詳報案件 右翼
同 32	寧遠墾務局案
同 33	辦理鄂爾達拉特旗四成地各案
同 34	左翼局詳報收發款項案

第一部 前清卷宗目錄

壬字
35 晉湯漆設墾治案
同 36 墾務總局案
同 37 寗遠局詳報收發款項案

寅字
1 開用關防日期卷
同 2 親軍衛隊繳餉事件卷
同 3 派差事件卷
同 4 支領公費心紅津貼等項事件卷

光緒二十九年份前綏遠墾務卷宗目錄表

癸字
1 擬辦蒙旗墾務情形案
同 2 墾務總局案 委員辦理附
同 3 行轅文案處案 委員辦理附
同 4 行轅收支處案 委員辦理附
同 5 收支處月報案
同 6 墾務親軍馬步衛隊案
同 7 烏伊兩旗開墾情形案
同 8 烏蘭察布旗開墾情形案
同 9 伊克昭盟開墾墾務局案 章程附
同 10 烏伊兩旗墾務局案 各旗報墾地畝附
同 11 烏伊墾局收發款案
同 12 委員辦理烏伊墾局事務案 稟請札委蒙員在局當差附
同 13 辦理豐鎮墾務局案 凡事關豐鎮爾局附章程附委員辦理附
同 14 豐鎮墾務局 案章程附
同 15 豐局收發款項案
同 16 委員辦理豐局案章程附 札委蒙員在局當差附稟請附
同 17 寗遠墾務局案章程附
同 18 委員辦理寗遠墾局事務案 札委蒙員在局當差附稟請附
同 19 寗遠收發款項案
同 20 察哈爾左翼墾務局案二卷 章程附
同 21 左翼局收發款項案
同 22 委員辦理左翼墾務局事務案 章程附
同 23 綏遠八旗牧場墾務局案
同 24 綏遠牧場收發款項案
同 25 委員辦理綏遠牧場事務案 稟請附
同 26 奏設墾務公司案
同 27 辦理東路墾務公司案 稟請委員並章程附
同 28 辦理西路墾務公司案 稟請委員並章程附
同 29 奏調京外官員辦墾案 咨調附投效附咨調曹手蓋印附
同 30 札委辦理墾務各善案 委員附

癸字			甲字	
31	歸綏調遣軍隊案			光緒三十年份前歷邊墾務卷宗目錄表
同 32	開墾察哈爾王公馬廠案		1	督辦蒙族墾務情形案
同 33	辦理體阿達拉特四成地案		2	墾務總局案 委員辦理附
同 34	晉邊滌疆墾治案		3	行轅文案處案 委員辦理附
同 35	擬留察哈爾兩翼蒙古官兵續缺收地案 續袖合哨公中地案附		4	收支處月報案
同 36	通行各局處辦墾章程案		5	墾務親軍馬步衛隊案
同 37	左翼局詳請遷移群牧案		6	伊克昭布明開墾情形案
同 38	墾務款交涉案		7	伊盟墾局收發款項案
同 39	擬撥綏遠城八旗官兵屯田案		8	烏伊兩墾局收發款項案
同 40	辦理察哈爾左右翼墾務情形案		9	烏伊兩墾局案 章程附
同 41	消理大同馬廠地畝案		10	委員辦理烏伊墾局事務案
同 42	各項公件另存案		11	辦理察哈爾右翼墾務情形案 凡事關舊兩局附章程附委員辦理附、札委蒙員在局常差附
同 43	分設豐鎮東路公司案		12	興鎮墾務局案 章程附
同 44	開採察哈爾蒙地水晶石案 稟請委員附		13	豐鎮墾務局案 章程附
同 45	張家口東路公司案		14	興鎮收發款項案 興和墾務公所收發案附
同 46	馬甲納勒貿侵毀張家口駐防官兵馬案			
同 47	伊盟開墾情形第二卷 各旗報墾地畝附			
同 48	豐鎮墾務局第二卷 章程附			
同 49	勘分直晉界址案			
同 50	伊盟開墾情形第三卷 各旗報墾地畝附			
	第一部 前清卷宗目錄			
同 51	察哈爾左翼移深墾治案			
同 52	歸化東路墾務公司案			
同 53	豐鎮墾務局第三卷 章程附			

第一部 前清卷宗目錄

甲字

同 15 委員辦理呼盟事務案 稟請附札委蒙員在局常差附	同 35 通行各局處辦墾章程案
同 16 寶局收發款項	同 36 墾務蒙教交涉案
同 17 寧遠墾務局案 章程附	同 37 左翼局詳請遴移辨收案 右翼太僕寺駐馬群遷移案附
同 18 委員辦理寧局事務案 稟請附札委蒙員在局常差附	同 38 擬撥綏遠城八旗官兵屯田案
同 19 察哈爾左翼墾務局案 章程附	同 39 辦理察哈爾左右翼墾務情形案
同 20 左翼局收發款項	同 40 清理大同馬廠地畝案
同 21 委員辦理左翼局事務案 稟請附札委蒙員在局常差附	同 41 各項公件另存案
同 22 綏遠八旗牧廠墾務局案 章程附	同 42 公設豐鎮東路公司案 稟請委員附
同 23 委員辦理綏遠牧廠事務案 稟請附	同 43 張家口東路公司案
同 24 奏設墾務公司案	同 44 開採察哈爾墾地礦產案 此卷耳粘探水晶案附粘煤礦查勘案
同 25 辦理東路墾務公司案	同 45 馬甲納勒賀從賀墾張家口駐防官北馬廠案
同 26 辦理西路墾務公司案 稟請委員並章程附	同 46 勘分直省界址案 續分直省北界案附
同 27 奏調京外官員辦墾案 齊調投效附咨調書手差官附	同 47 長濟永濟渠工案 各地商民戶報效水退案附
同 28 札委辦理墾務各員案 札委各員附	同 48 伊盟杭錦旗報墾案
同 29 札委察哈爾王公馬廠案	同 49 伊盟郡王旗報墾地畝案 內保閒地案
同 30 歸墾調遣軍隊案	同 50 辦理王愛昭旗報墾地畝案
同 31 開墾腴間達拉特四成地案 續補合呐公中地案 續補老郭退地案	同 51 伊盟烏克旗報墾案
同 32 辦理察哈爾王公馬廠案	同 52 伊盟鄂托克旗報墾案
同 33 省邊添設墾治案	同 53 勘辦後套馬賊案
同 34 撥溜察哈爾閒萬蒙古閒官兵隨缺牧地案 撥溜各蘇木召廟香火地並小臺站水草案附	同 54 伊盟札薩克旗報墾案

四

绥远垦务卷宗目录表

第一部 前清卷宗目录

编号	案名
55	查勘左翼迁移京族地亩案
56	奏拨附近察哈尔族直晋边丽学堂地亩案
57	拨留独石口千家店驻防官兵缺地案
58	归化东路垦务公司案 系专粘领放绥收厂地事
59	剿办后套马贼第二卷
60	剿办后套马贼第三卷
61	剿办后套马贼第四卷
62	伊克昭盟开垦情形第二卷
63	丰镇垦务局第二卷 章程附
64	丰镇垦务局开发款项第二卷 兴和垦务公所收发案附
65	伊盟郡王旗韩垦公司第二卷
66	分设丰镇东路公司第二卷
67	开垦察哈尔右翼四旗煤矿案
68	察哈尔左翼移漆厅治案
69	绥远城设立官钱局案
70	冯广涛假充郑王府道派清理滨厘马厂案
71	归化城土默特十二参领票请清理地亩地谱案
72	拨拨驻防张家口十佐官兵随缺地亩案

编号	案名
乙字1	督办蒙族垦务情形案
2	垦务总局案 委员办理附
3	行辕文案处案 委员办理附
4	收支处案 委员办理附
5	垦务亲军马步衡队案
6	伊克昭盟开垦情形案
7	乌伊两盟垦务局案 章程附
8	乌伊垦局收发款项案
9	委员办理乌伊垦局事务案 禀请附 札委蒙员在局常差附
10	办理察哈尔右翼垦务情形案 凡事关垦务兴三族者附章程附委员办理附
11	丰镇垦务局案章程附
12	丰镇垦务局事务案 禀请附 札委蒙员在局常差附
13	丰镇垦局开发款项案
14	委员办理丰镇垦局事务案 禀请附 札委蒙员在局常差附
15	清远垦务局案 章程附阳 红旗三苏木兵丁等呈该佐私收押荒案
16	晋局收发款项案
17	归化城土默特札委蒙员在局常差附
18	察哈尔左翼垦务局章程附
19	左翼局收发款项案

光绪三十一年份前归运边垦务卷宗目录表

第一部 前清卷宗目录

乙字
- 20 委员办理左翼局事务案 禀请附 札委蒙员在局当差附
- 21 办理东路垦务公司案 禀请委员并章程附
- 22 办理西路垦务公司案 禀请委员并章程附
- 23 奏调京外官员办垦案 咨调投效附
- 24 开垦察哈尔王公马厂案
- 25 拨留察哈尔两翼蒙古官兵随缺牧地案 续补合哨公中地案附续补老郭渠地案附
- 26 办理鑲红达拉特四成地案 及小察站水草案附
- 27 晋边派设垦治案
- 28 左翼局评请迁移群牧案 右翼太仆寺关马群迁移案附 拨留各苏木召庙香火地
- 29 垦务蒙汉交涉案
- 30 办理察哈尔左右翼垦务情形案
- 31 分设鹽鎮东路公司案
- 32 张家口东路公司案 禀请委员附
- 33 马甲讷勤贺侵垦张家口驻防官兵马厂案
- 34 伊盟杭锦旗开垦案
- 35 伊盟郡王旗开垦案
- 36 王爱召开垦蒙地案
- 37 伊盟乌審旗开垦案
- 38 伊盟鄂托克旗开垦案
- 39 勘办後查马賊案

- 40 伊盟札萨克旗开垦案
- 41 奏拨附近察哈尔旗直管边鹽学堂地畝案
- 42 拨留独石口千家店驻官兵缺地案
- 43 开探察哈尔右翼四旗煤矿案
- 44 綏遠城設立官錢局案
- 45 归化城土默特十二參領票請清厘地畝地讚案
- 46 西路公司贾放達拉特旗赔教地畝案
- 47 冯广濟假充鄭王府违派清厘马厂案
- 48 拨驻防张家口十佐官兵随缺地畝案
- 49 伊盟达拉特旗开垦案
- 50 兴和垦务公所案 收发附委员办理附
- 51 喇嘛王德呢瑪报垦伊盟赏給该庙香火燈地畝案 續报垦附
- 52 察哈尔右翼新升科地亩四厘另租案
- 53 左翼太仆寺牧群总管请将有碍游牧之處禁止开垦案
- 54 准嘎尔旗前三品豪吉之妻爱新覺羅氏报垦地畝案
- 55 拟援案拨给改驻张家口伊犁官兵随缺地畝案
- 56 札委办理垦务差案 行輿文案附 凡札派各局處委員同稿者附
- 57 开探察哈尔旗矿产案此卷并粘探水晶案附粘煤矿香勘案
- 58 乌蘭察布盟开垦情形案
- 59 长濟永濟渠工案 各地商民戶报效水渠案

光緒三十二年份前綏遠墾務卷宗目錄表

丙字

編號	案名
1	督辦蒙旗墾務情形案
2	行轅收支處案　委員辦理附
3	收支處月報案
4	製辦親軍馬步衛隊案
5	辦理西盟蒙旗墾務總局案
6	西盟墾務總局收發款項案　章程附　奏定各旗蒙押荒廢租
7	委員辦理西盟墾局事務案

第一部　前清卷宗目錄

編號	案名
60	伊盟漕倉房屋梁殿營命案
61	各項公件另存案
62	寄澄墾務局第二卷　章程附　廂紅旗三蘇木兵丁呈控該佐領地盜案
63	綏遠收廠局收發款項案
64	殺虎口驛站私墾地畝案
65	公設漕廳總局墾務案
66	清理大同馬廠地畝案
67	歸化東路墾務公司案
68	分設　托克旗墾務局案
	那　齊鳥札薩克爾
	王
69	萬億發商人李世俊頸將忽濟爾崗地報墾案　綏達收廠地附

編號	案名
8	辦理察哈爾右翼墾務情形案
9	豐局收發款項案
10	委員辦理豐局事務案　稟請附　扎委蒙員在局當差附
11	寄澄墾務局案　章程附　廂紅旗三蘇木兵丁等呈該佐領地盜覽案
12	委員辦理寄墾務局事務案稟請附扎委蒙員在局當差附
13	察哈爾左翼墾務局案章程附
14	左翼局收發款項案
15	委員辦理左司事務案
16	辦理東路墾務公司案　稟請委員並章程附　歸化公司附
17	辦理西路墾務公司案　稟請委員並章程附
18	奏辦京外官員辦墾案　奉諭　投效附
19	辦理廢巴達拉特四成地案　續補合哨公中地案附續補老郭渠地案附
20	辦理察哈爾左右翼墾務情形案
21	分設興和東路公司案
22	伊盟枕錦旗開墾案
23	伊盟郡王旗開墾案
24	伊盟烏審旗開墾案
25	伊盟鄂托克旗開墾案
26	伊盟札薩克旗開墾案
27	奏擬附近察哈爾旗直省邊廳學堂地畝案　撥給綏哈爾陸軍高等蒙養各學田案

第一部 前清卷宗目錄

同 28 張家口東路公司案
同 29 撥駐防張家口十佐官兵隨缺地畝案
同 30 馮廣譽假充鄭王府遣派清理馬廠案
同 31 西路公司賢放達拉特旗賠教地畝案
同 32 與和墾務公所案 收發附 委員辦理附
同 33 察哈爾左右翼官荒空閒地畝四厘另租案
同 34 報張家口伊犁官兵隨缺地畝案
同 35 開探察哈爾蒙地水晶石案
同 36 長濟永濟渠工案 各地商民戶報效水渠案附
同 37 分設準噶爾墾務局
同 38 分設郡王旗墾務局案
同 39 清理大同馬廠案
同 40 賓局收發款項案
同 41 鄂托克旗墾務分局案
同 42 墾務蒙教交涉案
同 43 辦理殺虎口驛站地墾務局案
同 44 委員辦理殺虎口驛站墾務局事務案
同 45 行頓文案喀喇案委員辦理附
同 46 贓項墾務局案章程附
同 47 扎薩克辦理墾務各達案

同 48 各項公件另存案
同 49 晉邊添設廳治案
同 50 分設烏審札薩克爾旗墾務案
同 51 烏審札薩克爾旗墾務局案
同 52 開墾喀爾喀右翼四旗煤礦案
同 53 伊盟察布盟倉房梁嚴飭命案
同 54 伊盟準噶爾旗開墾情形案
同 55 臨墾調遣軍隊案
同 56 伊克昭盟開墾情形案
同 57 辦理殺虎口驛站收發款項案
同 58 辦理殺虎口驛站墾務分局案
同 59 烏蘭莫多山銘鐵各礦案
同 60 各項礦政章程案
同 61 王愛召開墾地畝案
同 62 烏盟四子王旗報墾案
同 63 烏盟烏拉特後旗報墾案
同 64 烏盟烏拉特前中兩旗報墾案
同 65 烏盟茂明安旗報墾案
同 66 烏盟達爾罕旗報墾案
同 67 報留察哈爾兩翼蒙古隨缺牧地案

同 68	寗遠墾務局第二卷 清查餘地案
同 69	報留歸綏各廳學田案
同 70	綏遠城收廠墾務局案
同 71	勘辦後查馬賊案
同 72	奏辦清查土默特地畝總局收發款項案
同 73	奏辦清查土默特地畝總局案
同 74	閱辦後蠶中公旗狼山等處煤礦案
同 75	開採巴產布拉克達界內煤礦案
同 76	報留獨石口千家店官民隨缺地畝案
同 77	通行各局墾務辦理章程案
同 78	開辦察哈爾王公馬廠案
同 79	伊盟達拉特旗開墾案
同 80	奏辦東薩海墓產有土鹼設立官鹽號收稅撥充綏遠順學常年的款案
同 81	奏辦蒙地墾學堂公產案

光緒三十三年份前緩墾墾務卷宗目錄表

丁字 1	綏局蒙族墾務情形案
同 2	墾務親軍馬步衛隊案
同 3	辦理西盟蒙族墾務總局案章程附

第二部 前清卷宗目錄

同 4	委辦西盟總局事務案
同 5	辦理察哈爾右翼墾務情形案
同 6	豐鎮墾務局案 章程附
同 7	豐局收發款案
同 8	分設豐鎮東路公司案
同 9	辦理察哈爾翼蒙古隨缺地畝案 隨缺餘地附
同 10	左翼局收發款項案 各王公四厘另租附
同 11	辦理豐同達拉特四成地案
同 12	札公墾務各善案委員請假並丁憂附
同 13	辦理殺虎口驛站墾務總局案 委辦附
同 14	辦理殺虎口驛站墾務分局案 款項附
同 15	歸綏調遺軍隊案
同 16	伊盟鳥審旗報墾案
同 17	伊盟郡王旗報墾案
同 18	伊盟杭錦旗報墾案
同 19	蒙教交涉案
同 20	長潍永濟渠工案
同 21	晋邊漆設廳治案 奏晋設廳附
同 22	開採察哈爾蒙地水晶礦案
同 23	奏辦清查土默特地畝總局案 委辦附

九

第二部 前清卷宗目錄

同 24 查地局收發款項案
同 25 撥留歸綏各廳土田案 經費附
同 26 奏辦東素海蒿渣有土鹽設立官鹽號收稅撥充綏遠學堂常年的款案
同 27 奏撥歸化地畝學堂公產案
同 28 清查右翼餘地案
同 29 右翼陶林墾務案
同 30 各項另存案
同 31 委辦左翼局事務案
同 32 辦理烏喇特前中兩旗報墾案
同 33 辦理察哈爾左翼局案
同 34 伊盟准噶爾旗報墾案
同 35 伊盟達拉特旗報墾案
同 36 開探察布呢爾右翼四旗煤礦案
同 37 烏剌察布呢報墾情形案
同 38 收支處月報案
同 39 站地局收發款項案
同 40 張家口東路墾務公司案
同 41 準噶爾旗墾務分局案
同 42 分設烏審札薩克南旗墾務分局案
同 43 烏盟烏拉特後旗報墾案

同 44 與和墾務公所案 收發附委員辦理附
同 45 辦理東路墾務公所案
同 46 則辦後養馬賊案
同 47 綏遠墾務局案
同 48 辦理薩廳墾務總局案 委員辦理附章程附收發附
同 49 烏盟達爾罕旗報墾案
同 50 辦理西路墾務公司案
同 51 烏盟薩爾旗報墾案
同 52 行頓收支處案
同 53 察哈爾推廣墾務局案
同 54 奏辦清查土默特地畝案
同 55 郡王旗墾務分局案
同 56 伊盟札薩克旗開墾案
同 57 西盟墾務總局收發附
同 58 辦理烏盟鄂托克旗開墾案
同 59 伊盟鄂托克旗墾務分局案
同 60 審局收發款項案
同 61 開墾察哈爾王公馬廠案
同 62 鄂托克旗墾務分局案

光緒三十四年份前蒙墾務卷宗目錄表

同 64	綏遠城牧廠墾務局案
同 65	烏盟茂明安旗開墾案
同 66	伊克昭盟開墾情形案
同 67	伊盟準族倉房渠歐鴉命案
同 68	辦理王愛召報墾地畝案
同 69	歸化東路公司案
同 70	長濟永濟渠工案 第二卷 劃分歲租成數案

戊字
1 督辦蒙旗墾務情形案
2 各項另存案
3 辦理察哈爾右翼墾務情形案 左右翼附

同 4 收支月報案
同 5 墾局收發款項案
同 6 辦理殺虎口驛站墾務總局案
同 7 蒙教交涉案
同 8 墾務親軍馬步衛隊案
同 9 烏盟墾務總局案收發附
同 10 清查右翼餘地案

第一部 前清卷宗目錄

同 11	興和墾務公所案 收發附
同 12	永濟長濟渠工案
同 13	寧遠墾務局案
同 14	札委墾務各差案
同 15	晉邊溢設廳治案 奏請設廳附
同 16	分設鹽銷公司案
同 17	委辦西盟局事務案
同 18	郡旗墾務分局案
同 19	辦理西盟墾務總局案 章程附 各旗歲租附
同 20	烏審墾務局案 札局附
同 21	準旗墾務分局案
同 22	右翼陶林墾務案
同 23	土默特查地總局案
同 24	行鹽收支總案
同 25	西路墾務公司案
同 26	歸綏調道軍隊案
同 27	豐鎮墾務局案
同 28	譜門達旗晤教四成補地案
同 29	王愛召報墾案
同 30	伊盟準噶爾旗報墾案

第一部 前清卷宗目錄

同 47 札薩克族墾務案	戊字 1 督辦墾務情形案
同 46 衙抵䘵鄂爾多斯旗辦族丁生計銀兩案	同 2 墾務行轅文案處現存文卷等件及文案處關防等項開單申送查驗收案
同 45 查辦大臣調查案件案	同 3 墾務行轅收支處墾荒詳送關防庫平及卷宗清單並新收公費銀兩案
同 44 鄂托克族墾務分局案	同 4 行轅收支處呈送冊及已撥左翼局東路公司收發各款交代冊摺案（二宗）
同 43 辦理殺虎口驛站墾務分局案	同 5 前大臣貽謙將收發款目等單及續收文件咨送胡大臣核收案
同 42 奏辦墾地徵學堂公廉案	同 6 護大臣胎任內咨行札委各稿並附粘原文等件案
同 41 奏設清查士默特地畝分局案	同 7 奏調委調人員案
同 40 伊盟墾地賬錦族公廉案	同 8 札委墾務各善後委員請假案
同 39 伊盟烏審旗報墾案	同 9 西盟墾務總局申送札族分局光緒三十三年徵收開支各款清摺案
同 38 伊盟達爾罕旗報墾案	同 10 西盟墾務總局詳送烏拉張壩工局報銷摺表並交代冊摺工用款清摺案
同 37 伊盟鄂托克旗閒墾案	同 11 西盟墾務總局詳送三十四年正月初二至四月十一日收發各款清摺案
同 36 張家口東路墾務公司案	同 12 西盟墾務總局詳送鄂族分局造送墾地升科年限並已徵押荒清冊案
同 35 委辦左翼局事務案	同 13 西盟墾務總局詳送鄂族分局造送墾地升科年限並已徵押荒清冊案
同 34 烏盟四子王旗報墾案	同 14 收發款項案附
同 33 站地局收發款項案	同 15 烏拉特墾務分局詳送收過地價並開支各款摺表及申送交代冊案
同 32 查地局收發款項案	同 16 辦理王愛召報墾地畝案宣統元年附
同 31 西盟墾務總局收發款項案	同 17 西路後截八司呈遇墾地畝案申送交代冊表
	同 18 西路後截八司呈遇杭族分局三十三年分實收地價銀數清摺案
	同 19 西路前截八司呈送案卷案

同 20	準噶爾旗墾務案	
同 21	準旗墾務分局申送交代冊表案	
同 22	準旗墾務分局申送關防案 隨清冊	
同 23	準旗墾務分局申送所放黑界地已未交清押荒升科各冊案	
同 24	杭達及烏拉西公三旗蒙墾各工案	
同 25	杭錦旗墾務案	
同 26	達拉特旗墾務案	
同 27	烏審墾務局案	
同 28	郡王旗墾務案 升科冊附前後卷	
同 29	札薩克旗墾務案 升科冊附前後卷	
同 30	鄂托克旗墾務案	
同 31	達拉特旗四成地案 四成正補地升科在第二卷內前後卷	
同 32	札放行轅局費 並墾務大臣及委員等公費薪水等項案	
同 33	收發調查局案等件案	
同 34	墾務調查局案札委各員附	
同 35	札放調查局薪工局費案	
同 36	調查局開支局費月報案	
同 37	調查局呈呈郡王旗分局 徵收各款調查表案	
同 38	清查土默特地畝總局案	
同 39	清查土默特地畝總局詳送關防文件及報銷總摺賸存銀兩案	

第一部 前清卷宗目錄

同 40	清查土默特地畝總局 詳送發過員司津貼車馬及局費等項案	
同 41	清查土默特地畝總局 詳送分局發過員司書役薪津等項案	
同 42	清查土默特地畝烏拉齊分局申送三四月分開支局費車馬費及餘賸銀兩案	
同 43	站地墾務分局詳送交代冊表案 卷宗賑濟等件案	
同 44	殺虎口站地墾務總局詳送交代關防	
同 45	烏盟墾務總分局關防鈐記卷劄押荒銀兩押荒條册等件案	
同 46	烏盟墾務總局詳送丈放達茂兩旗地畝應徵浮收押荒等款册表案並二三四月報銷清摺案	
同 47	烏盟墾務總局詳送二月分三成經費閉支各款並茂明安旗三四月分收發各款案	
同 48	烏盟墾務分局案	
同 49	河東西鄂站諾京等呈懇賑值罪站官長等情案	
同 50	札道餉庫收發墾務各款案	
同 51	委歸化總查點墾款並廠官廠鋪銀錢雜物案	
同 52	豐鎮廳墾務案收發款項附	
同 53	豐鎮廳墾務局會詳墾務分局已未收解押荒經費等項交代冊摺案	
同 54	豐鎮墾務局詳解地價並一五火耗報效銀兩案	
同 55	豐鎮公司詳解收發銀項及現存銀兩案	
同 56	豐鎮東路公司申送收發銀項及現存銀兩案	
同 57	寗邊同知等會詳送 各薩木勘丈餘地並徵荒價案	
同 58	寗邊同知 詳報三十一年正月起至三十四年四月十一日止徵收各戶荒價銀兩案	
同 59	衡邊廳墾務案	

第一部 前清卷宗目录

60 与和厅申送历年代收东路公司地价银两各项清册案连二卷一宗
61 与和厅申送交代册表案
26 与和厅详送历年经收押荒及四六成经费并代收东路公司地价案
63 与和厅垦务案 收发款项附
64 陶林厅垦务案 收发款项附
65 札密厅垦务案
66 奏请支款设局派员调查垦情等案
67 归化厅详请栽撤垦务衙门饷乾银两情案
68 垦务调遣军队案
69 代理五原厅 焦连城等领公司买产货物等案
70 代理五原厅丁营村民人武芝祥呈称无赖官抢收伴种地亩请饬差
71 萨厅垦壮丁营 焦连城等领垦点收公司买产货物等案
72 五原城甚地案
73 萨拉齐厅详覆壮丁营 涸复地亩筹拟办法等情案宣统二年附
74 东路公司委员李登谟禀呈领放八旗收废地数目并地价已未收各户清单案
75 冀垦委员人等禀诉冤抑情形案请假丁忧附民国元年附
76 招佃租垦安抚旗丁案 宣统元年附
77 归绥道解还前借垦中学堂经费案
78 口北道呈报北洋支应收到割拨二成押荒银两案
79 各项另存案

80 设局太电线案
81 设晋县控四喇嘛案
82 赵伊尔眼挑送学生案 宣统元年附
83 乌审眼户张功等呈控乌审族 叛蒙案柴发烧民房一案
84 蒙教交涉案
85 添设蔺治案
86 张明本呈控许尚洁一案
87 前垦务亲军 卫队管带李得功遗失毛瑟马枪等案
88 收护款项清摺案
89 卸护大臣胡呈送焦连城详报接收移交各款并接收清摺案
90 卸护大臣胡呈送渠工总办焦连城详报正月至四月杭达分局补报开支并接收摺案
91 卸护大臣胡呈送焦连城详报四月至七月渠工做用各款清摺案
92 卸护大臣胡呈送三十四年七月至九月总局开支及渠工收发各款清摺案
93 西盟局群送三十四年七月至九月垦务开支各款清摺案
94 西盟局群送三十四年七月至九月三公旗垦务用款清摺案
95 乌拉垦务案
96 西盟大德通垦请清还前垦务大臣贻借归西路公司买粮银两案
97 远城官木铺借用银两案
98 已革西路公司股商方孝恭禀请还股本案
合盛元垦请清还官钱局借商号之款案

一四
三二

第一部 前清卷宗目錄

宣統元年前託運墾務卷宗目錄表

己字
1 委員查辦喀爾喀旗承吉丹不爾案情案（咨送法部）
2 籌辦墾務情形案
3 奏調咨調人員案
4 收發調查案卷等件案 第一卷
5 收發調查案卷等件案 第二卷宣統二年附
6 札放調查局開支薪工局費用案
7 調查局開支薪工局費雜用案
8 墾務調查局案
9 西盟墾務總局案 收發款項附
10 豐鎮廳墾務案 收發款項附餘地附
11 寧遠廳墾務案 收發款項附
12 興和廳墾務案 收發款項附
13 陶林廳墾務案 收發款項
14 四鳳另租案
15 佐領恩克吉爾格勒 呈覆查辦屯墾處狼石事宜案
16 發各處案卷等件案
17 展修張綏鐵路案
18 札道飭庫收放墾務各款案
19 察哈爾左翼推廣墾務案

同 20 已革西路公司股商曾楊淮稟請還股本案
同 21 烏即墾務分局案 收發款項附
同 22 烏即墾務分局月報案
同 23 杭達及烏拉特三公旗渠壩各工案
同 24 調查局詳送 調查烏伊兩盟渠工收發款目表冊圖說清摺案
同 25 調查局呈送調查鄂托克各分局墾務收支款項表摺案
同 26 調查局察送調查杭錦墾務各款表摺案
同 27 調查局呈送調查八旗收廳墾務清查土默特地畝寄餘地收支各款表摺案
同 28 歸化廳申報提恭獻犯臭英王五選襠日期案
同 29 歸化廳詳報提審之達楞太病故請委鄰封相驗一案
同 30 歸伊兩盟墾務情形案
同 31 調查局稟陳調查 達拉特旗墾務開列表附
同 32 烏審墾務局案內有榆林府志附
同 33 札臨克兩旗調遣軍除案 徵收歲租外另徵一成作當辦公之需
同 34 墾務調查案
同 35 胡委員懇銀稟覆飭查郝萬鴻所存麥子並揮放杭旗各地已未收地
同 36 右翼墾務情形案
同 37 歸化城同知發恩慶等稟查價花名案
同 38 預備立憲案
同 39 委員赴港旗催收押荒並查看未放地畝案

第一部 前清卷宗目錄

札放行賬局費並墾務大臣公費委員薪水等項案 正月至五月
第一卷

同 40 札放行賬局費並墾務大臣公費委員薪水等項案

同 41 五月至九月第二卷

同 42 九月至十二月第三卷

同 43 鄂親王府呈請查明本府馬廠地畝數目及升科若干案

同 44 札調查局及各局廳縣將光緒三三、四年份墾務開支各款列表造冊呈報案 宣統二年附

同 45 達拉特旗四成地案 四成補地附

同 46 杭錦旗墾務案

同 47 達拉特旗墾務案

同 48 前墾務親軍衛隊管帶李得功逍失毛瑟馬槍等案 二、三年附

同 49 山西撫院查覆飭令李游擊得功赴口外自行清理賠繳槃工銀兩案

同 50 蒙教交涉案

同 51 佔收右翼豐濟渠陶各屬荒案

同 52 調查貽前大臣任內墾務出入各款案 宣統二年附

同 53 調查已革綏遠城將軍貽任諉殺他旗台吉升不爾案

同 54 法部咨送已革綏遠城將軍貽墾供詞案

同 55 飭查懸員靈塱發將詮領地畝售與教堂案

同 56 五原城基地案

同 57 綏遠馬隊管帶呈覆 駐烏盲兵由包局支領津貼銀數相符案

同 58 西剉局總辦劉尙倫 稟接收糧貸並未接收銀兩案

同 59 西剉局詳送三十四年冬季槃工收支淸冊案

同 60 西剉局詳送三十四年分達旗永租地糧銀劃解公費給發銀兩淸冊案

同 61 西剉局詳送三十四年冬季分烏拉渠工收支淸摺案

同 62 西剉局詳送三十四年分烏拉地槃租及幫徵槃水租等項淸冊案

同 63 西剉局詳送三十四年冬季分烏拉地槃租及錫守性抵繳糧石淸冊案

同 64 西剉局詳送移交抵款及變價借勛等項淸冊案

同 65 西剉局詳送三十四年分應徵槃殘租並徵收杭旗短租淸冊案

同 66 西剉局詳送三十四年分灘徵杭旗押荒淸冊案

同 67 西剉局詳送代徵歷年各項民欠並民欠數目淸冊案 附稟信一件

同 68 西剉局詳送三十四年分總分局開支各款淸冊案

同 69 烏拉墾務案七月

同 70 同 八月

同 71 札委墾務各委員案 委員請假附

同 72 烏察局開支月報案

宣統二年前綏遠墾務卷宗目錄表

庚字 1 督辦墾務情形案

庚字 2 奏調查墾人員案

庚字 3 札委墾務各差案 委員請假附

庚字 4 札放調查局薪工局費等項案

第一部 前清卷宗目录

5 调查局开支局费难用案
6 垦务调查局案
7 西盟垦务总局案
8 丰镇厅垦务局案 收发款项附
9 宁远厅垦务局案 收发款项附 余地附收发款项附
10 兴和厅垦务局案 收发款项附
11 陶林厅垦务局案 收发款项附
12 札萨克旗收放垦务各款案
13 札道筋廓收放垦务各款案
14 奏报西盟垦务现在情形并预拟收束办法案
15 整顿西盟垦务各项事宜文件章程案
16 乌盟垦务分局案 收发款项附
17 乌盟垦务月报案
18 委员赴池旗催收押荒并查看未放地亩案
19 胡懋钺催收池旗押荒清册案
20 调查局呈送调查垦务各局及东西路公司收支款项表摺案
21 托庵详任永隆与石老虎互控垦地案
22 山西巡抚咨请将垦务亲军光绪二十八年三月十夫余饷筹解来晋案
23 乌寨垦务局案
24 札隆克旗垦务案
25 绥远城响办旗丁生计处呈报事件案

25 杭达及乌拉西公三旗湟渠各工案
26 札放行藤局费并垦务大臣愍委员等公费薪水等项案
27 札委胡合懋铰办理杀虎口已放站地改为官租善后事宜案
28 王牛宝呈控到宁远复丈余地瑞姓吞使押荒地价等情案
29 达拉特旗四成地案
30 杭锦旗垦务案
31 达拉特旗垦务案
32 蒙教交涉案
33 催收右翼丰镇与陶各属押荒案
34 董正垦务款项案
35 查办池旗台吉丹丕尔全案 咨送法部查核等件案
36 西盟局详送元年春季代征民欠杭旗押荒短租暨粮抵变价银两清册案
37 西盟局详送元年春季翟存征起杭旗押荒民欠短租等项清册案
38 西盟局详送元年春季垦务收支各款并翟存房租勃用数目清册案
39 西盟局详送元年春季代征五原城噶地民欠各租及移交数目清册案
40 西盟局详送元年春季代征达旗民欠三七成地银粮变价杭达旗民欠加色公费清册案
41 西盟局详送元年春季乌拉渠旗工局应征已征未征退租粮石清册案
42 西盟局详送元年春季退工收支暨领过经费分拨数目清册案
43 西盟局详送元年春季征收四成补地押荒及翟存杭旗押荒等银清册案

第一部　前清卷宗目錄

44 西盟局詳送元年春季劃抵欠糧實並伴種糧石變價清冊案
同 45 西盟局詳送元年春季代征杭達旗歲租水租及撥發借助各數清冊案
同 46 西盟局詳送元年春季烏拉塞堝工局收支各款清冊案
同 47 西盟局詳送東勝副移解征存郡旗地押荒歲租銀數副撥數目清冊案
同 48 西盟局詳送元年夏季應征抵欠糧貨並舊存伴種糧石變價清冊案
同 49 西盟局詳送元年夏季五原城基地三七成內提出劃撥銀數及代征民欠地租清冊案
同 50 西盟局詳送元年夏季民欠王愛召砲短租暨加色銀數清冊案
同 51 西盟局詳送元年夏季杭達旗地短租並以糧抵租及變價清冊案
同 52 西盟局詳送元年夏季代征杭達旗民欠隨征加色並舊存副撥公費批解餘銀清冊案
同 53 西盟局詳送元年夏季代征杭達旗民欠杭旗地短租及副撥借勤銀數清冊案
同 54 西盟局詳送元年夏季代征杭達旗民欠隨征加色並舊存副撥公費清冊案
同 55 西盟局詳送元年夏季代征杭達旗民欠杭旗地短租及副撥借勤銀數清冊案
同 56 西盟局詳送修沙河渠工開支土方及數目清冊案
同 57 西盟局詳送征起三十四年分折色本色劃撥各款清冊案
同 58 西盟局詳送元年夏季烏拉塞堝工局應征已征未征租銀並光裕堂退回西公旗地租糧變價清冊案
同 59 西盟局詳送元年夏季烏拉塞堝工局收支各款清冊案
同 60 西盟局詳送元年夏季渠工收支款清冊案
同 61 西盟局詳送元年夏季渠工收支銀數清冊案
同 62 西盟局詳送元年秋季渠工收支銀數清冊案
同 63 西盟局詳送元年秋季分劈務收支各款清冊案

同 64 西盟局詳送代征杭達旗民欠短租及抵伴種糧變價清冊案
同 65 西盟局詳送征收杭旗及四成補地押荒並一五加色清冊案
同 66 西盟局詳送征收杭達兩旗水短租及副分公費餘利清冊案
同 67 西盟局詳送杭達兩旗分局收支各款清冊案
同 68 西盟局詳送杭達旗分局發過委員賞號飯食及借撥銀兩清冊案
同 69 西盟局詳送達旗地民欠短租及劃分各款清冊案
同 70 西盟局詳送征收烏拉特三公旗歲集水短租押荒等項清冊案
同 71 西盟局詳送各分局舊存糧貨抵交各款及隨出舊存伴種糧石清冊案
同 72 西盟局詳送達旗提出經費糧石變價並隨征民欠各租及借撥各項銀數清冊案
同 73 西盟局詳送王愛召地民欠短租清冊案
同 74 西盟局詳送達旗永租本色折色並民欠各租及借撥銀兩清冊案
同 75 西盟局詳送渠工收支並借撥銀兩清冊案
同 76 西盟局詳送兩旗各分局借撥銀兩清冊案
同 77 西盟局詳送歷年民欠杭達兩旗並舊存抵租油勒清冊案
同 78 西盟局詳送杭旗分局儲公司變價糧石已起末起各種清冊案
同 79 西盟局詳送代征杭旗地民欠短租及撥發各種清冊案
同 80 西盟局詳送征收杭旗及四成補地押荒糧價等項清冊案
同 81 西盟局詳送王愛召地民欠短租清冊案
同 82 西盟局詳送征三十四年分杭旗未收押荒地價民欠各種清冊案
同 83 西盟局詳送代征杭達兩旗各租及五原城基地租清冊案

同 84	西盟局詳送達旗永租征起折色(本色)二次劃撥各款清案	同 104	西盟局詳明應給達拉特旗劃分元年分蒙商報地各款銀數案
同 85	西盟局詳征起達旗地歲租並劃撥各款清案	同 105	西盟局詳送民欠永杭達兩旗短租並抵舊存渠工油糧米面出售銀數清案
同 86	西盟局詳送烏拉填工局征收押荒渠租短租清案	同 106	西盟局詳送民欠杭地新舊押荒四成補地地價清冊案
同 87	西盟局詳送民欠王愛召未放地短租清案	同 107	西盟局詳送應分撥款並開支清冊案
同 88	西盟局詳送民欠王愛召歲租並一五加色清案	同 108	西盟局詳送歷年民欠杭達兩旗渠租杭旗王愛召等處歲課並劃借各數清冊案
同 89	西盟局詳送民欠王愛召抵租糧貿變價清冊案	同 109	西盟局詳送曆年民欠達旗永租並劃分各款民欠本色折色清冊案
同 90	西盟局詳送代征杭旗地各項租銀並劃撥借勸各款清冊案	同 110	西盟局烏拉填工局開支各款案
同 91	西盟局詳送代征杭旗民欠短租及抵租伴種各糧變價清冊案	同 111	西盟局詳送各分局開支清冊案
同 92	西盟局詳送烏拉分局二年正月初一日至二月初六日收支各款清冊案	同 112	西盟局詳送分撥款總冊案
同 93	西盟局詳送出售公司存糧變價並渠工助用霜變短折清冊案	同 113	前大臣信查西盟局詳報墾務收支借撥銀兩開支各項清冊案
同 94	西盟局詳送元年冬季集工收支各款清冊案	同 114	咨送綏遠城將軍衙門屯墾牛捐收捲繳等件案
同 95	西盟局詳送元年冬季征收枕達兩旗各項一五加色清冊案	同 115	烏拉墾務案 正月
同 96	西盟局詳送元年冬季總分局征收三公旗地渠租短租等項清冊案	同 116	同 三月
同 97	西盟局詳送元年冬季東勝廳移解征存郡王旗地押荒歲租並劃撥各款清冊案	同 117	同 六月
同 98	西盟局詳送元年冬季開支各款清冊案	同 118	墾務公所開支月報案
同 99	西盟局詳送元年冬季集工收支各款一五加色清冊案	同 119	烏盟局開支月報案
同 100	西盟局詳送元年冬季代征本色折色民欠各租及借撥各銀清冊案	財字 1	准綏遠城將軍咨覆收到杭旗貝子報効學堂等項庫平銀一萬五千兩案
同 101	西盟局詳送元年冬季劃分各款清冊案	同 2	准信大臣信咨墾務案
同 102	西盟局詳送元年冬季代征本色折色民欠王租並劃分各款清冊案	同 3	糧廳申復邊防劃分款項並收庫提發各銀兩案
同 103	西盟局詳送元年冬季劃撥墾務收支各款清冊案	同 6	據河曲縣解交港旗墾地歲租銀兩案

第一部 前清卷宗目錄

第一部　前清卷宗目錄

同 7　據辦理站地善後委員胡令懸誡棄報領解費銀兩案
同 9　准銷遷城將軍咨度支部催將三十三四年統計趕造表冊送部查核案
同 10　據大德通渠請發還輸芬常代西路公司償過銀兩案
同 18　據茂達四三旗呈請撥四成補地秋禾被災請免歲租案
同 21　據五原等廳會勘四成補地秋禾被災請免歲租案
同 26　烏審墾務局申報收支款項案
同 28　據站地善後公所詳報勳支薪工軍馬等項清冊案
同 33　蒙民呈詞案
同 36　准信大臣移交土默特查地局銀兩文卷請副都統接收案
同 40　發給行轅修葺銀兩案
同 43　據郡札二旗呈請飭發歸屬墾歲租等項案
同 48　飭豐與寄陶四廳徵解荒價案
同 69　西鄂總局批解款項案
政字 2　札康墾總局等將未放王愛召及烏拉特三公等旗地畝各數目案
政字 5　札西鄂總局等將未放王愛召及烏拉特三公等旗地畝趕緊放墾改造冊送核案
同 8　據烏審局申報收支款項並丈放地畝各數目案
同 22　飭武川廳籌議達茂等旗續墾地歲租等則年限並徵解押荒銀兩案
同 25　札府谷縣徵解押荒歲租案
同 29　札委西鄂總分各局人員案
同 32　西鄂局詳報收支款項月報案

宣統三年份前經遺墾務卷宗目錄表

辛字 1　督辦墾務情形案
同 2　西鄂墾務總局案　收發款項附
同 3　豐道廳墾務案
同 4　寄林廳墾務案
同 5　陶道廳墾務案
同 6　四董另租案
同 7　烏盟四子王達爾罕茂明安三旗墾務案（此卷發交武川縣）
同 8　辦理王愛召續報墾地案
同 9　池旗貝子呈地戶顯將地租呈交本旗直接經收案
同 10　烏審旗墾務案
同 11　酌擬已經清丈土默特地畝分別准贖不准贖章程案
同 12　辦理殺虎口等處已放站地改辦官租案　第一卷
同 13　辦理殺虎口等處已放站地改辦官租案　第二卷
同 14　奏調查調人員案
同 15　杭錦旗墾務案
同 16　達拉特族地改辦永租案
渠字 1　墾務處工收支各款等項案
同 2　西鄂局詳送宣統二年夏季分烏拉豎墾工局收支各款清冊案
同 3　西鄂局詳送宣統二年秋季分烏拉豎墾工局開支各款清冊案

字号	页码	案卷名称
科字	1	西盟垦务局详报宣统二年杭达各分局开支岁修渠工土方银数清册案
同	4	西盟局详送宣统二年夏季分各分局开支渠工各款清册案
同	5	西盟局详送宣统二年秋季分各分局开支渠工各款清册案
同	6	西盟局详送宣统二年十月起至十二月底止各分局开支渠工各款清册案
同	7	西盟局详送宣统二年十月起至十二月底止各分局开支渠工各款清册案
同	8	西盟局详送宣统二年杭达各分局开支岁修渠工土方银数清册案
政字	38	西盟垦务局详报销册案
同	59	扎派站地局人员案
同	62	扎委垦辖人员案
财字	1	瑞任将军移交桂任款项案
同	80	瑞任将军移交桂任款项案
同	97	杭锦旗呈请发给归蒙款项案
同	98	准噶尔旗呈请发给归蒙押荒岁租案
同	107	准桂将军移交本任款项案
同	115	准山西抚院咨商各件案
同	142	信前大臣咨请转送报销案
同	148	法部行知调查各件案
同	166	东胜厅详领款项案
同	205	站地局详请发边站地民户原交草薙地价银两案
同	210	筹拨达地实行永租案
		第一部 前清卷宗目录
同	222	西盟总局详请更正历届呈报太和堂岁课各册案
同	225	驿站员司请借银两案
同	244	西盟总局详送发放乌拉杭锦等旗余地图册案
同	246	武川县详请更正误填地照数目案
同	257	绥远将军查借款案
同	263	西盟总局调队防守案
同	265	站地局申报闻警饬办各站事宜案
同	263	西盟局筹拨东胜厅民团经费银两案

第二部 民國卷宗目錄

民国元年份前清遗留垦务卷宗目录表

字号		事　由
壬字	1	各局办垦情形案
同	2	办理杀虎口等处已放站地改办官租案
同	3	西盟垦务总局案
同	4	准噶尔旗黑界内垦地该关该旗自收案
同	5	发各处卷等件案
同	6	达拉特旗地改办永租案连续保结附
同	7	乌拉特三公旗垦务案垦租章程附
同	8	万盛号商人李世魁呈请将报垦因偿作抵免清硬免地领回等情案
同	9	五凤验荒地案
同	10	杭锦旗垦务案
同	11	办理西盟蒙旗水利案
同	12	办理王爱召续报垦地案
同	13	河曲县垦务案
同	14	通行各局严催欠荒及张贴告示案
同	15	山西民政长呈请垦务局抄送档案卷宗等件案
同	16	清蒙旗领垦务谷助案
同	17	五凤县垦务案
同	18	添设刚治案
同	19	崇教交涉案
同	20	和林县垦务案
同	21	通行各局县豁免 辛亥年以前民欠岁租案
集字	22	垦务公所办事细则及章程条例案
同	9	西盟局详送宣统三年春季分总分局开支集工各款消册案
同	10	西盟局详送宣统三年夏季分总分局开支集工各款消册案
同	11	西盟局详送宣统三年秋季分总分局开支集工各款消册案
同	12	西盟局详送宣统三年冬季分总分局开支集工各款消册案
同	13	西盟局详送宣统三年分杭达各分局开支岁修集工土方银数消册案
财字	1	呈请撤单衙门截留公费
同	4	水利总局呈送报销册
同	311	度支部各行开支罚工等项改用阳历
同	321	各局呈报道失款项由
同	335	各局人员借领津旅费
同	339	西盟总局详送报费
同	347	五凤县续建修衙署工程并城基地租由
同	357	西盟垦务总局详送报销册
同	367	开绥道呈请转勋达旗豁免五原城基地内水草等务
同	369	西盟总局申请验免历年积欠各租

第二部 民国卷宗目录

第二部 民国卷宗目录

民国二年份绥远垦务卷宗目录表

癸字 1 督办垦务情形案
同 2 清理西盟垦务案

癸字 3 西盟水利总局 后套划办赋捐委员请假附连二卷
同 4 西盟水利东局案
同 5 西盟水利西局案
同 6 乌拉特垦务分局案
同 7 乌拉分局筹办王爱召地图册案
同 8 乌拉分局筹办西公旗报垦地畒案
同 9 乌拉分局呈报西中公旗地被灾案
同 10 杭锦旗垦务案
同 11 达拉特旗地改办永租案
同 12 乌审旗垦务案
同 13 乌托克旗垦务案
同 14 五原县案
同 15 五原城甚地案
同 16 武川县垦务案
同 17 东胜县垦务案
同 18 丰镇县垦务案
同 19 宁远县垦务案
同 20 兴和县垦务案
同 21 陶林垦务案
同 22 蒙教交涉案 准旗垦林蜜子等处附

科字 34 绥远将军陞续拨垦款
政字 256 水利总局委派人员
同 410 伊盟郡扎杭准鄂乌六旗支借款项
同 419 张督办接收前任移交款项
同 428 各员借支薪津附垫发观测分所经费
同 430 办理站地善后局呈报开支各项经费
同 436 乌拉垦务分局呈报征收支解各款
同 440 办理站地善后局请领经费
同 450 西盟垦务总局详途报销
同 457 西盟垦务总局请领经费
同 259 饬行西盟总局速催租欠款项
同 260 饬催和林绥转令和顺德钱铺将前存站地荒价早解
同 262 张督办任内提动公所经费
同 262 行催东胜河曲府谷平罗等县租欠款项
同 263 饬催乌拉分局速催租欠款项
同 267 行令丰凉兴陶各县严催租欠荒价

同 23	河曲府谷兩縣呈報沖旗升科歲租冊案	同 19	烏拉墾務分局批解款項
同 24	涼城縣治案	同 70	提給催荒各員五厘獎勵
同 25	通行各縣催收押荒墾錢糧案	同 460	烏拉分局委派人員
同 26	各處報災請分別蠲緩告示三聯單案	同 461	烏盟達茂四烏拉東中西三公等六旗支借款項
同 27	陳新興控委員張金銘不令觀領原辦杭旗東土城子復泰昌地案	財字 462	水利總局移交烏拉分局事項
同 28	辦理殺虎口等處已放站地改辦官租案	同 566	達拉特旗支借款項
同 29	國務院查行查核札薩克貝子前墾務公司所入之股案	同 487	豐濟興陶四縣批解荒價並提五厘公費
同 30	綏遠城將軍函送憲法新聞案	同 491	水利總局批解款項
同 31	准綏遠將軍查山西審計分處開辦關防日期案	同 561	察哈爾總管請撥旗丁應撥款項抵交領地荒價
同 32	准綏遠將軍函送 國務院蘦定公文書用紙條例及章程案	同 572	綏遠城查請撥綏政務處各員復丈餘地匯分一半地價
同 33	准綏遠將軍函送農林部觀測分所案	同 591	烏拉分局呈送升科清冊
同 34	調查後套屯墾情形案	同 616	審計處頒到辦理預計算各項程式
同 35	察報察哈爾墾務總局開用關防日期案	同 646	綏遠將軍函請撥發政務處各員火食
同 36	墾務公所改組分科治事案	同 652	西鄂盟務總局呈送撥放地圖冊
同 37	委任墾務各員案	同 665	興和縣呈報被匪搶去征起荒價銀案
同 38	調令各縣禁煙案	同 669	興和縣呈送續放地圖冊
同 39	察報鄭哈爾墾務總局開用關防日期案	同 687	平羅縣呈送民欠荒租清單
同 40	民人鄭芳呈控鄭梓訓令歸化縣秉公訊斷案	同 696	綏遠將軍函查擴綏遠縣請由墾款內撥給巡兵津貼
政字 1	墾務公所呈送概算書	同 716	豐涼興陶四縣呈送升科清冊
財字 19	武川東務河谷等縣批解荒租銀南	同 750	
		財字 759	水利總局呈送概算書

第二部 民國卷宗目錄

第二部 民国卷宗目录

民国三年份前绥远垦务卷宗首录表

甲字 1	督办垦务情形案
同 2	清理西盟垦务总局案
同 3	清理西盟水利总局案
同 4	西盟水利总局案
同 5	西盟水利东局案
同 6	西盟水利东局案
同 7	西盟水利西局案
同 8	清理西盟水利总局第一起呈缴案卷等件案
同 9	清理西盟水利总局第二起呈缴案卷等件案
同 10	清理西盟水利总局第三起呈缴案卷等件案
同 11	清理西盟垦务总局呈缴清理垦务案卷账等件案
同 12	清理地亩总局分各局扎委各达案
同 13	清理地亩总局案 章程附
同 14	清理察哈尔右翼各旗荒夹荒案
同 15	乌拉分局案
同 16	乌拉分局兼办西公族报垦地亩案
同 17	乌拉分局兼办东公族报垦地亩案
同 18	乌拉副总管呈请转请奏宽免垦放三湖湾地亩等情案
同 19	乌拉东公族报垦编召地作为安插旗丁屯田案
同 20	赵良臣张中恒禀请认领厢红旗十一苏木哈萨等处遗荒地招垦等情案
甲字 21	清理西盟垦务总局呈缴关防条遵调查表册案
同 22	清理西盟水利总局呈缴杭锦续放渠地部照根案
同 23	清理西盟水利总局呈缴杭锦续放渠地部照根案
同 24	清理归武和三县地亩分局案
甲字 25	副分行政区域案
同 26	绥远将军函送内务部发来现行行政区域一览表册案
同 27	绥远将军函送农林统计报告书案
同 28	准绥远都统咨送现行办事细则案
同 29	准绥远都统咨勘垦内国公债案
同 30	准绥远都统咨送内务部修正审计条例细则案
同 31	准绥远都统咨边农林部公司条例细则案
同 32	准财政部咨派会事甘鹏云调查绥垦垦务案
同 33	财政部咨前清户部咨白执照呈缴解部另发垦荒执照案
同 34	五原城嘉地案 勘查垦放四子王晤善后事宜附
同 35	五原县垦务案
同 36	绥远气象观测所案
同 37	办理杀虎口等处站地改办官租善后事宜案
同 38	萨拉齐东胜各处杀虎口管站官员会报地亩铃记二颗案
同 39	并增司员报河西各台草滩地总册案 并增司员报丈拨河西三四五台草滩地

同	40	圈萬金高日璧李開綱等各戶呈懇認領各處荒餘地案	同	60	調查後套屯墾情形案 四年附
同	41	土默特公呈張將軍剴舜該爵游牧地案	同	61	蒙邊佐探團團長胡太才 調陳後套屯墾章程案
同	42	土默特旗總務科員補晉泰塞委勘查五當台廣覽志寺地界案	同	62	歸綏禁煙善後局案
同	43	祝緞呈報故父賕時入西路後裁公司股本發給遜志堂股票遺失請立案	同	63	各項另租案
同	44	緞銷臀辦縣關防案	同	64	各項另存案
同	45	裕源永執事脊在廊呈懇昆蕭認領延德祚騰兩堂地賦交商號抵償欠款案	同	65	四厘公報案
同	46	烏拉劉務分局案	同	66	裁免將軍都統公費案
同	47	烏審旗劉務案	同	67	士默特參領諾蒙格格呼勒等呈為蒙人代籌生計案
同	48	蒙教交涉呃埠旗殖林喜子等處案	同	68	訓令歸綏縣需用預備軍輛案
同	49	武川縣劉務案	同	69	准綏遠都統咨行轉飭保管公款人員徵繳保證金條例案
同	50	武川縣催荒員巳翻濟呈送擎擔解送本埧村民遶車高鐵馬等請懲治案	呈字 1	潘督辦任內規定本公所開支經費
同	51	綏遠城八旗牧廠劉務發款頃案	呈字 2	裁免將軍都綏公費
同	52	綏遠城八旗牧廠劉務收餘地附	政字 18	清理地畝總局詳逼徵收地價加色並勤支各款清摺卷
同	53	豐鎮縣劉務案	財字 45	飭令水利東西局查明歸綏中學校領後套地銀各數
同	54	興和縣劉務案	同	50	令清理地畝總局算開支釋費數目
同	55	各處報災請分別蠲緩錢糧案	同	51	烏拉分局呈郡王旗以租抵借
同	56	派員前往各縣催荒案	同	52	牧廠劉務局詳途動劉務公所經費
同	57	飭委劉務各萼案	同	53	潘督辦任內提勸劉務公所經費
同	58	達拉特旗改辦永租案	同	59	扎派站地局人員由
同	59	陳升九呈經水利西局王委員押追過欠包永租渠地執照案	同	82(?)	審計處領到辦理預計算各項程式
第二部 民國卷宗目錄				

第二部 民國卷宗目錄

編號	案由
同 829	烏拉分局呈送預決算各書
同 840	杭達烏各旗裂地被災蠲免歲課
同 845	水利東局委派人員
同 864	綏遠縣呈報取銷並將製款卷簿移交金庫
同 914	各局呈送農商經費統計表
同 924	清理地畝總局呈請撥發經費
同 931	水利西局委派人員
同 946	潘督辦接收張任移交款項
同 948	五原縣呈烏拉東中兩旗請領歲租
同 949	潘督辦任內豐涼與陶四縣批解征起荒價並提支五里公費
同 950	武川五原東勝河曲府谷等縣批解荒租銀兩
同 955	清理地畝總局呈請各員到差日期
同 973	墾務公所委派人到
同 985	烏墾各旗請領荒租
同 990	榆林道尹批解烏審旗款項
同 992	伊墾各旗請領荒租
同 995	烏拉分局呈請轉飭劉君符來局清交地價
財字 1011	潘督辦任內烏拉分局批解款項
同 1016	水利西局呈報查對達旗永租民欠田全費已收未報一案
同 1023	水利西局包戶陳升九荒廢租地
同 1030	水利東局呈報整理房展並拆銷局所木料
同 1033	水利東西局呈送預計算各書
同 1034	水利東西局會呈由赴查開支車馬費銀兩
同 1035	水利東局呈請發駐局騎民餉乾銀兩
同 1039	水利西局呈請估修局房銀兩應如何列報
同 1040	水利東局呈送各項報銷並計算書
同 1042	潘郡統任內查借製款
同 1043	水利西局呈送三年春季分各項報冊
同 1090	牧廠墾務局詳解款項
同 1092	水利西局呈送三年夏季分各項報冊
同 1102	綏遠都統咨所有製款造冊咨由察區歸還
同 1110	烏拉分局籌放寬郡崙召東牌界地正委員詳送預計算書
同 1112	水利西局詳送截晴報冊
同 1129	水利東局詳送升科清冊
同 1133	財政部頒到辦理掌司公款人員徵繳保證金各項條例
同 1141	烏拉分局詳報徵起荒租等項並開支各銀數
財字 1141	牧廠墾務局詳送報銷

民國四年份前綏遠墾務卷宗目錄表

乙字	1	督辦墾務情形案
同	2	清理地畝總局案
同	3	清理歸武和三縣地畝分局選移巡檢署內案
同	4	清理地畝總分各局飭委各案
同	5	清理豐涼與陶四縣餘荒夾荒地畝總局案
同	6	清理豐涼與陶四縣餘荒夾荒地畝總分各局飭委各案
同	7	烏拉墾務分局案飭委附
同	8	各調烏盟烏拉特三公旗來綏會商就議案
同	9	烏拉分局籌辦東公旗報墾烏郎嚣召地畝丈放完竣案
同	10	烏拉東公旗呈覆三湖灣等處地圖案
同	11	西墾水利東局案
同	12	西墾水利西局案
同	13	西墾水利總局案
同	14	八旗收廳墾務新局案 飭委各案附
同	15	豐鎮縣墾務案
同	16	涼城縣墾務案
同	17	興和縣墾務案
同	18	五原縣墾務案
同	19	烏審旗墾務案

第二部 民國卷宗目錄

乙字	20	派委佐領德普詩辭巴前往澶噶爾旗板勘地所案
同	21	烏拉西公旗什胡魯素等處報災請分別豁免歲租案
同	22	和林格爾縣詳請發已放殺虎口站地租照存根冊以便飭發板契案
同	23	密查報告水利西局正委員王金鑠警私鄉幣侵吞公款案
同	24	飭委墾務各差案 請假附
同	25	廣覺等呈送地圖鈐印及查勘地界案
同	26	批飭各局更正造送農林統計報告書案
同	27	准飭呈送籌辦旗丁生計處詳將巴喀爾村荒灘荒地均由旗丁承領開墾案
同	28	准綏遠都統條改內國公債條例案
同	29	准綏遠都統咨本署組織會議廳簡章細則案
同	30	准綏遠都統咨轉飭各局縣問政府公報案
同	31	准綏遠都統咨轉飭墾務處查明公司入股銀兩及官銀局本銀案
同	32	准綏遠都統咨全國水利總局咨送各省水利委員組織條例辦理案
同	33	綏遠都統咨將新華儲蓄實銀行原送儲蓄票章程案
同	34	通行各局歸綏中國銀行函送兌換紙幣樣本案
同	35	通行各局張貼告示案
同	36	裁撤歸綏金庫案
同	37	各項另存案
同	38	准綏遠都統咨本都統組織綏遠女官普通懲戒會案
同	39	察哈爾都統咨請將右四縣四廳另租抄送備案

第二部 民国卷宗目录

乙字 40 归绥县详查李俊才呈控杨红旺子争讼地亩案
同 41 陈新与栗控复泰昌地亩案
同 42 绥远都统查拟于土默特加租项下每年共筹税军费二十万元案
同 43 准财政部咨派委甘肃云贵特岱签送新石印油论一部查照检收案
同 44 筹办全国煤油矿事宜处签送新石印油论一部查照检收案
同 45 财政部咨会援绥办理垦务暨改粗办法大纲八条案
同 46 清理地亩总局详饬查明海沛秦太荒地拟垦办法案
同 47 内务财政总署函送闵岳史略演词
同 48 武川县契稿案
同 49 五原城基地案
同 50 乌盟四子王旗春耕签送蒙徽院公文案
同 51 清理达尔罕旗契务案
同 52 绥远都统署总务处函送闵岳史略演词
同 53 乌拉特西、中、东公旗报契三湖湾等地案
同 54 防穀虎口驿传道等传调各站章查残隼嗣化会同筹商办理站地案
同 55 阳地方审判厅函翔检签起诉黄耀凤等共犯嗅略求传喜田亭
财字 1161 水利西局详解徵起荒租各款
同 1171 水利西局详送三年秋季分各项报册
同 1206 绥远都统查准咨计院查开讯时所属各机关沿革情形案
同 123 乌拉分局汇放宽郡榴召束牌界地正委员批解徵起押荒银两

财字 1245 兴错推放荒员李昭销详明由徵起荒价内提发马警商承山邮金
同 1283 清理地亩总局拟详开支纲费由东局徵存款内陆续垫用
同 1296 水利西分局详报转详土默特镇国公预借荒价银两
同 1323 清理农兴购四县地亩总局详送计算书各件案
同 1345 水利西局详送三年多分各项报销
同 1363 清理农凉兴购四县地亩总局详送计算书各件案
总字 1 绥远契务总局成立卷
同 2 规定照费附
同 3 牧厂契务局卷
同 4 乌拉三公旗报契三湖湾地亩卷 二卷
同 5 五当召慶宁寺附
同 6 西塞局契务分局卷
同 8 归绥官斋预算及警饷放契卷 四子王盟教附
同 10 绥武和分局卷
同 12 各局报汇诸兵卷
同 14 乌拉契务局调查河套川地亩卷
同 15 牛盒密防蒙邀卷
同 16 牛中土调查农政卷
同 17 税膳五年县费卷 附五年

总字

- 18 财政部饬查学田并资产卷
- 同 19 改组各局支配经费卷
- 同 20 详定本局办事细则卷 大纲八条
- 同 21 乌拉分局详请饬归绥中学堂
- 同 22 查勘老邪里卷 旗务处完纳地价换给部照卷
- 同 23 归绥县卷
- 同 24 医拉齐县卷
- 同 25 饬知道县水利各局卷
- 同 26 东胜县卷
- 同 27 席勒图召卷
- 同 33 饬各局按收成数党员司考成卷
- 同 34 颁发教育宗旨卷
- 同 35 本总局预算卷
- 同 37 喀克官产处请议办事细则卷
- 同 38 关于女官任用各件卷
- 同 40 各项杂件卷
- 同 41 通饬改尔洪宪元年又改为民国五年卷
- 同 42 召集五当召大喇嘛报垦大榆树沟荒地卷
- 同 43 乌拉分局卷
- 同 44 四子王旗报垦乌胡克图荒地卷

第二部 民国卷宗目录

局字

- 57 认购法令全书卷 公文程式附
- 同 67 各营单除则办贼匪卷
- 同 74 奏督办饬准农商部奖章规则卷
- 同 1 奔总府到绥旅费报销卷
- 同 2 官产等项卷
- 同 3 接管局务事项卷
- 同 4 关于财政各项事宜卷
- 同 5 报解局所经费卷 办事处预算书附
- 同 6 筹解军事费卷
- 同 7 观测所拨领经费卷
- 同 8 认解部款卷
- 同 9 各局旬报徵收数目卷
- 同 10 各局结束余款饬交卷
- 同 11 公所结束余款饬交卷
- 同 12 招集徧兵请领枪弹卷 三八扃附
- 同 13 内国公债卷
- 同 17 所得税施行细则卷
- 同 18 陈兴新经张子亮斟地卷
- 同 20 筹办预算及详请开示积欠卷
- 同 21

第二部 民國卷宗目錄

同 22 催辦預算卷
同 23 核議蒙租辦法卷
同 24 變通歲租習徵官租卷
同 25 委員催徵卷
同 26 委催武川縣荒價銀兩卷
同 27 府谷縣報災卷
同 28 府谷縣撥解歲租銀兩卷
同 29 河曲縣撥解歲租銀兩卷
同 30 五原縣徵存未解款項及解財政廳銀兩卷
同 32 東勝縣經徵歲租卷
同 34 達拉特旗徵領租款卷
同 36 扎薩克旗容催荒卷
同 37 枕錦旗容催領租卷
同 38 達爾罕旗容催押荒並修廟費銀兩卷
同 39 西盟分局解款卷
同 40 清理地畝局各項卷
同 41 清理地畝、牧廠兩局詳請歸薩兩分局津貼卷
同 42 催廠兩局詳請追加經費卷
同 43 薩托清分局各項卷
同 45 牧廠烏拉兩局造送五年分支付預算表卷

同 46 牧廠局詳送八月以前計算冊報卷
同 47 烏拉分局各項卷
同 48 烏拉分局詳送四年分每月支付預算卷
同 50 烏拉分局詳送計算月報卷
同 51 勘牧烏拉三公旗地畝局各項卷
同 52 西盟分局詳報李寶元等欠項追繳卷
同 53 西盟分局詳報逃亡委員查勘及催徵卷
同 54 各局報告四年下半年預算卷 及五年預算
同 55 西盟局計算月報及虛領虛解卷
同 56 牧廠局詳計算月報卷
同 58 清理地畝局及兩分局海流素太行局計算月報卷
同 60 郡王旗容領荒租銀兩卷
同 63 勘收地畝局及兩分局詳製務公所規定洋元折銀數卷
同 78 請咨察哈爾製局撥遷東四縣民欠押荒卷
同 79 牧廠分局詳計算月報卷
同 82 牧廠分局詳請放墾郡給召計算月報卷
同 88 牧拉分局兼放墾郡給召計算月報卷

民國五年份前綏遠墾務卷宗目錄表

總字	
7	民人高和棠控五當召卷
9	清理地畝各分局被匪損失卷 歸薩南分局附
同 11	薩托清地分局卷
同 13	調查歸薩兩分局被匪損失卷
同 23	王南委員調查歸綏事件卷
同 29	墾荒獎勵辦法七件卷
同 30	禁止墾務人員購地卷 禁止私放蒙荒附
同 31	督辦筋准部咨核議察屬夾荒考成條例案卷
同 32	各處呈報啟用關防及到差日期卷
同 36	菲總辦請郵金卷
同 39	科員楊國英請郵金卷
同 45	奉部筋會議士默特六成地辦法卷
同 46	烏拉東公旗報墾卷
同 47	墾戶仇金波裳控水利案卷
同 48	綏遠墾務總局成立案卷 附包頭梁地池旗河套川地包頭局房
同 49	墾員張濟清等奉給勳章卷
同 50	歸薩兩分局撥留馬兵卷
同 51	筋各分局特各項租照檢送核定辦法卷
同 52	奉飭預防匪徒護書辦法六條卷

總字	
53	筋科員李萬春密查各分局卷
54	詳擬辦清理土默特地畝章程卷
55	桂科員志沂等被匪擴去卷
56	筋各分局任免選調各職員造報彙輯卷
同 58	科員馬在田沿途遇匪搶刧銀錢衣物卷
同 59	墾荒官荒放墾略費卷 調留村基地址附
同 60	奉都統訓令據測繪所長陳墾務丈量辦法卷
同 61	五原縣呈報什拉胡魯素地被災卷
同 62	牧廠分局詳請雙發部照暨財政分釐查途財政部筋發執照卷
同 63	西墾分局詳途烏拉西公族什拉胡魯素升科冊卷
同 64	奉財政部令調查各項官產卷 交代條例附
同 65	寄判處函請查明慶遠堂領地執照有無假冒卷
同 66	筋烏拉分局呈報局房燒燬總否興修卷
同 68	西墾照分局詳請永租地畝籌定辦法卷
同 69	奉督辦合准交通部咨調查河道情形表卷
同 70	奉督辦合准農商部咨墾調查亦玗卷
同 71	王旭照等稟懇觀領畢齊溝等處荒地卷
同 72	奉筋禁止私吸鴉片卷
同 73	奉督辦令准農商部咨送農菜物產比較表卷

第二部 民國卷宗目錄

第二部 民國卷宗目錄

局字 13 調查附屬各機關沿革卷
同 14 職員銷假發差卷
同 15 新舊領俱交存卷
同 19 殺鼠稅捐務由部調查卷
同 31 靖邊縣徵存烏審旗歲租銀兩卷
同 33 平運縣徵存歲租銀兩卷
同 35 胡拐圖召達喇嘛催領荒銀卷
同 44 牧廠局詳請變通旅費卷
同 49 烏拉分局造送徵收各冊並存根卷
同 57 西鄂分局四年八九兩月報銷冊卷
同 59 西鄂局四年八九兩月報銷月報卷
同 61 各員等請領旅費卷
同 62 本局計算月報並開辦卷
同 64 清理地畝局詳請歸兩局減辦卷
同 65 科員李秉銘欠薪銀元卷
同 66 奉督辦令據五原縣電催租委員王秉錢被匪擄去卷
同 67 勘辦各局收支及民欠各款消冊卷
同 68 水利烏拉分局計算書月報卷
同 69 職員薪遣生車輛臨時增記抵押房滿卷
同 70 烏拉特西、中、東公族各領荒價卷

局字 71 清理地畝麗卷 封寄
同 72 奉飭准部電收用中國交通兩銀行兌換券卷
同 73 呈請容辦核銷各局經徵懇款折匯費由下餘項下彌補卷
同 74 吞榆林道代徵懇款分晰造冊卷
同 75 飭各縣懇務局卷
同 76 牧廠懇務局卷
同 77 驗令委員林沛鈞速撥荒銀兩卷
同 80 烏拉分局旬報徵收荒租銀兩卷
同 81 奉財政部電詢後解懇灘交中行卷
同 83 勘收烏拉特三公旗地畝局詳報防卷宗賬測卷
同 84 西鄂分局詳逸四年冬季分報銷冊卷
同 85 西鄂分局旬報徵收荒價懇冊卷
同 86 牧廠分局旬報徵收荒價數目卷
同 87 西鄂分局旬報收款數目卷
同 89 西鄂分局詳報代徵福生堂地租各冊卷
同 90 詳督辦遵照函據懇領部單棋收銀元以免貼折卷
同 91 飭各分局搭收股票成數卷
同 92 西鄂分局詳報領股票抵押荒卷
同 93 函致烏拉分局處請領經費懇價卷
同 94 奉督懇發下晚縣捐冊分行各局卷
奉財政部令編造三四年度宣產決算卷

局字	
95	電催四年下半年及五年上半年度收支數目卷
96	各局造送民國六年度歲入歲出預算表冊卷
97	五原縣呈請就近催交殺遷公席歲租卷
98	牧廠分局詳報移交接收清冊卷
99	西盟分局呈請馬兵津貼按照清理局章程卷
100	烏拉分局呈覆辛亥年以前豁免民欠逃亡卷
101	本總局借到中國銀行銀元卷
102	西盟分局呈送五年夏季分計算月報卷

民國六年份青歲墾務卷宗目錄表

天字	
1	呈送預算書卷
2	王愛召請領荒租銀兩卷
3	烏拉特三公旗地畝局卷
4	烏拉特三公旗地畝分局呈送計算書月報卷
5	河曲縣微解荒租銀兩卷
6	武川縣微解荒租銀兩卷
7	烏盟達爾罕族請領荒永租卷
8	西盟分局呈送前西路公司糧石變價卷
9	五原縣呈報什拉胡魯素被災卷

第二部　民國卷宗目錄

天字	
10	烏拉特東公族報繳包頭地畝卷
11	牧廠分局招募馬兵卷
12	伊盟郡王旗春領荒租銀兩卷
13	胡太才呈請緩繳地價銀兩卷
14	伊盟達拉特族請領荒租卷
15	五原縣徵存虛租及財政廳截存銀兩如數撥解卷
16	東勝南縣徵存虛租及財政廳截存銀兩如數撥解卷
17	烏拉特西、中、東公族請領荒租卷
18	綏遠墾務總局委任各差卷
19	各分局呈送預算書卷
20	牧廠分局呈送旬報徵收荒價數目卷
21	本局呈送計算書月報卷
22	呈解籌辦々事處經費卷
23	奉部令呈請暫給墾務局報還卷
24	委員催徵各處荒價卷
25	西盟墾務分局各項卷
26	解繳軍事費卷
27	清理地畝處請領經費馬領卷
28	牧廠罰款分局卷
29	五原縣徵解歲租欵項卷

第二部 民國卷宗目錄

天字 30 東勝縣輕徵歲租卷
同 31 伊盟扎薩克旗呈領荒租銀兩卷
同 32 奉令准財政部咨調查各項官產卷
同 33 觀測所撥領經費卷
同 34 牧廠分局呈送計算書月報卷
同 35 烏拉特三公旗報墾烏胡克圖荒地價數目卷
同 36 四子王旗報墾胡克圖荒地開放卷
同 37 呈督辦各局結束收支各款卷
同 38 呈請督辦核銷前墾撫公所發交平餘各局經徵墾款虧折溢費利息卷
同 39 西盟分局呈送民國五年秋季分計算月報册卷
同 40 通令各縣催收積欠荒價卷
同 41 各處呈報到差日期卷
同 42 本總局呈送履歷卷
同 43 靖邊縣徵解歲租銀兩卷
同 44 榆林道尹呈報烏審旗請領荒租銀兩卷
同 45 呈請財政、內政、農商部計畫梭區墾務開具綱要五端卷
同 46 派員清理各蒙旗荒租賬目卷
同 47 西盟分局呈送計算書月報卷
同 48 西盟分局呈解銀兩卷
同 49 各分局呈送任免遷調各職員造報彙轉卷

同 50 奉財政部清理官產處函認購財政史書卷
同 51 奉督辦令准財政部咨造幣廠發行輔幣一律通用卷
同 52 函致各局縣該管範圍內匪情若何按旬函報關于文官任用各件卷
同 53 奉督辦令准財政部咨酌擬棧收部照費卷
同 54 派員前往準旗勸報河套川地畝卷
同 55 仇金波控李樹棠朝水利卷
同 56 五當召廣覺寺獨墾卷
同 57 呈請辦理調後各局放地每井酌收捐費一元卷
同 58 令飭前徹存烏拉三公旗地畝局關防文卷暨鈐匙等件卷
同 59 奉總務處函准財政部招集會議代表歷年開放墾地章程註明等則並荒租酌分卷
同 60 呈請繪已墾未墾各地略表圖說送部鑒核卷
同 61 奉部令官齊調萬財廳管理五原城基等地向由墾局主政卷
同 62 奉部令人民投遞公文貼用印花票卷
同 63 奉部令通令縣官有森林切實調查報部卷
同 64 烏盟茂明安旗請領放墾修契各項卷
同 65 烏拉三公旗地畝局招募馬兵卷
同 66 烏拉三公旗地畝局招募馬兵卷二卷
同 67 各項雜件卷
同 68 西盟分局呈送民國五年冬季分月報册卷

同 70	茂明安旗報墾格那鵰溝地畝卷	同 90	烏拉三公旗地畝局呈報征收包鎖官房租欵卷
同 71	慶延寺報墾運津河西南太歲營子村香火地卷	同 91	抄錄放墾章程卷
同 72	奉都統令本署設立禁烟善後總所卷	同 92	伊盟錦旗請領荒租卷
同 73	奉都統令據商會中交爾銀行兌換紙幣卷	同 93	府谷縣徵解墾欵銀兩卷
同 74	奉督辦令准部咨據調查員報告塞北捐稅各局繳捐洋元勒作制錢比市價相差卷	同 94	訓令各縣局地方勘報災歉墳列實查報卷
同 75	達拉特旗請退還永租地畝卷	同 95	令各分局禁種煙苗切實報卷
同 76	伊盟準噶爾旗請領荒租卷	同 96	烏拉三公旗地畝局呈控受防禦剿稱地畝等卷
同 77	烏拉三公旗地畝局呈送民國五年冬季分月報冊卷	同 97	烏拉三公旗地畝局渠工驛撥欵項卷
同 78	訓令催各分局造送計算預算各書卷	同 98	五原縣報墾查養農民呈控受防禦剿種地畝卷
同 79	訓令烏拉三公旗地畝局查綏遠公產欠繳荒租卷	同 99	西盟分局呈送民國六年春季分月報冊卷
同 80	烏拉三公旗地畝局呈送晨郡喬召東牌界地調分押荒歲租起徵升科年限卷	同 100	慶延寺報墾薩縣南十二帳牛營等村召廟戶地卷
同 81	認購法令全書職員錄卷	同 101	烏拉三公旗地畝局呈西公旗什拉胡魯素地戶欠穩荒價卷
同 82	武川縣核議萬億號泰應分押荒銀兩卷	同 102	呈報督辦修理總局房屋院牆卷
同 83	令發各分局收欵三聯票卷	同 103	西盟分局呈送民國六年夏季分月報冊卷
同 84	奉督辦令據踩達生計處呈請劃撥收廠押荒卷	同 104	烏照四子王旗請領荒租卷
同 85	奉財政部令預決算各種表式辦法卷	同 105	慶綏寺呈請預領荒銀兩卷
同 86	訓令西盟局查西通公司曉陽滿倉水利卷	同 106	西盟分局呈送升科清冊曖部照根卷
同 87	西盟分局電稱盧軍駐紮後養地方情形卷	同 107	奉令准蘢部咨送中外幣度比較表卷
同 88	財政部派委劉體業調查墾務情形卷	同 108	牧廠局呈送升科清冊曖部照根卷
同 89	召集五常召大喇嘛報墾大榆樹灘荒地卷	同 109	奉督辦令准交通部咨調查河道航業情形表卷

第二部　民國卷宗目錄

第二部 民国卷宗目录

同110 呈送督办总分各局收支各款数目卷
同111 丈放庆绥寺地亩行局卷
同112 乌拉三公旗地亩局西碑界地卷
同113 呈督办旗务港口办法开列摺表卷
同114 令乌拉三公局浚远王爷召地岁租滑册卷
同115 呈请阴发部照贰万张卷
同116 乌拉三公旗地亩局呈送民国六年春季分月报册卷
同117 庆绥寺行局请发三联照票卷
同118 庆绥寺行局收支各款卷
同119 奉部令会议土默六成地办法卷
同120 三公局呈送中滩地短租岁四成青苗册卷
同121 训令遵五原县经徵四成正地岁租列表报解卷
同122 关于全国水利事项卷

民国七年前绥远垦务卷宗目录表

地字
1 按月呈解办事处经费卷
同2 呈解军费卷
同3 测测所调银经费卷
同4 乌拉三公旗地亩局卷
同5 乌拉三公局旬报徵收荒价暨部照邮费卷
同6 庆绥寺行局请发照票卷
同7 土默特六成地亩分局卷 二卷
同8 杭锦旗请领岁租银两卷
同9 达拉特旗请领岁租银两卷
同10 乌拉东公旗请包头梁报毁能否取销卷
同11 训令各县局催收荒价卷
同12 归绥县呈报军轴营子村前被灾地户王凤来等匿不升科卷
同13 平罗县呈覆并无宜产变价其梨款收入亦不搭收中交钞票卷
同14 萨拉齐县请发收徵岁租表式卷
同15 五原县呈报拨给中公旗岁租银两卷
同16 五原县呈请援散收牌局地租拟提经费卷
同17 五原县呈送六年十一月份地租卷
同18 五原县呈请示遵军粮办法卷
同19 西盟局奉督办令函兔散案列入军费码离剔除卷
同20 奉都统令东、五、萨各县经徵岁租副隋梨局卷
同21 萨拉齐县、五原县、三公局会勘河西曷鸣太等村田禾被灾勘毁情形卷
同22 关于防疫各事宜卷

地字25	奉都統令據公民代表于效仁等呈控墾分局違章卷
同26	奉督辦令函飭代表段履莊等條裁併局所收情形卷
同27	奉督辦令據歸綏縣呈軍赴車祭兩鎖應發官價卷
同28	奉督辦令轉准部詳應明審計職權卷
同29	呈報財政部收到承襲部照卷
同30	訓令會徵祭款委奉督辦令准部咨祭款如何解決令飭察郡迅籌會商卷
同31	呈督辦佐領到湯照轉送山西省長送部查銷卷
同32	奉財政部令句銷局房變價銀元發常贍常民護送卷
同33	奉財政部領布領變條例卷
同34	呈督辦轉送總分局六年分計算書核銷由
同35	歸分局呈請單行局赴城解款需民護送卷
同36	西鄂局所請登記簿如數照發卷
同37	各分局呈送職員表卷
同38	總局委任各差卷
同39	武川縣會徵四子王旗通泰萬億號等地荒價銀兩卷
同40	訓令各分局新華儲蓄票再續開鉸卷
同41	電令五原墾局查明狼山附近未報荒地究屬何旗土質如何繪圖具報卷
同42	東公旗請領歲計算書卷
同43	訓令各分局呈送計算書卷
同44	烏拉三公局放墾修渠各項辦決卷

第二部 民國卷宗目錄

地字45	烏拉三公局補造王愛召東西地升科清冊卷
同46	牧廠分局呈送旬報徵收荒價數目卷
同47	牧廠分局呈領三縣收款票卷
同48	訓令牧廠分局票辦開放四子王旗贈教地辦法卷
同49	訓令各分局迅將各旗請領銀兩印領呈送備案卷
同50	各項雜件卷
同51	西鄂分局呈解銀兩及旬報徵收款項卷
同52	五獸城壟地辦法卷
同53	西鄂分局呈送民國六年秋季分月報冊卷
同54	士獸特六成地分局請借經費卷
同55	電令財政部七年度全年預算歲入歲出經費表
同56	奉令欽遵墾務總辦繼續任職並送履歷卷
同57	烏拉三公局呈送計算書月報卷
同58	訓令各縣墾款收入報告表照前表式按月填報卷
同59	西鄂墾務分局呈領各項卷
同60	函令各縣特總管取送士獸公水領廣覺寺爭地印結卷
同61	郡王旗請領歲租銀兩卷
同62	牧廠分局解歲租銀兩卷
同63	函送七年分政府公報郵費卷
同64	牧廠墾務分局各項卷

第二部 民國卷宗目錄

地字 65 西盟分局呈送民國六年夏季分月報册卷
同 66 烏拉三公局呈送民國六年冬季分月報册卷
同 67 奉督辦令轉准部咨呈准修正發察兩廳對務條例總辦一律改為簡派卷
同 68 奉督辦令據察殺印花處呈承製字據貼用印花卷
同 69 奉督辦令呈解五原城基官產洋卷
同 70 西盟分局呈送計算書據卷
同 71 牧廠分局呈計算書據卷
同 72 函萬億號由郡達兩旗撥洋交行滙寄卷
同 73 平羅縣報神民請領鄂旗發荒地卷
同 74 丹府呈報墾托城邑匠謄子等村地畝卷
同 75 烏拉三公局呈據昆都侖召東牌界地戶李樹棠等呈送該召任意賣水澆請維持等情卷
同 76 土默特總管署咨據延喜寺喇嘛呈白瘞惰包東南東界內托亥灣地墾請澈查卷
同 77 四子王旗請領押荒銀兩卷
同 78 認購法令全書職員錄卷
同 79 烏拉中公旗咨請將昆都崙薄水租全行歸召卷
同 80 杏榆林道轉筋各縣迅將烏審旗地租欵分年列表卷
同 81 訓令府谷縣將輝徵准旗墾地租及押荒掃數呈解卷
同 82 河曲縣呈送六年十二月分墾欵收入報告表卷
同 83 達爾罕旗請領歲租銀兩卷
同 84 慶綠寺呈請規定召地歲租發給租照併請丈放十二犋牛營東伴各村地畝卷

地字 85 準噶爾旗請領歲租銀兩卷
同 86 奉督辦令轉據周煥章稟請將一間房村北驛站馬廠地舊渠堵塞另開新渠卷
同 87 呈督辦照徵歲租擬由分局擬近會徵卷
同 88 據委員報告四子王旗圖克木荒地勘旗報墾卷
同 89 茂明安旗請領荒租銀元卷
同 90 據咨督辦令准審計院咨謂丈墾務各局支出計算俟核准再發表
同 91 扎薩克旗請領租銀元卷
同 92 陸科長赴北京蒙藏院與西公旗交涉卷
同 93 烏拉三公局呈請將西牌界放而未竣之地滅等丈放卷
同 94 王愛召請領歲租卷
同 95 奉督辦令據茂明安旗呈請派員勘收哈拉勒陽地畝卷
同 96 奉督辦令撥生計處呈後查教堂闌渠築壩卷
同 97 奉督辦令准審計院咨渭丈墾務各局支出計算俟核准再發表
同 98 奉財政部令考核各官產局處成績卷
同 99 據薩博爾巴圖呈崗房養贍地請勘放卷
同 100 奉督辦令外交部電
同 101 據咸擅將巴放之地租給教民卷
同 102 烏拉三公局呈茹栓全等瓦爭河澄餘地卷
同 103 土默特六成地畝分局旬報徵收荒價各款卷
同 104 慶綠寺請領銀元卷
同 105 西盟分局呈送民國七年春季分月報册卷

105	禁止私放蒙荒说明书施行细则卷
106	劝导人民种树以收大利而厚民生卷
107	鄂托克旗请领藏租银两卷
108	归绥县呈报哈拉沁村官租地亩被水成灾卷
109	庆穀寺续报郭县营子等村地亩卷
110	吴委员楫呈报营子在途遇匪损失衣物卷
111	呈督办造送六年七月至七年六月总分局收支清册卷
112	六成地亩分局呈送计算书据卷
113	牧厂分局呈送民国二年升科册并照根卷
114	呈督办准都统核定各县民团压局所夫役制服卷
115	签请督办因公赴财政部而陈预算案件卷
116	西哭分局五原县开皂火河卷
117	靖边县呈徵收变款报告表卷
118	各项赈捐卷
119	三公局呈请发给东公旗垦员会同丈放包头梁地卷
120	呈督办由十月分起各分局一律搭收现洋三成卷
121	函牧厂局阳北京升恒号在四子王旗有私租开垦查覆卷
122	函各分局本局代垫款项悉数借还归垫卷
123	训令西哭局据五原县电称西北区各垦寿苗旱枯卷
124	都统训令抄录侨工事务分局暂行章程卷

第二部 民国卷宗目录

地字 125	三公局呈请免收包头梁挂号费卷
126	三公局呈报丈过东牌界地青苗压徵微水租卷
127	三公局呈据西公旗垦员等称图隆拉齐等地被任三地堰被水淹没请赔偿卷
128	函归绥中学校陈桂生欠缴公款悉数归垫卷
129	牧厂分局呈报丈过荒熟各地亩表册卷
130	西公旗垦员曾招旺加拉胡鲁素地设法整顿安擬办法卷
131	训令西哭分局呈据绎郭统呈参观乘职棚卷
132	训令西哭分局放城基地亩开单送局卷
133	函西哭分局办事处擬购买大宗卷
134	训令三公局丈过胡鲁素地设法整顿安擬办法卷
135	三公局呈解绎报郑费照费挂号费印刷费卷
136	西哭分局呈送民国七年夏季分月报册卷
137	三公局呈报丈过中滩地青苗项及应徵水租清册卷
138	绥远道升函请将民国三年度续放报部地亩总数开单卷
139	训令西哭分局整顿後养垦清卷
140	呈都统令绥垦务总局绥边侨工事务分局长卷
141	呈都统令绥垦务总局饬查办清伊盟界址并请查郡王旗勘垦卷
142	查扎萨克旗据委员庆慈调查私垦草牌界地请与该员接洽报察卷
143	达拉特旗请领城基款项卷
144	

第二部 民國卷宗目錄

地字 145 烏拉三公旗函報西公旗放水澆灘私鬻淹沒墾地卷
同 146 三公旗呈報什拉胡魯素地戶編合西請寬限交荒並以票洋完納卷
同 147 訓令三公局迅將中灘地短租收入輕搞號費造報卷
同 148 東公旗報墾四蘇木豪吉萊嶦地畝請勘收卷
同 149 西黑分局呈請添派委員勘丈青苗卷
同 150 西黑分局呈美國教士請領城基地畝卷
同 151 訓令各分局委任總局科員等為各分局視察員卷
同 152 三公局呈送七年分中灘地青苗短租册卷
同 153 訓令各分局飭後丈放新荒應令糧丈員安盤搭配卷
同 155 都統署委任總辦為經濟調查會會員卷
同 156 察辦訓令據殺虎口寨站處呈擬第六臺地畝撥給臺兵自種容請等情卷
同 157 察辦訓令准農商等部咨會同議定全國河川測監辦法卷
同 158 三公局呈據東公旗咨請預借包頭梁地押荒銀元卷
同 159 綏懇署有成效懇請將在事人員專案請予獎勘卷

元字 1 奉令委任總辦為防役總局會辦等差卷

民國八年份前征總墾務卷宗目錄

元字 2 訓令西黑分局應徵永租銀兩緊徵催存款解送卷
同 3 訓令三公局包頭梁旬月各報臨時呈送卷
同 4 嵩博爾口圖呈請借給銀元卷
同 5 函各分局勤察禁煙聯合會卦應監視調查費容局彙轉卷
局 6 牧廠總務分局卷 局長接交附 慶綏寺副牧廠附
同 7 勘放烏拉特三公旗地畝卷
同 8 函茂明安旗漢青來殺晤商卷
同 9 六成地畝分局卷 薩縣 薩分局 加徵官租附
同 10 總局預算卷
同 11 薩拉齊縣徵收達租卷 官租附 薩分局 加徵官租附
同 12 東公旗報墾包頭梁地畝卷
同 13 關於經濟調查事項卷
同 14 土默特總管咨請撥擬六成地地價卷
同 15 各處到差任事日期卷
同 16 各項雜件卷
同 17 牧廠分局請領勘收格拉顱爲地畝委員費卷 二約地附
同 18 呈督辦調後關於班情應令察局會同具報卷 擬定押荒官租處租併起征年限附
同 19 訓令各縣局催地價租款卷
同 20 呈解軍費卷
同 21 扎薩克旗請領歲租卷
同 22 訓令薩分局復丈高泉營村地畝列表送局卷

元字	23	東公族請領歲租卷
同	24	中公族請領歲租卷
同	25	郡王旗請領歲租卷
同	26	訓令五原縣前報所屬二份子、什拉胡魯素、四成補地被災情結
同	27	呈督辦呈運西牌界圖冊啓徵官租歲租升科請分別咨部卷
同	28	追減乞咨部卷
同	29	西哭分局呈送勘丈青苗及餘荒夾荒地租本年包租以及城基地己
		未放出各數清冊卷
同	30	西哭勘務分局卷
同	31	三公局呈覆規定八旗牧廠徵官租年限並送清冊卷
同	32	三公局呈報收到印花票數目卷
同	33	訓令五原縣檢發直都爺召西牌界地畝官租歲租清冊依限啓徵卷
同	34	訓令三公局奉督辦令准財政部咨擬西牌界押荒歲租等則並加官
		租啓徵年限仰如擬辦理卷
同	35	吞達爾罕旗原報地滙北有私放熟地一段請咨報卷
同	36	咨郡王旗扎薩克
同	37	呈督辦奉令校讐廣覺寺之天偷廟灘海流素太地縣請轉飭報罫卷
同	38	六成地畝分局呈報奉到部照數目卷
同	39	呈督辦呈送沈不甚等履縣卷
同	40	呈督辦呈送中灘地官歲租升科清冊併總冊卷
同	41	請領印花票卷
同	42	總局

第二部 民國卷宗目錄

元字	43	三公局呈報五原縣查領二厘經費卷
同	44	呈督辦呈報關于中灘交涉與西公族議定辦法卷
同	45	六成地畝分局呈報收到印花票數目卷
同	46	王愛召請領經費卷
同	47	觀測所請領經費卷
同	48	總局委任各差卷
同	49	牧廠局函覆查明升恒號在四子王旗私墾地畝卷
同	50	訓令西哭分局呈報後套集滙卷
同	51	訓令五原等縣墾七年度各縣徵收租款仍歸墾局收解卷
同	52	呈督辦呈報發給直都爺召七年分水租銀元卷
同	53	函財政廳
		請保案附
		勘留瞻召地附
同	54	西哭分局旬報徵收城基地價銀兩卷
同	55	五原縣呈運拘捨全等互爭河澄餘地不服丈放卷
同	56	咨茂明安旗報罫通興功地畝卷
同	57	西哭分局呈領印花票卷
同	58	呈督辦覆議牽寺報罫地畝並丈放等則徵年限卷
同	59	呈督辦電覆緣外部照會法使轉告該主教來綏協議案
同	60	督辦令准財部咨送墾務辦事處六年度預算送審計院案
同	61	牧廠分局旬報徵收各款銀兩卷
同	62	西哭分局旬報徵收各款銀兩卷

第二部 民國卷宗目錄

元字	63	函綏遠清丈嗣後凡闢墾地報災者希照督辦捐令各節查照辦理卷
同	64	訓令各縣局旗丁生計處請籌撥收廠押荒銀兩卷
同	65	武川縣會徵四子王旗通萬億號等地荒價銀兩卷
同	66	認聘法令全書職員錄卷
同	67	榆林道查堪縣呈送徵收歲租表冊卷
同	69	三公局呈請收款照票卷
同	69	牧廠分局呈報收到印花數目卷
同	70	各項助捐卷
同	71	密令各分局長各觀丈員丈過地段令向各該鄉紳製著有成效呈請在事人員保取具切結呈局卷
同	72	綏製著有成效呈請在事人員保取具切結呈局卷
同	73	呈督辦西公旗擬報土同春私製鈕鄖歛派員勘收卷
同	74	令各分局奉中央通令軍政各費与按八成助支卷
同	75	分別預以獎勵補送總會辦體縣卷
同	76	茂明安旗預借荒價銀元卷
同	77	呈督辦勘收格拉鵝邊歐擬定押荒等則卷
同	78	五原縣徵收歲租銀兩卷
同	79	禁止私製襲聚荒施行辦法卷
同	80	奉督辦令山陝甘三省劃分疆域卷
同	81	西盟三公局會呈查明什拉胡魯素集道溢寒擬具辦法卷
同	82	呈督辦遵令呈送總分各局處收支各款清冊卷
同	82	西公旗員勒赴京觀見請發護照卷

元字	83	西公旗請領荒價銀元卷
同	84	牧廠分局呈送補送四子王茂明安等旗舊欠花名清冊卷
同	85	呈督辦請容會察區都統商定解決人民財產條例卷
同	86	財政部令發管理敵文虎章辦法卷
同	87	財政部令發限制文虎章辦法九條卷
同	88	茂明安旗備價購領槍彈卷
同	89	池暖旗請領歲租銀元卷
同	90	鄂托克旗請領歲租銀元卷
同	91	函送八年政府公報費卷
同	92	官莊子墾務行局卷
同	93	達拉特旗請領歲租銀元卷
同	94	慶綏寺墾務行局卷
同	95	訓令河曲府谷徵墾款列表送局卷
同	96	訓令榆林縣徵墾款列表送局卷
同	97	訓令橫山縣徵墾款列表送局卷
同	98	訓令靖邊縣徵墾款列表送局卷
同	99	訓令平羅縣特徵墾款列表送局卷
同	100	三公呈報土默特與四子王旗爭界卷
同	101	關于調查全國水利卷
同	102	三公局呈報繕寫郵費卷 掛號費附
同		牧廠局呈報繕寫郵費卷

元字 103	圖克木地畝行局卷 規定押荒觀分成數
同 104	四子王旗備價購領槍彈卷
同 105	三公局旬報徵收各款銀兩卷
同 106	呈督辦查明並無欠付懷奧款項卷
同 107	奉令兼職人員祇能酌給夫馬費不能兼支薪俸卷
同 108	西盟局呈解徵收城基挂號費卷
同 109	呈督同核覆五原縣加收經收費卷
同 110	呈督辦籌擬提倡森林辦法卷
同 111	四子王旗請領荒價銀元卷
同 112	八年短期公債卷 七厘二債附
同 113	丈放東公旗東山灣戶口地畝分局卷
同 114	呈督辦遵令由新放荒價內酌提建築營房洋元卷
同 115	呈督辦呈請令調殺虎口稅站管理處長來綏商辦站地事宜卷
同 116	收購局呈發給官莊子行局收款票據卷
同 117	訓令各局奉令有人條陳振興水利仰核議具覆卷
同 118	訓令各分局奉令殺區禁煙辦理情形卷
同 119	訓令各分局奉令防購官廳簿記卷
同 120	六成地畝分局呈報天主教堂認領地畝卷
同 121	郡王旗備價購領槍彈卷
同 122	慶緣寺報繳郭縣旂子等村地畝會同勘收卷

元字 123	訓令各分局奉財部令財政困難整理方法案
同 124	財部令擬定處分官吏調查表式四種案
同 125	達拉特旗永租地畝卷
同 126	西盟局呈通濟杜拊修通濟渠並續包情形卷
同 127	茂明安旗貝勒公杯報繳二約地並韓天毫一約地卷
同 128	呈督辦呈送五原城基地收支銀元數目清册卷
同 129	訓令各分局自六年七月起計算書據一律更正送局卷
同 130	高和等旗請丈放霍霓梁大榆樹灘地畝卷
同 131	呈督辦各分局領發部照數目開單具報卷
同 132	西盟局呈曁地畝處六年度全年及會徵察款六年度計算書卷
同 133	西盟局呈報軍糧卷
同 134	奉督辦呈修退總局戰勝紀念電兌換券卷
同 135	奉督辦購戰勝紀念電兌換券卷
同 136	六成地畝分局請領經費並旬報卷
同 137	奉督辦令士默特地行將辦竣而房基地亦應查照前案次第淸釐卷
同 138	呈督辦外蒙派兵到茂旗附近之地已派蒙員出探兵數卷
同 139	奉督辦令轉准督辦各組織調查各省屬荒地卷
同 140	奉督辦令准農部咨調查各省屬荒地卷
同 141	三公局呈請蒐都嚕召將下游水利報歸墾局辦理卷
同 142	東山灣分局請領經費卷

第二部 民國卷宗目錄

第二部 民國卷宗目錄

元字 143 呈督辦援案核收五原城基承買部照費等項卷
同 144 崑都喇召請領東牌界地荒租卷
同 145 東山勝分局請領三聯票卷
同 146 財政部、幣制局限定各種紙幣及有價證券卷
同 147 牧廠局呈報丈過荒熟各地畝表冊卷
同 148 圖克木呈報丈過地畝表冊卷
同 149 官莊子行局呈報丈過地畝表冊卷
同 150 武川縣徵收歲租卷
同 151 呈督辦自八月一日起一律改征票四現六卷
同 152 財政廳咨送郡扎二族升科原案卷
同 153 函經濟學會認購修改稅則始末記卷
同 154 官莊子行局旬月各報卷
同 155 中灘蘭虎埠塔地戶陳州保等聚行抗繳卷
同 156 東山灘地畝局呈送計算書據卷
同 157 奉都峽令發到殺票辦事件報告書卷
同 158 三公局呈解六年分中灘地短租銀元卷
同 159 圖克木行局呈報卷
犂字 1 奉令改進墾務總辦呈報任事日期卷
同 2 接收墾務總辦關防卷宗等件卷
同 3 調取三公局各項卷冊卷

犂字 4 經濟調查各項表式卷
同 5 令各分局調查各項表式卷
同 6 盧委員呈覆勘查郡池兩族地畝一覽表卷
同 7 四子王旗咨報調查與土默特解決圖克木節慮地畝卷
同 8 平羅縣呈報調查屯墾地畝計畫十二條卷
同 9 令茂明安旗咨報勘陶胡盧灘地畝卷 酌收短租附
同 10 令牧廠分局卷
同 11 茂明安旗據張棟聚請牧銀給地詳查具覆卷
同 12 植國昌呈控玉林串謀佔地卷
同 13 東公旗咨報河西灘汗灘郝連窪地畝卷
同 14 茂明安旗咨請發槍枝子彈卷
同 15 西鄂局呈報興濟沙河兩場地畝被災卷
同 16 五原縣呈報杭錦亨字段地畝被災卷
同 17 圖殺縣呈報城留爾把獨戶等村被災卷
同 18 關殺縣呈報察素齊等十七村被災卷
同 19 丹府報擊毡匠警等村地畝卷
同 20 牧廠局呈報丈過地畝表冊卷
同 21 圖克木呈報丈過地畝表冊卷
同 22 前總辦春交勘界調查員等借支旅費各款、清冊卷
同 23 各處呈報啓用關防並任事日期卷

黎字	24	各項雜件卷
同	25	東山溝地畝分局卷
同	26	歸綏中學校陳桂筌欠繳公款卷
同	27	三公局呈報中灘漫工卷
同	28	歸綏縣呈報雨施格氣等村被災卷
同	29	茂族貝勒貢布報墾二約等地卷
同	30	土默特總管春請酌撥延福寺牧地卷
同	31	東勝縣呈請抄發郡王旗地戶蒙間場分圖押荒執照部照存根卷
同	32	財政部咨各省官產分別結束卷
同	33	呈解辦事處經費卷
同	34	呈解章費卷
同	35	三公局旬月報卷
同	36	西關局旬月報卷
同	37	五原城墾局旬月報卷
同	38	牧廠局旬月報卷
同	39	官莊子行局旬月報卷
同	40	東山溝分局請領經費卷
同	41	茂明安墾務分局請領經費卷
同	42	茂明安分局丈地月報卷
同	43	官莊子呈報丈過地畝表冊卷

第二部　民國卷宗目錄

黎字	44	朱前總辦呈交代各項簿冊卷
同	45	包頭梁旬月報卷
同	46	訓令各縣局徵存製款解局卷
同	47	達拉特旗請撥款卷
同	48	牧廠局呈請派員催征四子王等荒價卷
同	49	武川縣徵收租款卷
同	50	東勝縣徵收租款卷
同	51	三公局分局呈解捐號費卷
同	52	合各分局搭放八年公債二成卷
同	53	中灘地渠費卷
同	54	薩拉齊縣徵收租款卷
同	55	訓令各分局舉令准財部咨嚴防偽造印花卷
同	56	崑都楞召請領東西牌界租款卷
同	57	王爺召請領租款卷
同	58	董秦員呈勘查鄂族地畝表冊卷
同	59	令平羅縣撥鄂托克旗族租款卷
同	60	西公族報墾王同春私製地畝卷
同	61	呈督辦總局測繪處務添修傭景卷
同	62	關於保薦勘章文虎章卷

第二部 民国卷宗目录

64 令西□三公局监收员即行裁撤卷
同 65 河曲县征收租款卷
同 66 奉令准部咨中央财政筹赈附发总数表卷
同 67 观测所请领经费卷
同 68 东山蒋分局呈报丈过地亩数目表卷
同 69 茂明安分局请领收款照票卷
同 70 训令三公局将中──包头梁
西牌界已未放地及征押荒垫局
同 71 东公族请领租款卷
同 72 令各县局请领印化票卷
同 73 奉令监盘鹾务交代事宜 将七年度以前已未征各款分别造册卷
同 74 东山蒋分局请领印花票卷
同 75 西盟局呈报被盗遗失西银等件卷
同 76 五原县呈报二分子什拉胡素地被灾卷
同 77 五原县呈报西公族地被灾卷 四成 补
同 78 令各分局现有人员衔名按月造表呈报卷
同 79 达拉旗萨吉旱控王同春海韩海各节令五原县查办卷
同 80 牧厂局呈请乌胡图地藏租办法卷
同 81 三公局呈报领八年分丈放宽都嵇召东牌界地亩苗册卷
同 82 西公族请领租款卷
同 83 图克木地亩行局卷

契字 84 郡王旗请领租款卷
同 85 令西盟局将历年民欠包租银两解局卷
同 86 函警厅总局衛兵改编警察并借拨步枪卷
同 87 茂明安旗分局请领印花票卷
同 88 茂明安旗请领租款卷
同 89 葛嗹孀巴请领荒租卷
同 90 五原县征收租款卷
同 91 图克木行局旬月报卷
同 92 官庄子行局卷 丈放村基地办法附
同 93 内阁公债卷
同 94 牧厂分局请领部照卷
同 95 西盟局呈据和合源村地户等在沙河渠内作闸卷
同 96 官粮地亩沿革情形案 设局开办章程附
同 97 训令各分局奉令严禁烟事卷
同 98 四子王旗报契地亩卷
同 99 训令各分局武川县农会筹办草料公车抽捐简章卷
同 100 绥远地方筹备有奖义券事务局卷
同 101 扎萨克族请领租款卷
同 102 西盟局呈送各项新潮民欠消册卷
同 103 训令三公局中公族前报高尧梁地亩一块 作正报契卷 情形呈覆

民國九年份前綏遠墾務卷宗目錄表

黃字	1	總局委任各差卷	黃字	20	催收准旗河曲、府谷兩縣民欠荒租卷
同	2	清理驛站地畝設局辦理卷	同	21	薩縣會報歸薩縣屬二十四村等地被災卷
同	3	茂明安旗墾務分局 丈放村落辦法、謝留騰召地附	同	22	準噶爾旗請領租款卷
同	4	各分局呈送職員表卷	同	23	西盟呈送八年分勘丈青苗月報表卷
同	5	鎮濟沙河義和通濟等地畝被災卷	同	24	中灘地渠工卷 礄報地附、請領部照附
同	6	杭錦旗亨、貞字段地被災卷	同	25	三公局呈報收過包頭梁未放地甘草廠租洋數卷
同	7	二分子什拉胡尊素四成補地被災卷	同	26	牧廠分局呈送計算書據卷 閻克木官莊子行局附
同	8	烏拉西、中公旗地被災卷	同	27	督令發河務季報卷
同	9	察素齊等二十二村被災卷	同	28	藻分局請領部照卷
同	10	總局請領徵收處租卷	同	29	擬土默特都參領轉呈願將小狼地報墾等情卷
同	11	隨拉齊縣徵收處印花票卷	同	30	安續請領押荒卷
同	12	呈督辦、令各縣局徵收歲租每庫平銀一兩改徵二元五角卷	同	31	黃慧詔承領參領中灘地畝並未聲明為建築教堂之用卷
同	13	萬都籠召請領東西地租款卷	同	32	周委員請領旅費卷
同	14	茂明安旗請領墾荒卷	同	33	會辦重支二分夫馬費仍應繳還並呈覆五六年各月分支出各款無 追繳仍請轉查核銷卷
同	15	東公旗請領租款卷 歸旗自收押荒附	同	34	呈解督辦事處釋費卷
同	16	鄂托克旗請領租款卷	同	35	西盟局呈送勘丈青苗塗夾荒杭達烏已未墾地卷
同	17	西公旗請領租款卷	同	36	西盟墾務分局卷
同	18	三公局呈送部照根卷	同	37	郡王旗請領租款卷
同	19	西盟局請領印花票卷	同	38	達拉特旗請領租款卷
			同	39	訓令三公局將中灘地渠墊墊費數目開摺具覆卷

第二部 民國卷宗目錄

第二部 民国卷宗目录

黄字 40 奉督办令准院函送解县保奖条例办法卷
同 41 三公局旬月各报卷 河北馀地押荒附
同 42 训令三公局将中滩短水租收支数目分年开摺送局卷
同 43 西四局呈顿据滿田公社呈请包租八大渠地卷
同 44 杏中公族派员赍送印关等处地亩卷
同 45 东公族报领白彦淖等处地亩卷
同 46 牧厂局请领印花票卷
同 47 呈解军费卷
同 48 牧厂局旬月报卷
同 49 调令各分局奉督办令调查勷导实业事宜兹恭绿先行通知卷
同 50 武川县征收租款卷
同 51 呈督办目四月一日起一律收徵现七票三卷
同 52 扎萨克族请领租款卷
同 53 东胜县征收租款卷
同 54 四子王族请领租费卷
同 55 观测所请领经费卷
同 56 训令各分局旬报各款改定表式填送卷
同 57 西跟局旬月各报卷
同 58 五原娘基旬月各报卷
同 59 图克本旬月各报卷

黄字 60 同官庄子旬月各款卷
同 61 三公局製务局卷
同 62 乌审族请领租款卷
同 63 三公局呈送八年分丈过中滩青商短租滿册卷
同 64 官庄子製务行局 章程附
同 65 靖边县征收租款卷
同 66 三公局呈送八年分中滩水租滿册卷
同 67 呈解二成建築费卷
同 68 三公局请领印花票卷
同 69 令收厂局将慶綠寺承領圖克地列表送局卷
同 70 酬赠纪念章卷
同 71 训令换发总局關防卷
同 72 呈请换发总局關防卷
同 73 训令各分局凡有应付德奥僑商货款查覆卷
同 74 清理四子王等族呈解挂號费卷
同 75 茂明安族呈解挂號费卷
同 76 萨縣耶穌教堂請收囘公産發囘地價卷
同 77 墾業銀行函送兌换卷樣本三種卷
同 78 達爾罕族報墾地亩卷
同 79 總局預算

黃字	80	函三局包北六分子擔有葛博爾巴國勘口地查覆卷	同	100	官莊丁行局呈報左過三、四約地圖表卷
同	81	東勝縣移治卷	同	101	呈層辦呈送八年九月分總局及地畝處計算書卷
同	82	包頭梁地升科圖冊卷	同	102	達爾罕族請領租款卷
同	83	函三公局勷西公旗將三湖灣未報地畝報裂卷	同	103	茂分局旬月報卷
同	84	五原縣徵收租款卷	同	104	東公旗報勷哈拉補初貢科比等處地畝卷
同	85	函三公、西照、茂分局調查本年短租情形卷	同	105	呈層辦呈逸總分局收支各款清冊卷
同	86	牧廠劉務分局	同	106	准鴈鄂族勷鹭河爺川地畝卷
同	87	通令各分局所管地段截至九年四月底止已未放造冊逢局卷	同	107	令各分局奉財部令辦理所得稅附發條例卷
同	88	吞土歡特總管署請催土歡公報劃地	同	108	三八局呈逸丈放白產灣地畝表卷
同	89	西郡局呈地戶象桂林、楊茂林等欠租請退地卷	同	109	三八局呈送七年續報中灘地升科圖冊卷
同	90	調令各分局奉令七年秋禾被災准蠲毀銀糧卷	同	110	奉督辦令准院各陽綵寺呈請飭發土歡公地卷
同	91	各處縣捐勷票卷	同	111	合各分局奉令殺汰完員卷
同	92	茂分局呈蔦主教函教堂租種地畝請換新契卷	同	112	函各縣局奉令選定十月十六日實行一律改徵現洋卷
同	93	後套修築龜堤主教函教堂請種地畝情形卷	同	113	函行局各解掛號費卷
同	94	奉財部令查有無因峨亂致受損失卷	同	114	呈督辦呈送各分局照農刷工料費滿解賜墊卷
同	95	八厘實業公債卷	同	115	茂分局呈送各分局徵收各項另款並委員等旅費由另款開支卷
同	96	河曲縣徵收租款卷	同	116	令各分局將現有職員薪俸依式列表逢局卷
同	97	調令盧李委員迅將前次調查准郡、烏扎四族劉務造冊逢局卷	同	117	王愛召前領達租卷
同	98	建築營房費卷	同	118	建築營房費卷
同	99	薩拉齊縣、固陽設治局呈報會勘周蘇分界地址略圖卷	同	119	東勝縣呈報郡扎闐旗及藿濤地被災卷

第二部　民國卷宗目錄

第二部 民國卷宗目錄

黃字
120 薩縣呈報朱綱圪旦等村被災卷
同 121 呈請頒發部照卷
同 122 答復朱前總辦質問調查製訟卷
同 123 呈督辦爲部令移民就墾源照詳細籌覆情形卷
牧廠局、武川縣會同催徵四子王等旗荒價卷
同 124 督辦爲部令移民就墾被匪損失款項什物等項卷
同 125 東勝縣、會委員被匪損失款項什物等項卷
同 126 杳中公旗私放大小錫克泰之地報墾卷
同 127 奎督辦合准部院交下陳振先條陳與工浚渠以工代賑其覆卷
同 128 奎督辦合抄發山西辦理各項統計章則卷
同 129 武川縣官行局會徵達茂兩旗荒價卷
同 130 總辦覆縣卷
同 131 東公旗墾地與茂旗界址不清會同茂分局三公局查覆卷
同 132 函中交爾行朱任欠款咨俊收裕陞續歸還卷
同 133 委員催徵各處荒價請領旅費卷

民國十年份前綏墾務卷宗目錄表

字
1 郡札兩旗墾務分局案 草牌界地案附
2 茂明安族墾務分局案
3 消薀四子王等旗地畝卷

同 4 東公旗報墾哈拉補朽實科比等處地畝卷
同 5 呈解軍費卷
同 6 呈辭辦事處經費卷
同 7 東公旗請領租款卷
同 8 中公旗請領租款卷
同 9 西公旗請領租款卷
同 10 郡王旗請領租款卷
同 11 達拉特旗請領租款卷
同 12 池囉爾旗請領租款卷
同 13 各處到差日期曁啓用關防卷
同 14 各項雜件卷
同 15 呈送總局墾地畝處計算書卷
同 16 武川縣徵收歲租卷
同 17 五原縣徵收歲租卷
同 18 薩拉齊縣徵收歲租卷
同 19 東勝縣徵收歲租卷
同 20 河曲縣徵收歲租卷
同 21 催收池旗河曲、府谷蘭縣民欠荒租卷
同 22 西票分局旬月各報卷
同 23 西公旗報墾五大村地畝卷

字号	卷宗名称	字号	卷宗名称
字 24	兴筑社会首等禀为安主任勋过领地乞缓办以恤民艰卷	字 44	西眼局呈报郡篆挂号各费卷
同 25	总局委任各差卷 请假附	同 45	令牧厂局、武川县通泰亿诚前报地亩切实调查卷
同 26	永丰闸渠害苗被淹成灾卷	同 46	官庄子垦务行局卷
同 27	包户吴群滩渡私垦判令赔修渠工银两卷	同 47	训令三公、牧厂局奉督办令准财部咨送会报省区、升科卷
同 28	延寿寺喇嘛乌齐尔户等内地私写抄送地约请核办见覆卷	同 48	茂分局丈地月报卷
同 29	三公旗垦务局卷	同 49	通令各局所管地段已未放各若干造册送局卷
同 30	各处欠债规则条例附 县灾公债规则条例附	同 50	牧厂、官行局请领照票卷
同 31	西眼滩行局旬月各报卷	同 51	收厂局呈送升科过各地亩册卷 逃亡消册附
同 32	三公局呈送白彦滩行局计算书卷	同 52	收厂局呈报丈过各地亩表册卷
同 33	白彦滩行局旬月各报卷	同 53	收厂垦务分局卷 追加缮誊附
同 34	官行局旬月各报卷	同 53	五原城隍旬月各报卷
同 35	茂分局旬月各报卷	同 55	各分局呈送职员表卷
同 36	靖塢县徵收粗款卷	同 56	三公局旬月各报卷
同 37	收厂局旬月各报卷	同 57	训令茂分局迅速查明茂旗哈木尔板申地是否梅令户口执日具覆
同 38	呈报拨给达蒙郡伦召八年分水粗卷	同 59	西聚分局请领印花票卷
同 39	三公局徵收结算拼号各费卷	同 60	图克木旬月各报卷
同 40	呈报自八年九月分起至九年九月底止由各项另款内支付银行利息等费卷	同 61	土默特旗请领拨六成地价卷
同 41	电令各县征存各项解局卷	同 62	茂明安旗请领粗款卷
同 42	收厂局请领印花票卷	同 63	达尔罕旗请领粗款卷
同 43	茂分局请领印花票卷	同	中滩渠工卷

第二部 民国卷宗目录

第二部 民國卷宗目錄

字字 64 杭錦旗請領租款卷
字字 65 二分子什拉胡魯素四成補地被災卷
同 66 呈督辦西盟撥軍糧三千元卷
同 67 三公局請領印花票卷
同 68 東公旗報墾烏藍板升科地畝卷
同 69 商人馮紹孔報墾乃莫灘地畝卷
同 70 白彥溝墾務行局卷
同 71 慶綏寺呈願撥領太歲營子荒地歸墾以抵收廠局荒價卷
同 72 三公局呈請撥領留丈青苗不敷經費卷
同 73 呈督辦呈送分局經費節餘墊補助不敷經費收支清册卷
同 74 呈督辦呈送付軍經費及蒙款票現各數清册卷
同 75 呈督辦呈送官產製款並另款結數清册卷
同 76 呈督辦呈運官產製款並另款結數清册卷
同 77 廣聖寺報墾大榆樹灣地畝卷
同 78 都統令轉報奉大總統令特予褒揚故前兵部侍郎貽穀將在墾事積會
復卷
同 79 鄂托克旗請領租款卷
同 80 令西盟副局迅將灞田公社欠租催解卷
同 81 總局預算卷
同 82 奉令准部各情願繳驗免八年分歸綏等縣夏秋田禾被災錢糧卷
同 83 財部令奉院議各項證書任命狀憑單執照收費規則卷

同 84 茂明安旗墾務分局請領部照卷 被匪搶失附
同 85 固陽設治局呈請修建土圍衙署並圖說卷
同 86 督辦令准財部函開續籌償票付息各辦法卷
同 87 三公局報解中灘短租經費並抖號費卷
同 88 茂分局呈擬放召廟地畝請將歸蒙押荒歲租各款劃歸各旗召直接領取卷
同 89 三公局呈送中西兩公旗劃分包頭梁同果爾等村地畝清册卷
同 90 武川縣、官行局呈送達爾旗部照根登記勘升科清册卷
同 91 修正獎揚條例卷
同 92 奉督辦令調查墾政委派科長等勳同前往各局調查卷
同 93 西河營呈報灞田公社永租地被災卷
同 94 奉督辦令查未征之款實欠在民應設法嚴催撰擬布告分行各縣局張貼卷
同 95 呈督辦、訓令各分局委派劉鍾蔭等為各分局督催監收員
同 96 三公局長馬家鵰偽造印電擅押委員呈請撤差送庭訊辦卷
同 97 固陽第三區六合社李德永呈控茂局催征不公羅役擾民乞查辦卷
同 98 札薩克旗請領租款卷
同 99 奉督辦令發墾綏區軍政各辦法卷
同 100 奉督辦令據五原縣示庚子年蒙人以地賠補教堂案卷
同 101 奉督辦令據墾務處呈補課領杭旗墾地拖欠租銀並將收廠押荒各款分別撥抵卷
同 102 茂分局呈報越界丈地情形並請示辦法卷
同 103 觀測所請領經費卷

民國十一年份前綏邊墾務卷宗目錄表

同	104	奉督辦令擬請派員監修渠道卷
宙字	1	總局委任各案卷
同	2	總局預算卷
同	3	電令各縣局催收各款解局卷
同	4	五大村行局卷
同	5	土默特總管請撥六成地々價卷
同	6	牧廠局旬月各報卷
同	7	茂分局旬月各報卷
同	8	武川縣征收歲租卷
同	9	五原縣征收歲租卷
同	10	薩拉齊縣征收歲租卷
同	11	達拉特旗征收歲租卷
同	12	茂明安旗請領租款卷
同	13	呈督辦官行局溢出敵令茂局丈放卷
同	14	呈督辦呈送各分局征收各珀另款並委員等旅費出另款開支卷
同	15	三公局呈請收款三聯照票卷
同	16	呈督辦前茂分局李局長欠發員行局經費請查傳追繳卷
同	17	令各分局奉令派員調查墾荒情形卷
同	18	平市官錢局函送銅元樣卷
同	19	各處到差輕啓用關防日期卷
同	20	各項雜件
同	21	五原縣轉呈東區董事李全仁呈五大村地戶代表王占智等禀控訴翻犁地請核辦卷
同	22	令西明噶局田全豐函禀委員王瑶先私丈餘地貨賄情形詳查具覆卷
同	23	東公旗請領租款卷
同	24	郡王旗請領租款卷
同	25	札薩克旗請領租款卷
同	26	準噶爾旗請領租款卷
同	27	杭錦旗請領租款卷
同	28	東勝縣征收歲租卷
同	29	呈解軍費卷
同	30	牧廠局印花票卷
同	31	三公局印花票卷
同	32	西明局印花票卷
同	33	呈督辦請將包頭深地歲租撥案劃歸自收卷
同	34	茂明安旗墾務分局卷
同	35	通令各局所管地段已未放各若干地造冊送局卷
同	36	三公旗地畝局卷

第二部　民國卷宗目錄

第二部 民國卷宗目錄

同 37 平羅縣呈地戶溫玉所領地歇鄂旗阻止乞援辦卷
同 38 西鄂局旬月各報卷
同 39 財政國咨撥還勘界旅費洋卷
同 40 戈壁灘地畝行局卷
同 41 奉財部電催解繳款並照費卷
同 42 二分子義和社四成補地被災卷 河頭餘地附
同 43 催收准旗河曲、府谷兩縣民欠荒租卷
同 44 各分局呈送職員表卷
同 45 茂分局丈地月報卷
同 46 呇審判處運博爾巴圖以押荒抵交公款大洋五百元查照見覆卷
同 47 西鄂局請領三聯照票卷
同 48 東勝縣知事呈報整頓領地方情形卷
同 49 奉督辦令據義和社地戶林沛鈞呈控灌田公社坝渠奪地咨道總會同商辦卷
同 50 中灘裏工卷
同 51 三六區總董張厚田呈為懇請升科糧地見青征收歲課卷
同 52 五原五區總董張厚田呈為懇請升科糧地見青征收歲課卷
同 53 呈解政府公報費卷
同 54 各處賑捐卷
同 55 印花稅歸併財政廳卷
同 56 安穰請領丹府押荒卷

同 57 東公旗報霽哈拉補楞貧科比地畝卷
同 58 崇博爾巴圖請領租款卷
同 59 五原城基旬月各報卷
同 60 四子王旗請領租款卷
同 61 達爾罕旗請領租款卷
同 62 勾挪補助卷
同 63 牧廠雜務分局卷 延嶂寺領地附
同 64 償還內外短債八厘債券條例卷
同 65 牧廠分局呈送民國六年丈放地畝十年升科清冊卷
同 66 牧廠分局呈送民國七年丈放烏胡克圖升科清冊卷
同 67 茂分局呈請廳通升科啓年限卷
同 68 奉督辦令據陽旅長函送灌田公社呈請永剛兩裏地退包歸官卷
同 69 中公旗請領租款卷
同 70 達旗永租地界糾葛呈西鄂局詳細查覆卷
同 71 五原知事呈地戶春厚等請免官租卷
同 72 懇務各員旅履歷卷
同 73 奉都統交下段廳長擬陳整政呈摺卷
同 74 池噶爾旗報墾河套川地畝卷
同 75 呈督統部特別會計支出各款摺表卷
同 76 呈督辦各分局征收各款濟册卷

事字

77 牧廠局呈擬闊克木地官租並啓征年限卷
78 河曲縣征收歲租卷
同 79 周陽公民等請以半價領地爲學田卷
同 80 三公局請領槍彈卷
同 81 五大村行局旬月各報卷
同 82 平羅縣呈報地戶柏舍福地畝被災免租卷
同 83 呈解雞蛋閘津貼費卷
同 84 觀測所請領經費卷
同 85 呈解辦事處經費卷
同 86 郭維樞呈請轉令灌田公社挖浚灌田卷
同 87 呈督辦各縣經征前項歲租酌提百分之五卷
同 88 奉督統訓令據觀測所呈擬觀測事項分報實業廳會查具覆卷
同 89 西則製務分局卷
同 90 三公局呈繕寫郵費掛號費卷 部照費附
同 91 三公局呈解滙費掛號費卷
同 92 三公局呈解短租卷 五大村及驛木圖短租胼附
同 93 三公局呈解水租卷
同 94 嵐都爾召請領水租卷
綏字1 奉令稽查製務總辦呈報任事日期卷
同 2 接收關防交卷條具等件卷

第二部 民國卷宗目錄

同 3 電令各縣局征存款項解局卷
同 4 各處呈報到差日期並啓用關防卷
同 5 各項另存卷
同 6 函送關於前任應辦文件卷
同 7 茂分局呈送稜擬格拉鷗鷄三四約地官歲租等則升科年限卷
同 8 通令各局由本年七月起月需經費暫按八成開支卷
同 9 函令各局已未放地畝數目查明列表報局卷
同 10 各項賑捐卷
同 11 五原縣徵收歲租卷
同 12 各銀行借款卷
同 13 呈督辦職局支員欠薪准其抵作領地荒價卷
同 14 西公旗報製荷葉薩齊等處地畝卷
同 15 四公旗報製地畝卷
同 16 呈解軍費卷
同 17 呈解辦事處經費卷
同 18 三公局旬月報卷
同 19 山西河曲縣徵收歲租卷
同 20 陝西靖邊縣徵收歲租卷
同 21 陝西橫山縣徵收歲租卷
同 22 甘肅平羅縣徵收歲租卷

第二部　民國卷宗目錄

綏字 23 陝西榆林縣徵收歲租卷
同 24 西鄂局旬月報卷
同 25 總局十一年度預算卷
同 26 西鄂墾務分局卷
同 27 和林縣喇嘛灣山溝等處草質並報告水利卷
同 28 戈壁灘行局卷
同 29 歸化城掌印喇嘛咨請賞還勝寺原主水草游牧卷
同 30 令商人馮紹孔欠交押荒對期清繳卷
同 31 令茂分局奉令建蓋衙署由墊款內移撥卷
同 32 東公旗咨請發給子彈卷
同 33 茂分局請領建築三聯照票卷
同 34 薩拉齊縣徵收歲租卷
同 35 三公局准西公旗咨被淹田禾派員前往詳查卷
同 36 茂財鄠五原欠解抵作印花票價卷
同 37 茂分局旬月報卷　具勘地三四約地官莊子等地建築費附
同 38 教民黃殿士買中灘白彥花村地受累不已懇請撤地卷
同 39 旱督辦擬訂各縣丈地收款考成規則卷
同 40 包頭梁地戶于永厚欠荒不交撤地另放卷
同 41 牧廠局早請逃亡之戶撤地另放卷
同 42 令各分局將欠解印花票價迅速清繳卷

綏字 43 崑鄂裕名請領租款卷
同 44 士默特參領呈請開墾托城西黃河涸復地畝卷
同 45 士默特臺吉寶玉三報墾瑪呢圖路辦法卷
同 46 奉督辦令各機關各司扣薪儲金賑路辦法卷
同 47 茂分局呈報三成地行局因匣寶陵遺失短租照票卷
同 48 令三公局將本年征收短租清冊送局卷
同 49 奉督辦令議員李發泉搭陳整頓墾務各節卷
同 50 各項雜件卷
同 51 牧廠分局旬報卷
同 52 令西鄂局奉令轉准潅田公社積欠包租徵齊解繳卷
同 53 令各分局奉令咨發展實業一體澗辦卷
同 54 令墾綏寺迅將欠款從速撥交卷
同 55 牧廠墾務分局卷
同 56 奉鄂統交下北京香山慈幼院久長函請酌撥五大村等處地畝卷
同 57 令武川縣迅將通泰等墾地官歲租造冊送局以便啟征卷
同 58 茂分局早解掛號費卷
同 59 密令調查中灘短租及特別租款焦美琴侵蝕情形查明具報卷
同 60 武川縣征收歲租卷
同 61 牧廠分局早送計算書擴卷
同 62 東勝縣徵收歲租卷

同 63	戈壁驛行局旬報卷	綏字 83	札薩克旗請領租欵卷
同 64	五大村行局旬報卷	同 84	土默特總管呈請將鬧克木等地押荒希撥發卷
同 65	崑都崙召水租清册卷	同 85	元總辦呈交各項清册卷
同 66	囿陽區董等懇請緩征契款卷	同 86	西默分局函送綏遠公記中學堂欠款清摺卷
同 67	五原知事呈請勘丈青苗不分等則每頃一律按二兩征收乞核示卷	同 87	奉督辦令擬李春秀呈請將後套公產地畝按書苗數算交官租卷
同 68	茂分局呈送計算書據卷	同 88	茂分局印花票卷
同 69	五原城堡旬月報卷	同 89	囿陽局呈報余太河劉通等十五村禾稼被凍成災乞派員勘驗卷
同 70	呈督辦各蒙旗報墾地畝每年應徵裳租自收請咨部備案卷	同 90	西默分局呈送計算書據卷
同 71	首署曾查和林五原縣呈擬附加鳳隷辦法卷	同 91	令各縣局以後各軍隊若無本署命令 不准抵解餉費卷
同 72	學務局武川呈督辦援案派督備派收員卷	同 92	西默分局呈請擬設清理地畝處卷 規則附
同 73	達拉特旗請領租欵卷	同 93	清琨沙拉穰楞等處隨召地畝分局卷
同 74	奉督辦令據神木縣商會呈所墊第捌師欵萬元請覲墊地卷	同 94	東公旗請領租欵卷
同 75	包頭梁餘地價請領荒查明送局卷	同 95	准瑞典使署稱前撥給教會地畝文件卷
同 76	西公旗價分晰造册送局卷	同 96	呈督辦職局安設電燈表請山節餘項下支銷卷
同 77	令三公局將十一年分水短租造册送局卷	同 97	茂旗商報小召子地畝預借銀元卷
同 78	內囿公债卷	同 98	西公旗咨要求短租如何繳給獎費請予察免查明具覆卷
同 79	各分局票照費卷	同 99	令三公局西公旗衆蒙戶認領五大村地應交押荒各有若干亦明呈覆卷
同 80	牧廠分局解掛號郵費費卷	同 100	令三公局西公旗蒙員陳東西達拉麥等地應收短租情形詳查具覆卷
同 81	發各縣局規定繳入費式卷	同 101	令三公局西公旗蒙員會同丈放中灘地旅費數目查明具覆卷
同 82	第二部 民國卷宗目錄		

第二部 民國卷宗目錄

- 103 曹培晉等呈領六台地畝卷
- 104 西郡分局吳懋城墾減等辦法卷
- 105 三公局呈請五大村各河頭地畝改為旱地丈放卷
- 106 三公局呈報下五村地戶因匪患旱災請緩徵六成押荒已勘酌情形公布卷
- 107 廟治成等呈陳達輕侵奪領地卷
- 108 收廠分局請領圖克木地部照卷
- 109 西公旗呑請將駐紮軍隊調往他處卷
- 110 茂明安旗請領租款卷
- 111 元前總辦交到原領後套杭旗嵩博鈿巴圖兩項地畝執照抵作欠發薪公希核收抵解卷
- 112 令康藍收查員將東山蒔內東公旗嵩子地假名承領該地現已撤回公
- 113 查西公旗查五大村主任將毛口窯子地假名承領卷
- 114 令各分局將藤縣知事呈擬銷售印花辦法
- 115 銅治邦等呈請緩徵六成地價卷

民國十二年份前墾務彙辦卷宗目錄表

漢字
- 1 茂明安旗報墾莫碾根召四約地畝卷
- 2 五大村行局卷
- 3 元前總辦撥領河北地畝即以欠薪抵作地價
- 4 總局委任各差卷
- 5 催收渣旗河曲府谷兩縣民欠荒租卷
- 6 固陽局呈報行息借銀元本利均歸還卷
- 7 河北行局呈奉令山興行息借銀元利息由另款開支卷
- 8 武川縣徵收歲租卷
- 9 潘旺公社欠交租卷
- 10 達拉特旗請領租款卷
- 11 西公旗請領租款卷
- 12 牧廠分局旬月報卷
- 13 牧廠分局解郵繕掛號費卷
- 14 三公局照票卷
- 15 東勝縣徵收租卷
- 16 陳廠徵收歲費卷
- 17 呈解軍費卷
- 18 呈解辦事處郵費卷
- 19 牧廠分局卷
- 20 蒿博鈿巴圖應繳保證金卷
- 21 三公局旬月報卷
- 22 各分局已未放地畝數目表卷
- 23 都統轄民各員分別攤款卷
- 24 安續請領各員押荒卷

同 25	茂明族贝勒公佈請領租款卷		同 45	各項免存卷
同 26	杭錦旗族請領租款卷		同 46	隨營縣等被災分別圖給銀糧卷
同 27	茂明安旗請領租款卷		同 47	土默公呈請將報墾白紅果爾國包地畝速行解決開放卷
同 28	固陽局旬月報卷		同 48	四子王旗請領租款卷
同 29	固陽局呈送二區被災册結卷		同 49	五原縣征收歲租卷
同 30	嵩博領巴圖旗請領租款卷		同 50	東公旗請領租款卷
同 31	郡王旗請領租款卷		同 51	呈督辦呈送總分行各局製款官產收支各册卷
同 32	西公旗報墾地畝卷		同 52	三公局呈送自六年起至十一年六月底止各項款目册單表卷
同 33	西明旗局呈送勘丈淸苗卷		同 53	各縣局征收人員季考功過卷
同 34	五原縣會呈永濟等八區被災卷		同 54	郡王旗請將杭界中東南段地退還一段以作實業卷
同 35	令三公局將十一年分水租造册送局卷		同 55	中公旗呈請同果爾等地歲租目收卷
同 36	令三公局迅將該墾五大村戈薩兩行局計算書送局卷		同 56	戈薩行局應限限卷
同 37	令固陽局迅將計算書造送卷		同 57	西明分局旬月報卷
同 38	呈督辦會報接交製款官產各册卷		同 58	族務處抵欠杭達爾族租款卷
同 39	東公旗呈請河北地畝歲租押荒收款執照河剛沙壓地請免荒租卷		同 59	翻查四子王旗東新地左近出有水晶鑛產繪具圖說呈送來局卷
同 40	俻收平羅縣民欠歲租並發給押荒款執照河剛沙壓地請免荒租卷		同 60	實業應變解軍費二千元由何日起息查明見理卷
同 41	四子王報墾請東新地畝畔地畝卷		同 61	沙拉楞楞鴻名地畝局請領照票並解印刷費卷
同 42	令各縣局征存欵項解局卷		同 62	固陽局設治局請領荒價建築照票卷
同 43	三公旗地畝解局卷		同 63	呈解楞顧問津貼卷
同 44	令各分局奉令三年公債第五次還本卷		同 64	濶田公社包修各渠卷

第二部 民國卷宗目錄

第二部 民国卷宗目录

同 65	陵山县征收岁租卷		同 85	各银行借款卷
同 66	呈解梁秘书耕水卷		同 86	西公旗要求领地押荒照新章核减卷
同 67	周阳县垦务成立卷		同 87	西公旗奋送改正新地图请将旧原图发还卷
同 63	呈报督办总局息借各银行之款付息请由另款支销卷		同 88	呈督办据袁世康呈将自置垦荒报铑乞备案卷
同 69	令三公局前送电报费收照系何处用何人查明且覆卷		同 89	各项捐助卷
同 70	河北地亩行局卷		同 90	河北地行局旬月报卷
同 71	沙拉棱楞地亩分局卷		同 91	王法武呈控池旗援留契据等件卷
同 72	河曲县征收岁租卷		同 92	十默特总管副援六成地地价卷
同 73	奉督办令据马腾云呈请将五原渠道修理实行测丈卷		同 93	令各监收至三月底期满裁撤卷
同 74	商人冯绍孔欠交押荒卷		同 94	三公局解印花票价卷
同 75	两元前总办三公局暨尔萨两局欠解印花票价与交册数目不符见复卷		同 95	鄂托克旗请领租款卷
同 76	函元前总办归萨复官粮局欠解刷印费与交册数目不符查明见覆卷		同 96	西蒙局呈四篑堂维厚堂欠荒不交撤地另放卷
同 77	周阳局呈逮八年丈放通兴功升科册卷		同 97	周阳局呈因公特别发电用款请由另款开支卷
同 78	河北行局解遣前借总局洋二百元卷		同 98	西盟垦务分局卷
同 79	托县请领台息字照票卷		同 99	周阳县呈请由收款内截留建署暨修土围工程用费卷
同 80	三公局五大村行局旬月报卷		同 100	包头设治办法卷
同 81	戈壁滩行局旬月报卷		同 101	戈壁滩治附 成立县卷
同 82	各处到差日期并启用关防卷		同 102	奈中八旗将大小余太暨红花坪拉等处地亩一并报聚卷
同 23	观测所请领经费卷		同 103	默尔根图克齐召请领押荒卷
同 84	令各局兼职人员不得兼支薪津卷		同 104	警备总司令训令应拨土默特六成地价每月协助一千元卷

遼字 105	廣慶寺報墾大榆樹灘等處地畝合同卷 設局辦法租則章程附
同 106	牧賬局呈送七年分十一年升科冊卷
同 107	呈督辦吳局長辦理西公旗交涉旅費由另款開支卷
同 108	崑都崙召請領租款卷
同 109	準旗催荒委員吳徹巴文卷測照等件卷
同 110	令西盟局調查鄂旗報墾地畝情形繪圖具覆卷
同 111	平羅縣
同 112	準曉網旗請領歲租卷
同 113	山東省長公署派龔素學員來綏調查墾殖情形卷
同 114	各項另款清冊卷
同 115	勻挪補助墊另存節餘經費清冊卷
同 116	茂旗隨徵龍築費清冊卷
同 117	五原南區李廣恒等懇請中灘地見畝徵收卷
同 118	三公局呈解掛號費卷
同 119	清理鹽召地畝分局總局代向商號借洋二百元本利一併清還卷
同 120	烏蘭花地戶等承領大青懶包睹教地畝卷
同 121	呈督辦懇將什拉葫廬素地劃歸西盟局管轄清理卷
同 122	中公旗請領租款卷
同 123	令三公局將歷年已未墾地內中灘短租查明具覆卷
同 124	令三公局將中灘五大村荷葉蒜齊等處地畝何年升科詳覆卷

第二部 民國卷宗目錄

同 125	武川縣徵收四子王旗通泰萬億號等村荒價卷
同 126	武川縣呈送清理達茂兩旗地畝照冊卷
同 127	呈報奉大總統令派簽綏遠墾務總辦遵即繼續就任卷
同 128	李雲肪等呈請修三湖灣水地幹渠卷
同 129	固陽縣公民代表韓俊等呈請減輕官歲租卷
同 130	集成公司呈請鉅資來綏領墾卷
同 131	杭錦旗請領搶枝卷
同 132	西東務郡王旗請領子彈繳價卷
同 133	後套八大灘丈放各地月報表卷
同 134	沙分局旬月報卷
同 135	沙分局已未丈放各地月報卷
同 136	三公局呈請核減什拉呼魯素紅門圖等地押荒提一成經費卷
同 137	令催李葆元欠解達茂兩旗荒價津貼等項迅速解局卷
同 138	通令各縣局自七月一日批解製雜各款遵照辦事處卷
同 139	令固陽縣
同 140	五原縣呈本年勘丈青苗請由縣直接派員碑雜照准卷
同 141	總局十二年度預算卷
同 142	東公旗繼報烏藍板申地畝卷
同 143	崇縣會長等呈懇頓稅局卷
同 144	三公局呈請修築包頭南門外馬路繪圖卷

第二部 民國卷宗目錄

145	牧廠分局請領收款票卷	同		
146	牧廠分局呈送計算書據卷	同	165	陝西榆林道查據橫山縣呈地戶樵鎖南等請免歲租卷
147	廣分局呈據代表于效仁呈組織新村範自治附加收二成押荒進行卷	同	166	學務處查五武兩縣學田數目希見覆卷
148	呈督辦呈請換領槍彈卷	同	167	因陽縣呈報起官租卷
149	牧廠分局呈請傳集圖伽本等論令撥田高要亥地票約照章報懇卷	同	168	呈解廣分局稽查員薪水卷
150	據土默特參領呈請驗免狼地租銀卷	同	169	河北統派委高錦輪等赴各徵收機關檢查卷
151	廣分局呈解捐號費卷	同	170	呈督辦學務局呈請劃撥荒地犂獻各三成充作教育基金卷
152	廣分局旬月報卷	同	171	呈督辦令將犂務總局裁撤歸併實業廳號辦卷
153	據張益民等呈集賓請就五當召放犂地內探取硝草乞准立案卷	同	172	寒拉特旗報犂奇克木爾地畝卷
154	固陽縣呈送十一年分短租清冊卷	同	173	達拉特旗報犂德局裁撤歸併實業廳號辦卷
155	崑都崙召十二年分水租清冊卷	同	174	訓令廣分局自開辦起丈放地畝收獄各數目依表呈報卷
156	北京公立教育學田委員會函請撥給荒田卷	同	175	烏藍板申行局旬月報卷
157	直隸王省長函請領荒地卷	同	176	通令各縣局徵收犂款甄照票等費不得額外洋收卷
158	土獸特參領等呈報開放山後官荒地卷	同	177	學務局查據和縣知事呈擬巡視轄境考查教育情形卷
159	達爾罕旗報犂地畝卷	同	178	通令各縣局徵收犂款甄照票及已未放地畝速遞來局卷
160	舍力圖召報犂山後烏領圖河等處地畝卷	同	179	令廣分局據土默公查呈五當召將海洮秦太地招戶認領查明呈覆卷
161	呈督辦提案派督傑監收員卷	同	180	令廣分局呈請電裝體員到綏辦商進行四旗犂務卷
162	牧廠分局請領部照卷	同	181	廣分局呈請
163	河北行局請領部照卷			
164	五原城墾旬月報卷			

民國十三年份前墾務變務卷宗目錄表

輯字

1 廣覺寺地畝分局卷
同 2 瀦田公社包修各渠卷
同 3 沙拉木楞召地畝分局卷
同 4 另欵各項開支卷
同 5 達拉特旗請領租款卷
同 6 郡王旗請領租款卷
同 7 東公旗請領租款卷
同 8 中公旗請領租款卷
同 9 固陽縣呈解掛號費卷
同 10 呈督辦呈送元前總辦春交各款不敷並應抵各款卷
同 11 令各蒙收員支領軍馬費按月填具收據送局卷
同 12 呈督辦據商民元和公等呈請催價檢樹灘地畝情形卷
同 13 內國公債卷
同 14 令三公局迅將中灘渠費賣苗水短租造冊送局卷
同 15 令固陽縣迅將已未征短租造冊送局卷
同 16 呈解軍費卷
同 17 借各銀行商號欵卷
同 18 牧廠局呈送圖克木九年分升科冊卷
同 19 固陽縣呈送格拉鶴八年分升科冊卷

第二部 民國卷宗目錄

國字

20 呈督辦呈送各縣局借銅行欵利息收據請關案卷
同 21 茂明安旗請領租款卷
同 22 四子王旗請領租款卷
同 23 西公旗續領地畝棧減押荒各情形卷
同 24 三公局旬月報卷
同 25 西刷局旬月報卷
同 26 河北行局旬月報卷
同 27 呈督辦廣覺寺報繳交際事宜業用各款清摺暨證據薄請備案卷
同 29 總局委任各差卷
同 30 牧廠墾務分局卷
同 31 五原徵收歲租卷
同 32 武川縣征收官歲租卷
同 33 呈督辦紳木縣商會抵撥五千元作為軍費卷
同 34 廣分局函請發還地戶掛號費卷
同 35 令三公局將中公旗東西牌界地常年歲租花名冊送局卷
同 36 牧廠局旬月報卷
同 37 西照寺呈奉實堂請領四成補地卷
同 38 觀綠寺欠繳土克木荒價卷 該寺押賣給李富春案附
同 39 觀測所欠費抵交土克木荒價卷
同 鳥藍板申地畝行局卷

第二部 民國卷宗目錄 匯情附

編字	40	同周陽縣墾務案卷
同	41	河北地畝行局卷
同	42	西盟墾務分局卷
同	43	廣覺寺墾出官銀局撥交車代表銀元卷
同	44	牧廠分局呈解掛號費卷
同	45	沙分局旬月報卷
同	46	三公局呈解契費卷
同	47	廣分局旬月報卷
同	48	神木縣商會請領荒地以抵欠款卷
同	49	關承佑預領高要海地價二百元卷
同	50	令委前往各縣局提取解款卷
同	51	三公局中灘地戶趙俊德請改征水租卷
同	52	土默特請領六成餘地墾土克木地價卷
同	53	委周科長等前往中西兩公旗勸報地畝卷
同	54	財政處咨送簡章轉各分局遵照卷
同	55	奉督辦令下五村民控陳金良具霰卷
同	56	通令各縣局奉財政部巧歐電迅將十年至十二年收支撥解四項各數目電復卷
同	57	呈解歷屆價洋卷
同	58	山東省長吞撰將壽光縣保安隄移往五原墾關荒地卷
同	59	呈解辦軍處經費卷

編字	60	同周陽縣旬月報卷
同	61	官莊子旬月報卷
同	62	周陽縣建築費卷
同	63	官莊子建築費卷
同	64	周陽縣短租卷
同	65	杭錦旗請領租款卷
同	66	令牧廠奉西盟財部令各項官齋地畝照表填送卷
同	67	隆縣征收官歲租卷
同	68	東勝縣征收歲租卷
同	69	烏行局呈請飭造紅洞灘歲租冊轉交該撫自收租卷
同	70	塢包頭公民史海茂等呈控劉秉鞏私勸墾款卷
同	71	三公局呈復五大村未放地三百餘頃情形卷
同	72	崑都崙召請領租款卷
同	73	三公局呈送十一年分勘丈中灘青苗水租冊卷
同	74	西盟局呈擬派員調查鄂旗前報地畝並請需用旅費由另款支領卷
同	75	烏行局旬月報卷
同	76	西盟局呈送十二年分已未墾地青苗冊卷
同	77	各項另存卷
同	78	西盟局呈擬清理什拉胡盧素地畝辦法並經費表卷

六六

輯字

同 80 安續請領押荒卷	同 100 廣分局呈送十二年七月計算書據卷
同 81 呈督辦呈送十一年十月至十二月繫款官斎收支清冊卷	同 101 五原城甚旬月報卷
同 82 茂旗貝勒公佈請領押荒卷	同 102 西照分局呈解潘田公祉渠租銀元卷
同 83 奉督辦令據第五混成旅及寧夏新軍呈請撥給中薩地畝以抵欠餉卷	同 103 西照局呈解元前總辦抵交同與德押荒卷
同 84 巴晉憎包行局旬月報卷	同 104 餽收準旗河曲府谷爾縣荒租卷
同 85 呈督辦呈請改擬徵收部照費辦法卷	同 105 鄂托克旗請領租款卷
同 86 財政聽咨送印花票面請加蓋綏遠戳記卷	同 106 西公旗請領租款卷
同 87 呈財撥呈請領發承製照十萬張卷	同 107 山東實業廳委員前往後山購州卷
同 88 郡王旗請領子彈價洋由本局代付卷	同 108 固陽縣呈報啓徵官歲租卷
同 89 巴晉憎包地畝行局卷	同 109 籌餉總局總會辦月薪由墾局籌給卷
同 90 東務縣民人王守仁等請免歲租卷	同 110 西照分局代鄂旗請領部照卷
同 91 三公旗地畝局卷	同 111 各項捐助卷　服務處修正章程附
同 92 各縣局欠繳刷印照票卷　鄂行局附	同 112 中灘墾工卷
同 93 西照分局呈請收款照票卷	同 113 令臨行局迅將東山灣地畝升科冊造送卷
同 94 固陽縣呈請建築費提一成經費卷	同 114 王同春等呈請組織灌源水利公司擬定總包六渠辦法卷　包租章程附
同 95 謾部部容部擬給五當召地三千頃作爲張家口畜場之用卷	同 115 審判處函請五原縣轄增祿滩沒達旗地畝卷
同 96 五原縣屬東區東牌地被災卷	同 116 固陽縣解送票照費卷
同 97 通令各分局委用職員務須照定章隨時呈請加委月終彙報不得隨意少設卷	同 117 札薩克旗請領租卷
同 98 訓令各分局從前具領部照已發若干現存若干查明具報卷	同 118 辦理高要亥等處地畝行局卷
同 99 茂旗報劉小召子地內有台吉地請一併發給押荒卷	同 119 呈督辦造送十二年度新設各行局歲出入預算書卷

第二部　民國卷宗目錄

第二部 民國卷宗目錄

福字120 西盟局呈請五仁堂等地減價招放卷	同140 呈送總局墾地畝處計決算書攤卷
同121 令西盟局查令第五旅率所部呈解整頓五原欠荒暨領地卷	同141 廣分局呈請地戶王敦禮堂請酌減等則卷
同122 訓令西盟局嚴催厚四歲兩堂所呈詳查具覆墊在堂呈請騰間已撤地畝分期交清押租卷	同142 廣分局各地戶欠交押荒再逾期延玩一律撤地另放卷
同123 河曲縣徵收歲租卷	同143 政府公報遺卷
同124 訓令西盟局查督辦令委馬鴻逵為包西永利坐辦卷	同144 葛博儒巴圖領欵卷
同125 晉會寧蔡巴鄂博等處高承烈坐辦卷	同145 達旗呈請覆頒蒙旗解決各項困難情形卷
同126 鄂托克旗月牙湖地畝行局卷	同146 軍務處函由交行借撥業公司承墾包頭墾地畝半價覆領田卷
同127 河北行局解揭地價卷	同147 因陽縣勘學所呈請廣分局地畝均按四十元計算卷
同128 固陽縣呈逸印花票卷	同148 廣分局呈請裝潢興堂所領地畝萬元令行譯還卷
同129 烏行局請領照票卷	同149 西公分局函將碩業公司承墾包頭墾地畝所交押荒退還另放香山卷
同130 呈督辦呈報澡黍發房工洋由另款開支卷	同150 令三公局將歲租覆候三公局具報升科年限再行核辦卷
同131 三公局呈請減蘇木爾等地畝減價招放卷	同151 呈郡統呈繳鎗枝子彈備案卷
同132 榆林道咨請減免者納烏素河南墾地歲租	同152 吞四子王旗委副前往勘報東新地報墾卷
同133 勾撥補助墾欵節餘清册卷	同153 訓令西盟局呈派委員會衆本年青苗卷
同134 茂明安旗吞返對開墾墾地具覆卷	同154 歸綏縣等十一年田禾被災牽令鋼綏銀粮卷
同135 六成餘地擬覆加征官租辦法卷	同155 呈逐職局墾地畝處並藤西牧三局節餘經費卷
同136 令固陽縣將茂明安旗具勤公佈地各放若干查明照表損途來局卷	同156 勘牧扎郡烏三旗報墾卷
同137 西照分局請領部照卷	同157 東公旅請領烏藍板河北等地押荒卷
同138 綏遠全區墾地部照處請領印花票卷	同158 莫爾根召請領烏藍板押荒卷
同139 薩縣呈請附征畝捐充作教育經費卷	同159 中灘地戶呈單厚堂等四家請免征集費以便自行開墾卷

福字 160	令前官莊子主任李復元欠繳達茂兩旗溢支荒價津貼四百餘元先行呈繳卷		同 180	包頭縣會等呈請將中灘地畝援照後查成案見青征收租課卷
同 161	總局十三年度預算卷		同 181	呈報總會辦新水夫馬費卷
同 162	固陽縣呈建築城署擬請追加建築費卷		同 182	香山慈幼院請領押荒銀元卷
同 163	呈督辦呈請奎傳前茂分局李局長來垵追繳欠發貝行局經費卷		同 183	廣覺寺請領地畝並發部照卷
同 164	中公旗報劉小余台地畝等處歲租目收卷		同 184	西盟辦呈報國公報製戶口地畝卷
同 165	中公旗報西公旗古爾板朝號一帶地畝派員勘收卷		同 185	士默特鎮國公報製戶口地畝卷
同 166	商人周欽呈報西公旗古爾板朝號一帶地畝派員勘收卷		同 186	三公旗呈報西公族不承認勘丈中灘地賣商卷
同 167	通令各縣局財政部頒發調查表式仰即填報來局卷		同 187	警務處呈據李啟祥等代表提倡蒙北墾殖公會卷
同 168	普行局呈解捐號費卷		同 188	固陽縣呈請小鈕帳房塔等處地畝租冊發下起征卷
同 169	西公旗函候姓雙張三保地內有不實不盡自應准予取消另放卷		同 189	西盟局呈報哈拉鳥素地畝被災卷
同 170	中華義賑會函請包頭地畝請准予免納稅並免攤費議覆卷		同 190	奏郡辦令據薩和社代表林沛鈞呈請豁免什拉胡魯素製地退租請撥課仰查明具覆卷
同 171	于相龍藥為恃勢霸地畝請公餘薄利堂呈舉地界不明請派員驗勘令		同 191	東公旗呈據哈拉恩河桑爾毛驛太相連一體地畝卷
同 172	五原縣查覆卷		同 192	呈督辦據三公族長代電中灘行局趙主任被匪架走乞設法救出卷
同 173	大韃公司呈墾准用官集餘水請備案卷		同 193	武川縣呈報征收四子王旗舊欠荒價卷
同 174	五原紳民王同春與陳旺子租地料葛令西盟局詳查呈覆卷		同 194	令固陽縣據地戶王世賢函呈加征短租乞撤換查明具覆卷
同 175	呈督辦擬請裁撤西盟局添設臨河大余太設治局卷		同 195	令固陽縣據地戶王世賢函呈加征短租乞撤換查明具覆卷
同 176	阿 哈拉鳥素集會首李富春等請修集渡卷		同 196	奎財政廳托縣欠解官租抵領行政經費卷
同 177	廣分局呈據李大煊等請發槍彈卷		同 197	呈督辦擬定各蒙旗自收歲租章程卷
同 178	達爾罕旗報歸察察一連地畝卷		同 198	呈財政廳呈報斯前總理等所退地畝另放與廣萊公司等承領卷
同 179	三公局請領照票卷		同 199	廣分局呈報斯前總理等所退地畝另放與廣萊公司等承領卷

第二部 民國卷宗目錄

第二部 民国卷宗目录

同 201	固阳县呈请添练警备队并请发快枪经费由荒价内附加卷
同 202	勘放郡札岛等旗会办请领丈地收款票卷
同 203	电令三公局迅将戒修垦琪工原呈抄送卷
同 204	西郡分局呈请抗锦旗夹荒余地减等招放卷
同 205	乌蓝板申地亩行局呈送十二十三年升科册卷
同 206	牧厂分局呈送八年丈放地亩十二年升科迄今各册卷
同 207	靖边县征收租款卷
同 208	横山县征收租款卷
同 209	通令各县局颁发官岁租表式卷
同	中华製顺公司剜领演觉寺地亩不堪耕种请退还卷

荛字
1 托县行局旬月各报卷
2 呈督办发给东豪海豪洋元押荒卷
3 曹培贤呈领第六台地亩押租等卷
4 令东胜县催收四五两荒押荒事宜卷

民国十三年份前艺钻处卷票目录表

民国十三年份的清理地亩处卷票目录表

辨字 1	归绥县征收官租卷
同 2	和林县征收官租卷
同 3	托县征收官租卷
同 4	呈解油珠费卷
同 5	萨县行局杨主任呈亲接收案卷
同 6	托县行局归併托县接辨卷
同 7	武川行局归併收廉分局接辨卷
同 8	归绥县属南村地被灾卷
同 9	令萨行局大剜农场交洋贰千元迅速解局卷
同 10	乌蓝不浪村被灾卷

部字
1 部照处各项文件卷
2 征收部照费旬月报部照卷
3 损失戳照请补发部照卷
4 发各分行局印花章程卷
5 部照章程卷

民國十四年份前墾務卷宗目錄表

綫字	
1	通令各縣局征收裂款趕速解局卷
2	另欵合併開支卷
3	呈解軍費卷
4	達拉特族請領歲租卷
5	郡王旗請領歲租卷
6	札薩克族請領歲租卷
7	東公族請領歲租卷
8	廣覺寺請領押荒卷
9	廣分局旬月報卷
10	五原縣征收歲款卷
11	三公族地畝局卷
12	委任各差卷
13	各督辦據三公局呈報匪情卷
14	各督辦呈送建築費清冊卷
15	河北局旬月報卷
16	各縣局欠解票照費卷
17	呈督辦呈送元前總辦截至十一年七月十五日正離各款清冊卷
18	巴行局旬月報卷
19	西盟局旬月報卷

第二部 民國卷宗目錄

綫字	
20	五原城塞旬月報卷
21	五原縣呈送副交包頭稅治局輕征租冊卷
22	陝拉齊
23	綏遠總商會函請據集錦社等請劃留牧地卷 飼留烏拉圖河地附
24	郡札馬三族報墾地畝卷
25	各分局呈送計算書據卷
26	固陽縣旬月報卷
27	固陽縣呈報撥支建築一成經費卷
28	中灘主任趙相祜欠公款追繳卷
29	三公局呈報撥支建築一成經費卷
30	月牙湖呈報勸墾遺欵勸墾酬送等費可否准支卷
31	郡札馬三族會辦呈報勸墾界遺欵勸墾酬送等費可否准支卷
32	武川縣征收租欵卷
33	借各銀行籌欵項卷
34	茂明安旗請領押荒卷
35	葛博爾巴圖請領押荒卷
36	五原漁源公司欠交租欵卷
37	東勝縣征收租卷
38	牧廠分局旬月報卷
39	西盟分局呈送勘丈十三年分枕連餘地清冊卷

第二部 民國卷宗目錄

絲字
- 40 沙分局旬月報卷
- 41 席勒圖召請領押荒卷
- 42 西公旗請領押荒銀元卷
- 43 鄂托克請領押荒卷
- 44 薩縣徵收官歲租卷
- 同 45 固陽縣徵收官歲租卷
- 同 46 呈解辦事處經費卷
- 同 47 烏行局旬月繳鈴記冊卷
- 同 48 烏行局旬月報卷
- 同 49 席勒圖召報墾拉圖河地畝卷
- 同 50 王來忠呈報張海旺等壤上塥下肥己害案卷
- 同 51 李星五等呈
- 同 52 地戶趙永清等呈請將前明安撫等處下地官歲租核減卷
- 同 53 呈督辦呈報收囘什拉胡魯素地畝及折合洋數卷
- 同 54 呈督辦呈送自總局成立起至十二年度鞍梨收支各表卷
- 同 55 呈督辦呈請免寳科長等賠補槍械及知事記過處分卷
- 同 56 郡札烏等旗會辦據報擬給經費並抵押荒卷

交字
- 1 四子王旗與察哈爾爭界及派員勘梨卷
- 2 接收段前總辦奈交任內各項正款卷
- 3 接收段前總辦奈交任內節餘欵項卷
- 同 4 接收段前總辦奈交任內另存代發欵項卷
- 同 5 接收段前總辦奈交任內銀行借欵卷
- 同 6 接收段前總辦奈交任內經收五原城基地價卷
- 同 7 接收段前總辦奈交任內經收各縣局另欵卷
- 同 8 接收段前總辦奈交任內經收各分局另欵卷
- 同 9 接收段前總辦奈交任內經收節餘經費卷
- 同 10 接收段前總辦奈交任內經收二成節餘經費卷
- 同 11 接收段前總辦奈交任內經收茂撫二成建築費卷
- 同 12 接收段前總辦奈交任內經解另存墊發卷
- 同 13 接收段前總辦奈交任內經收各縣局預解另存墊發卷
- 同 14 呈督辦審查段任內擬欵收支各數卷
- 同 15 呈督辦審查段任內與補助節餘卷
- 同 16 呈督辦審查段任內另存各縣局雜欵卷
- 同 17 呈督辦審查段任內發建築費各數卷
- 同 18 地畝處管理員段永膺呈送歸綏兩局計算書卷
- 同 19 呈督辦段任內經收武川縣照繕費混入正款列報情形卷
- 同 20 呈督辦審查段任內收發建築費另欵卷
- 同 21 訓令武川縣徐前知事將補解四百餘元繳入書送局卷
- 同 22 呈督辦段前總辦繹手正雜各款清冊尚有疑問請飭更正卷

代字		
代字	1	歸綏縣呈報征收官租卷
同	2	武川縣呈報征收官租卷
同	3	和林縣呈報征收歲租卷
同	4	薩縣呈報征收契欵官租卷
同	5	托縣呈報征收官租卷
同	6	東勝縣呈報征收官租卷
同	7	西墾局五原縣呈報征收歲租卷
同	8	河曲縣呈報征收官地租卷
同	9	河北局呈報征收歲租卷
同	10	牧廠局呈報征收官地租卷
同	11	牧廠局呈報慶緣寺抵解荒價卷
同	12	沙分局呈報解欵卷
同	13	三公局呈報征收押荒卷
同	14	三公局呈報征收水租卷
同	15	河北局呈報征收押荒卷
同	16	廣分局呈報旬月報卷
同	17	固陽縣呈報征收荒價旬報卷
同	18	固陽縣呈報官莊子旬報卷
同	19	固陽縣呈報茂族建築費卷
同	20	固陽縣呈報官莊子建築費卷

第二部 民國卷宗目錄

同	21	西墾局呈報旬月報解欵欵卷
同	22	五原城巷旬月報卷
同	23	固陽縣呈送造辦三四約地升科冊卷
同	24	杏財政總處請將段任報收高知事抵交之欵見復卷
同	25	固陽縣呈報十三年十一月分已未放地表卷

民國十四年份前綏遠墾務卷宗目錄表

善字		
善字	1	總辦呈報任事日期卷 委任各營府
同	2	接收段任關防文卷傢具等件卷
同	3	通令各縣局征收欵項卷
同	4	各鹽處呈報到差日期並啟用關防卷
同	5	郡署處請領部照數目卷
同	6	郡督令各旗職員嗣後不准齊陸軍制服卷
同	7	呈解軍費卷
同	8	武川縣征收官歲租卷
同	9	卸任總辦段請將各分局征收欵項卷宗分別檢下卷
同	10	郡統訓令總局取銷各會辦卷
同	11	呈督辦轉請調準旗鄂吉那森達賚來綏會議報地事宜卷
同	12	訓令總局一切收支及關防等項接收會報卷

第二部 民国卷宗目录

善字 13 都统训令饬延兼充顾问司令会办取销卷
同 14 都统令饬间话谈等名襄均取销卷
同 15 中滩行局主任赵柏龄欠公款并查封粮石卷
同 16 固阳县呈请算料长丢失枪械免处分卷
同 17 沙分普行局结算收支各款卷
同 18 通告本局人等办公时间卷
同 19 三公局呈请接收乌拉特中滩等处岁租卷
同 20 各项另存卷
同 21 督办令前启请抚湾县俾令前茂明安旗局长李守珊来绥清理欠款卷 勘丈青苗办法案附
同 22 中滩地亩拨照后垄成案见青征收卷
同 23 萨行局勘丈太岁营子等处地亩规定招主认领卷
同 24 政务厅分局函请造送十二年度收入全数表卷
同 25 代电各分局主任来局会议卷
同 26 三公局呈送十四年分蒿郡斋台东牌界地青苗租册卷
同 27 武川县知事呈复无法代造达茂两旗升科册请令周前任补造卷
同 28 普行局题丈员方超杰呈该局长派人枪夺公文铃记卷
同 29 训令三公局商人周钦报製西公旗地亩勿延收具报卷
同 30 四子王旗报製东新地亩卷 开製章程附
同 31 令固阳县将已未放各地开摺具报卷
同 32 令固阳县茂旗属鲁红酒王旗房地派员勘令报製丈放卷

同 33 东公旗报製哈拉恩珂纳毛苏太地亩卷
同 34 五原协济甲长陈旺子领照开渠料葛卷
同 35 东胜县征收岁租卷
同 36 呈督县办由月牙湖行局拨给鄂族租款四百元相符卷
同 37 萨县征收官岁各租卷
同 38 三公局旬月各报卷
同 39 五原征收岁租卷
同 40 都统令各分局调查全区荒地卷
同 41 令三八公局饬催刘前局长秉彝交代卷
同 42 灅源公司欠解包租卷
同 43 函询公司役前任借款数目日期开单具覆卷
同 44 十款特铭国公报撤门什拉胡鲁素地亩卷
同 45 西固阳县呈报撤门什拉胡鲁素地亩卷
同 46 固阳县旬月各报卷
同 47 编造总局职员表函送政务厅卷
同 48 中滩製硕公司退边地卷
同 49 萨县徐知事呈办空公款卷
同 50 令固阳县饬决办法十一条卷
同 51 借旗务处欠款一万元卷
同 52 函蒙谋藏济什拉胡鲁素地部照图册卷

誊字

53 寒 令會同撤查陳金良侵漁欺詐各節具實呈覆卷
同 54 訓令清理地畝處管理員將經手歸分局事項移交新任接收卷
同 55 陽縣呈報二三道溝地畝被災卷
同 56 固陽縣呈解十三年分短租卷
同 57 札都烏等旗會辦呈繳關防文卷等件卷
同 58 通令各分局發薪規定旬月報及解款眼額條例卷
同 59 呈審辦普會寺報裂匪歸併情形卷
地戶赴永濟懇請減輕官租卷
同 60 三公旗地畝局卷 士默特公爭界案附
同 61 委員赴各縣提款及開支旅費卷
同 62 議決綏遠月刊附設教育體辦卷
同 63 郡秋令知擬定殺適則匯計畫條例及清鄉辦法卷
同 64 托縣征收官租卷
同 65 和林縣征收官租卷
同 66 札薩克旗領歲租卷
同 67 廣分局旬月報卷
同 68 綏濟商會呈請訓餇舌賓地收賬卷
同 69 五原西鳳甲長陳旺呈控王同春霸地卷
同 70 灃源公司呈請指撥納林河地畝未便照准卷
同 71 河北局呈送計算書據卷
72 第二部 民國卷宗目錄

同 73 固陽縣呈王世督所控袁主任各節查明情形卷
同 74 橫山縣征收歲租卷
同 75 西聖分局呈送勘丈畫苗各冊卷
同 76 收賬局呈送升科冊卷
同 77 與聶社呈王同春強收地租仰即核辦卷
同 78 令廣分局將一二兩行局計算書仰為浩送卷
同 79 軍務處警察廳送邊總局前借用陰枝子彈查收卷
同 80 沙分局旬月報卷
同 81 通令各縣局規定本署禁止會餐送禮如上級對下級送禮須按條例施行卷
同 82 呈督辦擬定中灘五大村管渡及渡水章程卷
同 83 三公局撥給茂明安旗洋一千元查復卷
同 84 段前任撥給茂明安旗五百元查復卷
同 85 另欸各項開支卷
同 86 固陽縣撥給茂明博顧巴圖洋四百元相符卷
同 87 薩行局撥給茂明安旗一千零五十元相符卷
同 88 呈解剩匯經費卷
同 89 令西眼局將今月牙湖行局解款年月查覆卷
同 90 胥在堂呈請派員詳查存收漚地各款並將原地退還卷
同 91 三公局調查員趙棋呈河北局中灘地損失過鉅請派員撤查卷
同 92 中公旗由三公局借支洋七百元卷

第二部 民國卷宗目錄

薨字
93 中公旗咬曰產應交押荒撥抵該旗領款卷
同 94 包頭設治局呈報接收薩五兩縣民欠各冊卷
同 95 包頭設治局呈報十三年征收租歲卷
同 96 各段前總辦將什拉胡魯素押荒撥解軍費原因查覆卷
同 97 達拉特旗請領租卷
同 98 裴會辦撥給清鄉司令部經費請抵作軍費卷
同 99 河北局報給西公旗洋四千餘元相符卷
同 100 固陽縣徵收官歲租卷
同 101 歸綏縣徵收官歲租卷
同 102 歸綏縣屬那連兎城留爾鐵帽等村被災卷
同 103 河北局旬月報卷
同 104 西盟墾務分局卷
同 105 四子王旗請補領荒卷
同 106 四子王旗懷巴音愷包地畝交地印文卷
同 107 呈解辦事處經費卷
同 108 綏遠道尹呈請改班出巡卷
同 109 科員潘瑞投井勘驗情形卷
同 110 呈督辦段任撥給席勒圖召各款尚無目抵卷
同 111 歸綏縣屬喜沁營子等村被災卷
同 112 牧廠局呈報已未放各地數目卷

同 113 廣譽等地畝分局卷
同 114 武川縣呈解四子王等旗各地舊欠荒價卷
同 115 河曲縣征收歲租卷
同 116 據蔣通三呈遵章領地扣照不發卷
同 117 烏行局呈送交代文卷等件清單卷
同 118 呈督辦呈覆裴會辦勸製勘界旅費核實卷
同 119 茂明安旗請領租款卷
同 120 武川縣知事呈請地方浮收柴炭小羅戲捐各費一律免除卷
同 121 奉令各機關人員擬定一律改著短衣便服穿用馬褲卷
同 122 裴會辦據報徵收押荒經費開支數目卷
同 123 西盟局呈遵章領開支哈爾嘎巡分別清理界址卷
同 124 四子王旗荒價已解包西水利總局卷
同 125 訓令各分局將裁減人員經費列表逸卷
同 126 中國義眼會函報中途被失執照卷
同 127 歸綏縣屬甲爾且等村被災卷
同 128 包頭設治局屬井卜什密村及河西東大壯被災卷
同 129 四子王旗呈解明安旗建築費卷
同 130 固陽縣呈解官莊子建築費卷
同 131 固陽縣呈解啓沁營子等款尚無目抵卷
同 132 奉都統令嚴禁各機關力戎嗜好並擬定被密巡視分別列表卷

蕙字
同	133	裝會辦勸墾旅費苟屬核實卷
同	134	總局職員請假卷
同	135	固陽縣陳前知事呈送交代各摺卷
同	136	牧廠分局旬報卷
同	137	西照分局旬報卷
同	138	呈督辦各縣局呈報被災地畝查明咨覆卷
同	139	咨道尹各縣局呈報被災地畝查明咨覆卷
同	140	關於墾務範圍內之單行章程卷
同	141	調令沙分局迅將普行局文卷等件繳局卷
同	142	巴行局旬月報卷
同	143	奉令段前總辦交代案派財政廳籌議卷
同	144	呈督辦段任撥給東公旗七千元餘相符卷
同	145	奉都統犒賞包頭劂匪兵士酌勵手巾套
同	146	呈綏遠都統籌撥勸墾塾款十萬元卷
同	147	呈都統呈復查封潘田公社糧石卷
同	148	三公局呈送十三年分丈過中灘蘇木圖短租清冊卷
同	149	財政清理處咨將釋收附加一成捐款見覆卷
同	150	函政務廳寄都統交下耶蘇堂洋文信一件令即查明進行原函繳回卷
同	151	奉都統令官錢局發行紙幣一律通用卷
同	152	牧廠局請領收款照票卷

第二部　民國卷宗目錄

同	153	五原城基旬月報卷
同	154	段前總辦由廣分局撥給東公旗洋二百元相符卷
同	155	令將明安灘等處升科冊造送來局卷
同	156	令將明安灘等處升科冊造送來局卷
同	157	東山灣地畝升科卷
同	158	高要亥爾處津貼卷
同	159	呈解辦事處津貼卷
同	160	各蒙旗惠贈哈達氈毯卷
同	161	段前總辦撥給東公旗四千餘元相符卷
同	162	西照前分局撥給東公旗司津貼由八分掛號費開支卷
同	163	呈督辦呈送圖克木地升科冊據卷
同	164	牧廠局呈送烏胡圖地升科冊卷
同	165	包西水利總局條陳渠道辦法卷
同	166	馬畏融條陳西北屯墾利幣意見書卷
同	167	賀平章條陳整頓墾務辦法卷
同	168	奉都統命擬訂模範村六政局簡章卷
同	169	查陵前總辦撥給盧廬寺應分押荒暨二成輕費各若干見覆卷
同	170	牧廠墾務分局卷
同	171	月牙湖地畝行局卷
同	172	呈都統遵令將墾局改組合併實業廳辦公卷

第二部 民國卷宗目錄

- 173 總分行各局職員表卷
- 同 174 包西水利總辦呈請發關於水利卷宗卷
- 同 175 通令各縣局徵解各款造册送核卷
- 同 176 令五原縣據王同春等謊包各渠勒索情形卷西鄂局王同春等謊包各渠勒索情形卷
- 同 177 吞各蒙族派員來局領款務必攜帶空白印領以便照發卷
- 同 178 王鴻一擬移山東農民於河套地方剪種卷
- 同 179 河北局呈送升科册卷
- 同 180 民國十四年二月分各蒙族報墾地畝情形卷
- 同 181 方超傑呈報調查貝勒地六社情形卷
- 同 182 呂廣辦廣覺寺報製牒分歸蒙押荒數目卷
- 同 183 西公旗請撤銷包頭深地畝分歸蒙押荒卷
- 同 184 政府公報卷
- 同 185 舊行局旬月報卷
- 同 186 固陽縣屬公民代表媯俊等呈請核減三四約地官租卷
- 同 187 通令各縣局承領部照支提成經費列表送核卷
- 同 188 通令各分局承領部照收經費列表送核卷
- 同 189 通令各分局節餘經費列表送核卷
- 同 190 通令各分局徵收照費依表填送卷
- 同 191 呈都統擬請酌派工兵興修蟆蜿垻卷
- 同 192 令三公局勘報西公旗黷薰草地畝卷

- 同 193 西公旗請領租款卷
- 同 194 崑都崙召請領十三年水租卷
- 同 195 東公旗請領租款卷
- 同 196 東公旗呈請將河北局戶前明安灘包頭梁歸化名册造送本旗卷戈壁灘等處
- 同 197 短期公債卷
- 同 198 關於歷年各縣教堂糾葛事項卷
- 同 199 沙分局呈送計算書據卷
- 同 200 達爾罕旗呈請發牒分圖克木地畝二成五押荒歲租卷
- 同 201 寒督辦令發製定委任狀式從新換給卷
- 同 202 沙分局呈送已未放地畝表卷
- 同 203 商人馮紹孔欠交押荒卷
- 同 204 函送軍需課捐助洋五十三元卷
- 同 205 達爾罕旗報墾察哈一連地畝卷
- 同 206 奉督辦令撥交寶桑鳳款項情形卷
- 同 207 西墾局呈請李補卿破房變價以抵欠款卷
- 同 208 牧廠局解號費卷
- 同 209 廣分局解掛號費卷
- 同 210 廣分局解部照費卷
- 同 211 廣分局解節餘經費卷
- 同 212 四子王旗膳教地減等招放卷

同 213	委蒙員穆隆阿等爲勸墾員卷
同 214	地户佈來德業控翁旗假公肥己强分地内田禾請撤查卷
同 215	土默特族與準旗爭執澗復地畝卷
同 216	西剮局請領收款照票卷
同 217	固陽縣呈請增加短租促進放荒各情形卷
同 218	西剮統論出粮捐局撥給枕族來荒餘地卷
同 219	寒郡統論出粮捐局撥給五族聯歡會洋五百元卷
同 220	大余太設治局成立卷
同 221	衮世康報翠巴汗圖包荒地一段請勘放卷
同 222	呈請辦大余太設治局經費暫由小余太押荒項下撥支卷
同 223	三八局總辦員趙軒孝在職病故請給恤金卷
同 224	河北局呈報結束歸併三八局策辦卷
同 225	呈督辦縣路護津貼申户口節餘經費項下開支卷
同 226	安督辦報銷板申户口請派員勘收丈放卷
同 227	中公族聯谷請清算舊欠押荒歲租卷
同 228	財政廳函知寒郡統籌令各機關旬月報從五月起按月函送一份卷
同 229	清源西盟局會報被災地分別緩穀造表結卷
同 230	杭錦族請領租賦卷
同 231	烏伊兩盟聯合會成立卷
同 232	函送軍需課一月至四月收支欵項表卷

第二部 民國卷宗目錄

同 233	訓令各分局支放各蒙族鴻升科册籍已未造送列表具報卷
同 234	訓令和林縣豪站地畝前因聚衆阻撓如何辦理迅即審覈進行卷
同 235	呈督辦據第八旅石旅長呈固陽縣城内修葺營房請由建築費項下支撥卷
同 236	西剮局呈報撥水利總局洋元請備案卷
同 237	前三八局張局長呈報辭造升科圖册應領津貼收地憑單繳入署乞核銷卷
同 238	六縣局呈請行局人員分別獎勵卷
同 239	達拉特族翠製杭葦短租地西界屯田地畝卷
同 240	中公族請領租賦卷
同 241	令各分局將本年一月至四月計算書趕速造送卷
同 242	寒督辦令觀測所收消歸併農事試驗場每月由剮局補助洋五十元卷
同 243	安總局請領押荒卷
同 244	呈督辦縣苓催繳區製剮局代征豐源與陶四縣舊欠押荒撥解卷
同 245	席勒圖召租製烏拉圖河地畝卷
同 246	軍需課函請各分局每年收入票紙費若干查復卷
同 247	呈督辦懇請在已經設局丈放地内加征建築費一成五實業費百分之五卷
同 248	收廢局呈送計算書據卷
同 249	大農公司呈請分水澆地准豫立案卷
同 250	通令各縣將本年額征各項民欠及歷年各民欠列表送局卷
同 251	通令各縣局將截至十四年六月底民欠荒租地價及未放地畝列表送局卷

第二部 民國卷宗目錄

善字
253 呈督辦關於製務刷印品費由另款項下核銷按月彙報卷
254 咨段前總辦覈測所請領前欠經費已否照發見復卷
255 咨督辦令迅速指撥官荒九千畝地點呈覆卷
256 咨都統令據鳥拉特東中兩公旗借佔游牧地應劃歸本旗自行報墾情形卷
257 據鳥札等旗呈控瀝墾招串十匝搶耕牧地請查明辦理卷
258 契會辦呈送廷瀝製廷瀝招串十匝搶耕牧地月報及繳查卷
259 咨會總辦張錫鑾在托欠解官租抵領行政經費尚未扣留請查照辦理卷
260 四存學會會長呈請指撥學田五百頃免收荒價以維教育卷
261 奉財政部令嗣後需用地圖按價備文來取卷
262 訓令各縣局所有五匯公費應准撥支其七匯世廠列支卷
263 三公局呈送五大村中灘等地升科冊卷
264 呈督辦為實業廳辦展覽會卷
265 達旗地畝局呈解實業基金地價卷
266 呈督辦呈覆段前總辦接收預交押荒執照已抵未抵各數目無從查核卷
267 咨都統令通令各縣局並將所收契票費每張加收二分以作實業學校專款卷
268 因陽縣呈請招放房基地擬按照稅契辦法卷
269 托縣張錫餘交代各冊卷
270 飭令各分行局呈令飭勵勤求民間疾苦博探興情分別興革以除積習切實辦理卷
271 訓令各分行局自局長主任以至委員等造送履歷卷
272

同 273 廣賢寺辦公處函請轉呈發交文華堂退地執照卷
同 274 呈都統呈據職員科長科員等履歷乞加委卷
同 275 杭錦旗報墾地畝卷
同 276 召集鳥伊兩盟十三旗王公代表來綏會議條件卷
同 277 因陽縣製務局呈請附加建築城署經費卷
同 278 豐濟等四集被災卷
同 279 府谷縣將經征進旗墾界地荒租查明送核卷
同 280 訓令河曲武等縣十二年分被災地畝應准分別蠲緩卷
同 281 因陽縣陳前知事補送抵解編造三四約地升科冊卷
同 282 因陽縣呈送茂旗並貝勒公布地領製須知地圖卷
同 283 五原縣西照局會查興農社與滙源公司爭執地界科算卷
同 284 東公旗會呈報大小鄂博並稷楞河一段地畝卷
同 285 土行局旬月報卷
同 286 清鄉保案卷
同 287 因陽縣解掛號費卷
同 288 製務廳製務局合組露天購演旅費由墾局另款開支卷
同 289 奉都統令據民婦何孟氏呈控那瀝達費等率兵毆打情形查復卷
同 290 實業廳呈征收短租卷
同 291 三公局征收短租卷
同 292 呈督辦奉令查復段撥給札薩克旗洋四百元請備案卷
同 中灘集工卷

蕩字 293	三公局呈解廣分局變靈門窗價洋卷	
同 294	借銀行欵項卷	
同 295	綏遠實業廳墾務總局招考實習生通告簡章卷	
同 296	五原縣知事呈准臨河設治局呈請查交升科租冊會勘調界卷	
同 297	灌田公社呈包八大渠歷年田禾被災請免租卷	
同 298	士行局解掛號費卷	
同 299	士行局呈送計算書據卷	
同 300	固陽縣呈據六區代表等呈控東公旗太保勒號民間食物附產稻規則請示遵卷	
同 301	總局咨各分行局預算卷	
同 302	總局十四年度預算特別會計卷	
同 303	呈懇辦呈送十三年度新設各分行局預算卷	
同 304	普行局呈報已未放地數目卷	
同 305	士行局呈報已未放地數目卷	
同 306	大余太設治局呈報小余太已未放地數目卷	
同 307	大余太設治局呈報小余太旬月報卷	
同 308	大余太設治局接征西夾城旬月報卷	
同 309	大余太設治局接征西夾城基亥旬報卷	
同 310	訓令牧廠局高前局長承護高要亥經費迅速籌墊卷	
同 311	普行局呈報建築實業各費卷	
同 312	大余太設治請薔印收欵丈地執照卷	

第二部 民國卷宗目錄

同 313	東公旗代報福應寺膳召地畝卷	
同 314	固陽縣呈解二分票照費卷	
同 315	牧廠局呈解二分票照費卷	
同 316	大余太呈報小余太行局二分票照費卷	
同 317	大余太呈解小余太行局掛號費卷	
同 318	大余太呈解小余太行局實業建築費卷	
同 319	固陽縣呈解段發前任懇發刷印費卷	
同 320	士行局呈報加收二分票照費旬報卷	
同 321	財政廳咨催前欠印花稅欵候步雲勾通管理墾務員役私用渠水仰查覆卷	
同 322	呈郯統擬送退伍軍人領地規則十四條卷	
同 323	訓令三公局據趙員普呈控候步雲勾通管理墾務員役私用渠水仰查覆卷	
同 324	大余太設治局呈報土匪情形卷	
同 325	三公局呈請派員會同勘丈青苗卷	
同 326	三公局呈請派員會同勘丈青苗卷	
同 327	呈懇辦令據段前總辦呈請赴京就職交案未清手續託漢科長代辦卷	
同 328	固陽縣呈請派員會同勘丈青苗卷	
同 329	呈郯統復請臨河設治局擬建築城署由加徵建築費項下留支二萬元卷	
同 330	寶萊園籌辦水利需用經費由墾局勻挪補助項下開支卷	
同 331	固陽縣呈報巴汗腦包旬月報卷	
同 332	臨河設治局呈請開辦用費援案在掛號費內動支請示遵卷	

第二部 民国卷宗目录

等字 333 董璋呈督察员倪树勋等侵夺地产请查究卷
同 334 西公旗参领赵领河头余地膘垦减价发给执照卷
同 335 训令各县分行局饷后地户领地若干亩不准零挑碎选以免未放地亩
同 336 通令各县分行局布告民户不得向蒙族私自领地违者定行罚办卷
同 337 茂族广化寺塔利召莫尔根召等处报垦地亩卷
同 338 呈督办呈送各局解抵领行政经费卷
同 339 杏财政厅各知事欠解垦款抵领行政经费卷
同 340 土行局呈报征收实业建筑费旬报卷
同 341 呈督办招待王公代表一切费用另款项下动支卷
同 342 临河设治局呈报已未放各地亩数目卷
同 343 土默公报垦山后草地一段卷
同 344 河北五大村公济经理郭万鸿呈请开渠伯用民地加倍交价各节卷
同 345 健征河曲府谷民欠荒租卷
同 346 准晓尔旗请领租款卷
同 347 郡王旗请领租款卷
同 348 士默特公请领荒地卷
同 349 宝业厅电发转运盖问发放地办法十二条卷
同 350 章嘉呼图克图函请军代表前出收据撒回卷
同 351 呈督办呈复五常召刹务纠纷情移查卷

同 353 王霁召呈请自收议租并令包头设治局照办卷
同 354 函达政务厅自十二年度至十四年六月底预算收支押荒课租表卷
同 355 因阳县呈送房基已未放各地数目表卷
同 356 据张绥成等呈据前西制局高局长假公济私巧夺民田请援办卷
同 357 靖边县呈请援由官租项下附加一成捐缺额作警察新饷卷
同 358 呈督办呈请添派花户股评等垦请减免逋租卷
同 359 呈督办呈擦勘丈青苗旅费由另款勋支请备案卷
同 360 因阳县呈擦由官租项下附加一成捐缺颇作警察新饷卷
同 361 呈郡统寄前军勤县知事王德兴欠款请转杳江苏泰兴
同 362 大余太设治局代解西割局挂号卷
同 363 莫尔根召呈送三四约垦升科册卷
同 364 德局经管员请呈零格时勒在善领劳病故呈请恤金卷
同 365 六县呈报垦三约地卷
同 366 广化寺报垦地亩卷
同 367 段前总办任内收支款项短少溯缴卷
同 368 隆县知事呈请催征官租人员出力请擦奖励卷
同 369 实业厅答将新报地内擦给二千亩办理实业基金卷
同 370 密判处询问关於公济实工案卷
同 371 章业县呈送九年分丈放通典功等地升科册卷
同 372 固阳县呈复五常召刹务纠纷情移擦凭卷

義字 373	高行局旬月報卷
同 374	高行局掛號費卷
同 375	高行局實繳票照費卷
同 376	高行局請領旅費卷
同 377	高行局呈報已未放地表卷
同 378	孟恆等五人請領應分高梁亥地押荒卷
同 379	東公族報繳墾莉召木地歇卷
同 380	茂明安族報繳墾莉召地歇卷
同 381	達族地畝局呈報旬月報卷
同 382	達族地畝局呈解節餘經費卷
同 383	呈督辦多令安設火爐烟筒用款由部照掛號費開支卷
同 384	巴音膀包地畝行局卷
同 385	固陽縣呈十四年分短租卷
同 386	達族地畝局呈報征收實業建築費卷
同 387	三公局呈解征收掛號費卷
同 388	普行局呈解掛號費卷
同 389	各處振撥卷
同 390	呈督辦焉兵夫役服裝費由節餘項下開支卷
同 391	大余太設治局呈請令飭五原縣將什拉胡盧素缸們圖等處護課數造冊移交征收卷
同 392	固陽縣函請轉知商會王來忠欠交地價清繳卷

第二部　民國卷宗目錄

同 393	大余太局會呈逕十四年丈放青苗各冊卷
同 394	五原縣會呈逕大余太局請護郡齎召呈以原有耕召地與趙步維覲佔請飭區召查明見覆卷
同 395	令大余太局揭領尚未丈放無力覲領各地青苗摺卷
同 396	小余太行局揭領局飭呈覆遵令報解征存墊款表卷
同 397	呈統辦請飭呈覆遵令報解征存墊款表卷
同 398	令三八局劉任撥給達族五百元印送局卷
同 399	郡札局三族會摯各逕收餘款月報並抵經費卷
同 400	大余太局呈領句頭南召夾荒餘地青苗短租冊卷
同 401	王英等呈領句頭等地歇卷
同 402	吞西公族將中灘逕西三叉口地畝報墾卷
同 403	移民計畫及建築獎勵章程減價票規則卷
同 404	財政部令十三年度各種調查表依式填報卷
同 405	武川縣呈報催征四子王族舊欠荒價卷
同 406	籌辦西北墾務大綱卷
同 407	達族地畝局與墾學交涉情形卷

民國十四年份前清墾地畝卷累目錄表

乾字 1	和林縣征收租款卷
同 2	托縣征收租歇卷
同 3	派蕭漢三爲圇薩南局局長並發鈐記卷

第二部 民國卷宗目錄

局 4 查段前總辦各局文件卷
同 5 訓令歸薩分局實支經費卷
同 6 歸薩兩局旬月報卷
同 7 各局收款照票卷
同 8 歸薩分局請丈餘地辦法卷
同 9 歸薩分局民欠數目卷
同 10 指令歸薩分局旬月報卷
同 11 普通備查卷
同 12 令薩行局公吉板村官租重複卷
同 13 令歸分局將南門外新林所閱牧廳官地迅速清理卷
同 14 薩行局請編造東山灘官租册開支費卷
同 15 呈請修正土默特地章程卷
同 16 薩行局古城灣學田地請免地價卷
同 17 歸薩兩局電總月報卷
同 18 呈請丈放官灘地卷
同 19 收發各局照票卷
同 20 歸薩兩局旬月報卷
同 21 薩縣大糧地四十八村呈請免丈地畝卷
同 22 令歸綏縣將宜二禿爭地一案查覆卷
同 23 歸薩兩分局旬月報卷
同 24 函覆固陽縣外人不許在中國購置土地卷
同 25 令六縣局據和縣呈稱該局出差赴巧什意村索詐銀元查明呈覆卷
同 26 馬會辦捐入五族學院田地卷
同 27 歸薩兩分局旬月報卷
同 28 呈督辦查明段前總辦任內徵解各款按表呈核卷
同 29 令六縣局查明段前總辦任內徵解款項數目卷
同 30 歸薩兩分局旬月報卷
同 31 薩行局石主任虧欠公款各情形卷
同 32 歸薩兩局旬月報卷
同 33 歸薩兩局呈送計算書卷
同 34 歸薩兩局旬月報卷
同 35 歸薩兩局旬月報卷
同 36 歸薩兩局交接文卷等件卷
同 37 歸薩兩局旬月報卷
同 38 歸薩兩局旬月報卷

民國十四年份前部照鷹卷果目錄表

照字 1 呈領部照卷
同 2 發各局部照數目卷

照字 3 臨行局部照旬月報卷
同 4 各局徵收部照費請事辦法卷
同 5 部照處旱總局月報卷
同 6 河北局旬月報卷
同 7 發各局印花數目卷
同 8 牧廠局部照旬月報卷
同 9 固陽縣部照旬月報卷
同 10 渭水河縣部照旬月報卷
同 11 歸分局旬月報卷
同 12 西盟局部照旬月報卷
同 13 廣分局部照旬月報卷
同 14 托克托縣部照旬月報卷
同 15 函解教育實業費卷
同 16 三公局部照旬月報卷
同 17 和林格爾縣徵收部照月報卷
同 18 大余太設治局部照月報卷
同 19 賀箋遺失部照旱請補發卷
同 20 通令各縣局查明部照數目按表呈覆卷
同 21 呈聲辦各照局徵收部照數目卷
同 22 財政部通令各縣局每屆年終 應將領過部照查覆卷

第二部 民國卷宗目錄

同 23 訓令各照局將填發部照存根一聯送縣一聯送局以憑覆送卷
同 24 士行局部照旬月報卷

民國十四—十九年份前墾站處卷宗目錄表

慶字 1 托克縣墾站徵收押荒數目卷
同 2 攏墾站管理處管理款項卷
同 3 托縣代徵墾站押荒數目卷
同 4 和照代徵墾站縣辦設局各情形卷
同 5 臨行局代徵二三墾站押荒數目卷
同 6 托縣代徵墾站押荒數目卷
同 7 實業廳咨請查明淖爾墾站地歸何人主管卷
同 8 六縣局代徵歸化墾站押荒數目卷
同 9 杏殺虎口墾站管理處查送各墾站押荒數目卷
同 10 呈請辦呈報撥給殺虎口墾站處二百元請備案卷
同 11 托縣代徵墾站押荒數目卷
同 12 歸分局代徵歸化墾站押荒卷
同 13 吞豪站管理處將東素海太墾站押荒澄覔站地情形請查照卷
同 14 歸分局代徵二三墾站押荒卷
同 15 臨分局代徵二三墾站押荒卷

第二部 民國卷宗目錄

陽字
- 16 薩分局呈報代徵豪站押荒卷
- 17 薩分局呈報代徵豪站押荒月報卷
- 18 托縣豪站代表達文清呈領河澄地畝月報卷
- 19 托縣人民章安國等請領黃河澄出地畝請允准卷
- 20 薩分局呈請領有收款豪站票可否適用乞鑒核施行卷
- 21 薩分局呈請丈放河頭地畝提支一成經費請鑒核卷
- 22 呈請薩分局征收豪站押縣荒提支一成經費請鑒核卷
- 23 呈省政府呈覆丈縣托縣河頭地情形請鑒核卷
- 24 電視南京蒙藏委員會豪站始末各情形請鑒核卷
- 25 呈省政府呈送丈放東豪海丈地表冊卷
- 26 第一分局呈抵銷豪站一成經費卷
- 27 第一分局呈抵領豪站一成經費卷
- 28 第一分局呈抵領豪站一成經費卷
- 29 呈省政府呈復豪站管理處呈請免收查捐等款請令主管核議辦理卷
- 30 呈省政府呈復豪站管理處呈請免收查捐等款請令主管核議辦理卷
- 31 第一分局呈報豪站旬月報卷

丙字
- 1 呈解軍費卷

民國十五年份前綏遠墾務卷宗目錄表

同
- 2 杭錦旗報墾後蠶西巴噶地畝局卷
- 3 西八族請領租局卷
- 4 杭錦旗請領租款卷
- 5 四子王旗請領押荒卷
- 6 安綏廳查復廣義蠶地教會租種蠶主地畝卷
- 7 實業廳查復廣義蠶地水利調查報告書卷
- 8 固陽縣解決土普南局地界糾葛送呈圖卷
- 9 呈督辦解決土普南局地界糾葛呈圖卷
- 10 通令各縣局征存款項迅速解局卷
- 11 呈督辦達旗擬在薩與長設置墾收局派縣長總辦卷
- 12 呈督辦多春兩季煤炭費由與挪補助項下動支卷
- 13 健令高承謨欠造計算書迅速送局卷
- 14 薩縣征收官歲租卷
- 15 令臨河設治局傳令楊文林追繳收據卷
- 16 呈督辦呈送薩縣購買同河等十三村地畝被災卷
- 17 濫田公社呈高局長任內變價粮石請查鳥蘭揚包市價卷
- 18 奉都統令據聯合會函請將中兩族因公益水利和平判決卷
- 19 包頭縣墾務局卷
- 20 各項另存卷
- 21 大余太王局長函粟接收張局交代困難情形卷

同 22	達旗特公報國戶口地畝並抵辦費卷
同 23	士默特鈞國公報製戶口地畝行局卷
同 24	訓令前三公局張局長前往包頭結算交代卷 劉 部
同 25	三公局呈報接收劉前局長前往包頭結算交代卷
同 26	大余太設治局呈請清理大余太私墊召地擬具簡章卷
同 27	大余太設治局呈報達旗四成補地等升科冊應否交大余太設治局接管卷
同 28	五原縣呈報達旗召地畝建築撥修城署之用卷
同 29	訓令五原縣臨河大余太設治局奉部統令據伊盟副長呈請嚴禁各召喇嘛熟事等勿得私將杳火地開墾卷
同 30	陶陽縣呈為教育局請領莫爾根召西南毫村二十餘項懸以半價領作學田卷
同 31	大公旗報製古拉板朝圖卷
同 32	西公旗報製古拉板朝圖卷
同 33	呈督辦購置馬車一輛由部照八分掛號費內開支卷
同 34	總局委任各達卷
同 35	達旗函請包租八大襲地開放應得租金一萬五千兩請明定以符原案卷
同 36	滙寄永明書局印刷費卷
同 37	士默特公署查請將岡克木花名清册送署以便起徵租卷
同 38	陶陽縣呈請茂旗及官莊子地加最下地一等以便招放卷
同 39	呈督辦擬訂職局所屬各縣局關於徵收墾款交代條例卷
同 40	委員烏柏森呈送牌櫻板中村地畝切結繳杳票照計算書吏鄉等件卷
同 41	收販局呈送旬月報卷

第二部　民國卷宗目錄

同 42	土行局呈送旬月報卷
同 43	訓令張前局長錫餘將接收西明局移交製雜各款民欠數目查明具報卷
同 44	委員赴各縣局提款請領旅費卷
同 45	達拉特旗請領旅費卷
同 46	茂明安旗請領欵卷
同 47	普行局呈報旬月報卷
同 48	奉郡統令轉飭郭鴻賓澄算帳目並修工濬渠卷
同 49	湄田公社呈請免十二兩年租欵卷
同 50	土行局呈報徵實築建築費卷
同 51	呈督辦出部照八分掛號費項下提支二百餘元獎勵各員役卷
同 52	士默特總管簽請分圖克木地荒價卷
同 53	包頭縣呈報旬月報卷
同 54	包頭縣呈報掛號費卷
同 55	陶陽縣呈報旬月報卷
同 56	陶陽縣呈報官莊子旬月報卷
同 57	陶陽縣呈報廣化寺旬月報卷
同 58	陶陽縣呈報建築費卷
同 59	陶陽縣呈報建築費卷
同 60	陶陽縣呈報廣化寺實業建築費卷
同 61	大小鄧博史放地畝表卷

第二部 民國卷宗目錄

丙字
- 62 蔓荊召丈放地畝表卷
- 63 大旗丈放地畝表卷
- 64 廣化寺丈放地畝表卷
- 65 土默特總管奔沙拉壩楞召等地所收押荒歲租並四佐領照票分撥卷
- 66 土行局呈報戶韓富等所交掛號費抵押荒查復卷
- 67 呈解辦事處津貼卷
- 68 呈解辦事處經費卷
- 69 東公旗請領租款卷
- 70 大余太設治局代征西川局租卷
- 71 杏包西水利局澮源公司前據馬旗長等五千元列收見復卷
- 72 五原城葛旬月報卷
- 73 薩縣大岱村會首呈請毅征十四年分官租卷
- 74 通令各分局經費一律發放卷
- 75 通令各縣購定獎品派員來局請領卷
- 76 咨財政廳咨送印花稅款以清積欠卷
- 77 土行局呈報征掛號費卷
- 78 固陽縣呈報征收蔓荊召旬報卷
- 79 固陽縣呈報征收蔓荊召實業建築費卷
- 80 奉督辦令撥池旗請轉咨陝北鎮守使飭縣停止征收黑界地雜捐卷
- 81 土行局呈報征收票照費卷

- 82 歸綏縣征收官租卷
- 83 和林縣征收官租歲租卷
- 84 牧廠局征收票照費卷
- 85 牧廠局呈報巳未放地畝表卷
- 86 包頭縣呈報十四年一月至十二月丈放地畝應得荒價歲租歸何旗請示遵卷
- 87 固陽縣呈請東公旗與茂旗五爭大旗地畝賠辦法卷
- 88 達旗地畝局與教堂交涉賠教地賠包辦法卷
- 89 呈督辦呈送蒙文週刊處開支經費卷
- 90 普行局呈報實業建築費卷
- 91 武鲁川縣呈報征收租款卷
- 92 達旗地畝局呈報巳未放地畝表卷
- 93 土行局呈報巳未放地畝表卷
- 94 臨河設治局呈報建設衙署花費清冊卷
- 95 勘放達拉特旗報墾河套地畝局卷
- 96 勘收廣興墾白彥花等處地畝卷
- 97 西公旗報墾梨寺等處甲巴地畝卷
- 98 歸綏中學校欠交杭錦等旗押荒租課卷
- 99 伽征黑界地委員呈報設所成立卷
- 100 中公旗請領荒租卷
- 101 達旗地畝局呈報實業建築費卷

同 102	大佘太設治局呈解荒租卷	同 122	郡王旗請領租欵卷
同 103	呈督辦呈送劉欵官齋收支淸册卷	同 123	固陽縣呈解短租卷
同 104	固陽縣丈放茂旗已未放地表卷	同 124	牧廠製務分局卷
同 105	莫爾根召三四約地催造計算書送局卷	同 125	六縣局呈報已未丈放地畝表卷
同 106	訓令各分局催造計算書送局卷	同 126	訓令各分局據牛寛條陳組設丈製隊等事能否依此辦理具報來局卷
同 107	固陽縣呈報大旗地旬報卷	同 127	呈督辦爲固陽縣造辦升科册並送淸摺印領卷
同 108	固陽縣呈報大旗地實業建築費卷	同 128	固陽縣呈解票照費卷
同 109	固陽縣徵收官租歲租卷	同 129	教育廳咨送十三年度區縣教育統計表卷
同 110	呈督辦呈報三公局造辦升科册費並送淸摺印領卷	同 130	固陽縣製務局交代案卷
同 111	大小鄂博西北地旬報卷	同 131	土默特鎭國公請領押荒卷
同 112	大小鄂博西北地實業建築費卷	同 132	托縣呈報徵收官歲租卷
同 113	固陽縣呈報掛號費卷	同 133	包頭縣呈報福應寺旬月報卷
同 114	巴漢腦包地旬報卷	同 134	固陽縣呈送莫爾根召三約地實業建築費卷
同 115	福晉寺報製地畝卷	同 135	呈督辦呈送十四年勻撥補助暨另欵節餘經費淸册卷
同 116	五原縣徵收歲租卷	同 136	呈督辦呈送十四年固陽縣二成建築費淸册卷
同 117	派員前往茂旗勸報製地卷	同 137	呈督辦呈送十四年各局解一五建築費淸册卷
同 118	東勝縣徵收歲租卷	同 138	臨河設治局電粟武警牧變规獄並搶公欵請派兵援剿卷
同 119	訓令各局收欵票每張收洋二分卷	同 139	小佘太行局繼續開辦卷
同 120	巴汗腦包已未放地表卷	同 140	令包頭縣知事前往沙拉召地方按旗民呈控各節查明具報卷
同 121	山東移民在河套地方製種卷		

第二部 民國卷宗目錄

第二部 民国卷宗目录

丙字	142	咨财政厅请领新印花税票卷	
同	143	据土默特佐领吉雅等呈和林县西乡有牧厂地拟开渠引水饬准立案卷	
同	144	包头县呈据高铭阁呈以前领广觉寺地亩现经周阳县另放卷	
同	145	周阳县呈报撤回各则地亩清册请註销卷	
同	146	呈督办职局暨地亩处节馀经费卷	
同	147	普会寺地亩行局卷	
同	148	呈督办呈复临河	
同	149	周阳县呈送丈放浅旗贝勒公布地大余太股卷	
同	15	呈郊统土默特公与席力图召土默特参领等互争地亩卷	
同	150	茂旗贝勒公布请领荒价卷	
同	152	周阳县呈据收回城基地亩应征岁租拟请自本年起一律验免卷	
同	153	令西明局高局长大余太股治局月牙湖行局掛号费不符情形卷	
同	154	达旗地亩局旬月报卷	
同	155	福应寺丈放地亩表卷	
同	156	五原县呈请地亩升科卷	
同	157	包头县呈报征收官岚租卷	
同	158	赵根承领乐善堂地亩撤回另放卷	
同	159	贺级三呈请辧偏西公旗教育学田情形卷	
同	160	包头县呈请广觉寺租助释费卷	
同	161	呈督办呈送收支另款清册卷	

同	162	周阳县呈丈放甲巴地亩表卷	
同	163	西公旗咨请前放河东西惱包等处岁租归旗自收卷	
同	164	据李春秀呈请以股票抵交地价卷	
同	165	奉令各机关请领经费按六成发给卷	
同	166	观测所请领经费卷	
同	167	五当召请领甲巴地押荒卷	
同	168	茂明安旗报垦通兴功等处地亩岁租目收卷	
同	169	茂旗报垦十分子等地亩卷	
同	170	咨中东两公旗派员勤报红花塔拉暨林河等处地亩卷	
同	171	牧厂分局呈解掛号费卷	
同	172	普行局呈解票费卷	
同	173	甲巴地旬月报卷	
同	174	呈督办大青脑包喇教地亩拟于六月一日开办卷	
同	175	福应寺呈报实业建筑费卷	
同	176	寒都统令所有官产种类数目及价值坐落列表具报卷	
同	177	据赖民长呈请抵薪领地执照改发规金卷	
同	178	茂明安旗报垦通兴功北一带地亩卷	
同	179	甲巴地呈报实业建筑费卷	
同	180	呈督办购买树苗五千株由另款开支卷	
同	181	呈督办由十五年六月起在县局设督丈督征员旅费由另款勤支卷	

九〇

内字	182	寒督辦令委周科長代理總辦並咨送關防卷宗卷	
同		財政廳	
同	183	寒都統令由商會借洋十五萬元以觀務局收入擔保卷	
		塞北關	
同	184	呈督辦委員前往中西兩公旗勘裂卷	
同	185	呈都辦呈送刷印證據灘請備案卷	
同	186	大余太設治局呈報杭旗地戶王官逃亡卷	
同	187	呈督辦招待各旗暨茂明安旗蒙員需款由另款開支卷	
同	188	杭旗地畝局呈報旬報卷	
呈	189	呈督辦呈送總局豐地畝處十五年實支經費清摺卷	
同	190	達旗地畝處計算書據卷	
同	191	呈督辦呈送部照附征退遝照費卷	
同	192	杭旗地畝局徵收票照費卷	
同	193	杭旗地畝局征收實業建築費卷	
同	194	呈督辦呈送部照七成專款清冊卷	
同	195	呈督辦呈送部照八分掛號費收支清冊	
同	196	大小鄂博地畝局解節餘經費卷	
同	197	呈督辦呈報于六月一日接印任事日期卷	
寅字	1	呈督統擬諳調後總辦薪水仍歸幫總辦領支卷	
同	2	接收韓任關防卷宗隊具等件卷	
同	3	令催武川縣迅將達茂兩旗升科冊洪送來局卷	
		第二部 民國卷宗目錄	
同	4	呈督辦呈送蒙文週刊處開支經費卷	
同	5	呈督辦為民失服裝費由部照掛號費項下開支卷	
同	6	四子王族報墾東新地畝卷	
同	7	呈解軍費卷	
同	8	通令各縣局奉令調查教堂購地凡具有營利性質產業皆不許可卷	
同	9	訓令分各縣局奉令為教堂購地人員依表填列送局彙轉卷	
同	10	呈督辦呈為包西水利總局經征達旗包租係解審費的款請轉飭卷	
同	11	呈督辦為給督辦處稽核等加給津貼由部照八分掛號費項下開支卷	
同	12	寒都統令由包頭各洋行借洋三萬元以觀局為擔保清還卷	
同	13	圖克木地畝處報寒經召等處地畝卷	
同	14	東公旗報墾寒經召等處地畝卷	
同	15	令各縣局由六月分職員三十元以上捐洋五分之二解局彙繳卷	
同	17	杭旗地畝局旬月報卷	
同	18	五原縣呈報豐濟永濟等地畝被災卷	
同	19	達旗地畝局征收實業建築費	
同	20	呈督辦呈報各縣局政入現洋及不兌現紙幣辦法卷	
同	21	席力圖召查為士默公派人在小溫公地私墾請查辦卷	
同	22	寒督辦令以後勷支各款遵照呈准原案辦理臨時用款並應呈明准支卷	
同	23	東公旗請領租款卷	
同	24	呈督辦呈送蒙文週刊處開支經費卷	

第二部 民國卷宗目錄

25 牧廠局旬月報卷 同
26 普行局旬月報卷 同
27 武川縣征收租款卷 同
28 訓令各縣發十四年政治統計表填送彙轉卷 同
29 呈督辦招待蒙旗用款由另款開支請示遵卷 同
30 各項另仔款項卷 同
31 巴開腦包旬月報卷 同
32 蔓應召旬月報卷 同
33 福應寺掛號費卷 同
34 福應寺旬月報卷 同
35 包頭縣征收押荒水租旬月報卷 同
36 大旗旬月報卷 同
37 土默公咨請派員會勘青苗卷 同
38 五原縣呈請將應分押荒結算撥給卷 同
39 通令各縣局奉令聞各處有簽利舞弊情形並派員詳查具覆卷 同
40 廣覺寺函送預召押荒各戶尚欠五萬餘元清單請催交卷 同
41 大旗地建築費卷 同
42 蔓利召建築費卷 同
43 三約地旬月報卷 同
44 三約地建築費卷 同

45 廣化寺旬月報卷 同
46 廣化寺建築費卷 同
47 甲巴地旬月報卷 同
48 甲巴地建築費卷 同
49 固陽縣旬月報卷 同
50 固陽縣建築票照費卷 同
51 官莊子旬月報卷 同
52 官莊子建築費卷 同
53 土行局旬月報卷 同
54 土行局建築費卷 同
55 五原城基旬月報卷 同
56 西同局掛號費卷 同
57 歸綏縣呈解官租卷 同
58 薩縣呈報後悃包九號等村被災卷 同
59 捐助軍士購布製襪數目表 同
60 呈督辦各分局呈報匪情請兵追剿卷 同
61 郡王旗請領押款卷 同
62 茂明安族請領押荒卷 同
63 寧督辦令各局職員請加委卷 同

寅字
65 杭锦旗地亩局卷
66 训令各县奉令绥察各区荒田设法受价卷
67 训令各县设治局制定职员表式及应支经费垫送卷
68 大佘太设治局代征小佘太旬报卷
69 萨县征收租款卷
70 固阳县征收租款卷
71 包头县呈请派员会勘青苗卷
72 实业厅咨包西水利总局所拟各项办法请查照卷
73 呈督办训令各县局嗣後垦丈员等在放地范围内不准领地卷
74 呈财办据史均澄呈报中途遇匪分队长被匪击毙请发金邮金损失饷银卷
75 达旗函与李宝山因债务纠葛隐缴讼费无出请以在厂族应领押荒作撇保卷
76 普行局呈解实业建筑费卷
77 普行局呈解票照费卷
78 杏水利局将前垦务遗存空闲房屋作价变卖卷
79 杏杭锦旗报垦大小克的纲蓁地亩卷
80 杏席力图名请将召庙附近荒地报垦卷
81 和林县解官租卷
82 五原县征收岁租卷
83 东务县征收岁租卷
84 托县征收官租卷

第二部 民国卷宗目录

咸字
85 土行局票照费卷
86 牧厂局票照费卷
87 杭锦旗呈领开办费卷
88 杏途段前总办任内支出各款收据卷
89 十五年度新旧各局岁入预算书卷
90 达拉特旗领款卷
91 西公旗领款卷
92 派员调查茂分局提款旅费由八分挂号费开支卷
93 茂分局旬月报卷

兴字
1 呈督统呈报接印任事日期卷
2 接收局前总办杏交关防卷宗队俱卷
3 委任总局职员各差卷
4 总分各局职员呈请辞职卷
5 通令各县总局自九月一日起一律征收现洋卷
6 各处呈报接印视事日期卷
7 杏周前总办将八月以前文件杏送查照办理卷
8 呈督办统呈报接印任事日期卷

同字
1 训令各县总局呈报接印任事日期卷
2 训令各县征存各款解局并派员守提卷
3 训令各县总局征存西北钞票数目查明具报卷

第三部 民國卷宗目錄

同 4	接收周任查交關防卷宗像俱卷
同 5	委任總局職員各差卷
同 6	訓令各分局關於墾務進行應續進行卷
同 7	訓令各分局丈地催款仿應總續時條陳卷
同 8	各處呈報事處即視事啟用關防日期卷
同 9	包頭縣呈解荒租卷
同 10	呈解辦事處經費津貼等款卷
同 11	武川縣呈解租款卷
同 12	薩縣呈報征收租卷
同 13	包頭縣呈請撥給燃槃召押荒一千五百元卷
同 14	收廠局呈解荒價卷
同 15	呈解軍費卷
同 16	政府公報費卷
同 17	呈解統並無前清廢印卷
同 18	各項另存卷
同 19	呈督辦派員赴各縣局盤查旅費由另款開支卷
同 20	和林縣呈解租款卷
同 21	訓令各縣局令發規定收款考成規則十條卷
同 22	訓令各縣局呈報局統令征收機關人員舞弊懲處辦法仰即知照卷
同 23	呈督辦整頓墾務情形卷

同 24	函官產處呈辦周容交官產處關防卷宗款項等件即請查收卷
同 25	杭旗地畝局呈報旬月報卷
同 26	訓令各縣局自十月一日起將該縣局應如何裁減切實核議具報卷
同 27	呈督辦呈報統十四年分暨十五年收入數目表卷
同 28	令牧廠局虛振鏗欠交地價若干查明具覆卷
同 29	達拉特旗請領租款卷
同 30	固陽縣呈報征收契款旬報卷
同 31	土行局呈報旬報卷
同 32	達旗地畝局旬報卷
同 33	函送達前總辦十一天經費查收見復卷
同 34	歸綏縣呈報征收官租卷
同 35	寄郵統令暨委任掾屬條例卷
同 36	茂分局呈報旬報卷
同 37	東新地畝局呈報旬報卷
同 38	茂分局呈報丈員等被匪搶劫公款馬匹卷
同 39	中國銀行平市官錢局函周任內往來摺欠請結束卷
同 40	呈督辦職局所需石袋山義興煤棧購用卷
同 41	托縣呈報征收租款卷
同 42	五大村公濟渠經理郭鴻賓呈請將十六年水租展緩征收卷

同 44	牧廠局呈報徵收票照費卷	同 64	茂分局呈送丈地表卷
同 45	土行局呈報節餘經費卷	同 65	韓前任呈送交案文卷並未辦結公文請核辦案
同 46	杭旗地畝呈報節餘經費卷	同 66	西公旗請領押荒卷
同 47	東勝縣徵收租款卷	同 67	呈督辦送總局每月實支經費表卷
同 48	訓令各縣局將巳未放地畝列表呈送卷	同 68	呈督辦呈報因公赴太原而陳並派科長代行卷
同 49	呈督辦呈復九年度經費未能追繳原書請轉容卷	同 69	呈督辦籌解經費並撥付蒙款係由山西省銀行借支卷
同 50	呈督辦大余太設治局修理門牆勤支小余太建築費請核銷卷	同 70	土默特總管呈擬辦正生計處辦事章程卷
同 51	韓技士調查歸和水利借支經費卷	同 71	政務廳調閱達旗賠教地案卷
同 52	觀測所請領經費卷	同 72	訓令各縣局頒發財政處旬報表式卷
同 53	委員洪振鐸呈報因公申途被匪搶去行裝等件請賠賞卷	同 73	訓令達旗地畝欠解水利經費補解來局卷
同 54	呈督辦招待達旗康貝勒用費由另款開支卷	同 74	中東兩旗地畝局呈報旬月報卷
同 55	大小鄂博行局呈報自六月分起旬報卷	同 75	西公旗地畝局呈送丈放地畝表卷
同 56	武川縣呈報會徵四子王等旗舊欠荒價卷	同 76	固陽縣呈報被匪佔據職員逃避到包損失公款乞鑒核卷
同 57	函送政務廳職員姓名表卷	同 77	段前總辦查送任內特別會計支出各款摺表繳入粵存根請備案卷
同 58	小余太地畝建築等費卷		
同 59	民人石良玉請領廳分高要亥地價卷	坎字 1	**民國十五年份前清理地畝處卷宗目錄表**
同 60	訓令各分行局奉都統令本署設立整理財政處紛紛組織大綱十條仰即知照卷	坎字 2	令歸綏縣將巴爾戶村張鐘武等官租更正卷
同 61	中東兩旗地畝局旬月報卷	坎字 3	令六縣局將古路村富恩地畝糾查報卷
同 62	茂明安旗地畝請領押荒卷	同	歸薩兩局旬月報卷
同 63	包頭縣呈報中藥行局被兵搜去洋十二元並公物等件乞核銷卷		

第二部　民國卷宗目錄

第二部 民国卷宗目录

4 归萨两局交接文件卷 同
5 呈督办查明归萨两局月报内不符之款原因卷 同
6 呈督办收厂局丈放武行局地亩不符之款原因卷 同
7 令托县速将徐前知事任内被匪损失之款备具缴入册抵解卷 同
8 归萨两局征收票费数目卷 同
9 归萨两局节余经费数目卷 同
10 归萨两局经费数目卷 同
11 武行局民欠数目不符速查覆卷 同
12 萨县大岱村地户丁绍先请免实收官租卷 同
13 六县局呈请丈放局员公费等实销数目表卷 同
14 托县呈请丈放七星湖村归公余地应准照办卷 同
15 令萨行局查覆阿素村官滩情形卷 同
16 六县局呈送计算书卷 同
17 地亩处函送总局各项文件卷 同
18 土默特回赎地亩会商办法卷 同
19 归萨两局旬月报卷 同
20 呈督办呈送东山薄官租册数目卷 同
21 归萨两局经费数目卷 同
22 呈报六县局清理六县官滩绝户地亩卷 同
23 呈都统呈复土默特户口遗失执照应造册送局以便办理卷 同
24 训令六县局令知萨县白焰村地户王厚粮地准更正卷 同
25 六县局呈请将节余经费作为丈地旅费卷 同
26 训令六县局迅将未报月报速呈报卷 同
27 呈报归萨两分局改组并规定经费卷 同
28 归萨两局旬月报卷 同
29 呈周前总办各项文件卷 同
30 呈督办呈报萨行局为军队翻腾卷宗已另寬民房卷 同
31 归萨两局解款经费数目卷 同
32 归萨分局解办各项文件卷 同
33 呈财政厅请发给归分局已故团丈员张训祺遗族邮金卷孟广熟附卷 同
34 呈督办拟请将武行局归武川县代征并援照收厂局成案提成办理卷 同
35 呈请归分局主任黄汉三因病请假派孙国栋接充卷 同
36 归分局呈报将征收官粮地价与萨分局分别报解卷 同

民国十五年份前部照处卷宗目录表

1 奉教育厅部照六成教育费卷 全字
2 令各县局将前领印花票缴局卷 同
3 各县局发出印花数目卷 同
4 呈复查明段前总办任内征收部照费数目卷 同

同 5	牧廠局月報卷	維字 1	民國十六年份前綏遠墾務卷宗目錄表 通令各縣局徵存各款迅速解局卷
同 6	咨寶業廳部照四成寶業費卷	同 2	訓令榆林縣將徵存欸款列表送核卷
同 7	普行局月報卷	同 3	訓令靖邊縣將徵存歲租民欠列表送核卷
同 8	固陽縣月報卷	同 4	訓令橫山縣將已未徵收歲租列表送核卷
同 9	歸分局月報卷	同 5	通令各縣局派委督丈員會同佃收荒價各款卷
同 10	陝分局月報卷	同 6	呈整理財政處呈送綏遠所屬官產說明書預算卷
同 11	呈督辦各縣局發出部照及征收照費數目卷	同 7	呈解辦事處經費津貼卷
同 12	包頭縣月報卷	同 8	各項捐助
同 13	通令各縣局詳查十四年分領發部照數目卷	同 9	土行局呈送得勝䑓包村地戶喬光金請減押荒卷
同 14	托縣豪站月報卷	同 10	呈解軍費卷
同 15	部照處函送總局彙總月報卷	同 11	呈財政處呈報官歲租各款卷
同 16	發各縣局部照數目卷	同 12	普行局呈送丈放地畝表卷
同 17	發各縣局印花數目卷	同 13	武川縣呈報征收包頭等縣西北軍等處強租各款卷
同 18	包頭縣中灘五大村地領部照請事辦法卷	同 14	大余太駿治局呈報被匪刧去槍彈等項情形並請派兵保護派員接交卷
同 19	咨送財政廳各縣局總叩部照繳廳一聯備查卷	同 15	茂明安旗請領押荒卷
同 20	簽呈督辦以臭楊墕部照處事員卷	同 16	固陽縣製務卷 呈請開修銜署截留建築費勸支附
同 21	各周前總辦文件卷	同 17	各項另存卷
同 22	土行局月報卷	同 18	奉督辦令規定徵收尾數辦法附佈告飭屬邊照卷
第二部 民劚卷宗目錄		同 19	土行局呈送計算書據卷

九七

第二部 民國卷宗目錄

同 20 訓令查覆達局丁局長徵存銀石卷
同 21 薩縣呈報徵收官歲存押荒卷
同 22 土默特鎮國公請領押荒卷
同 23 包頭呈報徵收官歲租卷
同 24 茂分局呈報徵收實業建築費卷
同 25 武川縣代徵收廠地荒價卷
同 26 呈財政處庫耆彥條陳田賦考成賞罰並規則等件卷
同 27 呈督辦呈送總局繫款收支表並承辦人員履歷卷
同 28 池旗河套川地畝卷改報自界地附卷
同 29 奉督辦令據綏遠救濟會呈請籌電賑撫平宜並請殺辦廢餘荒夾荒呈覆卷
同 30 東新地畝局呈報旬月報卷
同 31 洪振鐸請領四箇月津貼卷
同 32 茂分局呈報徵收票照費卷
同 33 和林縣呈報徵收官租卷
同 34 呈晉綏財政處呈送十五年九月至十二月正款另款表卷
同 35 呈郡統呈送十五年九月至十二月收支各款表卷
同 36 京郡萬億號抵撥郡王旗荒租卷
同 37 呈督辦呈送十五年九月至十二月正另各款收支表卷
同 38 西公族請領押荒卷
同 39 托縣呈報徵收官租卷

同 40 達拉特旗請領押荒卷
同 41 呈晉綏財政處呈送各分局丈地辦法蒙族要求條件卷
同 42 達拉特旗報墾河套地畝卷
同 43 臺站處長請領押荒卷
同 44 五原縣呈報徵收官歲租卷
同 45 中東旗地畝局呈解大小鄂博地荒價卷
同 46 通令各分局將所收各款票現種類分晰填表十日報告卷
同 47 呈晉統呈送職員值日值宿表卷
同 48 函報軍需課收支各款日報表卷
同 49 扎薩克旗請領租款卷
同 50 訓令固陽縣將茂旗所報各地應徵歲租造冊發該旗自收卷
同 51 訓令各分局將現在丈而未放已未升科各分別造冊呈局卷
同 52 綏遠整理財政處成立卷
同 53 慶綏寺承領闔克木地數不敷請指撥已令武川縣查覆卷
同 54 包頭縣呈報旬月報卷
同 55 武川縣徵收廠地票照費卷
同 56 東薩縣呈報徵收歲租卷
同 57 包頭縣呈報徵收牧地畝表卷
同 58 東新地畝局呈報歷寺建築費卷
同 59 墓爾根召請領押荒卷

維字

60 訓令達旗于前局長關于在局任內收支各款繳入書舖各有若干具覆卷
61 訓令武川縣萬億號前報之地截至十五年底已丈放地民欠押荒各有若干具覆卷
62 呈督統呈轉山西財政處綏屬總分各局處每月開支預算表冊卷
63 訓令各縣局副後經費隨以丈地收款數目為比額各按一成開支卷
64 廣分局呈送十二年丈放水租升科冊卷
65 包頭縣呈送廣覺寺十二年丈放草地升科冊卷
66 呈督統據抗旗地畝局電稱魯稻文預開照票護路司令過索軍糧各等情乞鑒轉令卷
67 綏遠全區官產清理處成立卷
68 包頭童前知事呈擬前撥東公旗一千五百元漏列報請發還月報更正卷
69 訓令各縣局應送財政處旬表遵照按旬填送卷
70 大余太設治局卷
71 呈督統令各縣局每月擔任軍政各費派定數目如數解局卷
72 訓令大余太設治局將接辦五原縣徵收什拉胡嚕素地民欠歲租先行造冊具報送局卷
73 武川縣接辦牧廠分局事宜卷
74 于前局長呈報任內經國民軍提去墾租各款收據交姚局長查收卷
75 抗旗地畝局呈送計算書據卷
76 呈財政處呈送各縣局十五年分領徵官歲各租預算收入數目表請鑒核卷
77 呈督統呈送部照處呈由另款節餘等款項下開支各費實支表冊卷
78 呈督統請將八旗淖爾業地畝借作實業廳牧場卷
79 呈督綏財政處會覆廣覺寺等項已未放墾地畝遵照指飭逐一查明卷

第二部 民國卷宗目錄

80 實業廳咨請籌撥水利經費卷
81 咨任總局職員徵收官租卷
82 歸綏縣呈報徵收官租卷
83 六縣局呈報已未放地表卷
84 安續請領押荒卷
85 通令各縣局自三月分起將各項繳官款按旬檢齊送局以便轉送財政處查考卷
86 訓令大余太設治局蓮將中公旗在行局領款欠還五十元印刷送局並將挂號費補報卷
87 綏遠清尹齊送臨縣保同河等村被災冊結卷
88 呈督統據臨河商業各界代表呈臨河匪患民災受害奇罹供應國軍糧秣以民欠作抵卷
89 電令五原縣查塔布河襲地共有若干查復卷
90 財政處咨自本年四月起機關開支經費並職員火食辦法卷
91 綏遠總商會函途救濟兌換券樣本卷
92 達旗于前局長呈送任內收支官租清冊卷
93 茂分局呈報旬月報卷
94 五原興農社呈報損失損石姓省物品等件卷
95 兩閻縣合會函報有匪在中灘一帶搶擄請派隊剿捕卷
96 呈督辦財政處擬定各縣局應丈員不准以上則報少中則以多報少辦法卷
97 杭達爾旗與教堂交涉博形卷
98 達拉特旗以報放灤布河地畝製押借流通券卷
99 西公旗以報放中灘地畝押借流通券卷

第二部 民國卷宗目錄

維字

101	實業廳咨領實業票照等費卷	
102	呈督辦西公旗呈送家譜膳府乞鑒核卷	
103	山東移緊事務所呈以在臨領地數百頃押借流通券卷	
104	杭旗書局長函稱與消費于委員商撥本局一千五六元即由杭局在套撥還卷	
105	呈督辦據臨河局長電稱據金渠等被黃河淹將二區全境各村淹沒情形卷	
106	總辦呈請辭職遺缺接辦	
107	據武川西區隊長徐岳等呈請以收款印照抵借流通券卷	
108	據固陽縣呈擬以農商民丈單抵借流通券卷	
109	咨送財政廳收支各款清冊卷	
110	大農公司呈繳將前領小中灘地滾灘餘水改分正水卷	
111	烏分局呈報大小鄂博建築實業費卷	
112	烏分局呈報大小鄂博票照費卷	
113	武川縣代呈高要亥建築實業費卷	
114	奉都統令各機關經費由四月分起按八成開支並分令卷	
115	茂明安旗令以新報製地應分押荒抵借流通券卷續報五福社地附	
116	烏拉特後旗以新報製大小鄂博以力更鳥蘭地應分押荒抵借流通券卷	
117	固陽縣呈報廣收各地旬報卷三宗	
118	包頭縣呈請擬將墾務事宜暫行停辦歸併局被辦卷并大努氣濟	
119	烏分局呈報票照費卷	
120	據地戶製守鋼呈以收款票抵借流通券向何縣抵借請示卷	
121	武川縣鶴呈據舉界代表邱明星等呈請本年應交糧銀穀微卷	
122	訓令各分局由本年四月起請領經費開具請款懇單遵同核減預算送局卷	
123	西公旗地畝局請領經費旬報卷	
124	奉督辦令杭旗行局主任塢丈員等舞弊情形查明呈復卷	
125	托縣呈請繳徵官租卷	
126	委請提款請領旅費卷	
127	東中地畝局請領經費旬月報卷	
128	呈督辦財政廳咨將各局縣升科官租歲課由本年七月一日起劃歸財政廳管理並民欠數造冊卷	
129	咨覆財政廳奉令各機關軍政各費政廳統收統支卷	
130	調查鄂托克旗私墾地畝卷	
131	電督緻財政處河曲府谷等縣代徵池旗歲租卷	
132	固陽縣呈請免官丈地表卷	
133	固陽縣呈報王磴房丈地表卷	
134	固陽縣呈報廣化寺建築等費卷	
135	固陽縣呈報巴漢惱包旬報卷	
136	固陽縣呈報巴漢惱包旬報卷	
137	調查托縣屬東萊海寨等處淤地繪圖詳報卷	
138	訓令東勝縣查四五兩寨地畝私租何人耕種造冊具報卷	
139	東公旗呈報製大努氣濟等處地畝卷

維字 140	杭旗地畝局呈報實業建築費卷	同 160	後套地畝局呈送計算書卷
同 141	杭旗地畝局呈報票照費卷	同 161	固陽縣呈報建築實業費卷
同 142	杭旗地畝局呈報丈地旬報卷	同 162	固陽縣票照費卷
同 143	固陽縣呈報王席房地旬報卷	同 163	蔓荊召旬報卷
同 144	固陽縣呈報王席房實業建築費卷	同 164	蔓荊召呈報實業卷
同 145	函督歉員會同集繪兩盟地畝詳圖送局彙轉卷	同 165	莫爾根召呈報建築實業費卷
同 146	土默特總管呈以土克木地礙分荒價抵借流通券卷	同 166	莫爾根召呈報旬報卷
同 147	茂分局呈解掛號費卷	同 167	大旗地呈報旬報卷
同 148	大旗地丈地表卷	同 169	大旗地建築實業費卷
同 149	廣化寺地丈地表卷	同 170	官莊子呈報旬報卷
同 150	蔓荊召地丈地表卷	同 171	官莊子呈報實業卷
同 151	巴汗惱包地丈地表卷	同 172	西公旗報墾大余太地畝卷
同 152	甲巴地丈地表卷	同 173	甲巴地建築實業費卷
同 153	達旗地畝局旬報卷	同 174	呈督辦由十六年七月起各縣局提支一成經費統由另款開支卷
同 154	固陽縣呈報丈放地畝表卷	同 175	杭錦旗請領荒租卷
同 155	鄂托克族請領租款卷	同 176	據包頭縣西膈包村買昭呈控地戶王台吉誣取地照緊查究歸領原主卷
同 156	郡王族請領租款卷	同 177	五福社貝勒地旬報卷
同 157	呈解辦事處修理費卷	同 178	五福社貝勒地建築實業費卷
同 158	大余太設治局代徵鹽城款旬報卷	同 179	五福社貝勒地票照費卷
同 159	小余太地畝局旬報卷		五福社貝勒地丈地表卷

第二部　民國卷宗目錄

第二部 民國卷宗目錄

維字
- 180 呈督辦兵夫夏季服裝由節餘項下開支卷 同
- 181 包頭縣呈請派員會勘中灘青苗卷 同
- 182 西公旗報繫醴蔫木獨地畝卷 同
- 183 五原教育局呈以紅花塔拉地半價承領以作學田卷 同
- 184 五原神聖全體等代表呈國軍用過狼石抵交十五年地水租收據清冊一案卷 同
- 185 奉督辦令據丁文甲呈西公旗屬千里廟地尚有二千餘頃收洋二十萬元左右詳查繪圖稟辦卷 同
- 186 和林縣呈報張胡塔子等村被災卷 同
- 187 固陽縣呈解掛號費卷 同
- 188 西公旗地畝局呈報實業建築費卷 同
- 189 西公旗地畝局呈票照費卷 同
- 190 莫爾根召呈送丈地表卷 同
- 191 杭郡王旗扎薩克請將烏闌木爾河一帶地畝報繫卷 同
- 192 訓令包西水利局請將永租地列表轉局辦理卷 同
- 193 奉郡統令據山東移民代表勵其祥呈懇飭烟畝荊款飭于吳文具復卷 同
- 194 廣化寺呈報旬月報卷 同
- 195 甲巴地呈報旬月報卷 同
- 196 西公旗地畝局呈送微收青苗短租清摺總查卷 同
- 197 大召寺氣萬地畝局呈副當地畝卷 同
- 198 廣覺寺呈請副當地畝卷 同
- 199 大努氣萬局呈以包頭縣奇交王變召等處升科各冊仍請由縣造報卷 同

- 200 達旗局呈報徵收實業建築費卷 同
- 201 據商人廣生西呈前承種西公旗地畝現已退地所墊修渠本繫恩價發卷 同
- 202 達旗翠旗報繫察一連地畝卷 同
- 203 奉郡統令由交通銀行借洋五萬元以繫局擔保卷 同
- 204 呈督辦呈報十六年十月起至十七年三月止補助煤炭費卷 同
- 205 呈送十六年度總分各局預算卷 同
- 206 四子王旗報繫押荒卷 同
- 207 呈督辦據東新地畝局長郝秉義呈領大害慷包地畝以抵欠薪卷 同
- 208 關於包西水利事宜卷 同
- 209 東八旗請領押荒卷 同
- 210 河曲縣繫蘭繫拔收卷 同
- 211 呈督設財政處請准將繫費仍按報部預算維節餘卷 同
- 212 呈繫務督辦請將繫費仍按報部預算數列報以資繫務卷 同
- 213 據固陽縣各風保董呈請歸墾歲租歸縣代徵卷 同
- 214 馮任參交廳任繫防卷宗清冊卷 同
- 215 西公旗咨以該旗局鳳保董租抵撥水租卷 同
- 216 大努氣萬地畝局旬月報卷 同
- 217 大努氣萬地畝局實業建築費卷 同
- 218 大努氣萬地畝局票照費卷 同
- 219 咨財政廳送督辦處蒙墾總局並地畝部照兩處總收據繳入書卷

維字	220	據恒源發收公司代表額子敏承領大青惱包欠款卷
同	221	馮任苔遠茹任已收未辦公文卷
同	222	馮任苔遠茹任收支各款清摺並補送借用公費津三十五元
同	223	後養地畝局呈送丈地表卷
新字	1	呈郵統呈報接印任事日期並通行各處卷
同	2	呈苔茹任關防卷宗簿等件並未辦文件卷
永字	1	呈督辦呈報接印任事日期卷
同	2	委任各差卷
同	3	通令各縣局將截至十六年十一月八日徵存各款開單報解卷
同	4	訓令各縣局將十五年九月十二日至十六年十一月八日徵解各款造冊送局卷
同	5	前大余太局長王孫啓鳳呈請經費以地抵領卷
同	6	前牧廠局長孫啓鳳呈請領經費卷
同	7	周陽縣濃民代表呈五常召地租援照二三約地核減卷
同	8	各機關呈報接印視事並另存各件卷
同	9	苔馮前總辦各分局旬月等各款請查照辦理卷
同	10	達拉旗電請領各水利局撥付租款卷
同	11	茂明安旗請領王礦房地押荒卷
同	12	牧廠局呈解荒價卷
同	13	後養地畝局據濃民代表張滿紅等呈墾地荒卜不得水利請速定辦法具呈卷
同	14	奉督辦令訓令各縣局調查各旗名有無可放之地詳查具覆卷
同	15	奉督辦令將段黨總辦任內收支各款造冊送處備案卷
同	16	奉督辦令催解軍費卷
同	17	呈解督辦處經費津貼卷
同	18	杭錦旗地畝局卷
同	19	接收鄭前總辦苔交關防文卷職員表卷
同	20	呈督辦擬總續開辦各局辦法分別條陳暨已未勘收各地應辦殺辦並清摺
同	21	台站管理處々長調領押荒卷
同	22	達旗地畝局呈解荒價卷
同	23	東新地畝局卷
同	24	委員赴各縣局揭款請領旅費卷
同	25	各處賑捐卷
同	26	達旗地畝局呈解照票費卷
同	27	牧廠局呈解節餘卷
同	28	茂分局呈解照票費卷
同	29	茂明安旗報墾通興功等地歲租劃歸自收卷

第二部 民國卷宗目錄

民國十六年份前清理地畝處卷宗目錄表

艮字	1	薩分局旬月報卷
同	2	陳分局解款經費數目卷

第二部 民国卷宗目录

艮字 3 呈督办呈为归分局呈请征收房基地价已照准请备案卷
同 4 资呈督办归分局请将托县解交之款暂行借用垫支旅费请备案卷
同 5 归分局解款经费数目卷
同 6 归分局主任孙国栋已委临河设治局々长遗缺委派周炳奎接充卷
同 7 归分局呈请十五年一月二月增加煤炭费卷
同 8 归分局呈请每月补助经费以作丈地旅费卷
同 9 归分局旬月报卷
同 10 归分局解款并请领经费卷
同 11 训令临分局令将八年东山荞升科册已转呈吴令准并令补造一份速送卷
同 12 临分局旬月报卷
同 13 归分局呈解照票费卷
同 14 分局呈解节余经费卷
同 15 临分局呈解照票费卷
同 16 归分局解款并请领经费数目卷
同 17 呈督办呈请归分局办理结束并展限两呈援照归分局办理示遵卷
同 18 呈督办呈请归分局办理结束事宜援照归分局办理示遵卷
同 19 呈督办呈报六县夹荒余情形卷
同 20 令临分局据请短假所有局务由陶会计代理应即照准卷
同 21 令临办呈请勘查大岱村丁绍先地亩核减官租卷
同 22 呈督办呈请归萨两局所存卷宗拟每局各留一员保管并给薪水请鉴核卷
同 23 函审判处函送张功成收照各一纸希查核办理卷
同 24 归萨两分局呈送计算书据卷
同 25 呈郡地亩处村办赵露珍请假另选人员卷
同 26 呈郡统呈覆尊任内放过阿素村地亩卷
同 27 委任白彦儒为归分局管卷员卷
同 28 杏邮前总办杏送地亩队伍清摺内数目不符发还请见覆卷
同 29 委叶裕铭为临分局局长卷

民国十六年份前部照处卷宗目录表

区字 1 归分局旬月报卷
同 2 托县察站旬月报卷
同 3 各县局销售印花数目卷
同 4 各县局呈缴部照存根数目卷
同 5 武川县旬月报卷
同 9 发各县局部照数目卷
同 7 临分局旬月报卷
同 8 大余太设治局旬月报卷
同 9 杏教育厅拨六成教育费卷
同 10 杏周前总办文件卷

民國十七年份前駐綏墾務卷宗目錄表

同 11	包頭縣旬月報卷	
同 12	固陽縣旬月報卷	
同 13	和林縣旬月報卷	
同 14	大努氣滿局旬月報卷	

戊字
1. 呈督辦呈報接印任事日期卷
2. 委任職員名詮卷
3. 飭令各縣局檄存各諭解局卷
4. 接收茹前總辦交交關防小官印職員表卷
5. 接收茹前總辦交交總局並地畝卷宗
6. 呈督辦呈請刊換關防卷
7. 各項另存卷
8. 札陝克旗請領荒租卷
9. 觀測所請領經費卷
10. 實業廳奏請撥百分之五實業費卷
11. 奉財政部令呈送總局台站地畝等處十年一二三月計算本院審定抄發原單卷
12. 茹前總辦交交未辦文件
13. 奉督辦令呈送總局地畝部照等處卷

第二部 民國卷宗目錄

同 14	裘世康呈繳荒價卷	
同 15	西公旗報繳佘太召地畝局	
同 16	呈都統呈報上年十一月分至現在收解支存數目俟交案	
同 17	呈都統呈送十四兩年分收入比較表	
同 18	達旗劉牧局	
同 19	土默特旗與銀海喇嘛等互爭後山地案	
同 20	呈督辦擬令擬具辦法水利改進計劃暨改組權限大爾並編制五算表	
同 21	大努氣滿地畝局呈報催荒員被匪搶規	
同 22	呈督辦呈請飭發水利局十六年度預算書	
同 23	政府公報費	
同 24	呈督辦呈為春季經費不敷預估用洋一百七十元	
同 25	固陽縣呈為兼辦墾務停卸擬打辦法設立東西兩行局	
同 26	呈督辦呈為遷移局所添置器具並修理房屋所需各費	
同 27	茂分局呈報丈地表	
同 28	五福社行局呈報丈地表	
同 29	杭旗地畝局呈解荒價	
同 30	烏分局旬月報	
同 31	牧廠呈解荒價升科冊費附	
同 32	牧廠局呈解票照費	
同 33	後套地畝局呈解種業票照短租等款

第二部 民國卷宗目錄

戊字
34 崑都裔召代表趙金山爭領小余太地
35 西公旗呈以該旗護租抵撥水租
36 呑寶萊廳請將基金地地價印領迅呑過局
37 呑各縣局嗣後解款務須分斷填註表內呑過局
38 通令各分局將已放未放升科各地按表填列
39 綏遠全區墾務總局人員支配表
40 橫山縣呈報新牌各村地被災
41 殺虎口豪站管理處長請領押荒 同永二
42 土默特公旗請領押荒
43 薩縣徵收租款
44 各項賬捐
45 東公旗請領押荒
46 杭旗地畝局呈解節餘同善二二
47 武川縣呈報四子王等旗荒價 同維丙六十一
48 大努氣灣局呈報旬月報同維 一八
49 大努氣灣局建築費同維 二一
50 大努氣灣局票照費同維 一一
51 大努氣灣局掛號費同維 二一
52 大努氣灣局 二 八
58 西局墾款旬報同維 一八二

同54 五原城基旬報同維 一八二
同55 鳥分局呈報掛號費
同56 鳥分局呈報旬月報同維 二八
同57 茂分局呈報建築費同維 二二
同58 五福社行局呈報旬月報同維 二二
同59 五福社行局呈報建築費同維 二二
同60 烏分局呈報建築費同維 二二
同61 茂分局呈報現款數目表同維 二二
同62 各分局呈報製款票照費
同63 杭旗地畝局呈報票照費
同64 後套地畝局呈報建築費
同65 後套地畝局呈報掛號費
同66 呈總辦呈請分任清厘交案並以資接交
同67 奉都統令呈櫺自本年一月二十一日起該局收入各款除留支外餘解財政廳
同68 訓令大余太設治呑明該處清混水郭過余召地畝局情形並會擬辦法具覆
同69 呑達拉旗報塔布河地畝
同70 呑杭錦旗報製楊家河子渠一帶地畝
同71 呑各旗將布報製地畝
同72 呑中公旗將在大余太地界內之地報墾
同73 呑財政廳前借洙通劵撥還以便呑廳

戊字74	通告地方人士有垦务关系筹备议案择通令各县局
同 75	呈解办事处经费津贴
同 76	呈督办拟请自本年二月一日起所有附征建筑票照教实各费由分局经解
同 77	垦套地亩局
同 78	奉督办令呈据包西水利总办局总办彭占勋呈请发行水利流通券以津修堤道并附章程
同 79	达拉特旗请领荒租
同 80	西八族请领荒租
同 81	丰业银行欠款请归还
同 82	交通银行函请补具赡保印函
同 83	训令各县局办垦员司不得舞弊对待地户和平进行（第一七号令）
同 84	据王维新函控吕局长营私一案
同 85	杭旗地亩局呈报节余
同 86	杭旗地亩局呈报丈地表
同 87	达旗地亩局呈报旬月报
同 88	固阳县该前知事呈报护任内经征岁租各款附送清折
同 89	杭旗地亩局呈报护路队所需粮料数目附送粮价表
同 90	关于包西水利事宜
同 91	训令武川县速将卯发达茂四子王
同 92	训令大余太设治局将调拨大余太城基地会同具报
同 93	固阳县呈报丈地表

第二部 民国卷宗目录

同 94	大旗地呈报丈地表
同 95	王虞坊呈报丈地表
同 96	乌分局呈报大小鄂博地建筑费
同 97	乌分局呈报大小鄂博地旬报
同 98	乌分局呈报大小鄂博地票照费
同 99	训令各分局查所放蒙旗地附近各处已未垦地数目详查具覆
同 100	查清尹奎送会摄红沙坝地方归固阳管辖
同 101	呈督办拟发月刊及一切出版物印刷需费由节余项下开支
同 102	平市官钱局函请投前总办欠款归还
同 103	大努气垦局呈报丈地表
同 104	令委劝垦局麟庆等前往中西两公旗劝报乌拉地
同 105	茂分局呈报十五年九月被垦蒙款四百二十五元请准一案
同 106	令委劝垦局呈报四子王旗升恒号地亩
同 107	大余太设治局代征杭旗余地亩
同 108	大余太设治局代征杭旗余地建筑费
同 109	大余太设治局代征官产地建筑费
同 110	乌分局呈报票照费
同 111	据王军长英桀西公旗报垦胡号地请扣押荒地修复损失等情
同 112	中两行函催历任欠款筹还
同 113	萨县大粮地亩被灾

第二部 民國卷宗目錄

戊字
114 奉督辦令凡以前放出各地應行升科發照後隨時將繳財政廳 同
115 牧廠墾務分局 同
116 大佘太設治局兼辦墾務事宜 同
117 茂明安旗墾務分局 同
118 各分局呈送預算表請發戳單 同
119 三公旗兩級學校買主任請發學田執照 同
120 東新地畝局呈報旬月報 同
121 佘太召地畝局呈報掛號費 同
122 佘太召地畝局呈請丈放房基地 同
123 佘太召地畝局呈報旬月報 同
124 石良玉報墾銀工山地畝 同
125 大努氣海地畝局繳銷鈐記附 同
126 固陽縣呈報墾民關斌祥呈為十五年分呂歲各租墾請豁免 同
127 呈督辦職局馬兵夫役人等應製服裝由節餘開支 同
128 呈督辦擬設墾集傳習所即以二分票照費撥充經費 同
129 呈督辦據武川縣呈報被搶署內各要件焚燒情形 同
130 呈督辦呈擇查明附征二成軍事建築費繕摺乞鑒核 同
131 五福社行局呈解節餘 同
132 固陽縣呈報旬月報 同

134 固陽縣呈報征收房基地價 同
135 東勝縣墾務徵收租款附 同
137 呈督辦呈報達旗永租地畝改訂辦法 同
138 呈督辦據水利局呈請飭令照發欠薪 同
126 杭錦旗請領押荒 同
139 呈解審費 同
140 郡王旗請領租款 同
111 茂 分局呈送計決算書據 同
142 佘太召地畝局呈報丈地表 同
143 後套地畝局呈送丈地表 同
144 西公旗地畝局呈報票照費 同
145 山東移墾地免收地價 同
146 西公旗容中東兩旗報墾夫小鄂博地內有紅格爾灘一段未經出具印文 同
147 五原縣呈請陸興長劃定地址指隣縣署管轄以資整頓而維市政 同
148 呈督辦呈報向平市官錢局借修築費成立情形（五萬元）（總局撥借一萬五附） 同
149 呈都統大佘太設治局畝內各 同
150 呈督辦派遣利科長前往接收水利局事宜借支經費附 同
151 呈督辦大佘太設治局畝內各 同
152 呈督辦據水利局呈找清十五年修挖剛目渠花戶款許復 同
153 呈督辦據水利局電稱永濟渠失修連派員塔修 同
土默特總管署報墾黃河涸復地畝

一〇八

戊字

151 西公旗報解蓋木獨地畝
155 訓令第五分局接辦余太召地畝事宜查此項地畝劃歸第三分局
156 訓令第四分局將在馮任批解各款迅速造冊
157 據地戶仁厚堂等呈大努氣溝局擅丈包頭縣屬畫匠營村地畝
158 訓令第四分局將前任旬月報及計算書據表接收清結
159 （現定票照式樣附）（代印票照費呈機附）
160 杏四子王旗查復楊三保等互爭景薄河等地畝已令武川縣辦理
161 固陽第四分局
162 姜洵義承領涼爾梁地畝
163 武川第二分局
164 五原紳董電稱五家河決口請塔救
165 五原第五分局請領農林場副撥荒地附
166 包頭第三分局
167 聚務第二分局請領沙分局普行局土默公戶口地畝局卷宗票照等項
168 具呈人然淨堂請領打爾架村官荒地一段
169 丙陽公民張濟瑞等呈領廣麗寺地畝土盾磺撐懇請援照茂旗成案稜減各租
170 茂明安旗請領租款（要求條件附）
171 道尹公署奪陳前道尹擬走各款以未領督辦處新水抵補
172 奉都統令據歸綏農會呈長呈擬請挖修照河兩岸渠道派員查勘呈督辦呈請招待豪旗應酬各費由另款開支

同 173 達旗地畝局呈送丈地表
同 174 訓令各分局將財政部頒發印花簡章照辦理
同 175 杭旗地畝局呈送征收短租清冊
同 176 呈督辦呈送編定聚務人員服務章程
同 177 呈督辦呈送于恩麒等赴牲旗調查旅費表請核銷
同 178 據包頭河北五村地戶 代表劉治邦等呈請河北各地援照中蘑地見實繳租

辰字 民國十七年份前綏遠墾務卷宗目錄表

1 郡統呈總司令呈報接收墾務總辦關防日期
2 督辦
3 通令各縣局徵收各款解局旬月各報依狀存根附
4 委任本總局職員各姜委任狀存根附
5 訓令第五分局將五原街基地歸該局丈放酸定
6 呈督辦附收各項實業費察令仍舊歸併彙辦 教育 建築
7 呈督辦擬修理局所及搬運卷宗車費由另款開支修理局所需用工料費
8 訓令各分局徵收各款解局旬月報依限造送
9 酉信立案並通知
10 容寧祭廳請將東新地局丟失商會令各號交款
11 綏遠墾務第二分局
訓令第三分局將大小鄂博等地較近歸併辦理
訓令司令電知為土地廳廳長
奉總司令電令綏遠全區墾務總局仍陽實業廳彙辦訓令各分局奉令綏遠全區墾務總局收支各款造冊具報

第二部 民墾國宗目錄

第二部 民業國宗目錄

辰字12		訓令各分局將收款丈地照票在某地使用應加蓋戳記以資識別
同13		各機關呈報任事並啟用關防日期
同14		各項另存
同15		奉准格網旗報鬻涸復地畝
同16		查孟前總辦奉咨任內事件請核辦
同17		呈墾務財政處呈報籌辦經費預算大概情形
同18		後養地畝局史局長呈報王軍長提洋四千五百元
同19		晉綏財政整理電令將收支各款分別造冊具報
同20		關於退利各項事宜
同21		綏遠墾務第五分局
同22		西平市官錢局諸局支款效於印鑑票內發總辦名章查照
同23		都繁副官處函借用椅桌各件
同24		後養地畝局呈報征收墾款旬報
同25		前大努氣務地畝局呈報旬月報
同26		大佘太塔布渠水利公社請領修濫費
同27		呈財政整理處
同28		呈綏遠都統呈報勸墾員薪水由另款項下開支
同29		查孟前總辦辦請將欠解墾務督辦處五月分呈解辦事處經費
同30		呈督辦呈送十七年度各項預算已造送財政廳懇轉效各造一份請備案
同31		呈墾務督辦處呈報於年七月一日起免收二分票照費
同32		訓令各分局將征收二分票照免收以恤民艱
同33		東勝縣呈請歸蒙歲租仍由該縣經征以疏民困
同34		呈督辦呈覆已故東勝縣歸事武爾功應款
同35		士默特公與士默特旗三方爭後山地畝
同36		綏遠墾務第三分局
同37		東務縣呈報葺縣署擬用二成建置費
同38		訓令第五分局令發規定勘丈蒼苗辦法
同39		訓令第五分局
同40		訓令各分局據西公旗奉烏藍搗包等地內有召廠及台吉地諸瀾留
同41		札薩克旗呈漢民耕種地畝若干發給印照並請繪圖列表送局
同42		茂分局呈送丈地表
同43		五福社行局呈覆已未丈放大段地畝由本旗發給佈告等情
同44		奉部統令呈復由六月起每月譯給大佘太設治局西公旗等地經費二百元懇核
同45		據包頭罩蓋卯獨村地戶武士根等呈蒙旗墳塋報墾印指聞之版鈐名地出
同46		訓令各分局諸前任會經指聞之派員確查體恤苦由
同47		訓令第三分局
同48		會長諭開蕭前任會經指聞之將濟莴爾召地給旗民承領詳查原案禁止
同49		訓令各分局近據報諸員役有到鄉村勒令供給款食甚至任意需索嚴加約束
同50		備案

展字

50 呈聲辦呈送總局壓地歉部照等處經費
51 墾務第二分局旬月報
52 固陽縣呈報旬月報
53 固陽縣呈報建實各費
54 固陽縣呈報部照票照
55 墾務第三分局呈解荒價
56 杭錦族地畝局呈解掛號建實各費
57 茂鎮族地畝局呈報節餘
58 杭族地畝局呈送丈地表
59 後套地畝局呈解掛號月報
60 通令各縣局將在孟任內徵解各款列表送核
61 西公族地畝局呈報徵收短租
62 東勝縣呈報徵收歲租
63 包頭第三區各渠水利公社請領三湖河渠費
64 烏盟以力更地畝局呈送計算單據
65 呈報統呈覆全區兵荒救濟會呈請事項
66 各分局據解刊刻關防工價郵費洋
67 容寶業廳撥刊關防工價郵費洋
68 寒業廳容撥水利經費
69 墾業廳撥給四五分實業費

第二部 民國卷宗目錄

70 烏分局呈報由後套地畝局借撥經費
71 各項賑捐
72 接收孟前總辦查交關防卷宗器具等項
73 武川縣請領彙辦牧廠局經費
74 茂分局呈報旬月報
75 茂分局呈報建築費
76 茂分局呈報票照費
77 五福社行局呈報旬月報
78 五福社行局呈報建築費
79 五福社行局呈報票照費
80 查中西公旅將烏拉地及狼山灣頭二三四五分子等地報墾
81 達拉特旗報墾塔布河地畝並派員勘收緩額
82 固陽縣呈送丈地表
83 後套地畝局呈報掛號
84 後套地畝局呈報建築費
85 後套地畝局呈報票照費
86 墾務第三分局呈報建築費
87 墾務第三分局呈報票照費
88 歸綏中學校欠交押荒歲課
89 據達拉特旗地畝局各職員等呈領一二三及四月十日對剿費請核銷

第二部 民國卷宗目錄

辰字 90	訓令各分局自本年六月分起應支各項經費照上年成案辦理並將原令頒發	同 108	裂務第二分局呈報丈地週匪被搶地價衣物等件乞鑒核
同 91	財政廳咨請將所屬局所名稱所地點以及局長姓名詳細列表見覆	同 109	裂務第三分局籌辦渠利事宜
同 92	達旗局長王文垕呈送呂前局長票根花名清册乞鑒核	同 110	裂務第五分局籌辦渠利事宜
同 93	裂務第四分局呈報旬月報	同 111	訓令各分局准財政廳關於土地材料項目詳查呈覆
同 94	裂務第四分局呈報建築費	同 112	裂務第五分局呈報旬月報
同 95	裂務第四分局呈報票照費	同 113	呈督辦據第五分局呈請烏藍丈畫苗辦法征收短租提支一成經費
同 96	烏分局呈報旬月報	同 114	裂務第五分局呈報放地畝搗包等處地現無人領繳照十六年勘渠利科補解薪工各費歸墊
同 97	烏分局呈報建築費	同 115	第五分局經收短租未給正式收照八十九張由敝局補發照繳清單備案
同 98	烏分局呈報損號費	同 116	
同 99	訓令各分局奉政府秘書處電開所有十六年十二月二十一日以前全國舊欠一律豁免田賦實欠在民者	同 117	前大努氣灣局呈繳票照
同 100	大余太設治局奉都統令南京政府財政部篇召爭地案	同 118	大努氣灣地畝局呈送計算書據
同 101	訓令各分局奉都統令籌辦裂務事宜並都篇召爭地案	同 119	關於各項提議案
同 102	呈都統呈此次撤辦丈員五員旅費自七月一日實行	同 120	杏財政廳咨送丈地表
同 103	呈都統呈前達旗地畝局呈請抵解節餘經費	同 121	裂務第二分局呈送丈地表
同 104	呈督辦裂務第五分局電稱潰兵搶擾被搶洋十元乞鑒核	同 122	裂務第五分局呈報建實各費
同 105	教育廳咨請發教育實業等費	同 123	裂務第五分局呈報票照費
同 106	中公族報裂頭二三四五等分子地畝	同 124	西公族請領荒租
同 107	裂務第三分局呈報驗收三湖河口工程土方清摺	同 125	杭局田局長任內供應轉路軍糧作抵荒價檢同印
		同 126	烏分局呈報票照費
		同 127	杭族地畝局呈報建實各費

民字	128	垦族地畝局呈報票照費	同
同	129	呈督辦退利呈報赴五原辦理包西水利事宜旅費	同
同	130	山西省銀行函催借款歸還	同
同	131	呈督辦呈報招待西公旗蒙員酬應費另款開支	同
同	132	達旗報墾狼山灘一帶地畝預借款項	同
同	133	達拉特旗請領荒租	同
同	134	呈區政府擬訂職員及附屬各處暫行條例乞核轉	同
同	135	呈區政府擬將後套中灘等處渠道水利及渠利科於十一月一日劃歸建設廳彙辦	同
同	136	訓令各分局奉令各機關如有薦委人員支薪十成之四	同
同	137	石長喜等請領荒價	同
同	138	咨建設廳擬第二分局呈報事項如左以作苗圃地址	同
同	139	五原縣呈報地方亢旱成災	同
同	140	呈督辦呈送退利科本年四五六三個月實用出差公雜費册據請核銷	同
同	141	東公旗咨請承領營繩空地	同
同	142	奉督辦令咨杭達兩局棚丈員定章辦理查覆	同
同	143	西公旗報墾禮薹木獨地畝	同
同	144	觀測所請領經費	同
同	145	據地戶雒厚棠呈請飭分局查明欠款數目遵照撥交	同
同	146	訓令各分局准非設廳咨調查墾務狀況依照填報繼送局	同
同	147	綏遠游擊隊長榮陞呈請官佐士兵志願開墾撥給地畝	同

第二部 民國卷宗目錄

同	148	訓令各分局奉令墾務督辦處於十月底取消仰建設新村計劃照辦	
同	149	呈區政府為提議放墾地內訂奬進新村章	同
同	150	呈督察綏財政處呈為總辦佛新按成支領公費照原數開	同
同	151	奉區政府令據農民牛進山等呈十月份實行銷匠示遵俊得逕填包西畫匠營查十月份實行銷示遵	同
同	152	奉督辦令將十五年三月起至十七年十月底止分畃造册季報	同
同	153	茂公旗請領茂旗地及五福社等地計算書據	同
同	154	東公旗請領押荒	同
同	155	茂明安旗請領押荒	同
同	156	據商民姚肇浦呈發邊公司商本四萬兩	同
同	157	呈區政府多春爾季煤炭費由另款開支	同
同	158	財政廳咨將薩五包等縣升科册檢送核辦	同
同	159	義和渠請領渠費	同
同	160	臨河設治局王局長呈報撥交楊董事各款	同
同	161	東公旗呈據鳥札墾地代表楊奎々呈據旗兒歐請派員調查	同
同	162	達拉特旗請以五家河南地撥給戶口	同
同	163	呈區政府呈爲計核稅科長王希棠在職病故發給邮金由	同
同	164	函送文件利卷公報	同
同	165	咨東公旗咨請水章岔搖等費照定章辦理	同
同	166	訓令各縣局各墾局歲租銅歸自收	同
同	167	訓令各縣局將該局所實各項地畝目開辦至十六年底已未放及未放地已未升科地開單具報	同

第二部 民國卷宗目錄

辰字
168 訓令武川縣將嵐汗依魯格領圖及通泰萬億號等地升科淸
169 關於後套教堂地交涉
同 170 五分局呈送五加河靑苗淸冊
同 171 五分局呈送興濟渠預算書
同 172 五分局呈送養和渠預算書
同 173 財政廳函檢淸理官產卷宗八月送交官產處收存
同 174 製務第六分局
同 175 具楫潘呈報請照民國八年丈放滿匠窰子地原圖丈足
同 176 訓令五分局永隆等渠委員書記等丈靑不援定章蓄卽撤差
同 177 訓令各分局將蒙族抵借流通券在荒價項下扣還解局以便答財政廳核銷
同 178 呈農礦部奉令確定人民租借權
同 179 五分局呈報馮委員借支旅費
同 180 平市官錢局函開前借渠款以便歸還
同 181 第三分局呈送靑苗淸冊
同 182 李國渻請領十五年份欠薪
同 183 前東新地郝局長呈由余太召押荒內抵領欠發經費
同 184 通令各分局關於每月應送各項報冊規定限期逾限罰薪
同 185 呈者政府呈譯擬定李五攬等呈請解決黃河兩岸河頭地
同 186 通令各分局所得稅於十七年十二月施行
同 187 第三分局呈領余太召地蒙員薪水

同 188 杭旗地畝局呈覆節餘經費
同 189 呈報塔布渠領款抵解
同 190 派員接收東五縣製務事宜
同 191 第五分局抵解黃士拉亥地一成經費
同 192 第五分局呈請撥給蒙員薪水抵解
同 193 第三分局呈報水租月報
同 194 奉都統令對於服務官吏嚴加考核

震字 民國十七年份前淸理地畝處帶案目錄表
1 訓令趙迺章爲歸分局管卷委員卷
2 薩分局呈報旬月報卷
3 薩分局請領經費卷
4 薩分局呈送實支經費表卷
5 薩分局呈報解二分局票照費卷
6 委任董之焜爲薩分局局長卷
7 薩分局呈解節餘經費卷
8 薩分局呈報薩分局規定月支經費請備案卷
9 呈督辦呈報歸併薩分局卷宗並委員薪公各費均歸職局保管以節經費卷
10 發薩分局收款照票數目卷

同 11	薩分局旬月報卷	
同 12	薩分局呈請大岱村地戶丁紹先等核減地價昌租數請鑒核卷	
同 13	訓令孟祥瑞接辦薩分局事宜卷	
同 14	固陽縣呈報照抄東山薄升科册移交新任請備案卷	
同 15	雲子沛請領打爾架村官荒卷	
同 16	卜學庚 薩縣沙綱沁村鄧正亮呈地方困苦乞秋後交納卷	
同 17	薩分局旬月報卷	
同 18	督辦訓令據薩縣商會會長呈請薩分局備換部照係病民政策請查覆卷	
同 19	薩分局旬月報卷	

民字
1 通令各縣局卷
同 2 和林縣旬月報卷
同 3 武川縣旬月報卷
同 4 大余太設治局旬月報卷
同 5 各縣局請領部照數目卷
同 6 呈領部照卷
同 7 茹總辦移交卷
同 8 令備大努氣溝局月報卷

民國十七年份前部照廳卷宗目錄表

第二部 民國卷宗目錄

同 9	呈督辦各縣局繳回部照存根已轉送財廳並令知該縣備查卷	
同 10	薩分局旬月報卷	
同 11	固陽縣旬月報卷	
同 12	武川縣第二分局部照月報卷	
同 13	托克托縣旬月報卷	
同 14	呈督辦呈報裁撤部照處以節經費請備案卷	
同 15	第三分局部照月報卷	
同 16	令包頭縣查明與大努氣溝局移交部照處以節經費請備案見覆卷	
同 17	令發歸綏縣徹銷部照存根張數仰查收備案見覆卷	
同 18	呈督辦呈請繳部照費增加壹角五分擬由七成票款內補助以示體恤	
同 19	訓令托縣將陳前知事任內欠解薩分局之款速解還局以清款卷	
同 20	西八旗函請前中灘墾地撥按民七舊章請領部照以懲蒙懇卷	
同 21	批討號板村民人張旺呈請更正地戶票照數目核與原領照票相符碑難照准卷	
同 22	咨教育廳咨撥支八九兩月分薪俸在未奉令以前可否照支示遵卷	

民國十八年份前經邊墾務卷宗目錄表

已字
1 通令各分局將徵存各款解局卷
同 2 呈咨政府總辦應支八九兩月分薪俸在未奉令以前可否照支示遵卷
同 3 咨教育廳咨撥附征六分教育費卷
同 4 咨省政府令墾務督辦俸薪令案按四成支領發邊注支薪水卷

第二部 民國卷宗目錄

己字
- 4 墾務第五分局卷
- 5 達拉旗報墾塔布河地畝章程卷
- 同 6 委員赴各處調查請領旅費卷
- 同 7 第二分局呈擬會首王玉虎稟稱與委員遇匪墊給款五十二元碍難照准卷
- 同 8 第五分局呈解杭旗餘荒徵收租款辦法並清册卷
- 同 9 訓令各分局各機關務遵預算開支不得於法定外妄費一款卷
- 同 10 通令各分局徵收各機關所得捐照錄抄作遵照辦理卷
- 同 11 通令各分局所有公款轉存中央銀行卷
- 同 12 各項另存卷
- 同 13 平市官錢局函送清摺各渠佔款籌邊卷
- 同 14 前達局呈王文墀呈送呂前局長交代清册卷
- 同 15 委任各差卷
- 同 16 前大余太設治局孫啓鳳請發欠薪卷
- 同 17 五分局呈報徵收後養地畝青苗短租卷
- 同 18 關於賑務事項卷
- 同 19 關於防疫情形卷
- 同 20 呈省政府由十八年一月分增設秘書一員薪水由總辦四成薪水內開支卷
- 同 21 呈省政府呈送總局變部照地畝兩處預算書薪工表等件卷
- 同 22 訓令第四分局將茂分局十五六年分繳入書補送來局卷
- 同 23 通令各局處查明應選升科册分類估計紙張開單以憑彙款造送卷

- 24 第二分局呈據村民白天太等稟請頒將西南角二十餘頃邊照建設新村照軍人領地辦法承領卷
- 25 擬設墾收銀行章程卷計畫書
- 同 26 呈省政府呈送馮委員勸報狼山灘地旅費摺卷
- 同 27 呈省政府呈送馮委員勸收塔布河地旅費摺卷
- 同 28 墾務第四分局卷
- 同 29 前墾利科卷
- 同 30 第三分局長將前墾利科接收租款墊款並徵收預租各款會同造册呈報卷
- 同 31 達拉特旗臨準民欠逋租由局派員會徵卷
- 同 32 查財政廳准旗民欠逋租由局派員會徵卷
- 同 33 訓令前茂分局呈送交代册總收支不合呈覆卷
- 同 34 第二分局呈報旬月報卷
- 同 35 第三分局呈報旬月報卷
- 同 36 第四分局呈報旬月報卷
- 同 37 第五分局呈報旬月報卷
- 同 38 五分局呈報撥付第三分局水利經費卷
- 同 39 晉綏財政處飭令每旬收入各款報告卷
- 同 40 訓令第三分局將榮盤召灣局前送十七年三月分建實兩費多列準數充復卷
- 同 41 訓令前茂分局張師長去及被匪現各款嗣後月報內仍應列作暫存卷
- 同 42 墾務第二分局卷條陳計畫附

己字
- 43 訓令三第五分局查水利贐報事項照前頒程式填送本局卷
- 44 訓令三第三分局呈報建實費卷
- 45 第六分局呈報旬月報卷
- 46 第六分局呈報建實費卷
- 47 第六分局呈報掛號費卷 二宗
- 48 關於禁烟事項卷
- 49 通令各分局將出納人員姓名履歷及保證金送局存轉卷
- 50 前茂分局呈請領經費抵解卷
- 51 前五福社行局呈請領經費抵解卷
- 52 查前總辦孟關於交代不合查復卷
- 53 士默特公請領租卷
- 54 第五分局呈報丈放未放地畝徵收短租卷
- 55 杭錦旗請領荒卷
- 56 訓令東勝縣將郡王扎薩克旗送租册移交該旗日收卷
- 57 會令五分局水利地租實歸水利局代徵遵照交代卷
- 58 西公旗呈請承襲卷
- 59 財政廳查周陽李知事德偉任內挪支墾款五百餘元已否歸還卷
- 60 奉省政府令所轄境內設立新監選犯墾務購買械箱等費由另款開支卷
- 61 呈省政府令發土委員朴務接收墾務購買械箱等費由另款開支卷
- 62 令第二分局准綏省黨務會函據武川縣長鄭良佐呈繩丈員索欺迫民查復卷

第二部 民國卷宗目錄

- 63 第四分局呈報實業建築費卷
- 64 綏邊旗務處呈請消還欠歀卷
- 65 函飭各分局代印票照工資歸還欠歀卷
- 66 前杭旗地畝局呈解荒價卷
- 67 函平市官錢局發給水利社集費卷
- 68 前臨河設治局呈請抵解經費卷
- 69 前達旗地畝局呈請抵解建築費卷 王採兩任
- 70 第五分局呈解徵收短租洋卷
- 71 第五分局呈請解支一成經費卷
- 72 奉省府令據委員祁志厚揭讓出墾局荒價內附捐一成充社會文化基金卷
- 73 第六分局呈請撥教員薪水自一月起照發乞示遵卷
- 74 西北製植公司經理呈請已汗慎包地裘世廢依勢霸產情形卷
- 75 淮教育廳奉撥余太教育局基金由達旗佘屬永租地內每項附徵五元卷
- 76 池財政廳銷公報列各分局地畝每局一份運濟卷
- 77 訓令各分局將核餉經費以後每月節餘補具印領繳入書卷
- 78 西公旗請領租卷
- 79 郡王旗請領租歀卷
- 80 訓令各分局令發造林荒地調查表印即填送卷
- 81 准財政廳呈請連由經收墾款項下撥洋萬元卷
- 82 第二分局呈請派員王親臣赴陶集兩縣調查巴晋慎包地科荒卷

第二部 民國卷宗目錄

己字
- 己字 83 奉省府令十八年賑災公債條例卷
- 同 84 山東移墾社承領後查渠地若干未交押荒若干六局查復卷
- 同 85 石良玉等請領押荒卷
- 同 86 大佘太設治局呈請調留城基地丈放辦法卷
- 同 87 第二分局呈擬丈放四子王旗墾教地辦法卷
- 同 88 第五分局呈送丈放長濟地畝表卷
- 同 89 調查渴復地畝情形卷
- 同 90 扎薩克旗請領租款卷
- 同 91 奉省府令文官編輯全國各機關職員錄卷
- 同 92 關於蒙族暗教地畝法國公使館函以裂局浚收杭達等旗教堂地卷
- 同 93 調查土默公並普會寺已未報裂各地卷
- 同 94 咨建設廳咨送各分局墾發甦平市官錢局借給裂款卷
- 同 95 第五分局呈報建實費卷
- 同 96 第五分局呈報長濟旬月報卷
- 同 97 第五分局呈報長濟地建實費卷
- 同 98 大佘太設治局呈請先撥修城經費萬元卷
- 同 99 通令各分局捐薪助賑辦法卷
- 同 100 呈省政府擬定各蒙族徽收歲租辦法十條卷
- 同 101 呈咨政府呈請孟任內派王梅村尚綱勘收塔布河旅費摺領由另款開支卷

- 同 102 第三分局呈解滙委員借支旅費卷
- 同 103 訓令各分局奉令規定公文用紙式樣仰遵照卷
- 同 104 訓令各分局擬定土地材料測量尺度章程仰知照卷
- 同 105 訓令各分局將所轄範圍內已未丈放各地完全列報卷
- 同 106 函建設廳請代購各種圖案造林卷
- 同 107 第四分局呈送丈地表卷
- 同 108 大佘太農會長陳殿明等呈請領學田地作爲教育基金卷
- 同 109 第二分局呈送丈地表卷
- 同 110 訓令六分局西公旗請發戶口地畝卷
- 同 111 第三分局呈送丈地表卷
- 同 112 第三分局呈送支出收入計算書據卷
- 同 113 前周陽縣知事浚鴻年呈報接收李任交代册卷
- 同 114 五原教育局長呈請購半價購地充作教育基金卷
- 同 115 咨西公族所轄王六歲等處地畝報裂卷
- 同 116 臨河縣呈報轉令第六分局應升科地畝造册咨交暨徵卷
- 同 117 訓令第五分局遵送勘丈各裂靑苗册折扣錯誤更造卷
- 同 118 中公族請領押荒卷
- 同 119 呈咨政府立法院王用賓法計調查裂荒並抄辦總局十八年度預算卷
- 同 120 總局十八年度預算卷
- 同 121 第五分局呈送丈地表卷

己字

122	大余太設治局轉呈旬月報卷
123	訓令第六分局奏省府令第四軍以五福堂在臨河承領地畝並交洋情形查覆卷
124	通令各分局抄發國民政府監督地方財政暫行法仰知照卷
125	呈財政廳呈送總局十七年六月起支出計算書據卷
126	呈省政府呈請核發調查察綏農收委員汽車費卷
127	東公旗請領荒租卷
128	第六分局呈送丈地表卷
129	訓令第三分局據旗墾寺函觀留地被馬賊二姓承領仰將該地退回以省原案卷
130	訓令第四分局將東公旗歲租各冊抄一份交旗目收卷
131	訓令第三分局將孟前任代繫刊刻關防等解局卷
132	西中南公旗報墾狼山巒等地辦法圖表卷
133	昆都崙召請領荒租卷
134	前後養地畝局呈解荒價卷
135	呈財政廳呈報十五年九月一日至十七年十二月三十日止關於水利收支各款清冊卷
136	呈財政廳呈送十六年十一月八日至十七年五月三十日關於水利收支各款清冊卷
137	前烏蘭以力更地畝局呈解掛號費抵領勘界旅費卷
138	訓令第六分局達旗奉諭由河套地内回領二百頃並發給部照卷
139	訓令各分局奉令各機關呈請追加預算嗣後一律停止仰即遵照卷
140	訓令各地奏令各機關經費應逐月公布仰即遵照卷
141	呈省政府處各蒙旗召得墾地畝以銀碼徵收地價改收洋碼徵收核示卷

第二部 民國卷宗目錄

142	第三分局呈送十七年十一月起大余太地旬月報卷
143	查達爾罕旗報墾二里半小五約地卷
144	准財政廳春自七月分起每月應領經費先借五成自可仿照辦理卷
145	訓令第六分局奏令府令臨河改縣每年短租地是否縣治經費詳查核辦卷
146	通令各分局頒發徵收繫租各款照表式分別填送來局卷
147	通令各分局飭發民欠荒式將新舊民欠荒價等處依式填徵收入預算卷
148	呈財政廳呈送十七年六月至十二月正雜附徵收款辦法卷
149	第四分局呈擬發定放固陽廬議委等處徵基地畝辦法卷
150	建設廳咨臨河寶業金地本年起高鴻飛承包五年所收之款以一牛撥付蒙旗查明卷
151	北平總司令部行營交際科史春桐等電王用卅在五原領地是否有案奉明賓役卷
152	咨財政廳咨督辦處覆局長開會討論十八年度經費局按丈地收款各一成開支卷
153	訓令各分局奉令制定調查國內外專門以上學校畢業生狀況表送局卷
154	墾務第七分局卷
155	第三分局呈報靈木獨地旬月報卷
156	呈省府擬刷印墾務輯要工料費由另款開支卷
157	墾務第一分局卷
158	訓令各分局奉令由十八年七月起各機關所有交際夫馬費並津貼停止卷
159	呈省府准建設廳春蘭振業包捐杭旗私墾地畝自應收回照章丈放卷
160	西公旗奉請飭包西水利局將中灘丈青水租照章徵收卷

第二部　民國卷宗目錄

己字

162 呈省府呈請規定劃習旗召地照格式一種請鑒核示遵卷

同 163 呈省府派員勘查大黑河沿岸各村餘地擬具辦法丈放卷

同 164 墾務第三分局卷

同 165 呈送裁世廉呈繳並領發部照卷

同 166 地商裴世廉呈繳欠荒並領發部照卷

同 167 呈送墾務處計算書據卷

同 168 呈送部照處計算書據卷

同 169 呈送勸製員計算卷

同 170 呈送督丈督徵員計算書卷

同 171 呈送各分局抄發財產物品出納計算書造送卷

同 172 訓令第二分局將圖克木地花名清冊查交該旗自收卷

同 173 第六分局呈報圖密滇建實等費卷

同 174 第六分局呈報圖密滇地旬月報卷

同 175 第六分局呈報圖密滇掛號費卷

同 176 薩縣墾會建議開放準旗地畝卷

同 177 中公旗報製烏蘭以力更地畝卷

同 178 呈省政府等處送設遠墾務轉要卷

同 179 訓令武川縣將達茂等旗升科一切卷宗送局卷

同 180 武川縣東五區代表呈請東新地墾局改為設治局卷

同 181 包頭縣呈據公濟渠地戶張發祥等稱丈齊徵租減輕負擔卷

同 182 呈省政府呈復奉總司令電抄廉貝勒請求事項答復辦法並扎烏等

同 183 達爾罕旗請領租款卷

同 184 呈省政府呈擬添設檔格案卷員並發規則卷

同 185 四子王旗請領押荒卷

同 186 據墾務指委員函據五原公民王樹淮等函稱馮局長任用私人狼狽好檢同原件奉辦卷

同 187 訓令各分局抄發十七年度決算格式造送卷

同 188 訓令各分局抄獎十八年度開始預算格式造送卷

同 189 呈省府擬在職局附設蒙文傳習所經費另款開支卷

同 190 電各分局查明大段地畝分別繪具圖說卷

同 191 呈省府呈勸墾票員歸慶在職病故出另款項下發給薪水六個月請示遵卷

同 192 茂明安旗請領押荒卷

同 193 第六分局呈送計算書據卷

同 194 茂明安旗客請領押荒卷

同 195 余太地畝請領押荒等費卷

同 196 曾益木獨地畝實收等費卷

同 197 西公旗客請撥給各召廟台吉等地卷

同 198 茂明安旗擬照東公旗每年向各戶收取圈羊攤派請定章卷

同 199 綏遠墾務總局辦事細則卷

同 200 第四分局呈送計算書據卷

同 201 第二分局呈送計算書據卷

己字 202	第五分局呈送計算單據卷		豐字 222	第五分局徵收荒地一成學校建築費卷
同 203	第二分局呈[古]晉憫包地欠款情形卷		同 223	第五分局徵收荒地建設費卷
同 204	據五原教育局查詢關留校址卷		同 224	第三分局呈地戶呂三光大興虞永全爭地卷
同 205	第五分局徵收基金旬月報卷		同 225	奉財政處訓令制定徵收官吏考核條例二十三條卷
同 206	訓令各分局將十八年七月至十月至十八年六月底民欠押荒數目表卷		豐字 1	訓令豐興陶集五縣查尚有未放地及民欠各有若干造冊具報卷
同 207	奉財政處會令飭遵前令將製歸欠歸財廳統收統支辦法會呈候核卷		同 2	建設廳查送豐興陶集五縣製務文卷
同 208	電令各分局將十八年七月至十月正辦各款報告卷		同 3	查察哈爾建設廳查復移交豐集文卷分別點收查清卷
同 209	函財政處奉飭遵令將製歸還前借山西省行本利付清卷		同 4	訓令陶林縣據墨制牧公司丁瑋等懇請派員勘界仰筋該縣查明卷
同 210	據地戶任發呈請承四合社地畝由欠發高要該地價內抵除卷		同 5	具呈人順蔭旗十藥木佐領等呈為綏高法院辦理地案不公派員勘丈卷
同 211	包西水利局呈大余太天復成房展拍賣頂舖公款卷		同 6	據墨南縣人民丁建章王錦等呈五藥木大井上尚有贖包蒙古餘地請查後辦理卷
同 212	呈普察綏財政處奉令派見習員來局於十二月九日到差卷		同 7	陶林縣呈為丈撥十二藥木及巴晉泰汗案判處緝費等情形卷
同 213	訓令各分局呈奉財政擬濁徵收人員調查表仰各局填送卷		同 8	據涼城縣代表厙恒山呈頒官灘地由各民戶照約升科卷
同 214	第五分局呈接收大余太製務擬濁專員清理卷		同 9	據察哈建設廳准綏省府函陶縣境有廢田等情查無此案將原案檢送以憑辦理卷
同 215	呈財政處呈送十八年七月起總局預算表卷		同 10	呈察哈建設廳王天才等呈頒官灘地畝並請部照卷
同 216	各分局呈送十八年七月起經費預算呈工表等件卷		同 11	送以憑函查卷
同 217	杭錦旗報製合碩公中地畝卷		同 12	據李茂富呈領集縣荒地卷
同 218	廣覺寺呈請發還文華堂等原交押荒卷		同 13	東五縣民戶認領集縣荒地卷
同 219	達爾罕旗購用物品請免稅卷		同 14	訓令涼城縣據鄭親王照煦函懇派員勘收地畝卷
同 220	據右良玉呈報製黑墨憫包等處地六百餘頃卷		同 15	訓令集寧縣關於製塞檢濟涂局卷
	第二部 民國卷宗目錄		同 16	會令興和縣查哈爾沁旗等地已未升科地畝各有若干詳查呈覆卷

第二部 民国卷宗目录

丰字 17 关于东五县议荒官荒各地亩卷

民国十八九年份前部照处卷宗目录表

仁字 1 训令东五县将十七年十一月底领发宝存部照数目造册呈报卷
同 2 训令各县局将欠发月报迅速造齐送局
同 3 呈报省政府各县局缴回部照存根已转送财政厅查卷
同 4 归绥县各村民请领部照卷
同 5 第二分局部照月报卷
同 6 陇分局呈请所拟地户因匪乱遗失大照办法准予补发卷
同 7 第三分局部照月报卷
同 8 查财政厅送各县局呈缴部照存根数目卷
同 9 萨分局部照月报卷
同 10 呈省政府呈请西公旗五大村蒙民请领部照按旧章以凭核算卷
同 11 各分局请领部照卷
同 12 第一分局请领部照卷
同 13 归绥县鼠三两村孟请领蒙古自种照罚卷
同 14 绥边大垦公司绳手人段冶华呈请前领茂林太村官荒请按部照拨地卷
同 15 陶林县呈报楼阿萨族十二苏木旗官克仁颜呈报高德等盗卖地亩
同 16 滕领部照卷

同 17 五原县民人李续先呈请前领阿善滩地现有人侵占请核卷
同 18 春教育厅咨拨部照附征六分教育费卷
仁字 19 第一分局部照月报卷
同 20 第二分局部照月报卷
同 21 第三分局部照月报卷
同 22 各分局请领部照卷
同 23 归绥县各村人民请领部照卷
同 24 训令托和两县令将代征部照等费详查具覆卷

民国十八—二十三年份前清理地亩处卷宗目录表

罪字 1 萨分局旬月报卷
同 2 萨分局呈送计算书卷
同 3 归绥县各村人民请领荒滩卷
同 4 萨分局呈请二十四项地等处教堂拖欠地价情形乞鉴核卷
同 5 萨分局解抵邮费卷
同 6 令饬萨分局葛前局长任内欠解节馀经费解局卷
同 7 萨分局旬月报卷
同 8 萨分局呈请新农试验场收买地址拟请免予清丈以恤民艰乞鉴核卷
同 9 萨分局旬月报卷

興字

10 大黑河一帶各村請領官灘地卷
11 訓令第一分局將薩拉托和縣沿岸各村荒灘地查明丈放卷
12 委任靳寬厚調查歸綏大黑河沿岸各村官灘地畝卷
13 呈財政廳呈請第一分局丈放窑子灣等村提支一成經費
14 發第一分局收款照票卷
15 呈財政處呈請第一分局丈放缸房營等村地畝照案提支一成經費卷
16 第一分局呈擬丈放莊丁營等村丈放紅房營等村地畝照案乞鑒核卷
17 第一分局呈請大岱等村田禾淹沒所欠地價應緩征卷
18 沙爾沁村賈毛與陳鏡鎔領地畝卷
19 托縣會報李縣長雲錦任內征收各款數目卷
20 第一分局旬月報卷
21 第一分局掛號費月報卷
22 咨財政廳查覆土默特旗戶口地歲租辦法並圖說乞鑒核卷
23 第一分局旬月報卷
24 薩縣呈請山野兎地價內撥二成作爲牧畜經費卷
25 第一分局抵解各款數目卷
26 第一分局抵領提支新丈地一成經費卷
27 王科員尙綱呈送丈地表卷
28 第一分局繪丈大黑河村地畝卷
29 第一分局放地掛號費卷

第二部 民國卷宗目錄

30 咨財政部將清理地畝應領官租冊費新換發卷
31 薩縣壯丁營村地畝吳鑑與丁文藻爭領地畝各情形卷
32 沙爾沁村與陳鏡寶貢功定爭領地畝卷
33 呈送第一分局旬月報卷
34 第一分局計算書類卷
35 令王委員勘查歸綏縣屬太平庄等四村水地地畝卷
36 呈送關於縣霍惠等村升科淸册請轉咨並令縣起征卷
37 第一分局收款旬月報卷
38 王委員尙綱呈請儘收大黑河各村民欠加賦員役乞鑒核卷
39 呂興周等呈承領公胥板村南荒灘地一塊卷
40 第一分局呈報旬月報卷
41 據和縣民人姚士聞等呈買蒙古寨洞承領公布營村地一段新換姓名發給部照卷
42 函地方法院張山文買到蒙古懷懷地畝所持收條各情形請查照卷
43 關於歸武和三縣民戶換領部照卷
44 據廬興雩說領姜家營村地畝卷
45 據薩縣呈據楊增濤呈控部白銀典種地畝抗抽等情如何規定乞核示卷
46 據民戶宋德明等呈托縣黑河邊有官荒地一段請派員丈放卷
47 王科員尙綱等呈備價承領河潭池畝新派員勘丈卷
48 據吳廷華等呈領林戒村民孔照林等呈備價承領河潭池畝新派員勘丈卷
49 據小黑河民戶孔照林等呈備價承領河潭池畝新派員勘丈卷
歸綏縣西沂定營村民亮亮呈前任村長將蒙民租遺地拘引外村人佔領新咨辦卷

第二部 民國卷宗目錄

巽字
50 台站管理局前奉會印租照五百張飭下辦理卷
51 電令一分局整頓鋸子灣紅房營壯丁營三下樹等加水放領數房已未
52 呈報丈放四村水地辦法卷
同 53 第一分局呈丈放八大股等村糧地非辦法卷
同 54 第一分局呈丈放忽拉格氣村公社代表等呈該村地南有餘荒二十餘頃
同 55 新派財政員查丈卷
同 56 呈財政處呈送古莫菱渠等村地畝卷
同 57 關於民戶呈領荒後丈放餘荒地畝規一致卷
同 58 第一分局調查候家營等村未丈領餘荒地畝卷
同 59 第一分局呈送三間房村荒地草圖卷
同 60 據西大黑河村地戶寄成玉等承領餘荒地畝卷
同 61 第一分局呈報調查下達賴等村未放領餘地草圖卷
同 62 地方法院函請將三禿子大照蠹蒙古明明執照密查明確迅速見覆卷
同 63 第一分局呈報調查板頭等村被收地照及徵款發還卷
同 64 據雙樹村長馮萬富等呈該村各戶被收地照及徵款發還卷
同 65 據綏縣縣長孟沁濬村溫儒堂呈請派員勘丈荒蕪備價換領部照卷
同 66 歸綏縣呈報調查板頭等呈領荒地卷
同 67 奉省府令據黑河村民賀德馨等呈領荒地係在旗民地內卷
同 68 歸綏縣呈請將倘不浪及倒拉土未地畝花名數目抄示卷
同 69 據薩花板甲村成海呈該村南有古路一段請派員勘丈認領卷

同 70 第一分局呈報調查討思浩等村官荒地畝卷
同 71 第一分局呈報丈放武家窯等村地畝卷
同 72 第一分局呈報查丈東素兩台餘村地畝卷
同 73 第一分局呈報查丈樹營村地畝卷
同 74 關於民戶認領官荒地畝卷
同 75 第一分局呈托縣七呈湖村育嬰堂承領地畝減價卷
同 76 據民人郭維斗呈托縣屬小巴拉蓋教堂腰臚報請派員密查卷
同 77 據綏縣呈請漢民承領善岱等村有餘荒地畝按一致辦法丈放卷
同 78 歸綏縣呈請調查善岱等村所發照票是否與印照或部照同等效力卷
同 79 第一分局呈請調查白銀廠汗等村地畝卷
同 80 第一分局呈報丈放白銀廠汗等村未放荒地草圖卷
同 81 第一分局呈報丈放鷂蛋板等村地畝卷
同 82 第一分局呈請調查牛牛營等村餘地草圖卷
同 83 第一分局調查討不氣村餘地草圖卷
同 84 第一分局滿丈百什戶村餘荒地卷
同 85 第一分局呈報查北只圖村餘荒地卷
同 86 托縣一把村劉義等呈請黃河空出地畝准原戶認領卷
同 87 奉省府令查托縣蒙民喜根呈縣長強迫戶口地畝攤款違照定案辦理卷

民國十九年份前綏遠墾務卷宗目錄表

庚字 1	提議鄂托克旗添設縣治以資治理卷	同 20	訓令各分局奉令據財政處令規定局長出巡辦法卷
同 2	提議所屬各分局人員考核條例卷	同 21	墾務第三分局卷
同 3	關於刊登公報文件卷	同 22	墾務第四分局卷
同 4	訓令各分局奉省府令行政院令開以經收各款當據規定變賣	同 23	訓令第六分局奉擬懇飭大余太設治局迅將吳樹潘停止各職先辦交案卷
同 5	奉財政處行知據岑世廉呈控富紳喬等朋比竟露留墾等情查覆卷	同 24	會呈省政府為東勝縣建修衙署經撥欵
同 6	訓令第六分局令發鄂各旗召墾地執照卷	同 25	奉財政處奉省府令准繁省府為馬雄漢等呈與和縣速委公會人員交換講廳主政卷
同 7	第六分局呈報勘留西公旗各地情形卷	同 26	照成案徵收短租提支一成經費卷
同 8	包西水利局呈請淮五原縣兩一毅游手好閒之徒撥給水租地耕種可否之處核示卷	同 27	第六分局呈請丈達旗戶口地畝並送圖摺卷
同 9	奉省府令杭錦勘留戶口地並令六分局填發執照卷	同 28	第六分局呈報蒿包地頭卷呈薪水卷
同 10	晉經綏財政處電令每旬收入各款報告卷	同 29	呈省政府呈發職員組織章程姓名履歷表卷
同 11	前達旗地畝局長王文埏呈留支經費票全數支銷卷	同 30	奉省府令據鄂郡召代表呈吳仲邱發該愚蒙派員查復卷
同 12	據臨河財務局長代懇達局毛文埏因公貼累經費無力措繳請准第六分局予核銷卷	同 31	第四分局呈報旬實費卷
同 13	三分局將各旗抵借流通券將十八年十二月以前辦理情形具五復卷	同 32	奉財政處令發各墾旗召報墾地畝暨應分荒價依照表式飭查填送各項另存卷
同 14	訓令四分局	同 33	
同 15	訓令包西水利局將十八年分經微永租造冊呈核並清解租款卷	同 34	第四分局卷
同 16	訓令各分局於十九年一月分起將徵收現鈔並十八年徵收實幣開單報銷卷	同 35	第五分局呈送月牙淌地卷
同 17	杭錦旗請領押荒卷	同 36	第五分局呈送農業公司丈地繳查卷
同 18	達拉特旗請領押荒卷	同 37	第四分局卷
同 19	前東新地主任沈壽基呈郝局長欠發薪水卷	同 38	第五分局旬月報卷
		同 39	訓令各分局旬令購買郵票數目字一律大寫自二月以後實行卷

第二部 民國卷宗目錄

第二部 民國卷宗目錄

庚字 40 訓令二分局據天主堂函稱買到五合地一段未發憑據呈復卷
同 41 通令各分局各職員應繳所得稅卷
同 42 各撥建設廳四五分實業費卷
同 43 第五分局建設費卷
同 44 第五分局文化基金卷
同 45 第三分局建設費卷
同 46 第三分局月報卷三卷
同 47 第三分局旬報卷三卷
同 48 第三分局建實費卷三卷
同 49 第二分局學校建築費卷
同 50 據臨河公民代表馬山海呈烏拉地放舉應主任收回不能讓先領買請飭照章放給卷
同 51 會令第一二三四五六分局委託農民試種仰該局加入實地試種卷
同 52 電各分局將十八年度內經徵各旗民欠姓名迅速列表送核卷
同 53 各分局呈送十八年度歲入預算卷
同 54 各分局請領升科冊費卷
同 55 訓令大余太設治局將領過經費填具四聯總收據送核卷
同 56 凉城縣呈請清理大海泞淤出餘地等情核示卷
同 57 第六分局轉呈據李元魁呈修理壕路縣請立案卷
同 58 稽核軍員報告各分局丈地收款表卷
同 59 山東移墾事務所請免荒價卷

同 60 石良玉請領荒價卷
同 61 固陽縣知事呈報接收交代卷
同 62 第三分局呈中灘不勘耕種地可否設治招放卷
同 63 第五分局擬給大余太設治局修城費卷
同 64 袁世康請領押荒卷
同 65 東公旗請領押荒卷
同 66 第三分局呈送十八年七月起收入計算書卷
同 67 第六分局呈送十八年一月起收入計算書卷
同 68 第三分局領發前武川縣趙知事欠領收廠局經費卷
同 69 訓令各分局領發十七年度實行丈地收欵各數目列表送局卷
同 70 士獸特請領荒價卷
同 71 呈工商部備價請領標準市尺卷
同 72 總局委任各書卷
同 73 呈者政府呈據五原縣長擬確定村基丈放辦法並向蒙旗勸報水租卷
同 74 第四分局呈報丈地表卷
同 75 第四分局呈報預算請領經費卷
同 76 呈者政府呈報總辦內公赴平派周祕書代拆代行卷
同 77 五原隆興長丈放拾基地畝卷
同 78 第三分局呈送十八年分支出計算書卷
同 79 第四分局呈送十八年分支出計算書卷

庚字			
80	令各分局招集各局長來綏會議卷		
81	呈咨政府呈請派員赴中公旗解決烏藍以力更地畝交際等費由另款開支卷	同	100 呈財政處呈送部照處預算薪工表卷
82	第六分局呈報十九年一月起預算請領經費卷	同	101 呈財政處呈送勸墾員預算薪工表卷
83	第六分局呈請中公旂翻留地畝卷	同	102 第六分局呈報旬報卷三卷
84	第三分局呈解十七年六月至十二月分節餘卷	同	103 第六分局呈報健實費卷
85	咨達旗勸報通濟義和沙河並永租地畝卷	同	104 第六分局呈報掛號費卷
86	第二分局呈報預算請領經費卷	同	105 訓令各分局奉令出差人員改乘汽車卷
87	各項賑捐卷	同	106 訓令各分局奉令辦聚人員禁止領地卷
88	呈者府呈報職局實丈地畝數目統計表卷	同	107 第五分局呈報丈地表卷
89	關於包西各渠水利各情形卷	同	108 訓令臨河縣城內街基地已否放墾徵起之款速解卷
90	呈財政處呈送各分局十八年度經徵科款比較表卷	同	109 第三分局呈報十八年歲出預算卷
91	財政廳吞據包縣稱西公等旗官歲租無升科底案卷	同	110 第五分局呈報十八年歲入預算卷
92	呈財政廳呈送十八年九十兩月起徵收正雜各款收入計算書卷	同	111 呈財政處察令改籌組織兩科分為二股俟十九年度實行卷
93	製務第三府卷	同	112 訓令各分局截至十八年度終未放地民欠並預估十九年度能放地收款各數表填送卷
94	第三分局呈據地戶呂蕎華等承領浸燕木獨地並請減等核示卷	同	113 第三分局呈報丈地表卷
95	第五分局呈報預算請領經費卷	同	114 第六分局呈報預算請領經費卷
96	杏孟前總辦咨催補交旅費卷	同	115 第五分局呈報預算請領經費卷
97	第六分局呈送十九年一月起總局薪工預算表卷	同	116 第三分局呈報十八年度歲入預算卷
98	呈財政處呈送十九年一月起支出收入計算書卷	同	117 第六分局呈報十八年度歲入預算卷
99	呈財政處呈送地畝處預算薪工表卷	同	118 西公旂請餉押荒卷
		同	119 崑都崙召請領押荒卷

第二部 民國卷宗目錄

第二部 民國卷宗目錄

庚字 120 各分局長簽呈代徵之款提支一成經費卷
同 121 閻承佑請高憂亥地抑荒卷
同 122 據索雲秀呈前報蘇濟涸地應分押荒抵交東新地欠款卷
同 123 士默特旗報墾涸復地卷
同 124 訓令第六分局據康貝勒函前放臨河誤將馬廠戶口地報放查復卷
同 125 第二分局呈報丈地表卷
同 126 訓令各分局撥付蒙款專款呈報卷
同 127 呈財政府呈請催收達旗永租地舊欠提支一成經費卷
同 128 中公旗呈徵收水草辦法卷
同 129 第一分局呈報預算請領經費卷
同 130 中公旗請領經費卷
同 131 准士默特總管署函開前遣員王獸公爭地圖卷賜還卷
同 132 訓令第五分局奏省府令准密復馬主席電在五原達旗淺牧地及掩基地保留查復卷
同 133 第一分局呈送麥達橋蒙卜蓋等村升科冊卷
同 134 中公旗呈據冐部落召與酒步維爭地卷
同 135 據包頭劉三河呈控帥正詐欺收財請徹底查究卷
同 136 奉省府令抄發國府公布十九年度試辦預算章程是否仍用內種直格請示遵卷
同 137 墾務第四分局卷
同 138 第二分局呈送十七年六月至十二月計算書據卷
同 139 植樹造林辦法卷

同 140 大余太設治局請領經費卷
同 141 令第六分局據臨河縣鈞心廟民寨等呈除該廟戶口地百餘頃尚有四百頃楊董事租放菩請查復卷
同 142 士默公與士默特及席力圖召互爭地畝提議解決卷
同 143 包西水利局呈請濟公社拖欠租款無法催討卷
同 144 杭錦旗呈請設置賀級三等釋調新村事宜卷
同 145 第三分局造具十九年度收入預算書卷
同 146 准達拉特旗函據實例召等稱永租地界不明祈飭水利局會同重新劃界卷
同 147 各分局呈報造林情形卷
同 148 據實察呈函報吳樹瀚丈放地畝起收短租依法懲辦卷
同 149 第三分局呈報勸王幼女子地畝收界旅費清摺核令卷
同 150 第六分局呈遷移原所修補工價洋三百元分三年歸清卷
同 151 查解財政廳各分局十八年七月至十二月放地收款應支經費表各款卷
同 152 訓令第一分局將黃前局長任內欠領經費補發卷
同 153 訓令第二分局將胡前局長任內欠領經費補發卷
同 154 訓令第二分局將吳前局長任內欠領經費補發卷
同 155 訓令第二分局將書前知事任內欠領經費補發卷
同 156 訓令第四分局將郝前知事任內欠領經費補發卷
同 157 呈財政處呈逵裁併各分局曁固陽縣欠殘經費表擬墾核卷

庚字	160	東公旗請領押荒卷	同	180	西公旗報墾紅花塔拉地卷

庚字
160 東公旗請領押荒卷
161 第三分局呈厲覺寺原解王霄堂押荒掛號費由分局發給卷
161 第三分局呈墾地戶社嚴繫請預交價費發還棧令卷
162 准建設總署解實業基金地包租洋卷
163 第六分局呈報西公旗已領地畝並抵解各款卷
163 大余太設治局呈送諸境內已放夫升科地畝調查表請筋三四分局查明辦理卷
164 訓令包西水利局據實察員報告各渠水利地向永租地向無章則仰即擬具辦法呈核卷
165 第五分局呈請養地民欠短租催收擬請援案寬免仰清積案卷
166 訓令各分局奉財政處發繳徵租條例卷
167 呈財政處奉令議復後養地史書徵租情形卷
168 西公旗報墾王幼女等地畝卷
169 陽於墾旗暗教地畝卷
170 訓令各分局奉總司令訓令兼差不准徵薪仰查具報卷
171 通令各分局奉總司令訓令解局卷
172 呈報十七年五月三十日至十九年三月底收支各款滑摺呈財政廳辦法置表卷
173 因陽縣呈補修衙署縣建援案截留卷
174 綏邊各界討蔣後援會函應權經費卷
175 臨河縣呈接收交代渭解卷
176 訂購綏遠日報卷
177 達爾罕旗報墾二里半小五約地卷

第二部 民國卷宗目錄

180 西公旗報墾紅花塔拉地卷
181 兩實祭所函送對於墾務乘託寶察報告表審核卷
182 臨河縣呈請籌頭教育基金地畝卷
183 各分局函送公報費卷
184 第二分局呈送十七年度決算報告書卷
185 第三分局呈送十七年度決算報告書卷
186 第六分局呈送十七年度決算報告對卷
187 奉省政府訓令墾建設廳長議籌辦農村信用合作社令由墾局擬洋一萬五千元卷
188 奉總司令通電規定不論公私物品除軍用外一律納稅卷
189 中公旗報墾齊林地畝卷
190 奉財政處令制定暫行組織條例轉飭知照卷
191 第四分局呈報固陽廣義奎管處街基地空白執照註銷卷
192 第四分局呈送丈放廣義奎等處街基地正雜各款數目表繳查新核卷
193 第五分局呈送十六年丈放西公旗後養地升科冊卷
194 第四分局呈送丈十八村地畝掛號費卷
195 總辦呈解請國公私放小邊公地令縣制止卷

午字
1 第二分局呈送升科冊卷
2 第四分局呈報接印任事日期卷
3 第四分局呈報接收印任事日期卷
4 達旗墾收局呈報擬將原劃留之管理局東一段地與墾局西院空閑地基更換卷

第二部 民国卷宗目录

年字	5	四子王旗请领荒价卷
同	6	各分局呈报士匪情形卷
同	7	各项另存卷
同	8	电财政处每月收入各款报告卷
同	9	呈财政处呈请裁撤祕书新水作为糈援专款民欠各数目开单报核卷
同	10	四子王旗请发图克木地岁租册卷
同	11	呈省政府呈拟借用旗库及马神庙地址修补以资办公卷
同	12	吝覆冯前总办接收关防文卷
同	13	吝建设图将李参事等前往五原等县勘择新县旅费吞还过局卷
同	14	总局委任各委卷
同	15	吝覆冯前总办吞交任内结存各款点收卷
同	16	王委员呈送杜秉昱等保条并令该员催徵大黑地民欠卷
同	17	训令第六分局将蓬旗报垦河套地自开办起至十九年七月丈地收
同	18	西公旗请领押荒卷
同	19	第四分局呈报旬月报卷三卷
同	20	第四分局呈报建设费卷
同	21	临河县转呈该县被灾应徵租费酌量蠲免以示体恤卷
同	22	各项勤募卷
同	23	第五分局呈报旬月报卷四卷
同	24	第五分局呈报建设费卷

同	25	第五分局呈报文化基金卷
同	26	第五分局呈报学校建筑费卷
同	27	第五分局呈报建设费卷
同	28	第二分局呈报旬月报卷四卷
同	29	第三分局呈报旬月报卷三卷
同	30	第三分局呈报文化基金等费卷
同	31	第六分局呈报建设费卷三卷
同	32	第六分局呈报旬月报卷三卷
同	33	第五分局呈报短租并抵解经费卷二卷
同	34	第四分局呈送中公旗回领小余太北十七分子地并抵拨荒价村图印领卷
同	35	杭锦旗请领押荒卷
同	36	吞送冯前总办应归责任文件送请查核卷
同	37	训令第六分局准建设厅吞据水利局呈丈放墾地时将必力克等处劃留退水之地卷
同	38	据临河县杨家河代表控杨鹤林强暴各节令六分局临河县会查转报卷
同	39	吞财政厅呈送租税职员及地亩部照暂行条例卷
同	40	呈省府
同	41	训令各县局奉省府令严禁大主地垄断地权限制大纲八条查明具报卷
同	42	电各分局奉财政厅令各分局十九年度岁出预算按照十八年预算另编卷
同	43	训令各分局领发修正各分局旬月报办法卷

一五〇

午字	45	墾務第一分局卷	
同	46	通令各分局將徵存各款解局卷	
同	47	呈財政廳呈送各分局十八年度徵解欠四柱表卷
同	48	呈財政廳呈送各分局十八年度徵解製款四柱表卷
同	49	呈財政廳呈送各分局十九年一月起實支經費表卷
同	50	呈省政府令修正飭分包謀等縣與達拉旗治楜辦法八條知照卷
同	51	呈財政處擬各局長會同十八年度按全年考核每月經費以一成提支既請分每月及半年度考核乞核令卷
同	52	訓令各分局嗣後各局員員革故鼎新不得需索餽送私相授受仰一體恪遵卷
同	53	訓令各分局每月經費以丈地收款各提一成不准稍有溢支卷
同	54	訓令各分局將現有員司取具領應呈報後並應遵照卷
同	55	訓令各分局員司不得在該局放地欄內朋冒假名種地查覺懲處卷
同	56	呈財政處呈送十八年一月起至十九年八月四日止支付預算薪工表卷
同	57	第二分局呈運總局驗勸製員十九年八月四日起支付預算薪工表卷
同	58	西公旗大嗍嘛報製哈拉烏那十達朗兩段地畝卷
同	59	委任劉兆閶為三六分局承核並各分局知照卷
同	60	委任劉懋仁為五六分局承核並各分局知照卷
同	61	達網罕旗咨請分圖克木地二成五押荒卷
同	62	訓令第二分局將東新甸未抵之欠呈明籌擬清理具覆卷
同	63	訓令各分局准財廳咨將已未丈放地暨已未收荒價並未升科未放地各數分別造册呈報卷
同	64	訓令各分局領發十八年度實行丈地收款數列表送局卷
同	65	臨河民戶高建章等呈懇挂領餘地並繪圖飭六分局核令卷
同	66	據五原城工徒樂正副總理許煥炳等呈續修築城工需款請將附徵街基地附徵價建築費撥務卷
同	67	奉省政府函據財政廳擬定後養官墾地畝丈清收款並考擬辦法卷
同	68	第四分局呈報小余太地旬報卷
同	69	訓令第六分局據旗務處呈撥抵地畝安揷旗民卷
同	70	沃野設治局呈報組織成立卷
同	71	第三分局呈送前明安襄升科册卷
同	72	訓令大余太設治局款會查具報卷
同	73	奉省府令據實察員報告臭樹兼偽造收攘吞據武川五區代表張福絆等呈租稅官租全數撥給四子玉府之慶新核示卷
同	74	據五原縣戶仁應堂交過商股五千兩詰抵補地價卷
同	75	奉省府令據委員報稱池格網族漆設縣治以資盤理卷
同	76	大余太設治局呈擬廢發修城費卷
同	77	第三分局呈據地戶增瀉等爭領餘地退照發價卷
同	78	第六分局呈請清理河套地內有實業基金地是否一併清理卷
同	79	大余太設治局請縣費卷
同	80	杏解財政廳墾款洋卷
同	81	墾務第二分局卷
同	82	第六分局呈報撥給達旗副局長蒙員薪水卷
同	83	土獻公請領押荒卷
同	84	石良玉等請飭荒價卷

第二部　民國卷宗目錄

第二部 民國卷宗目錄

午字
- 85 據西公旗呈以魏承永搶毀田禾情形卷
- 同 86 函送總商會國慶大會攤款洋卷
- 同 87 呈財政廳五原永租地租款分爲三則不徵水利釋費餘款八公蒙各半卷
- 同 88 達拉特旗請領荒租卷
- 同 89 呈財政處呈報由建設廳遷移撤運卷宗安設電話等費由雜款開支請核銷卷
- 同 90 夲孟特總辦擬將欠交闆柵中等旅費連交過局卷
- 同 91 呈省政府擬移將拉運軍糧駐士克木地徵收歲租辦法卷
- 同 92 呈省政府呈職局遣補衛將被車輛壓破請將案發交補抄卷
- 同 93 固陽縣電請修補衙署將城內街基地先事清理招放卷
- 同 94 墾務第三分局卷
- 同 95 第五分局呈據榮升堂稱謁領橋董村水地無法澆漑情形卷
- 同 96 前達旗局長王文埀呈欠解製款抵部政廢卷
- 同 97 杳建設廳各分局解到四五分局實業費已解財政廳查照卷
- 同 98 墾務第五分局擬寧夏馬主席聘回教士卒在薩鎖購領墓地卷
- 同 99 王委員請領大黑河地部照卷
- 同 100 呈財政處接收憑任內結存各款清單查核卷
- 同 101 函集衆縣於本年七月間呈送陶集等縣卷宗清摺因遷移塵破將前項呈摺交鈔補造一份卷
- 同 102 訓令各分局奉省府令例會議决自本年十一月分起新工照原預算開支公難鑒加二成仰遵辦卷
- 同 103 通令各分局抄發財部製定十八年度統計表仰遵辦送查製卷

- 同 104 第五分局呈請前西旣局丈放四成補地民欠應由該局先行布告限一月繳清逾期撤地另放卷
- 同 105 准旗務處查黑河三圈餘地隱薇報墾並抄摺查照制止希請見復卷
- 同 106 訓令第四分局將十七年五福社節餘款解局卷
- 同 107 第三分局呈請抵領王幼女仝地旅費卷
- 同 108 會覆呈據五原縣呈經費不敷將永租地每頃加徵短租三元而資補助卷
- 同 109 據第三分局呈墾局長報告本月八日土匪臨城損失公款卷宗情形卷
- 同 110 准平市官錢局函渠工借款請設法籌還或另換借據以清款項卷
- 同 111 安綏請領牌樓板申地押荒卷
- 同 112 墾務第四分局卷
- 同 113 奉省政府令蕭殺實務員呈請將士歇特旗蒙民向漢民收租援案僅給財錢取銷租糧卷
- 同 114 訓令水利局將十九年分徵收永租款解十八年分徵收租款解局卷
- 同 115 呈省政府前五分局長由永租項下撥付三分局不敷經費一千元可否准抵示遵卷
- 同 116 通令第五分局呈西公旗報墾保斯號淖村草灘地要求回領自種等情卷
- 同 117 第五分局呈七年度內收支計算書按月造具一份卷
- 同 118 呈財政處前五分局應局長報由永租項下撥付三分局不敷經費一千元可否准抵示遵卷
- 同 119 呈省政府擬實察員建議清理豪站餘地取消稅租歸公並淮族黃河北蔵木地該旗報墾卷
- 同 120 墾務第六分局卷
- 同 121 據五原普濟堂地戶張久青等呈限期交款保留耕地各線由卷

民國二十、二十一年前綏遠墾務卷宗目錄表

辛字 1	通令各分局徵存各款解局卷	
同 2	訓令各分局奉財政處令發各分局每月收支各款逕呈並分報總局卷	
同 3	第三分局勸報西公旗烏良素黑土攤地所需旅費作正開報卷	
同 4	通令各分局自十九年十一月起應納全年及每月所得稅實依表填送卷	
同 5	稽核專員呈送各分局考核成績表卷	
同 6	召集各分局長來綏會議卷	
同 7	杏四子王旗擬合顧合公司經理張傑等稱巴晉愲包地歲租請該旗催繳卷	
同 8	中公旗請領押荒卷	
同 9	各處借閱案卷	
同 10	第一分局呈送請領預算卷	
同 11	第一分局呈送十九年一月至十月支出計算卷	
同 12	茂明安旗請領荒價卷	
同 13	第五分局呈報旬月報卷	
同 14	第五分局呈報建實費卷	
同 15	第五分局呈報文化費卷	
同 16	第五分局呈報建築費卷	
同 17	第五分局呈報學校建築費卷	
同 18	第二分局呈送八旗牧廠土克木等地升科卷	
同 19	第一分局	
	第二部　民國卷宗目錄	
同 20	訓令各分局奉省府令中央頒發各項法規及本省令定為一月二十一日登報截存卷	
同 21	通令各分局將二十年度內經徵各地放地收款各數目估計開列擔送局卷	
同 22	呈財政處呈送通局勸墾員經費預算卷	
同 23	第四分局呈報旬月報卷	
同 24	第四分局呈報建實等費卷	
同 25	第六分局呈報旬月報卷	
同 26	第六分局呈報建實卷	
同 27	第六分局呈報掛號費卷	
同 28	達旗報製永租地畝卷	
同 29	第三分局呈報包頭復成元茂公有房產一所被街長折拉木科所令究辦卷	
同 30	第一分局呈報十九年七月起收入計算卷	
同 31	呈省政府奉中央地政機關函調查土地參考卷	
同 32	杏財政總處送鴻前總辦任內列發各局處領款收據並抵繳入書卷	
同 33	托縣知事會呈交代清冊卷	
同 34	第三分局代電勸報西公旗紅花塔拉等地旅費卷	
同 35	關於各項捐助卷	
同 36	關於禁煙事項卷	
同 37	池曦綱旗函該旗照黑界地押荒歲租由總局派員催徵卷	
同 38	攄存厚堂呈欠繳地價以股票抵補卷	
同 39	土默特公請領荒價卷

第二部 民國卷宗目錄

辛字
40 石良玉請領荒價卷
41 訓令各分局奉考試院令發現任公務人員甄別等表轉飭填送卷
42 訓令各分局准銓敘部函各級官署組織調查表送局卷
43 臨河縣呈駐軍譚變損失官租等款卷
44 達拉特旗請領荒價卷
45 第六分局函報長變丈地收款停頓並各村長借洋八百元維持地方情形卷
46 第二分局旬月報卷
47 第三分局旬月報卷
48 第三分局呈報建實馬家等文化等費卷
49 准長蘆體財場馬家鄉呈前在製務充任各差委懇請預以證明卷
50 第五分局呈擬請察議和渠一帶地堤尚地價照耕作地辦法徵收卷
51 遵令各分局奉省府令自本年三月十五日實行收受現鈔辦法卷
52 西公旗請領拙荒卷
53 呈省府呈送茂明安旗新辟地升科册卷
54 呈省府呈送烏監板申地升科册卷
55 第一分局呈送古雁等村升科册卷
56 呈省政處呈報大佘太設治局經費由第五分局報發
57 呈名府呈報總辦請假包省親委科長代行卷
58 據包民劉金旺呈買到西門外旗務處房地一所請派員勘丈卷
59 杭總族請領柳荒卷

同 60 呑財廳送第一分局部照存根卷
同 61 寒省府令文官編觀全國各機關職員錄卷
同 62 准審計院擬定十八年度內執行工作報告表卷
同 63 電財政處徵收雜難各款旬月報卷
同 64 據卜兆瑞呈說領大黑河官灘地派員勘丈並換領部照卷
同 65 第三分局請領經費預算卷
同 66 第四分局請領經費預算卷
同 67 第二分局丈地表卷
同 68 第三分局丈地表卷
同 69 第四分局丈地表卷
同 70 廣覺寺呑飭三分局派員照約飭留業臨地并令李西峯退還地畝卷
同 71 省府令奉考試院擬定每三月各機關填送職員近退名籍表卷
同 72 寒省府令抄發二十年度預算編送程序卷
同 73 第五分局丈地表卷
同 74 第六分局丈地表卷
同 75 第一分局丈地表卷
同 76 第二分局請領經費預算卷
同 77 第六分局請領經費預算卷
同 78 第六分局呈狼山灣地內有東皮房村岡子地兩造爭執應否交法庭判決卷
同 79 訓令各分局將十八年度溢支經費解局卷

辛字	80	總局委任各員卷	
同	81	通令各分局奉省府令規定造辦支出計算書辦法卷	
同	82	准印花局呈送印花條例卷	
同	83	第三分局呈報戶口譌謬告等梨關新退卷	
同	84	准財政廳咨會令總銷縣查五福堂洪洞調元二莊荒地情形卷	
同	85	奉財府令總派員會查涼城縣大海泊水空地畝會稽卷	
同	86	第五分局呈送經費預算卷	
同	87	奉省府令據固陽縣呈飭武川縣咨送小彎子等村升科冊卷	
同	88	呈省政府呈送十九年職局擬辦各項政令規章人員任命表編纂年刊卷	
同	89	據民戶百舖呈縣減汰冗員卷	
同	90	奉國府飭部署減汰冗員卷	
同	91	呈送省政府本年四五六三個月製務行政計畫卷	
同	92	第三分局呈送收入計算書卷	
同	93	呈財政廳呈送總局十九年八月四日起收入計算書卷	
同	94	訓令各分局奉省政府令發蒙族報製調查表送局卷	
同	95	奉行政院規定党務行政計程卷	
同	96	第四分局呈翟梨小耗子帳房塔地畝祈轉令武固兩縣澈查卷	
同	97	第一分局請領部照卷	
同	98	總局二十年度預算書卷	
同	99	呈建設廳據李廣恒條陳收遲屯墾情形卷	

第二部　民國卷宗目錄

同	101	訓令第一分局將薩縣大狼地約計丈地收款各若干詳報卷	
同	102	集寧縣呈據教育局擬接收墾田地畝情形卷	
同	103	西公旗報製老源吃塔等村地畝卷	
同	104	包西水利局會報交接永租數目卷	
同	105	第二分局呈請山七月起規定經費並提成辦法卷	
同	106	奉省政府令據三公旗兩級小學校長賀級三請咨免學田租捐以維蒙族教育卷	
同	107	台站管理處請領應分押荒卷	
同	108	各分局呈報按句丈地收款進行卷	
同	109	包西水利局呈請永租地每項附加修濠費卷	
同	110	前後叁地畝局長鄧咨光呈領欠發經費卷	
同	111	奉省府令武川縣建築校舍飭由製局解財政廳建築費項下酌助卷	
同	112	訓令各分局抄發國府主計處辦理各機關歲計會計統計人員暫行規程卷	
同	113	第二分局呈報唐會計病故請發郵金卷	
同	114	奉財政廳大余太設治局徵收短租卷	
同	115	臨河縣呈整頓城關街基地辦法卷	
同	116	第二分局呈請清理餘荒夾荒卷	
同	117	第四分局呈放大青腦包六區地畝卷	
同	118	呈財政總局及勸梨員十九年八月四日起支出計算書據卷	
同	119	呈省政府財政廳呈送丈放匯義至街甚地價劃分辦法卷	

第二部 民國卷宗目錄

辛字
120 五原女子小學校呈請擴領學田卷
121 崑都崙召徵收水租卷
122 呈省政府轉送陳興長街其地慇留試驗建設等地草圖卷
123 各項賑災卷
124 各項攤款卷
125 奉省府令據臨河地戶呈書局長勾結大地戶互相漁利掛領地畝卷
126 呈省政府呈陝滿理臨河縣屬餘荒地辦法卷
127 呈省政府呈據由第四分局撥給固陽縣建築費卷
128 蒙文傳習所杏交卷宗等項卷
129 呈省政府四子王旗與教堂五合社糾葛卷

壬字
1 呈省政府呈報接收製務總辦關防日期卷
2 前總辦李杏交關防文卷保管等件卷
3 前總辦李杏交任內結存票現各款卷
4 訓令各分局奉令各機關工作人員應施軍事訓練施行卷
5 訓令各分局奉令蠲決捐薪賑濟水災辦法卷
6 總局委任各員卷
7 各分局函解捐助修理孔廟卷
8 各分局解繳支解費卷
9 第二分局呈報解解款卷
10 呈省政府呈送每月行政報告卷

同 11 杏解財政廳徵存各款卷
同 12 准咨明安旗杏該旗巴領地免予地方攤款令固陽縣遵辦卷
同 13 呈省政府請領承領部照卷
同 14 達拉特旗請領應分荒價卷
同 15 奉省政府令據四子王旗杏昆爲蘇荒地被羅姓副佔令二局詳查卷
同 16 杭錦旗請領應分荒價卷
同 17 第一分局呈報旬報卷
同 18 准財政總廳杏據包頭縣屬東西牌等地官荒租及銀洋各數問單見復卷
同 19 第二分局呈送正雜各款收入計算卷
同 20 訓令各分局呈報由十月起對於應送旬月各報遵照第三六號訓令辦理卷
同 21 第一分局卷
同 22 第二分局卷
同 23 第二分局卷
同 24 第四分局卷
同 25 第五分局卷
同 26 第六分局卷
同 27 第七分局卷
同 28 關於省政府會議通知各案卷
同 29 訓令各分局奉令編製十九年度決算仰遵辦編送卷
同 30 石良玉請領押荒卷

壬字			
31	杏財政總以領抵解總局地畝部照等處十九年一月至六月經費繳入書送請查照卷	51	奉省府令設立財政審核處成立日期並抄發大綱卷
同32	訓令各分局征存各款解局卷	同52	通令各分局政府令關於預計算書及臨時勸款均以本府命令為遵循卷
同33	訓令各分局所轄範圍內各旗巳末報墾並丈而未放各地繪圖表送局卷	同53	通令各分局令發規定旬月報表式卷
同34	函送秘書處本總局系統組織職權表卷	同54	西公族報墾集喜平板申兇等購召地畝卷
同35	第三分局呈報旬月報卷	同55	薩縣邦縣長函稱周善讓覵領民生張附近地畝派員商訂卷
同36	第三分局呈報墾實等費卷	同56	呈省府呈送本局組織章程照票式樣等件卷
同37	第四分局呈報旬月報卷	同57	奉省政府令各機關征收各款均交平市官錢局兌收卷
同38	第四分局呈報墾實等費卷	同58	據滿蒙世殷禮與王等代表懇善亭呈請頒將綏省各縣自有之牧產一律放墾卷
同39	第五分局呈報建設費卷	同59	杏李前總辦關於任內籌辦之件送請查核辦理卷
同40	第五分局呈報文化費卷	同60	省府函蒙古部族組織法並送意見書卷
同41	第五分局呈報建實費卷	同61	奉省府令將總分各局地點月支經費履縣姓名表送府
同42	第五分局呈報建實學校費卷	同62	通令各分局將民欠數目造冊送局卷
同43	第六分局呈報建築學校費卷	同63	第二分局呈送支出計算書據卷
同44	第六分局呈報旬月報卷	同64	奉省府令據臨河縣代表蘇芝汗等呈租織清丈餘地卷
同45	第六分局呈報掛號費卷	同65	呈省府呈送德局勸墾員經費預算卷
同46	通令各分局規定洗辦收入支出計算書並會計員罰則仰遵照辦理卷	同66	安北設治局呈勸墾旗征收歲租所指何項地所核示卷
同47	包頭縣將前存西北墾務大綱圖件檢齊卷	同67	建設聽查送臨河實業基金地包租卷
同48	函包頭縣將前存西北墾務大綱圖件檢齊卷	同68	第四分局呈送二十年度概算書卷
同49	茂明安族請放荒價卷	同69	奉省府令訂購夷務始末一書並令各分局訂購卷
同50	據豐鎮縣農戶蘇文俊呈請認領餘荒地畝派員勘丈卷	同70	第二分局呈送二十年度概算書卷

第二部 民國卷宗目錄

第二部 民国卷宗目录

壬字

- 71 包西水利局呈报勘丈实例召刷界址图请鉴核已查达旗卷
- 72 通令各分局令发二十年度经征款表比较
- 73 临河县农菜合作社白子杰等呈押领馀荒地亩卷
- 74 呈省府呈报历年民欠契款清理办法卷
- 75 训令各分局提支各项经费将款解清再行提支如违者处分卷
- 76 令省府通志馆派员探访志材暨派员检案协助办理卷
- 77 寄省府各分局奉令山二十年十一月起造办预算仍用前发内种直格办理卷
- 78 安北设治局请领经费卷
- 79 关于治理后套垦地条陈採擦施行卷
- 80 关于山东移民领地欠交荒价卷
- 81 关于东五县代表呈准予承领收地派员丈放卷
- 82 准达拉特旗领请饬各分局抄发升科册自收卷
- 83 函五分局将未放地内擦留三百顷绘图呈核卷
- 84 准达拉特族函请副习陕达公召地亩卷
- 85 呈报政府总办因公赴置派科长代差代行卷
- 86 五原县呈报将县城内街基城基各地价拨归县政府管理卷
- 87 第五分局呈报佈等摸地亩归後各地户在分局领地先交十分之二保证金并每户领地以二十项为限卷
- 88 呈省政府呈报编录各地价抵交回领地价感地价卷
- 89 包西水利局呈据撤租隶曹行收狼乞示遵卷
- 90 奉省府令据张应呈三分局觌丈员仗势填地派员澈查卷

- 91 据设济民衆代表卜力更呈领后山地亩士默公等争执地案
- 92 训令达东第一分局呈送收入计算书卷
- 93 第五分局呈报觌旗长济等张地不按原定四至指界卷
- 94 士默特公请领荒价卷
- 95 训令各分局制定密查凹服务规则并考核奖征规则
- 96 奉财政厅查解衮蒙旗前借渗通劵卷
- 97 奉省府令各分局准考选委员查考现在地价现况令主管机关查明卷
- 98 奉省府令据临河县梁建一呈领设置教育基金地三段卷
- 99 函第五六分局准南京边彊製植团函询河套气候土质各情卷
- 100 各项捐助卷
- 101 第一分局呈领部附卷
- 102 第三分局呈送东翻界青苗水租册卷
- 103 第二分局呈送东新地並牧厰馀荒夹荒收入概算
- 104 第四分局呈送正雜各款收入计算卷
- 105 第五分局呈报觌丈员因公被踢马匹等物请作正报销卷
- 106 寄令六分局准南京边彊製植团函询河套气候土质各情卷
- 107 第五分局呈送概算卷
- 108 训令各分局呈送濂除习染职员不得藉名合彀領地徇私查究出懲办
- 109 第二分局呈送经费预算卷
- 110 第六分局呈请丈放陕填等村村基地亩办法卷

壬字	111	奉省府令查伊盟鄂托克族報墾地九段前後情形卷	同	131	調查包頭河西大樹灣墾地畝情形卷
同	112	准達旗奉請將公議六合爾社戊租冊契交本旗自收卷	同	132	中灘新農社函請將墾務各分區地圖惠寄一份卷
同	113	第一分局呈送經費預算卷	同	133	包西水利局呈解永租卷
同	114	呈奉省府呈請編刊發遷墾務計畫印費由雜款勤支請備案卷	同	134	省府秘書處宜傳組織簡章卷
同	115	四子王族請領荒價卷	同	135	歸綏縣蔵花板村長呈請豁免重複官租並無主收地請核示卷
同	116	第五分局呈送支出計算書卷	同	136	第七分局呈報旬月報卷
同	117	奉行政院令公務人員交代條例卷	同	137	第三分局交代卷
同	118	第一分局呈報丈地月報卷	同	138	第六分局呈報經費預算卷
同	119	第二分局呈報丈地月報卷	同	139	第三分局呈報丈地月報卷
同	120	游擊細則卷	同	140	第五分局呈送經費預算卷
同	121	第五分局呈送十九年一月耙計算書卷	同	141	寒省府令據金鑰編呈涼城縣境牧廠熟地留溢生荒地放墾等情令縣詳查卷
同	122	西公族請領荒價卷	同	142	據商人馬榧報製升恆號地畝卷
同	123	奉人令各機關公務人員停止薪水俸勞維持生活費卷	同	143	飭財政整理處三月分租收款旬報卷
同	124	第五分局呈送委任勤製職員卷	同	144	呈省政府呈覆墾務統計表情形卷
同	125	呈省政府呈請添派習備員卷	同	145	函河北省威縣靖代購手搖紡紗機兩架卷
同	126	呈奉省政府寒令各局卡對於人民完納稅現票找零按市價計算卷	同	146	包頭縣呈第三區鄉長杜大恆等呈擬估用西公族梅力更召私墾地建堡卷
同	127	呈奉省府呈復公主府水泉等村地收歸公有以作農業試驗場卷	同	147	訓令各分局准民國雜函國難救濟會成立並捐款卷
同	128	訓令各分局察令飭查西北移民計畫及方法詳查呈復卷	同	148	墾務總局二十一年度收入預算卷
同	129	第四分局呈送丈地月報卷	同	149	第四分局呈經費預算卷
同	130		同	150	第三分局呈經費預算卷

第二部　民國卷宗目錄

第二部 民國卷宗目錄

壬字
- 151 呈省政府在包頭設立綏遠製殖聯合辦事處乞備案卷
- 152 訓令各分局應征所得捐卷
- 153 訓令各分局奉令轉發修正征收人員考核條例卷
- 154 電知各分局將局存各種票照數目造冊呈送查核卷
- 155 訓令各分局嗣後如奉財政處直接查辦各事宜務卹一面遵呈一面分報總局卷
- 156 奉省政府令財廳代本局向中行借借現洋三千五百元卷
- 157 准達設麗春請義和渠橋圪卜地副撥苗圃希見復卷
- 158 准建設廳呈據福應寺包頭運等處村墓卅卷
- 159 呈財政處呈放福應收製款比額表卷
- 160 准建設廳呈據包頭縣請撥給六合堂地傔養造林卷
- 161 據薩河縣下墾會呈據村居民陳高鎦等呈覆步頒徇情勘丈撤職感辦卷
- 162 第六分局呈送自五月分起桉減經費月支四百元卷
- 163 第七分局呈領部照卷
- 164 訓令各分局主任呈報本局籌辦也製隊經過情形卷
- 165 呈綏靖主任呈報本局籌辦也製隊經過情形卷
- 166 函第五六局奉省府函李文治救濟關外難民領地函知該局辦理卷
- 167 包西各渠水利管理局卷
- 169 呈財政處呈送各分局二十年一月起費表卷
- 170 奉財政廳第一分局呈送部照根卷

- 171 呈財政處呈送綏製輕頒規畫事宜九條卷
- 173 呈省政府令准蒙藏委員會奉嗣後各旗召及團體報製將辦法會報卷
- 174 奉省府令第七分局呈送丈地表卷
- 175 第六分局呈報丈地月報卷
- 176 訓令各分局奉省政府令發製務調查表式仰杳填具報卷
- 177 第三分局奉省公署函送太原經濟建設委員會組織大綱卷
- 178 第三分局呈請規定經費卷
- 179 令張督催查二分局經征東新地地價是否按六成五交納詳查具復卷
- 180 奉省府令據製務處呈據丈後養公產地查明具摺卷
- 181 第五分局呈據丈地間有纂幣情事派員詳查具報卷
- 182 呈省財政處呈製務勸製員二十年十月十三日支出計算卷
- 183 關於分送製務計畫書卷
- 184 呈總司令呈送將宣慰各蒙旗王公等辦法名單卷
- 185 第五分局呈請清理杭旗元亨利貞四段地辦法卷
- 186 代電各分局奉財政處電查各項製地各若干依照表式填送以便轉報卷
- 187 電令各分局奉財政處電令由二十一年七月起各分局支付預算由總局分別編送卷
- 188 呈省政府迷亡民戶遺棄地歐如地價各款未滿交未發部照由本局辦理如已交製款領照則照田粮辦理卷
- 189 第五分局呈報丈地月報卷

壬字

191 奉省政府函嗣後舉放蒙荒官荒時應籌撥學田及教育基金各情形卷
192 奉太原綏靖公署令查綏遠臨河縣常商侵佔之餘荒詳細具報卷
193 訓令各分局所有該局丈放地畝及應已未徵各項荒價分別列表呈報卷
194 咨財政廳第三分局呈送部照根卷
195 訓令各分局自七月分起存發各種照票依照表式損送券
196 訓令各分局奉省府令准內政部咨送調查稅務表仰該局查填呈送核覆卷
197 咨省府令五原縣政費不敷由義和渠永租地內收款撥注會財廳辦理卷
198 訓令安北設治局查前駐余銀款員金省勸廉地舞弊私租款激查具報
199 第三分局呈請自下年度起每月經費增加四百五十元卷
200 關於蒙教交涉卷
201 咨財政廳第二分局呈送部照根卷
202 奉財政廳令查十九年十二月以前民欠至本年六月底各有若干開摺具報卷
203 呈省政府奉復議托縣新章營子等村地五十頃擬由托縣招墾地價解局卷
204 訓令包西水利局第五分局奉永租地面積地畝等項仰迅查明繪圖具報卷
205 訓令各分局准內政部咨查明外人租用民產情形仰查明呈復卷
206 電令省分局將二十年度一月至六月欠款速送卷
207 奉財政處令本處修正組織大綱卷
208 托縣呈報屯墾隊損失物件乞鑒核卷
209 咨財政廳奉省府令以達旗函蒙族及蒙民私墾地五原縣令每頃徵租三元卷
210 總局電請添設秘書一員卷

第二部 民國卷宗目錄

211 第七分局呈報擱掛號費卷
212 呈財政廳呈送綏遠各機關自三月至七月應擴軍費實解數目比較表卷
213 咨財政廳呈送綏遠各機關解實文化各款卷
214 據大德堂代表王可楣等呈請殺征押荒卷
215 訓令各分局奉令會全省農戶田畝調查表卷
216 咨財政廳呈送收入計算書卷
217 第三分局呈報會同暨都掃召法喜寺勘丈青苗卷
218 准建設廳咨查令飭二分局丈撥地畝籌辦林業卷
219 奉省府令據制定各機關解交軍餉辦法仰遵照辦理卷
220 奉財政廳令該局征收各項地畝押荒地價及撥蒙各數報查卷
221 奉省府令據文清等呈為拉章京勾適劣紳翻案請飭制止卷
222 咨省府令擬制定各機關解交處擬調查蒙人戶口寬灘地抽收歇捐以作教育費卷
223 第七分局呈明收抵墾款習日寄存條並繳送原條保結等件請鑒核
224 訓令各分局擬定各局每三個月終丈地收款以及進行事宜依表呈報卷
225 呈財政廳呈送各分局二十一年度征收墾款比額表卷
226 訓令各分局規定自九月一日起無論丈放餘荒夾荒地凡掛號在五十頃以上者應繪圖呈報再行丈放卷
227 呈財政廳呈送各分局二十一年一月起支經費表卷
228 西公旗五六分局令五大喇嘛執事等函爾以召牌界地副習墾局總辦索要情示遵卷
229 呈財政廳呈請自二十一年一月起實收墾款撥送卷
230 第四分局呈請每月固定經費二百元如丈地收款各按五厘撥支卷

第二部 民國卷宗目錄

壬字

231 第六分局呈請清理杭旗西巴噶地畝卷
232 寒財政處發令發無線電信局收發官電規則卷
233 第四分局呈報撥付固陽縣建築費卷
234 達爾罕旗報墾二里半等處地畝卷
235 各分局應納所得捐款卷
236 第六分局呈請清理達旗地追加釋費卷
237 第六分局丈撥殖地畝地掛號費如何辦理卷
238 訓令各分局咨省府令各縣教育局曾領頃田地百頃以下准按規定荒價減一成承領卷
239 省財政處遣送德分各局解到正雜附各款收支冊卷
240 第七分局呈送二十一年支出計算書卷
241 第五分局呈請規定經費卷
242 第六分局呈請丈撥屯墾地畝卷
243 臨河縣呈報建築東闕城垣會建設廳主稿卷
244 電四分局三
245 固陽縣呈報初修城垣估計工料需洋等情卷
246 達拉特旗回領戶口地畝卷
247 呈財政處查陝壩南板頭營東西哈拉烏素等及二十一年報墾各地民欠日期列摺呈核卷
248 據民戶崇信堂領鵰等呈領無主官荒地卷
249 第二分局呈勸報打拉開新地情形卷
250 奉財政廳令各分局丈放地畝是否按期辦理並送每月丈地表卷

251 奉財政廳咨送十九年至二十一年九月底解交一五建築實督建設員呈報各分局丈地收款卷等費數目卷
252 第五分局呈報辦事處在東門外大察盤地址作農事試驗場請核
253 第六分局呈勸報渡口堂地畝卷
254 二里半地旬報卷
255 二里半地建實等費旬報卷
256 二里半地掛號費旬報卷
257 二里半地旬報表卷
258 訓令各分局已放未放各地是否按期辦竣卷
259 訓令各分局據黑河民戶領地每月放出若干填表呈報卷
260 兩旗務處查二十一年新報墾地是否在安插地內卷
261 西公族報墾毛題特拉支地畝卷
262 第五分局呈送升科冊卷
263 丈放二里半地畝表卷
264 第六分局呈陝壩添設公安局劃留屬田地卷
265 安靖公署參謀處函關於行政院令四部租織河套寧夏墾殖調查卷
266 第四分局呈報函頓卷
267 寒財政處令於十月內舉行秋考並令各分局呈報覺頓卷
268 電五分局查王英領地幾段應已未征各款具報卷
269 寒行政院飭令對于蒙民之牧地暫停放墾以維蒙民生計卷
270 第五分局呈請建築局所卷

壬字 271	訓令各分局將十九年以前民欠列表逕報卷	
同 272	東公旗補報胡吉爾圖等處地畝卷	
同 273	呈途山西省政府本局秘書康國屏考取照長聲請書等件轉呈註冊卷	
同 274	臨河縣轉呈第三鎖長呈請免丈營令地基等情卷	
同 275	電闾主任送達爾罕旗明農長銀盾及禮物需洋卷	
同 276	呑教育廳自十七年五月起至二十一年十月底教育清單卷	
同 277	第六分局呈送支出計算書卷	
同 278	電令五分局將馮前局長任內丈放過九畝依照表式填送卷	
同 279	奉行政處令五分局每月丈收數約款卷	
同 280	電令五分局每月限應軍費數加增十分之二辦法呈候核察卷	
同 281	奉行政處令分局每月呈支出計算書卷	
同 282	據包頭黃燕村代表王藍招等呈三分局催丈員趙子文剋地受賄請派員澈查卷	
同 283	綏西墾業銀行簡章卷	
同 284	呈財政處呈報五六兩分局丈廢屯濺地畝應收荒價表卷	
同 285	奉行政院令公布森林法卷	
癸字 1	**民國二十二年份前綏墾務卷宗目錄表**	
	奉財政處令將各分局未經升科者造册分發起征卷	
同 2	達爾罕旗請領荒價卷	
	第二部 民國卷宗目錄	
同 3	通令各分局迅將丈地收數依則呈報卷	
同 4	訓令各分局勸墾員前往各蒙旗設法勸報地畝卷	
同 5	第三分局呈送支出計算書卷	
同 6	奉省府令攤派武川縣呈報巡視各區情形關於墾務事宜卷	
同 7	電備各分局解款卷	
同 8	呈財政處收款旬月報卷	
同 9	西公旗喇嘛呈本旗報墾圖荒凉等地內有已領地並應分荒租鶣該喇嘛卷	
同 10	包西水利局呈報代收冰租四柱清冊卷	
同 11	奉省府令酌定劃鈔一元作現洋四角自二月一日施行卷	
同 12	奉省府發本省舉行考試公佈卷	
同 13	第七分局呈請二十一年七八九個月按照固定經費開支卷	
同 14	電各分局二十一年報墾地凡未逾放期限飭連招放已逾限各地安擬有效辦法具報卷	
同 15	達拉特旗請領荒租卷	
同 16	電主任興各官員代領地六百頃卷	
同 17	呈財政處呈送各分局二十一年秋季比較表卷	
同 18	中公旗請領押荒卷	
同 19	第一分局呈報旬月報卷	
同 20	第二分局呈報經費預算卷	
同 21	第二分局呈報旬月報卷	
同 22	第三分局呈領經費預算卷	

第二部 民國卷宗目錄

癸字

23 第四分局呈報旬月報卷
同 24 第四分局呈報建實費卷
同 25 第七分局呈報丈地表卷
同 26 總局委任各差卷
同 27 呈解事費卷
同 28 各分局呈報結存票部照號數卷
同 29 杭錦旗報蟹璉拉克阿克氣地畝卷
同 30 第六分局呈報西巴噶地內黃十拉亥河以東地究歸何局清理卷
同 31 呈涤省政府二十一年冬季現職人員季報卷
同 32 各分局呈報每三個月預計丈地收欵籌畫進行各事宜卷
同 33 調令托縣查明所存部照究有若干呈復卷
同 34 各項捐欵卷
同 35 各省分局呈報人員對於交際及婚喪大事應酬外其餘一律禁止卷
同 36 訓令總分局呈報二十二年新報蟹各地畝表卷·
同 37 呈省政府填送中國朝野名人調查表卷
同 38 財政處電欵省各機關經費截至十二月底一律發放卷
同 39 第六分局呈擬購步槍四枝卷
同 40 臨河縣呈擬民戶康複詮等籌畫義寺地田賦撥例題減一等卷
同 41 據固陽縣永豐鄉長姚希祖等呈廣興寺地田賦撥例題減一等卷
同 42 第六分局呈報五禮堂等遺粟地捐巴另放卷

同 43 第四分局呈報楊大麻嘛在固陽縣承領之地談巳交清由總局就近換領部照卷
同 44 電備各分局匯造二十一年七月一日以前支出計算書卷
同 45 奉財政處令發復信片轉發各局遵辦具報卷
同 46 西公旗請領押荒卷
同 47 第三分局呈報旬月報卷
同 48 第四分局呈報經費預算卷
同 49 第一分局呈報旬月報卷
同 50 各分局呈報丈放地畝及應收荒價表卷
同 51 函各分局准綏遠各界國難救濟會函公務員二月二兩日薪金全數捐助卷
同 52 第二分局呈報丈地表卷
同 53 第七分局呈報旬月報卷
同 54 第六分局呈報丈地表卷
同 55 第七分局建實等費卷
同 56 第四分局呈報丈地表卷
同 57 訓令各分局奉行政院令舉辦購買飛機自二月起捐欵六個月卷
同 58 訓令各分局奉省府令據財廳呈將放出地畝按月列表選呈廳卷
同 59 第六分局旬月報卷
同 60 第六分局捐號卷
同 61 第六分局建實等費卷
同 62 山東移墾事務所呈移民暫行簡章卷

卷字		
63	第六分局呈報丈地表卷	
同 64	第三分局呈報丈地卷	
同 65	購買中國實業誌卷	
同 66	第三分局函報達拉特旗有灶火河渠地報墾卷	
同 67	第三分局呈報建實等費卷	
同 68	奉省府令據臨錯縣第二區趙得功所領之地從中取巧仰會查卷	
同 69	總分各局二十二年度歲入預算卷	
同 70	第五分局呈報四成補地欠交地價撤地卷	
同 71	准達拉特旗函陝達公召杳火地清丈餘款分項撥付卷	
同 72	呈財政處規定丈放屯墾地畝報解款項辦法卷	
同 73	訓令各分局抄發加派額外督催員辦法卷	
同 74	第五分局呈領經費預算卷	
同 75	第六分局呈領經費預算卷	
同 76	准建設廳咨請撥田邊河以免妨碍水利卷	
同 77	第六分局附征一成地方學校建築費卷	
同 78	第五分局呈領經費旬報卷	
同 79	各分局呈報土匪情形卷	
同 80	准西公旗咨請將淖等處歲租冊發給自收卷	
同 81	訓令安北縣將枕旗歲租冊由該縣令發辦理卷	
同 82	第六分局呈達拉特旗劃留班譚召地畝領有部照查復卷	

第二部 民國卷宗目錄

同 83	呈送財政處總局電各分局二十一年七八九三個月支付預算卷
同 84	中公旗咨水草各我仍舊征收請防臨余爾縣知照並分三成五押荒卷
同 85	第三分局呈領經費預算卷
同 86	第五分局呈報旬月報卷
同 87	第五分局呈報建實費卷
同 88	第五分局呈報文化基金費卷
同 89	第五分局呈報建設費卷
同 90	第五分局呈報附加經費旬報卷
同 91	第五分局呈報建築厘校費卷
同 92	第五分局呈報宿亥灘地畝卷
同 93	西公旗報墾宿亥灘地畝卷
同 94	訓令第一分局呈據嵩德海呈東山灣尚有餘地二百頃派員勘查具報卷
同 95	第七分局呈領經費預算卷
同 96	托縣台站章京呈十八年二十一年兩次丈放底冊請抄發卷
同 97	第一分局呈請將歸綏縣屬各村餘地劃歸該局辦理卷
同 98	稽核事員呈報調查各分局報告表卷
同 99	財政廳咨將歸縣征收一成辦公費原文抄送卷
同 100	呈送省政府二十一年多季比較表卷
同 101	呈送財政處二十一年春季現職人員季報表卷
同 102	第六分局呈請令五六分局援案撥給教育費卷
	臨河縣呈請令五六分局援案撥給教育費卷

第二部 民國卷示目錄

卷宗	編號	標題
奏字	103	第一分局呈送丈放下達輯北閑外等村地升科冊卷
同	104	訓令各分局公私款項有用銀兩一律改用銀幣卷
同	105	函送歸綏市商會關懷抗日將士洋一百元卷
同	106	通令各分局公務人員慶弔送禮通則卷
同	107	通令各分局奉財政處令近發現民國三年造袁頭鋼板注意偽幣卷
同	108	奉省府令據士默特公呈該旗牧場內漢民牧畜杭不交租卷
同	109	准中公旗查六分局丈放沙拉達布補隆地畝請領應分三成五押荒卷
同	110	第一分局呈請丈放王大發戀等村餘地卷
同	111	訓令第六分局關於達拉特旗賠教地應分三成五荒價殼發卷
同	112	達拉特旗報繳豐濟通濟沙河及和碩公中等地畝卷
同	113	第六分局呈五福堂退地方振武承仰安墾殘廢軍人卷
同	114	訓令第六分局據山東民人迦繼志函前在臨河買到地數上年只留二十餘頃仰查覆卷
同	115	訓令各分局奉考試院令發現任公務人員甄別審查表卷
同	116	五原縣呈請修築公路橋溪撥發建築費三千元籌卷
同	117	訓令各分局開後新報地畝將地價減低一次收清荒價卷
同	118	第七分局呈繳丈荒牧課兩項照票註銷卷
同	119	各機關參加造林卷
同	120	據五原民人馬俊山呈伊領地二十餘頃已治成關地被五分局另放祈查辦卷
同	121	第五分局呈送抵解丈放莫林河地開辦費卷
奏字	122	第四分局呈送升科冊卷
同	123	奉省政府令抄發清理荒地暫行辦法及督墾原則卷
同	124	據五原縣轉呈王常昭等請領荒地以便造林卷
同	125	呈送省政府二十二年夏季現職人員季報表卷
同	126	訓令各分局催造旬月報預計算卷
同	127	茂明安旗請領荒價卷
同	128	第三分局呈送升科冊卷
同	129	呈財政處呈送二十二年實收製款表卷
同	130	銓敘部咨公務員卸職及獎罰情況應報部登記卷
同	131	奉財政處令造送二十一年起全年度收支彙總四柱各款清冊卷
同	132	呈送財政處各分局二十二年實支經費表卷
同	133	據體鎮縣地戶長呈請查法院推翻前丈旗地等情卷
同	134	第六分局曹前局長呈送十九二十兩年升科冊卷
同	135	訓令六分局咨中銀搬款應納擬款及丈撥數目列表呈報卷
同	136	呈送明安旗領荒價卷
同	137	准臨河教育局呈請丈放村葛地畝附加教育費並辦法卷
同	138	據臨河地戶朱連成呈第六分局員賤枉法墾新地歸原主卷
同	139	訓令第六分局據施懷民函送荒地圖仰查覆卷
同	140	第二分局呈請繼續宮糧地畝卷
同	141	第六分局呈報兵變搶拾遺失物品卷
同	142	訓令臨敖和林縣前歸分局總卸部照存根請查收卷
吞		財政

癸字 143 第一分局呈送計算書卷
同 144 奉行政院令實行公文程式辦法卷
同 145 奉財政廳令服用國貨辦法仰遵辦卷
同 146 第一分局呈請攤收大黑河民欠地價卷
同 147 杭錦旗請領押荒卷
同 148 奉省政府令發蒙漢糞播辦法卷
同 149 奉財政廳電催各分局新舊民欠卷
同 150 呈送財政處二十一年度丈地及應收荒價表卷
同 151 呈財政處本局股員陳熙在職病故請卹全卷
同 152 第五分局呈請續丈陸興長指基地卷
同 153 固陽縣呈請修房屋圍墻由附加建築費項下撥款卷
同 154 第四分局呈報發給已故馬長劉世郵金並馬價卷
同 155 准民政廳函奉令考送南京政治學校附設地政研究班學員由各機關派定一人呈省府任命卷
同 156 呈財政處本局進行困難擬將軍費改為實解卷
同 157 訓令第一分局薩縣丈放廠地升科冊未造查覆卷
同 158 第一分局呈報土默特代表森額等呈擬局限制蒙人抽地章程請令廢止卷
同 159 第一分局呈報丈放社綸格桑站地畝卷
同 160 呈省政府土默特代表森額等呈擬局限制蒙人抽地章程請令廢止卷
同 161 奉省府令據固陽第二區長呈擬將官地變價建築土堡卷
同 162 奉省府令據民國呈准喝爾旗禮習信三段地請劃歸托縣設區保護卷

第二部　民國卷宗目錄

民國二十三年份前綏遠墾務卷宗目錄表
訓令各分局新舊民欠自二十三年一月起依照表式擴送卷
甲字 1 呈解軍費卷
同 2 電財政廳收款旬月報卷
同 3 各分局呈報丈地收款約數卷
同 4 令各分局解撥溢支經費卷
同 5 服務第一分局卷
同 6 奉省府令據武川第三區區代表郭守仁等呈繳王收租不按定章卷

同 163 准市整理廠辦處函送五六兩分局丈撥屯墾地畝數目表卷
同 164 奉閻文電令查包西已未放荒地列表送處卷
同 165 第五兩分局函丈撥屯墾地畝歸墾三成五款轉催卷
同 166 奉省政府秘書廳函十年建設計畫已指定廉秘書編訂與會人員卷
同 167 准省政府令大余太設治局警費按月由分局警給卷
同 168 呈財政處撥費二百元可否停撥卷
同 169 四子王旗請頌荒價卷
同 170 呈省政府呈擬濟理烏拉等地卷
同 171 第五分局呈報升科冊卷
同 172 實菜內政部會齊抄送第二次全國內政會議內部提議獎勵輔助移墾原則卷
同 173 訓令集寧陶林兩縣將七分局未收民欠仰該縣催征按月呈報卷

第二部 民國卷宗目錄

甲字

8 令催第六分局解繳溢支經費卷
同 9 墾務第六分局卷
同 10 咨省政府令發行文官官等官俸比照表卷
同 11 本總局向德生厚銀誠借款卷
同 12 奉閻督辦電據楊瑞鴉稱將前領地畝報歸公豢丈放卷
同 13 據民人王森呈請發還租約印照並請查土默特旗撥地墾補卷
同 14 各項另存卷
同 15 石良玉等呈請領押荒卷
同 16 通令各分局將徵存各款解局卷
同 17 各分局呈報用存部照票數目卷
同 18 西公旗代墊前以該旗厄領刻子補庭等地行穀催卷 白彥淖宿亥灘
同 19 土默特公署呈據蒙民院生斯呈第二窯子等村被災令一分局查覆卷
同 20 奉省政府令查托縣河西豪站籌口誤為外窗地請照查更正卷
同 21 土默特公署奉據塔布子蒙民招財呈請轉令一分局免豫復丈戶口地卷
同 22 茂明安旗請領押荒卷
同 23 屯墾辦事處擬解三成五蒙款卷
同 24 各分局呈報丈放地畝及應征荒價卷
同 25 訓令各分局奉令公務員積有年資者應將證件繳驗否則按初任叙卷
同 26 第二分局呈請未放荒地變通招放卷

同 27 第二分局呈請清理土克木地畝卷
同 28 第二分局呈送二十二年分各地升科册卷
同 29 奉省府令函各機關職員略歷薪俸調查表卷
同 30 奉省府令關於明令派職員或非職蒙員有功於國因公傷亡應議卹卷
同 31 墾務第二分局卷
同 32 達拉特旗呈請庚子年教案賠款發還本旗卷
同 33 淮西公旗蒙民耳得泥巴藥呈第三分局將中心地撒凹另放派員查卷
同 34 第六分局呈請丈撥屯墾地畝數目卷
同 35 西公旗請領荒價卷
同 36 達拉特旗請領荒價卷
同 37 杭錦旗請領荒價卷
同 38 廣化寺請領經費預算卷
同 39 第三分局呈報丈放地畝卷
同 40 第一分局呈報丈放地畝卷
同 41 第二分局呈報丈放地畝卷
同 42 第三分局呈報丈放地畝卷
同 43 第四分局呈報丈放地畝卷
同 44 第四分局呈報丈放二里半地畝卷
同 45 第一分局呈報旬月報卷
同 46 第二分局呈報旬月報卷

甲字47 第三分局呈報旬月報卷	同 67 中公旗咨被匪將租冊搶去籲照抄一份卷
同 48 第三分局呈報捐實等費卷	同 68 關於塞站地畝章程卷
同 49 第三分局呈報捐實等費卷	同 69 豐鎮縣解東五縣售租征起歸公三成及七分局五厘洋卷
同 50 第四分局呈報旬月報卷	同 70 各解財收廳填送承領荒地面積調查表卷
同 51 第四分局呈報捐實等費卷	同 71 訓令各分局填送四分實業費及六分教育費洋卷
同 52 第四分局呈報二里半捐實等費卷	同 72 士默特公請領荒價卷
同 53 第五分局呈報捐實等費卷	同 73 第二分局呈請經劉秉塋以房屋未料抵還公款出售價目
同 54 第六分局呈報旬月報卷	同 74 第三分局呈請經費預算卷
同 55 第六分局呈報旬月報卷	同 75 第四分局呈請經費預算卷
同 56 第六分局呈報捐實等費卷	同 76 第四分局呈請二里半地經費預算卷
同 57 第一分局呈請經費預算卷	同 77 各分局呈報二十三年新報繫各項地畝卷
同 58 達拉特旗呈本族起征河套地歲租輕令五臨兩縣協助卷	同 78 第六分局呈請經費預算卷
同 59 達拉特旗函稱體萘木獨附呂民端等侵蝕已飭三分局詳查卷	同 79 呈送財政處各分局二十二年冬季收數比較表卷
同 60 茂明安旗佃領之地請免征官租卷	同 80 呈省政府令據托縣呈該縣現在人民多領未領私墾地飭會財廳呈覆卷
同 61 第一分局呈送繳財政廳部照根卷	同 81 電六分局辦事處電告達旗新公中地議定包租卷
同 62 繫務第五分局卷	同 82 屯墾縣事處電告達旗新公中地議定包租卷
同 63 據臨河民人戴鳴申函稱五分局長等丈地不公派員詳查卷	同 83 准達拉特旗函開報繫臨河縣屬升科地畝相等較多請飭查復卷
同 64 墾補廳解呈接領孟斌儀領到烏家地欠交荒價卷	同 84 寨省政府令天津市有工人四五千呈陳溢支經費卷
同 65 白保介	同 85 第四分局呈陳溢支經費卷
同 66 第二分局呈送繳財政廳部照根卷	同 86 訓令五分局達拉特旗抄送伸請書六項查復卷

第二部　民國卷宗目錄

第二部 民国卷宗目录

甲字
- 87 垦务第三分局卷
- 同 88 垦务第四分局卷
- 同 89 第四分局呈报清理一二约七项地丈收款各数目卷
- 同 90 行政院令据教育部呈请地方教育经费保障办法卷
- 同 91 第六分局呈送丈地表卷
- 同 92 据安北县民人陈有廉呈请前局长郝秉义恃势霸地假公济私派员澈查卷
- 同 93 达拉特旗巴领地函请免收官租等款卷
- 同 94 达尔罕族请领押荒卷
- 同 95 浩林运勘办法卷
- 同 96 奉省政府令发蒙古自治政务委员会组织大纲办法卷
- 同 97 西公族奔请将升科册全数发下卷
- 同 98 那录事长已故呈请邮实卷
- 同 99 西公族奔三分局将崇福寺划留地另行招放请令制止卷
- 同 100 第三分局据河西求对新村筹备处面稱前领部照道失请补领并领余地地价抵解审费卷
- 同 101 第五分局呈局长呈请关於西郡得案原接卓交乞示遵卷
- 同 102 西公族豪吉报梨河畔之西土城子地亩卷
- 同 103 奉省政府令据农会转呈一分局總丈员李洛春藉機截弊请查办卷
- 同 104 屯梨督办处函送屯梨队所種永租地租金办法附表卷
- 同 105 减官租按原数收请更正卷
- 同 106 据李寒秀呈前承领枕族元亨利贞四段地经五分局丈出余地责去派员复丈卷

- 同 107 豪站管理处请发应分抑荒银两卷
- 同 108 第二分局呈报马兵霍玉亭被匪抢去公款衣物马匹等物请验核卷
- 同 109 第五分局呈报文化基金费卷
- 同 110 第五分局呈报建设费卷
- 同 111 第五分局呈报学校建筑费卷
- 同 112 第五分局呈报附加徵费旬报卷
- 同 113 准绥建设厅度量衡检定所函送新疆度量衡器折合表卷
- 同 114 奉省政府令北平新生活运勤简章卷
- 同 115 奉行政院令发公务员邮金條例卷
- 同 116 奉省政府令发膀各职员应纳所得税卷
- 同 117 吞送财政规规定办法卷
- 同 118 奉省政府令饬固陽縣三分局将民混廣覺寺地亩退欸官租卷
- 同 119 据民戶溫信之呈请令饬固陽縣三分局将民混廣覺寺地亩過秘官租卷
- 同 120 据廣覺寺喇嘛雅拗呈勒呈以前劃留佛爺避暑地免征官租卷
- 同 121 奉行政院令各分局关於勘报勘收等费仍经本处核准方得進行卷
- 同 122 總分各局二十三年度岁入出预算卷
- 同 123 第五分局呈送丈地表卷
- 同 124 奉行政院令規定经费预算卷
- 同 125 准西公族豪吉喇嘛壹喜達克登函稱本地方官员无道勒索人民懇請查追卷

127	第五分局呈請屯墾辦事處前領義和渠五大股地擬改作下地乞示遵卷	同
128	准土默特總管呈據蒙人常滿等呈請停止復丈蒙人典出戶口地卷	同
129	據瑄熾昌呈請將中灘地畝援案見實徵租卷	同
130	呈省政府呈送二十二年行政報告卷	同
131	中公旗請領押荒卷	同
132	第四分局呈送十九年一月起至二十一年六月支出計算書卷	同
133	呈送財政處總分各局二十三年一月起支付預算書冊卷	同
134	財政廳查借王愛召升科冊卷	同
135	據農民趙熾昌呈開挖實亥雞渠道渠圖並土方工資清摺卷	同
136	訓令各分局准公安局逐募捐辦法卷	同
137	行政院令公布公有土地辦理規則卷	同
138	第六分局呈送清冊各召廟原發執照並現發召地總圖卷	同
139	行政院令發公務員登記條例施行細則卷	同
140	第五分局令繕造屯墾用地應交三成五蒙款及六成五地價表冊卷	同
141	第六分局呈准五原縣請撥一百丈見方公地作公安局操場卷	同
142	訓令各分局將二十二年度丈地應已未徵荒價按照二十一年度造送卷	同
143	東公旗呈請退還戶口地畝派員詳查卷	同
144	第五分局呈送丈量永租地畝及徵收各款表冊卷	同
145	第六分局呈為清理地畝增擬限制辦法五條示遵卷	同
146	據歸綏縣四區鄉長郝大瑞等呈懇領白石頭全灘地畝卷	同

第二部　民國卷宗目錄

147	第五分局會呈接收馮沙通等渠永租卷宗收支款項清冊卷	同
148	准西公旗咨三分局趙委員擬將本旗巴領勘丈筋令制止卷	同
149	據臨河監鎖平寧蘭旭各縣擬理函稱將李主任私放張梓之地註銷河監鎖平寧蘭地管理卷	同
150	據民張秉財呈第三分局將中段地撥回放給楊全仁請派員詳查卷	同
151	第二分局呈報退伍軍人榮隆閣承領大青惱包地撥回另放卷	同
152	同陽縣呈花戶呈製酒豐堂名下地數不敷飭查更正卷	同
153	奉省政府令據包頭縣長呈請令飭安北縣侵佔宿亥灘地畝歸還本縣治理以消縣界卷	同
154	呈送財政處二十三年度經徵製款比額表卷	同
155	准達拉特旗函請陝達公召請領地畝擬由本旗應分三成五蒙款撥給卷	同
156	訓令六分局對於屯墾地升科冊另行造送卷	同
157	奉省政府令擴廣覺寺呈懇恃強凌弱妨害召產請筋縣保護卷	同
158	奉行政院令據達拉特旗函請薩縣人民侵佔劃留四成及餘地各情形見覆卷	同
159	呈財政處二十三年分實收製款表卷	同
160	奉省政府令每年八月二十七日為先師孔子誕辰紀念仰即知照卷	同
161	奉行政院令查馬子寅前領地畝姓名地數無法考查卷	同
162	第二分局呈送二十三年分實支經費表卷	同
163	第五分局呈送二十三年度支出計算書卷	同
164	奉省政府令請出五分局將中巴噶地撥歸本分局以維現狀卷	同
165	奉令財政部咨整理田賦舉辦土地陳報綱要等件卷	同
166	四子王旗請領荒價卷	同

第二部 民國卷宗目錄

甲字

167 調令各分局對於丈地收款發給票照不得征收照費仰即遵照卷
同 168 奉省政府令發高等考試建設人員考試條例卷
同 169 訓令各分局函送高等考試建設人員考試條例卷
同 170 據臨河縣長電報五六兩局假報堂名領地每項並收佃繫租七十二元等情詳查卷
同 171 奉省政府令准南昌行營辦公廳函請將所屬專門技術人才履歷填報卷
同 172 省府令奉行政院令攄召代表呈與趙步維爭領將陸昌等處地歐卷
同 173 省政府令攄包頭縣呈請令安北將沙垻子村升科冊移交本縣卷
同 174 第五分局呈解征收冰租地歐卷
同 175 訓令第六分局攄臨河狼山灘人民代表李萬財等呈請臨放剋存地歐飭民承領令該詳報卷
同 176 第六分局呈請奥魯魏田四任局長征收各戶現款狼石願否抵領戶交歐卷
同 177 呈送省政府查邊漂各省特種行政調查表卷
同 178 行政院令准司法部查解釋清丈漂地適用法規疑義卷
同 179 第五分局呈解征收冰租地歐卷
同 180 訓令第六分局據臨河狼山灘民承領令該詳報卷
同 181 訓令第三分局查西公旗三省墨哩克圖墊布依什達克丹供俸班禪大師黑河查火地在何地內查復卷
同 182 電第六分局查所轄敬墾地內有無未放百項地洋查核轉卷
同 183 奉省政府令抄發蒙地行政人員訓練所及銓政指導員章程卷
同 184 奉省政府令准銓敘部咨發地方行政人員勘懇關係銓政調查歷年狀況表卷
同 185 第三分局呈送二十三年支出計算卷
同 186 第四分局富局長呈送二里半地收入支出計算卷
同 奉省政府令據歸化縣民指滿等請免丈租稙卷政縣府西公族地歐卷

同 187 西公旗春安北設治局征收什拉胡營素等地歲租卷
同 188 屯墾辦承處函請飭五分局發給部照卷
同 189 第六分局呈送計算書卷
同 190 省府秘書處函送關證及公役移製辦法發卷查核卷
同 191 四子王旗咨請按舊章征收地歲卷
同 192 財政廳函送捐俸助賑辦法卷
同 193 銓敘部甄核司函在任用法施行前可先送委任登記後卷
同 194 奉省府本省十七八兩年民欠田賦歲租免繳卷
同 195 第五分局呈請清理長堞敎堂等四成補地卷
同 196 淺明安族增加歲租率數卷
同 197 奉省政府令公佈本省檢定縣長辦法及限期卷
同 198 奉行政院令修正革命紀念日簡明表史略卷
同 199 臨河縣轉呈狼山灘各溝口山水地蒙族強令地戶交納水租卷
同 200 銓敘部函送初級調查表及公務人員進退表兩種填送卷
同 201 凉城縣轉解東五縣售租征起歸公三成五及七分局五厘洋卷

乙字

1 第二十四年份前綏遠墾務卷宗目錄表
2 第一分局旬月報卷
同 第六分局請領經費預算卷

乙字

3	第一分局請領經費預算卷	
4 同	訓令各分局將二十二年度收數短絀原因詳報卷	
5 同	各分局呈送預計丈地收欵並籌畫進行卷	
6 同	綏東五縣旗佃租處卷	
7 同	財政處收欵旬月報卷	
8 同	東公旗請領押荒卷	
9 同	綏遠省荒地督墾章程卷	
10	呈解軍費卷	
11 同	第一分局丈地表卷	
12 同	第一分局弥欠地價卷	
13 同	第一分局呈繳部照根卷	
14 同	達爾罕旗請領押荒卷	
15 同	中公旗請領押荒卷	
16 同	西公旗請領押荒卷	
17 同	杭錦旗請領押荒卷	
18 同	達拉特旗請領押荒卷	
19 同	石畳玉請領押荒卷	
20 同	土默特公請領押荒卷	
21	第二分局丈地表卷	
22	第二分局旬月報卷	

第二部　民國卷宗目錄

23	第二分局請領經費預算卷	
24 同	訓令各分局將徵存各欵解局卷	
25 同	令飭各分局丈地收欵月報卷	
26 同	各項另存卷	
27 同	第三分局旬月報卷	
28 同	第三分局建實費卷	
29 同	第三分局墊欵旬報卷	
30	第六分局呈報丈撥市墾地卷	
31 同	各分局呈報新報墾地畝表卷	
32 同	各分局呈報部票照各數目卷	
33 同	各分局呈報丈地及應征荒價表卷	
34 同	第四分局請領經費預算卷	
35 同	二里牛行局請領經費預算卷	
36 同	第五分局請領部照卷	
37 同	第五分局請領經費預算卷	
38 同	各分局旬月報卷	
39 同	各分局呈報丈地及應已未征新陞地畝考核表卷	
40	各分局呈送升科冊卷	
41	第六分局呈報丈地收欵約數卷	
42	第六分局旬月報卷	

第二部 民國卷宗目錄

乙字 第六分局建實費卷

43 第六分局雜款旬報卷	
44 呈省政府齎奉巧報村台站處加收租銀情形卷	同
45 奉省政府令准山西解縣劉遠生呈以四子王旗錫鎰山荒地請設法復丈卷	同
46 呈省政府本局秘書檢定縣長履歷縣表卷	同
47 第一分局查丈七卜等村餘地並圖卷	同
48 第五分局呈報撤地另放卷	同
49 奉省政府令准內政部咨據梁中正呈五分局撤地以清積葛卷	同
50 據呂寶山等呈六分局遼章丈地調查辦等情卷	同
51 奉省政府令據問陽縣呈據劉順報襲佟櫃及齋櫃請派員款請照會制止卷	同
52 訓令第一分局據任懷德呈請順帥報襲佟櫃及齋櫃請派員理卷	同
53 奉行政院令在公務員保障未制定公布前各機關不得無故免職卷	同
54 第三分局霍五大村領戶郭運青等欠款撥抵西公旗領款照原案辦理卷	同
55 奉行政院發箭西委任待遇支使辦法卷	同
56 第五分局清理歸綏中學與田姚家河頭布袋口村地已奉教廳會同清丈卷	同
57 士默特旗蒙民徵收小租洋卷	同
58 據包頭第三區鳥仂甫呈第三分局張局長濫用職權依法究辦卷	同
59 陝達公召前欠地價查照前令辦理卷	同
60 電集寧縣呈陶騰梁地畝詳查具復卷	同
61 奉省政府令發考試院任用審查不合格者不得任用卷	同
62 呈省政府奉查土地行政現況調查表卷	同
63 奉省政府令蘇委員長令全國各機關學校公務員學生每日運動一小時遵照卷	同
64 屯墾督辦處借閱王寧召升科冊卷	同
65 奉省政府令駐平政務整理委員會附設地方行政人員訓練所章程卷	同
66 據陳縣屬第四五區鄉長陳德有等呈請減輕領地畝卷	同
67 第三分局丈地表卷	同
68 達拉特旗呈斑禪召披水淹沒情形卷	同
69 據鄉長呂鳳鳴等請發給四大股廟地以作養瞻卷	同
70 第三分局呈請永興西求對新村地歸蒙押荒令准照徵卷	同
71 奉省政府令臨河擬縣長霍報李仁甫領地五百頃派員另丈卷	同
72 東公旗呈五分局公民王建業等呈第三分局派員丈地請詳查卷	同
73 據包頭第四區公民王建業等呈第三分局派員丈地請詳查卷	同
74 據固陽第四區鄉長楊銀保等呈第三分局違法丈地請派員激查卷	同
75 墾務第一分局卷	同
76 財政廳咨抄各地租章卷	同
77 興和照徵收傳租款項卷	同
78 鄂托克旗報襲陶樂湖灘地前後情形卷	同
79 呈省政府鳥拉特後旗每年徵收歲租卷	同
80 函沒秘書處本局單行法規卷	同

乙字		同	第二分局呈送二十三年分升科册卷
83	墾務第二分局卷	103	
同 84	奉省政府令巴彥補拉站遼法征租卷	同 104	第四分局呈送旬月報卷
同 85	墾務行政計劃卷	同 105	第四分局呈送建實費卷
同 86	各分局呈送現職人員季報表卷	同 106	第四分局呈送掛號費卷
同 87	墾務第三分局卷	同 107	第四分局呈報旬月報卷
同 88	奉省政府令派員調查殺西包五安臨等縣汽車路錢已未墾地卷	同 108	二里半行局呈報掛號費卷
同 89	造林植樹辦法卷	同 109	二里半行局呈報實費卷
同 90	據安北設治局請更正戍亥繼等地官租清册卷	同 110	二里半行局呈報丈地表卷
同 91	墾務第四分局卷	同 111	二里半行局呈報丈地表卷
同 92	准土默特公署咨請聘令第一分局制止領放白石頭溝地畝卷	同 112	第四分局呈報丈地表卷
同 93	據安北墾務會呈五分局十八年丈放達族永租地畝仍按舊章征收銀兩卷	總 113	總分各局二十四年一月至六月分支出計算卷
同 94	奉行政院令修正國內出差旅費規則卷	同 114	第五分局呈報建實費卷
同 95	墾務第五分局卷	同 115	第五分局呈報文化費卷
同 96	奉國府令各機關長官自更調之日起不得增委人員卷	同 116	第五分局呈報建渠費卷
同 97	綏遠旗民生計處函查運津黑河等處地畝有人民私自報墾開單見復卷	同 117	第五分局呈報學校建渠費卷
同 98	墾務第六分局卷	同 118	第五分局呈報渠費卷
同 99	第五分局呈送二十三年八月份支出計算卷	同 119	第五分局呈報丈地表卷
同 100	據安北墾會呈第四分局丈放小余太地畝應征官租並未照章核收請飭更正卷	同 120	第六分局呈報丈地表卷
同 101	奉省府令據四子王旗呈請激查三五兩區地畝並派員抄册卷	同 121	據武川墾民白文義呈為地鄰與分局勘丈員合護垻一卷
102		122	第三分局呈領部照卷

第二部 民國卷宗目錄

第二部　民國卷宗目錄

乙字
- 123 奉行政院令公布二十四年度國家歲入出總預算卷
- 124 奉實業部令填送各縣荒地調查表卷
- 125 五原縣公安局擬撥義地免交地價卷
- 126 財政廳奉據固陽縣查復以廣覺寺收回已放地畝不無擾亂及影響糧賦卷
- 127 奉財政處令查五臨等縣餘地卷
- 128 茂明安旗請領荒價卷
- 129 四子王旗請領荒價卷
- 130 呈財政處二十四年實支經費卷
- 131 呈財政處二十四年實收墾款表卷
- 132 奉省府令據土默特總管呈為擬定清理舍力圖召等地租銀辦法十條卷
- 133 奉省府令據茂明安中公兩旗請將已領戶口地一切耆揹豁免卷
- 134 固陽縣督報蔡家圪等村地畝升科分發安北設治局請查復卷
- 135 呈省府令呈送本局現任科長以上各員姓名表卷
- 136 呈明安旗請領荒價卷
- 137 寒財政處令查五臨等縣餘地卷
- 138 第一分局呈報查丈什里坡等村餘地一致辦理卷
- 139 第五分局呈請令催馮前局長接收未交西盟襲案卷
- 140 調令各分局規定丈地收歛限期辦法卷
- 141 呈財政處二十四年春季收數比額表卷
- 142 總局二十四年支付預算卷
- 143 奉行政院令公務員考績法卷

- 143 第三分局呈請准四分局咨奉令竖立廣覺寺與中華墾植公司等戶界碑卷
- 144 據豐鎮縣樊廷元呈請礦先承領荒地卷
- 145 函送省府秘書處製殖調查表卷
- 146 第六分局呈報自七月起領發部照及征收費數目並繳回照根卷
- 147 本總局向德生銀號借款卷
- 148 奉省府令塔領發綏遠爾省防共大綱卷
- 149 奉省府令富明南寧東興公旗外人租地暫行章程卷
- 150 第三分局呈請遭丈東西兩公旗地畝欠荒價數目册卷
- 151 第四分局會報交接摺製地民人荒押荒辦法卷
- 152 第五分局范局長會報告製地餘荒辦法卷
- 153 奉行政院公布公務員補習教育通則卷
- 154 奉省府令國府公布會計法卷
- 155 奉考試院令修正公務員補習教育通則卷
- 156 第六分局呈送清理達旗地畝支出計算卷
- 157 沃野設治局呈送全圖卷
- 158 第六分局幕局長呈送二十三年五月十六日起支出計算卷
- 159 第五分局呈送升科册表卷
- 160 第三分局呈報中公旗前報丈放藏池村有未放餘地應如何辦理卷
- 161 據安北縣農民李世昌等呈第三分局局員遠章放地祈原戶領地卷
- 162 第四分局呈報二十三年征起短租卷

乙字
163 奉行政院令上機關對人民批示一律加註年月卷
同 164 通令各分局規定各機關公務員分等摺佛卷
同 165 吳主任呈報邊令出席地政會議情形卷
同 166 奉財政處令發餉發款項錯課處分辦法九條卷
同 167 關於外人訂立租約情形卷
同 168 奉行政院令發簡體字表卷
同 169 奉省府令民廳擬送榻改麻木不仁政治綱要辦法卷
同 170 據五原縣關武呈以承領裂地被人鬩佔令飭五分局秉公處理卷
同 171 內政部咨送第一次全國會議報告冊卷
同 172 奉省府函召集縣長會議規程卷
同 173 奉省府令函陝縣村民陳三呈第六分局局長圓明則劣跡舞弊卷
同 174 第六分局呈送二十三年五月十六起至十二月升科冊卷
同 175 第七分局呈送升科冊卷
同 176 據曹前局長另報更正地戶趙復禮等九戶認領中巴嘎地卷
同 177 據丁文溱武德陸等承領壯丁營野鬼地修葺情形請早日解決卷
同 178 奉行政院令公佈邊遠省分公務員任用資格暫行條例卷
同 179 第三分局呈送二十三年分支出計算卷
同 180 第一分局呈送二十四年度輕征輕款比額表卷
同 181 關於票烟暫行條例卷
181 第二部 民國卷宗目錄
182 杭錦旗奉劉留戶口地請免滯丈並發執照卷
同 183 茂明安旗咨飭第四分局將鹽海子地劃歸本旗卷
同 184 第五分局呈請安北圪舌村佟外公荒擬按撥基地丈放辦卷
同 185 第六分局征收短獻卷
同 186 第二分局呈送支出計算卷
同 187 呈省政府奉發調查表源式填齊卷
同 188 關於建設委員會組織大綱並各縣函送工作報告表卷
同 189 第六分局呈據黃土拉亥渠水利社函將呂建寅等領地收歸公有作為退水退卷
同 190 奉軍市委員會令朝陸海空軍現任外職及無職人員調查暫行辦法卷
同 191 第七分局呈送支付預算卷
同 192 財政廳咨送集寧登記有部照尚未升科卷
同 193 第六分局奉核定委任公務員及徵削人員報告表兩種查填具報卷
同 194 第一分局呈報潛化薩縣杞樹等村餘地卷
同 195 奉財政處代電淮財政部電目十一月四日起以中央中國交通三行鈔票定為法幣卷
同 196 訓令五原縣政府聊校建築委員會組織情形並現時存在與否詳報卷
同 197 奉行政院令對於國旗升降之際室內室外對國旗脫立卷
丙字
1 民國二十五年份前鐵遠墾務卷宗目錄表
同 電財政處每月收款旬月各報卷

第二部 民國卷宗目錄

丙字
2 呈解軍費卷
3 各分局呈報丈地收款約數卷
4 各分局呈報丈地及應徵荒價卷
5 各分局呈報新報丈地畝卷
6 各分局呈報票照各數目卷
7 各分局呈送預計丈地收款並籌畫進行卷
8 各分局呈報丈地及應已未征新舊各地畝考核卷
9 第一分局旬月報卷
10 第二分局旬月報卷
11 第三分局旬月報卷
12 第四分局旬月報卷
13 第五分局旬月報卷
14 第六分局旬月報卷
15 第一分局丈地表卷
16 第二分局丈地表卷
17 第三分局丈地表卷
18 第四分局丈地表卷
19 第五分局丈地表卷
20 第六分局丈地表卷
21 第一分局請領經費卷
22 第二分局請領經費卷
23 第三分局請領經費卷
24 第四分局請領經費卷
25 第五分局請領經費卷
26 第六分局請領經費卷
27 總局委任各差卷
28 訓令各分局奉實業部頒發墾荒地面積調查表卷
29 墾務第三分局卷
30 茂明安旗請領押荒卷
31 奉行政院令頒發輔幣條例卷
32 土默特公請領押荒卷
33 令飭各分局丈地收款月報卷
34 奉閻主任令發元旦告公務員書卷
35 關於各項公報費卷
36 奉省府令頒發公務員遺誤公務治罪暫行條例卷
37 奉行政院令蒙藏委員會呈擬台站改辦收廠卷
38 本總局向德生厚銀號借款卷
39 各項另存卷
40 墾務第二分局卷
41 達拉特旗請領荒價卷

字号	卷宗名称	字号	卷宗名称
丙字42	商人隆恒号马栅请领凉尔忽洞地应分押荒卷	同62	周阳县呈请所属明安襄白济沟等处地亩系于何年启征证租卷
同43	训令各分局催解各款卷	同63	第二分局呈请清理五合社暨东新地卷
同44	训令各分局催造预计算书升科册卷	同64	内政部咨关于原设之垦务总局依法改称省地政局卷土地法及土地施行法附
同45	垦务第四分局卷	同65	奉行政院令发遣和硕公中地归垦三成五之款俟造二十五年度预算再行核办卷
同46	垦务第六分局卷	同66	第六分局呈报款旬报卷
同47	中公旗请领押荒卷	同67	第六分局呈报杂款旬报卷
同48	枣财政处令自二十五年起对於政信应加倍努力实行卷	同68	广聚幸请领押荒卷
同49	呈省政府行政报告卷	同69	枣财政处令第三分局长张文贵有私改垦章任意征收情事卷
同50	第五分局呈报拨给罂沙河等渠水利社并抵解渠费卷	同70	垦务第五分局卷
同51	石良玉请领押荒卷	同71	六分局呈报丈拨屯垦队卷
同52	西公旗请领押荒卷	同72	第六分局呈报派员丈放土豔屺梁及芦草屺巴等村地亩卷
同53	第五分局呈送升科册卷	同73	达拉特旗请函请转催屯垦队拖欠岁租卷
同54	建设厅咨据第一林区勘定官荒育苗饬五分局以最低价则估用卷	同74	总局暨所属各分局二十五年支付预算卷
同55	各机关公务员分等捐俸助赈卷	同75	第三分局呈报附款卷
同56	枣铨叙部代电公务员登记请求复索於三月底以前送部卷	同76	第四分局呈报附款卷
同57	令饬富局长应缴溉支纲费赴日呈解卷	同77	第四分局呈报杂款卷
同58	绥境垦务会组织成立卷	同78	第五分局呈报杂款卷
同59	各分局呈报土匪滋扰情形卷	同79	第五分局呈报建设费卷
同60	四子王旗请领押荒卷	同80	建设厅咨解基金地荒价卷
同61	第二分局呈送部照根转送财政厅卷	同81	第五分局呈报文化费卷

第二部　民国卷宗目录

第二部 民國卷宗目錄

丙字
- 82 第五分局呈報建設費卷
- 83 第五分局呈報學校建築費卷
- 84 第五分局呈報津貼費卷
- 85 鄂托克旗函對於本旗應分荒租分文未給究應如何辦理希見覆卷
- 86 會呈省政府據視察員報告因陽民戶逃亡地畝似應酌免欠賦並將未清地價分年催繳卷
- 87 第一分局呈送官租升科册表卷
- 88 訓令第三分局准財政廳咨包頭縣呈送各項地畝等則糧額表內列不符卷
- 89 墾務第一分局卷
- 90 第四分局呈送行局支出計算卷
- 91 第五分局屯墾隊承領地畝已否填發部照卷
- 92 訓令六分局山東移民領地欠繳地價速解卷
- 93 訓令各分局奉令抄發二十五年陸海空軍銓敍業務綱要等規則辦法卷
- 94 訓令各分局奉行政院令飭各員認眞清除積幣仰遵照卷
- 95 第六分局呈請繼續清理各項餘荒夾荒地卷
- 96 第五分局呈請屯墾沒收王類地畝換領部照卷
- 97 奉行政院令鳳行考檢淘汰成績過劣人員以增行政效率卷
- 98 據一把樹村代表劉裏章呈逸章領地派員丈放卷
- 99 據新營子鄉長張祥等呈地畝糧租錯誤查丈更正卷
- 100 秘書處函送沃野設治局擬定清理土地辦法卷
- 101 奉銓叙部杏考填人員任職年月在三個月到章計算卷

- 102 訓令各分局奉國府令以明令廢止土地征收法卷
- 103 綏遠省購機視察委員會函僞將院長視假捐款卷
- 104 訓令六分局准財政廳咨請調撥屯墾地四至畝數給絕卷
- 105 奉綏靖公署代電擬定屯墾地負擔粮租及地方攤款編要卷
- 106 令綏靖公署函截至本年四月底止現職人員列表送府卷
- 107 陶林縣呈據秘書處函奉田賦頁複查明更正卷
- 108 奉行政院令考續各機關總員額百分比解職實行辦法四項卷
- 109 呈省政府行政計畫卷
- 110 第一分局呈報查丈餘地卷
- 111 據因陽視察員呈報第四分局長局員私用公款派員詳查卷
- 112 奉省府令據委員到河子鄉丈地每畝令民納款二角五分員復卷
- 113 訓令第四分局將征收短租造册呈報卷
- 114 訓令第五分局將征收短租造册呈報卷
- 115 訓令第六分局將征收短租造册呈報卷
- 116 關於各村民戶換領部照卷
- 117 秘書處函送擬整頓各縣局清理荒地暫行辦法卷
- 118 奉財政處電擬領民欠有效辦法卷
- 119 達爾罕旗請領押荒卷
- 120 奉軍政部令調查在鄉軍官撫慰辦法卷
- 121 第四分局呈請清理新報墾五福社地卷

内字	122	第三分局呈送官租升科册卷	同	142	第六分局呈請轉各中公旗退還太陽廟迤東地畝卷
同	123	杭錦旗請領押荒卷	同	143	寄省府令第四分局催繳員不時藉口勒索查報卷
同	124	寄省府令會計法第二十二條規定計算小數以厘為止自二十五年度起施行卷	同	144	訓令各分局奉財政處代電仰將歷年報墾地價及已未發蒙款卷
同	125	總分各局二十五年度預算卷	同	145	奉行政院令公布所得稅暫行條例卷
同	126	第五分局呈送楊局長任内升科册卷	同	146	呈財政處二十四年度正雜各款四柱清册卷
同	127	寄省府令據安北縣高程九等呈該村教堂門前地段仍由牧師把持按章丈放卷	同	147	第四分局呈請清理五福社及新報墾爾項地卷
同	128	關於各項捐款卷	同	148	准十默特旗各村領澤潤田前是否領有照票各款卷
同	129	造林運動卷	同	149	准宰拉特旗呈佐領翻留瞻召地現有移民侵佔請查明退還卷
同	130	奉行政院令通飭各省市政府審核改訂各機關工作報告及格式辦法卷	同	150	茂明安旗呈佈什廟劉留瞻小耗子帳房塔村地畝卷
同	131	稽核票員報告調查事項卷	同	151	呈財政處奉令核減經費並按月撥給地政局經費一千元附呈辦法各一紙卷
同	132	第三分局請清理擅墾木瑚等處地畝卷	同	152	各分局呈報土匪情形卷
同	133	奉省府代電將各蒙旗囤領地畝數目並免產播電復卷	同	153	奉省府令擬定綏遠省各縣局公濟保管簡則八條卷
同	134	准地方法院函托縣催二不浪興劉羊成領地情形函送過院卷	同	154	第三分局編造二十四年度收支決算卷
同	135	呈財政處各分局二十五年春季比較表卷	同	155	東公旗請領押荒卷
同	136	呈財政處實收墾款表卷	同	156	呈府令發移民墾荒待遇辦法十一條卷
同	137	呈財政處實支經費卷	同	157	奉省府令擬定綏遠省各縣局公濟保管簡則八條卷
同	138	訓令各分局自二十五年七月起繳征公務員飛機捐款辦法卷	同	158	屯墾辦事處函送上年及本年九月以前三五六五荒價數目列單卷
同	139	奉省府准主計科施行會計法制度程序卷	同	159	大黑河鄉民郭胡三三富等請領大照函知生計處查復卷
同	140	准秘書處函送檢定縣長體格學體經驗分數表卷	同	160	實業部咨二十六年一月一日起公務機關度量器具一律照收卷
同	141	據安北設治局佘智鄉代表連仲等呈請綏期清丈地畝卷			

第二部 民國卷宗目錄

第二部 民國卷宗目錄

丙字	162	內政部會擬建築鐵路征收土地暫行辦法卷
		籌邊會擬建築鐵路征收土地暫行辦法卷
同	163	第五分局呈請清理長塔等墾荒地辦法卷
同	164	廣覺寺辦事處函令飭第三分局勘丈保留本寺戶口地卷
同	165	托縣減池村傳元世等掛領地畝已令二分局查丈卷
同	166	第二分局電報籌備款委員鄧明在大青憫包遇匪軍搶去款項物件卷
同	167	第一分局呈報以肯團園村楊馬氏等報領未放餘地請轉知東素海站章京卷
同	168	第三分局呈據劉光才等前領王幼女子地現由劉成覺掛領查西公旗捐界卷
同	169	土默特總管署呈擬修正調查蒙人戶口地細則卷
同	170	第一分局呈報丁紹先撤退之地及公卅日期丈放卷
同	171	奉考試院令公務員任用送審期限及支給薪俸暫行辦法卷
同	172	據臨河縣金鐸呈請前領之地被李香邊霸佔執照令六分局詳查卷
同	173	第六分局呈請丁紹先撤退圈壕附近之地按耕作地丈放卷
同	174	財政廳咨送改定解抵各款書式並科目表及填書須知卷

民國二十六年份前綏遠墾務卷宗目錄表

丁字	1	呈報財政處旬月各報卷
同	2	令各分局將征存各款速解來局卷
同	3	令各分局欠送丈地收款月報表速送卷
同	4	本總局向德生厚銀號借款卷
同	5	呈解軍費卷
同	6	達拉特旗請領三成五蒙款卷
同	7	土默特旗政府咨請轉飭第一分局免征蒙民戶口地價卷
同	8	電令第四分局欠繳溢支經費速解卷
同	9	製務第三分局卷
同	10	各民戶呈請換領部照卷
同	11	令各分局欠送徵收各款旬月各報趕造卷
同	12	令健各分局欠送計算書趕造卷
同	13	據山東移民代表王井民等代電令飭石其員會同六分局丈分地畝會報卷
同	14	各項另存卷
同	15	製務第六分局卷
同	16	總分局經徵人員調查表卷
同	17	秘書處自一月二十五日起每星期一在公共會堂舉行紀念週卷
同	18	呈送省政府本局公務員姓名薪額調查表卷
同	19	呈送財政處二十五年度歲入概算書卷
同	20	第二分局呈請委員靳光華經收民欠有大頭小尾情事請查辦卷
同	21	財政廳電公務員遺誤奉中央照准遵辦卷
同	22	第一分局經費預算卷
同	23	第六分局經費預算卷
同	24	製務第四分局卷

丁字25	據五原灾成呈請振業請飭第三分局將無地之地與民注銷卷	同45	第一分局旬報卷
同26	奉令府令據包頭縣人民王何月呈訴呂廣宏侵吞公款遺害領戶請法辦卷	同46	銓敘部咨規定公務員任用審查表日期及叙明原送審查機關發文日期卷
同27	石良玉請領押荒卷	同47	行政院令發修正公務員考績法施行細則卷
同28	中公旗請領押荒卷	同48	建設廳咨據五臨安水利局呈請援案續招租達賴漳荒地應照小租章程卷
同29	第二分局墾款旬報卷	同49	第四分局呈報逃亡絕戶地收包另放卷
同30	第二分局附款旬報卷	同50	呈送財政處二十四年度收支決算書卷
同31	第二分局雜款旬報卷	同51	第五分局旬報卷
同32	第二分局呈據慶綠寺呈控李富春侵伯地畝派員查丈卷	同52	第六分局呈比力克召地畝可否以續召地待遇卷
同33	墾務第一分局	同53	呈送省政府總分各局組織系統表卷
同34	呈送財政處二十四年度丈地已未微荒價總表卷	同54	各分局呈報丈地收款約數卷
同35	第六分局附款旬報卷	同55	總分各局呈解續繳飛機捐款卷
同36	第六分局旬報卷	同56	行政院令覆墾荒施行方案卷
同37	第六分局雜款旬報卷	同57	士默特公請領押荒卷
同38	西公旗請領押荒卷	同58	商人馬權請領押荒卷
同39	墾務第二分局卷	同59	第四分局旬報卷
同40	據楊有財呈請黃河遷移援案停丈地畝歸原主卷	同60	第六分局呈送二十五年填用粘單繳查卷
同41	第二分局呈繳部照根卷	同61	墾務第五分局卷
同42	實業部咨送修正綏遠和碩公中墾區辦事處組織章程卷	同62	第五分局呈報建費費卷
同43	第一分局呈送二十五年一月起計算書卷	同63	第五分局呈報文化費卷
同44	呈省政府應需主任閻刊印民案旬報卷	同64	第五分局呈報建設費卷

第二部　民國卷宗目錄

第二部 民國卷宗目錄

丁字
- 同 65 第五分局呈報學校戴裘費卷
- 同 66 第五分局呈報退費卷
- 同 67 函送各處裂務計劃卷
- 同 68 各分局呈報票照部照各數目卷
- 同 69 各分局呈報丈放地及應征荒價卷
- 同 70 第二分局呈報丈地畝及應征荒價卷
- 同 71 奉省府令據農會呈報鄉民王富小旱禦局繩丈員強迫認領戶口地卷
- 同 72 第五分局呈報丈報屯墾地畝卷
- 同 73 奉省府令發制定舉行升旗典禮規則
- 同 74 第一分局呈報丈地月報表卷
- 同 75 各分局呈報新報製地畝表卷
- 同 76 呈送省政府二十六年行政計劃卷
- 同 77 第三分局呈報旬報卷
- 同 78 據劉鴻江等呈第一分局不徹執照放民餘地卷
- 同 79 據公記經理人廬雲山呈廣覺寺強佔民地飭三分局秉公處理卷
- 同 80 各分局呈報預計丈地收款並擇寳進行卷
- 同 81 各分局呈報丈地及應已未征新闢各地畝考核表卷
- 同 82 各分局呈報丈地及應已未征新闢各地畝考核表卷
- 同 83 第五分局呈預借渠費修理渠摘卷
- 同 84 總局委任各差卷

- 同 85 杭錦旗蒙領荒價卷
- 同 86 第二分局經費預算卷
- 同 87 第三分局經費預算卷
- 同 88 第六分局丈地表卷
- 同 89 第三分局呈附款卷
- 同 90 第五分局呈報雜款卷
- 同 91 陶林縣呈解難各款卷
- 同 92 呈省政府解報發地政局經費卷
- 同 93 奉總局公務員所得稅卷
- 同 94 奔財政廳丁培基與吳鐲等爭領野鬼地卷
- 同 95 第四分局經費卷
- 同 96 第五分局呈報丈地表卷
- 同 97 第六分局經費卷
- 同 98 第二分局呈報丈地表卷
- 同 99 第三分局呈會計王俊卿挪款潛逃呈請通緝卷
- 同 100 總局呈請清丈白齋灘餘地及村基地辦法卷
- 同 101 公務員交代條例第十條適用疑義卷
- 同 102 各分局丈地表卷
- 同 103 陶林縣請領押荒執照卷
- 同 104 第六分局呈送升科冊卷

丁字	105	東公旗請領押荒卷	
同	106	第七分局請領應支經費卷	
同	107	達爾罕旗請領押荒卷	
同	108	茂明安旗請領押荒卷	
同	109	建設廳查開挖民豐渠佔用劉世威地四十六畝請豁免地價卷	
同	110	豐鎮縣民人楊慶昌領小南溝官荒地卷	
同	111	奉省府令據西公旗呈安北鎮西邊一帶地畝原為余太召之瞻召地仍歸召養贍卷	
同	112	第三分局呈送各處升科冊卷	
同	113	杭錦旗與達旗連界之救勤札薩鄂博地被民人推佔請防查卷	
同	114	銓敘部查公務員送審著作以每人一種為限卷	
同	115	第四分局雜欵旬報卷	
同	116	呈財政處本局擬請展限一年卷	
同	117	據臨河農民孟傳功呈控六分局申委員等賄出霸產請飭查辦卷	
同	118	奉行政院令發修正主計人員任用條例卷	
同	119	奉行政院令各機關轉送職員審查證件卷	
同	120	呈送省政府二十五年職員升降功過調查表卷	
同	121	准省府秘書處函送主席宣佈本年建設綱要意見卷	
同	122	據旗鳳鳴等呈第五分局違法清丈李明甫等強奪佃權請復丈卷	
同	123	據裴景仙呈請第三分局復丈前領地畝卷	
同	124		
同	125	據臨河人民王子雲呈以第六分局違法清丈卷	
同	126	訓令第六分局據李前局長呈請民人孟尙德原領大順成村地畝有票無地註銷原照卷	
同	127	呈送財政處總分各局支付預算卷	
同	128	呈送財政處二十六年收數比較表卷	
同	129	卸任第六分局閻局長呈爲管卷人疏忽遺失批廻文令請令新任局長備案卷	
同	130	據托縣三消撈村郭從旺等呈請一分局勘驗地畝原戶認領卷	
同	131	奉令據劉縣惠呈脊在堂侵佔公荒百到飭五局丈放卷	
同	132	呈財政處呈送實收欵表卷	
同	133	呈財政處實支經費卷	
同	135	第二分局呈報擬丈主任等損失馬匹並呑縣府拍賣遞犯遺產賠償卷	
同	137	訓令第四分局將前派額外督催員裁撤卷	
同	139	奉省府令據武川第二區代表等請緩丈餘地卷	
同	139	據五臨安三縣水利委員會函將五加河兩岸潮出地畝撥歸水利基金地卷	
同	140	高等法院抄武川獸特戶口地原定章程卷	
同	141	奉省府函規定公務員及工友服裝劃一辦法卷	
同	142	造林運勤植樹辦法卷	
同	143	訓令各分局奉國府令規定預算法自二十七年一月一日施行卷	
同	144	第四分局呈送二十三年分各地升科冊卷	
同		函參事處現在公務員調查表塡送卷	

第二部 民國卷宗目錄

第二部 民国卷宗目录

厂字 115 呈送省政府二十六年工作报告表卷
同 116 第七分局呈送计算书卷
同 117 训令第三分局据安北乡民纳不素刀额计等呈三分局私丈余地请查办卷
同 148 安北设治局呈送安北全图一份卷
同 149 据五原縣文崇等呈请所种余地退归民掛领卷
同 150 第五分局呈送支出计算书卷
同 151 奉行政院令各机关嗣后公务员代表其机关出席应需旅费卷
同 152 训令各分局奉颁修正公务员任用法施行细则卷
同 153 据民人纳盛額饩呈第三分局收款员私丈余地应请查办卷
同 154 杭锦旗杏張永良等劓馆新庙驅召地畝已派六分局会查卷
同 155 奉行政处令自二十六年七月分起按丈地收款各提一成解费卷
同 156 训令各分局训练所飞机捐延期一年卷
同 157 奉财政院令制定公务员训练所章程卷
同 158 据踏勘绥縣白什戶村蒙民代表槼文炳呈请报繁蒙民戶口地畝卷
同 159 銓叙部拟具各省市公务员銓叙补救辦法五項卷
同 160 准上欽特旗政府函轉昌森轉推本旗地畝現被陳玉福開種派員會查卷
同 161 奉省府令據安北設治局呈請收買各村地基已裏囤卷
同 162 关於沃野設治局清理墾地與辦水利以資發展卷
同 163 東兩公旗借用流通券蹈還財廳卷
同 164 西公旗杏張體駿翻佔阿登討亥等村地畝卷

同 165 清理集寧縣街碁地辦法卷
同 166 據臨河太安鎮馮文成呈掛領墾地致失保障請俯准證明卷
同 167 呈送財政處二十五年度發給各蒙旗款項列表卷
同 168 奉省府令據報周陽縣經書姜修梅違法瀆職仰會查卷
同 169 第二分局普會寺公餘荒地畝卷
同 170 第四分局電報范前局長將逃亡地畝交濟地價之戶復行擬放卷
同 171 奉省府令知渡照行政機關公務員查報辦法卷
同 172 第六分局呈送二十四年丈放升科冊卷
同 173 呈財政處各分局援照省府公務員新俸變更折扣辦法辦理卷
同 174 呈財政處呈請總分各局援照省府征繁款比額表卷
同 175 奉行政院令以統一官等官俸並屬行銓敘制度意見五項卷

附錄

―包頭墾務第三分局卷宗目錄
―固陽墾務第四分局卷宗目錄
―固陽墾務第四分局賬簿目錄

前包頭經邊墾務第三分局墾業務案文卷一覽表

號數	名稱		號數	名稱
一宗 1	接任視事卷		同 19	公務員每月扣交所得稅卷
同 2	張前任呈交卷		同 20	人民呈訴暨呈請案卷
二宗 3	移交任內各卷		同 21	一切代辦各項卷
同 4	雜款旬月報卷		同 22	本局人員委令布告卷
一宗 5	墾地歸公另放卷		同 23	中華製殖公司請領餘荒卷
同 6	呈解徵起部照各款卷		同 24	本局職員呈報各案卷
同 7	請領各種票照卷		同 25	清丈譚煮木獨地畝卷
同 8	欵項旬月報告卷		同 26	製附各款旬月表卷
同 9	附款報告表卷		同 27	經費預算人員薪工表卷
同 10	抵解應分三五押荒卷		同 28	總局曉諭辦法卷
同 11	製雜製各款及抵解經費卷		同 29	總局曉諭收款月報卷
同 12	新報製各款地畝卷		同 30	總局令查各項卷
二宗 13	呈解各月飛機捐卷		同 31	全年度歲入歲出概算書卷
同 14	丈放地畝應收荒卷		同 32	廣慶寺與展榮山爭地卷
一宗 15	各機關來往文件卷		同 33	接收張任會報卷
同 16	丈地收款年度應徵押荒卷		同 34	荒地面積關查表卷
同 17	徵收頒發部照正雜各款卷		同 35	毛利特努亥蒙族應分三五卷
同 18	呈報各款文件卷		同 36	清丈前明安餘荒及房基地卷
附錄			同 37	歷年丈放地畝應收荒價卷
			同 38	遵辦存查各案卷

附錄

同 新報製各項地畝卷	同 函達四分局清理墾殖公司卷
二宗 各機關來文卷	同 雜項卷
同 清丈前明安餘荒卷	同 經費變更幷捐款卷
一宗 一切委令布告卷	同 金書勘辦幣及尙靈亭卷
同 呈請事項押追地戶卷	同 委令布告等項卷
同 來文待辦卷	同 全年度歲入歲出預算卷
同 公務員勤惰表卷	同 駐余辦公處文件卷
同 建寳文化旬月表卷	同 丈地及應已未收荒價卷
同 丈放地畝應徵荒價約數卷	同 經費表領款憑單卷
同 撤地另放保證金卷	同 勘收西公旗毛利特勞亥地畝卷
同 一切未辦卷	同 勘放西公旗秦一雛地畝卷
同 雜款旬月表卷	同 呈送繁雜各款卷
同 呈解繁雜各款抵解經費卷	同 總局立定辦法卷
同 呈請抵領三五押荒卷	同 公務員審查及請領證書卷
同 呈請呈報雜項訓令卷	同 請領各種執照卷
同 呈報各機關函夅卷	同 呈報經費預算新工表卷
一宗 勘放西土城求刘新村地畝卷	同 西公旗宿亥雛地畝卷
五宗 人民訴請呈覆案卷	同 公務員秉坤房地卷
同 呈報丈地收款月報卷	同 經費決算計算書卷
同 呈送部照款項解款卷	同 寧令勘查毉寺三利公司地畝卷
同 呈報呂薰雛私收獎款卷	同 呈解抵解及抵領經費卷

一宗	清理禮薩木獨地畝卷
一宗	丈地收款月報表卷
同	呈報部照各款月報表卷
同	經徵類附各款報告卷
同	建實文化基金旬月表卷
同	本局呈請支付經費預算卷
同	丈地應收荒價確數卷
同	發文簿檔卷
同	各種票照卷
同	呈報財政廳總局收支卷
同	一切待辦卷
同	呈報徵收新舊民欠月報卷
同	奉令編造升科表冊各項卷
同	關於接收孫任一切文件卷
同	勘收西公旗黑沙兔地畝卷
同	本局經費支出計算卷

前固陽墾務第四分局卷宗目錄

四字	
1	關於改組事項
同 2	呈報開辦啓用關防事項並奉行

附錄

同 3	委任本局職員
同 4	接收固陽縣務事項
同 5	頒發電本及各項章程條例
同 6	捐助各省賑款
同 7	請領各種票照
同 8	來文備案第一卷
同	第二卷
同	第三卷
同	第四卷
同 9	調查呈報地畝情形第一卷
同	第二卷
同 10	在任旬月各報及卸任一切交代事宜
同 11	關於貼用印花簡章
同 12	關於茂旅交涉調查事項
同 13	雜項價目
同 14	建實費奉令仍繫局
同 15	接收大余太設治局並烏分局
同 16	接收茂旅行局
同 17	批茂五兩局移交存款
同 18	會同調中東兩旅地畝糾葛

附　錄

四字
19 禁令在職人員營私舞弊懲罰章程
20 督征監丈員辦事規則
21 糶款旬月報表第一卷
同　　　　　　　第二卷
同　　　　　　　第三卷
22 呈送雜款旬月報表第一卷
同　　　　　　　第二卷
同　　　　　　　第三卷
23 建實費旬月報表第一卷
同　　　　　　　第二卷
同　　　　　　　第三卷
24 呈送征收票現旬報表第一卷
同　　　　　　　第二卷
25 呈送糶款月報表第一卷
同　　　　　　　第二卷
同　　　　　　　第三卷
26 呈送雜款月報表第一卷
同　　　　　　　第二卷
同　　　　　　　第三卷
27 呈送建實費月報表第一卷

同　　　　　　　第二卷
同　　　　　　　第三卷
28 附收加征票照費月報表第一卷
29 呈送丈地月報表第一卷
同　　　　　　　第二卷
30 呈送務督辦處各種月報
31 關於茂旂東西卬旂領地
32 呈送財政處旬報表
33 呈送收入日報表
34 抵領經費第一卷
同　　　　　　　第二卷
同　　　　　　　第三卷
35 呈解正雜各款第一卷
同　　　　　　　第二卷
同　　　　　　　第三卷
36 呈送預算薪工表第一卷
同　　　　　　　第二卷
同　　　　　　　第三卷
37 核減經費
38 呈解款表

四字 39	袭世廉巴汗僱包地畝款項令委查辦事宜	同 58	丈放廣益魁等處街基地
同 40	職員服務服制工作勤惰事宜	同 59	浩瀁升科冊事務
同 41	浩瀁各項款目清冊	同 60	清理眼房塔等處地畝
同 42	通興功各項事宜	同 61	年度預算第一卷
同 43	調查墾務狀況及土地材料	同 同	第二卷
同 44	課征所得稅	同 62	合窑辦公處事項
同 45	呈送收支計算書第一卷	同 63	決算事項
同 同	第二卷	同 64	出納物品財產表
同 46	蒙旗請領洮國券抵荒價	同 65	呈報辦理事項
同 47	中華民國徵國旗法規	同 66	撥旗民地畝安揷事項
同 48	奉令各職員不得兼差並策新	同 67	考核辦理人員
同 49	征收所得捐	同 68	會議記錄辦理事項
同 50	茂分局被提規款項	同 69	呈送施行丈放地畝計劃事項
同 51	驚務事項	同 同	第二卷
同 52	公債事項	同 70	呈送施行丈放地畝收款表第一卷
同 53	征收文化事業基金	同 同	第三卷
同 54	政府公報費事項	同 71	呈報局長公出公旭日期
同 55	土地測量應用尺度章程	同 72	撥付蒙旗款項
同 56	東公旗旗務事務	同 同	第二卷
同 57	勘契達爾罕旗地畝	同 73	接收小佘太地畝並清理辦法第一卷
	附　錄		呈送選定試種農民姓名

附 录

四字
74 垦务涉讼审理救济办法
75 每月由附款内提支五厘经费第一卷
同
同 附征建实费
同
同
76 土匪骚扰县境情形
77 解缴多领经费
78 中公旅团领地亩
79 订阅绥远日报
80 兴办建筑新村事项
同
81 垦户拖欠垦款迳县追缴事项
82 小佘太十分村规定浇水办法
83 限制农民领地改进佃农大纲
84 所辖地内人民有无与外国人私立合同
85 捐款职员生活费
86 丈放房基场园地费
87 土匪紧慑马兵刘贵事项
88 县政府吞齐各项地亩事项
89 填发部照事项
90 考核局务工作报告表
91 呈送职员进退表

同 92 提支放地收款五厘经费第一卷
同 同 第二卷
同 93 派委刘为本局稽核事员
同 94 会计人员办事规程
同 95 固阳警务区分部各项事务
同 96 财政署核旬月各项情报表
同 97 陆海空军司令部各项情报事项
同 98 拨给固阳县一五建筑费
同 99 浩送概算书事宜
同 100 订购夷吾始末一书
同 同 第二卷
同 101 浩送民欠册满理办法第一卷
同 102 呈送才委会月报
同 103 二十一年征收各款比较表
同 104 呈送保证金旬报表
同 105 士匪撤地号放旬报表
同 106 呈送本局公务员并无佔染嗜好甘结
同 107 改用各种公文格式
同 108 书锡侯遗失执照
同 109 各蒙旗召庙团体报繁事宜

四字 110	呈送每日平鈔現洋行市月報		同 8	領地保證金旬報表
同 111	呈送各補票照月報表		同 9	征收現鈔數旬報表
同 112	呈送每三箇月計畫放地收款進行情狀		同 10	丈地月報表
同 113	各機關加入應徵荒價一覽表		同 11	實行丈放地畝表
同 114	各機關加入蒙人參與政務		同 12	製款月報表
同 115	各教育機關掛領學田地不得過百頃以上		同 13	雜款月報表
同 116	捐助飛機救國捐款		同 14	建實文化費月報表
同 117	分行局職員姓名表		同 15	呈解製雜各款
同 118	各機關人員准領臨河地畝		同 16	抵領行局經費
同 119	交郵重要文件須掛號		同 17	抵領附征各款應提五厘補助經費
同 120	令各局長勤製未報荒地		同 18	二里半行局呈解製雜各款及丈地繳查
同 121	各機關公務員赴考待遇		同 19	二里半行局雜務
同 122	置缺公務人員遵守復信事項		同 20	佈告轉諭二里半地各墾戶
達字 1	開辦達爾汗旗報製二里半地畝情形		同 21	新報二里半地放地報告月報表
同 2	呈送二里半地職員經費表		同 22	知會各縣政府區公所協助保護二里半地員役
同 3	彙放二里半地委任各職員		同 23	彙放二里半地設立行局購置物品需用開辦費
同 4	勘放達爾罕旗報製二里半地畝界址需用旅費		同 24	二里半地放地報製懲罰提獎
同 5	呈送二里半地雜款旬報表		同 25	呈送彙放二里半地預算薪工表
同 6	彙放二里半地製款旬報表		同 26	呈送二里半地放地一覽表
同 7	彙放二里半地建實費及文化基金旬報表		同 27	每月撥給達爾罕旗荒價款項

附錄

附 錄

宇字
1 富范兩任交接
同 2 請領各種票照第一卷
同 同 請領各種票照第二卷
同 3 委任本局職員
同 4 預算薪公表第一卷
同 同 預算薪公表第二卷
同 5 （無卷）
同 6 呈送考核現職人員各項表
同 7 造送植樹表事項
同 8 呈送分局雜款旬報表
同 9 呈送分局雜款旬報表
同 10 （無卷）
同 11 呈送年度預算
同 12 呈送分局保證金旬報表
同 13 （無卷）
同 14 佈告各民戶領地並交欠款各事宜
同 15 呈報放地收欵約數
同 16 訓令分行局放地收款事項
同 17 （無卷）
同 18 同

同 19 同
同 20 同
同 21 同
同 22 二十二年七月一日發行新幣
同 23 省府公布兵役法
同 24 呈解製雜各款
同 25 公務人員捐助飛機款項
同 26 呈送製款月報表
同 27 呈送雜款月報表第一卷
同 同 呈送雜款月報表第二卷
同 同 呈送雜款月報表第三卷
同 28 呈送建實費月報表第一卷
同 同 呈送建實費月報表第二卷
同 29 呈送丈地月報表第一卷
同 同 呈送丈地月報表第三卷
同 30 呈送實行放地表第一卷
同 同 呈送實行放地表第二卷
同 同 呈送實行放地表第三卷

宇字 31	丈放地畝及應征荒價表第一卷	
同	同 第二卷	
同	同 第三卷	
同 32	呈送各種票照表第一卷	
同	同 第二卷	
同	同 第三卷	
同 33	呈送錢幣行市表	
同 34	呈報局長公出公回日期	
同 35	呈報所轄墾地範圍土匪騷擾情形	
同 36	造送升科冊事宜	
同 37	調查白廟子等餘荒地畝	
同 38	（無卷）	
同 39	制定度量衡	
同 40	楊三麻潮佔杜支民地畝糾葛	
同 41	分局征收附款提支五厘經費	
同 42	呈解溢支經費	
同 43	（無卷）	
同 44		
同 45		
同 46		
同 47	新報墾地公合當地戶王三撑推出地畝情形
同 48	抵領分局經費
同 49	呈送年度征收訖新舊押荒荒價
同	丈地及應征已欠應已未征荒價考核表
同	新舊民欠應已未征荒價考核表
同 50	存用部照事宜
同 51	函解各項報費
同 52	奉令公務人員服用國貨
同 53	（無卷）
同 54	
同 55	同
同 56	雜項訓令
同 57	三四約地價及格那此老歲租等則
同 58	由七月一日起准在征收荒價內提支經費
同 59	呈解所得稅並公務員助災款項
宙字 1	行局呈送預算薪工表
同 2	行局欵欵旬報表
同 3	呈送行局雜款旬報表
同 4	呈送行局建實文化費旬報表
同 5	呈送行局保證金旬報表

附錄

宙字
- 6 呈送行局票現數目旬報表
- 同 6 規定實支經費表
- 同 7 呈報二里半民戶領地請求不攤鍰款
- 同 8 呈報二里半地完竣擬勤小五約
- 同 9 呈送行局鍰款月報表第一卷
- 同 10 呈送行局鍰款月報表第二卷
- 同 11 建實文化費旬報表
- 同 12 建實文化費月報表
- 同 13 丈地月報表第一卷
- 同 14 丈地月報表第二卷
- 同 14 行局實行放地表第一卷
- 同 新報製地月報表第一卷
- 同 新報製地月報表第二卷
- 同 15 調查察察一連地畝
- 同 16 呈解行局鍰雜款
- 同 17 征收附款提支五厘公費

新字
- 18 撥給達爾罕旅三五鍰款
- 同 19 呈解行局溢支經費
- 新字 1 勘收報鍰通與功北地畝擬訂辦法
- 同 2 呈報設局開辦日期
- 同 3 呈請刊發分局關防以資啓用
- 同 4 呈請印發各種票照
- 同 5 呈報委任各項職員請加委
- 同 6 電陳土匪竄入周境騷擾
- 同 7 布告人民務於定期內課領地畝
- 同 8 各種來文備案第一卷
- 同 各種來文備案第二卷
- 同 9 造送預計算
- 同 10 每月解款第一卷
- 同 每月解款第二卷
- 同 11 武棚丈員等在四區被匪劫去鞍馬
- 同 12 寒令規定收款及不兌現幣辦法
- 同 13 合嚮事務所各項雜務
- 同 14 各項月報
- 同 15 茂旅呈准征歲租並請委蒙員會同辦理
- 同 16 總局規定每月解款比較

新字 17	總局派員提款並派王梅村縂查服簿月報底稿	同 34	呈報整理財政處旬報
同 18	呈報駐固西北軍第六師長強提征存掛號費	同 35	事務所呈報需用票照
同 19	呈報委員那秀峯等在途被匪截刼征收製款馬匹	同 36	合案事務所呈繳事宜 合案事務所呈解款項
同 20	總局訓令公債抽籤還本	同 37	請領經費並已領抵解
同 21	禁止職員吸食阿片等情	同 38	綏遠籌餉流通卷使用及抵產辦法
同 22	都統及各長官到任日期	同 39	每月編造預算附請款憑單
同 23	撥發製款應先請示	同 40	征收各項紙幣及流通券旬報表
同 24	令條陳製務利弊	同 41	亂後調查地所情形
同 25	呈製務督辦月報	同 42	節餘經費
同 26	呈製款月報	同 43	本局職員公出公回呈報日期
同 27	造送損號費旬報第一卷	同 44	函送總局會計科通知書
同 同	第二卷	同 45	請領經費附以領抵解
同 28	呈送製款旬報表第一卷	同 46	綏遠道尹署事項
同 同	第二卷	同 47	（無卷）
同 29	造送征收掛號費月報	同 48	各項災情賑助捐款
同 30	造送丈地月報	同 49	茂五兩局所放地畝升科事項
同 31	造送征收建築實業費月報	同 50	限期再展一年
同 32	造送征收建築實業費旬報第一卷	同 51	呈送解款表
同 33	造送征收票費月報	同 52	雜項事務
附錄			

附錄

新字 53	移交四分局事項	同 16	請領經費以領抵解
54	繳銷鈐記等項	同 17	綏邊清丈器事項
五字 1	茂旅報墾五福社墾地	同 18	節餘經費
同 2	五福社局每月預算	茂字 19	總局催征催解荒價
同 3	五福社局墾款旬報第一卷	茂字 1	貝勒地行局丈放地畝
同 4	五福社局雜款旬報第一卷	同 2	綏遠地行局丈放地畝
同	第二卷	同 3	三成地丈放地辦法及實支預算
同 5	五福社局建實費旬報第一卷	同 4	函查各行局丈地辦法及實支預算
同	第二卷	同 9	預購印花票
同 6	五福社局墾款月報	同 19	總局訓令中灘蘭虎諕塔地戶陳州保抗丈青苗
同 7	建實費月報	同 20	呈報擬改旬報爲按月造報
同 8	五福社局雜款月報	同 21	呈報總局開繩丈放日期
同 9	五福社局票費月報	同 35	奉令協力台吉繫請將來發生何項利益分賜本旗籌資補助
同 10	五福社局丈地月報	同 37	函呈總局擬改丈單
同 11	各種情形	同 38	函總局示辦虛收及發收單據
同 12	五福社局各款票現旬報	茂字 40	呈報郡統悶陽偏解民智未開布告及地價逾限撤囬另放
同 13	五福社局解款	同 41	二等繩丈員丈地不實請記大過
同 14	五福社局經費	同 47	奉令遵擬丈放村基辦法並請經丈此項村基
同 15	五福社局抵領經費	同 57	地戶遺失正式丈單請發臨時丈票
同	督辦總辦旬報	同 58	奉令勘收茂旅貝勒公布報墾三四約地
	財政處		

同	59	丈放地畝繳查月報表	
同	60	征收荒價旬月各報	
同	61	建築費旬月各報	
同	63	代還茂旗拖欠王高正債務	
同	66	擬定征收價增強辦法	
同	67	烏拉特東公旗呈請暫緩催繳花戶荒價	
同	85	寒令擬給貝勒公布荒價	
茂字	86	寒令征收荒價規定現七票三俱裕收入	
同	96	報解荒價款	
同	97	報解掛號費款項	
同	98	發給茂旗催討地戶欠水草費	
同	105	發各項表册依式查填	
同	108	三成地行局主任蘧就管見	
同	111	三公旗歐局請轉公文	
同	116	關於裁撤各機關	
同	126	茂旗及貝勒公布等領款	
同	125	三成地報解荒價掛號費	
同	136	發貝勒地丈單丈糧	
同	137	貝勒地行局解交掛號費並請領經費	
同	128	滙解建築費款項	
		附錄	

同	139	以糧抵荒價情形交署辦法	
同	150	代收各款酌加手續費	
同	152	丈放地畝截至數目	
同	153	報解建築費	
犂字	2	派員嚴催荒價	
同	3	接收前任移交各項款目票照及官物等項	
同	4	催令短租先行繳納	
同	7	達令梅楞已札鋪蘇特戶口地畝租給餘姓耕種並勘丈情形	
同	14	請領發部照	
同	26	貝勒行局解交掛號費並請領經費	
犂字	37	荒價建築旬月款項由薪扣還	
同	44	委員借用總局款項由薪扣還	
同	51	令委調查稅務各分局	
同	58	民欠荒價數目開單呈報	
同	61	呈報刷印臨時收照征收荒價	
同	62	報解荒價款項	
同	64	各行局職員表	
同	72	貝行局職員表	
同	81	犂務調查實業廳派員提解犂款	
同	83	貝勒地荒價旬月表	

附錄

製字	88	貝局征收短租掛號
同	90	報解貝勒地荒價
同	91	報解貝局建築費
同	92	呈報督辦批解製款
同	93	征收荒價旬月報
同	94	征收建築費旬月報
同	97	三成地荒價旬月報
同	99	局員催款得力懇請獎勸
同	101	丈放地畝月報
同	109	廣行局原勘放地畝圖表
同	110	三成地行局原勘放地畝圖表
同	111	貝行局原勘放地畝圖表
同	112	臨收員留支野水並瀝解節餘經費
同	113	丈放各旗地畝繳清地價填發部照數目開單
同	130	令電催解荒款及懇請核減
同	132	請領經費並以領抵解
同	143	茂旗補報巴克爾地放製
同	144	珍德堂等應分粮石懇請派員監視
同	146	前往廣覺寺各旗勘製
同	147	放地截止數目月報

同	152	三四約地預為規定以便升科
同	157	陳達催征製款困難情形
同	215	勒丈莫爾根費克齊召界址
同	216	購買粮石以價抵款
同	222	報解荒價款項
明字	15	地畝不敷及裁減人員縮短年限
同	35	繳解各種票費
同	36	各行局征收短租
同	40	報解短租款目
同	40	短租月報
同	41	各祀地戶呈請被匪蹂躪緩征荒價
同	42	徵收荒價建築費旬月報
同	44	總局派催收員到差任事
同	102	請求保留腦召地畝
同	131	請領收款各種照票
宜字	69	征收建築費旬月報
同	170	經征製雜各款旬月報
黃字	4	收款各項照票
月字	10	建築公款不敷每項地附二成
洪字	7	丈放扎薩地畝碑雜展緩

一八〇

列字 15 廣義發行局	同 42 各區欠交烟畝罰款附農會等呈請豁免烟款
辰字 16 公債辦法	同 44 書浚接收
地字 2 寒委開辦丈放地畝各辦法	同 45 墾務督辦各項月報表册
炱 12 屯墾為籌邊要政	同 46 墾務科移交第四分局
元字 3 預計算各書	同 47 新疆地五月分月報表
天字 1 寒委到差及成立日期	墾字 48 各項旬報表
墾字 1 新疆地四月份三旬報	同 陳任各項雜稿
同 2 新疆地五月份三旬報	同（無號）甲壩地建實費旬報
同 3 填發部照	墾字 放四汗惱包地
同 29 委任劉績等為墾務科員	同 淺旗墾雜各款旬報表
同 30 各項留支經費應先呈准方能開支	同 淺旗墾雜徵收及民欠數目報告表
同 31 寒令規定墾務每月收款各辦法	同 大小鄂博行局旬月報
同 32 呈督辦擬仍設墾務科及東西行局列表請照准	同 代溝李前任月報
同 33 總局催徵墾雜各款	同 旬月年表按限造送
同 34 報解墾雜各款按照頒發表式	同 各項地四月分月報
同 35 部照經征各費	同 官莊子墾雜各款征收及民欠數目報告表
同 36 未報墾及未升科地畝數目	同 代溝李前任十五年七月各月旬月報
同 37 總局派員旅費援准方得借支	同 本年三月份起丈地月報改換表式
同 38 癸世廉地上納葛連為解絕	
同 39 各備浚任未浚各項文件	

附 錄

附　錄

契字（無號）雜項文件

同	烏蘭板申
同	督辦報結墾雜款
同	東公旗報墾大旗地
同	職員委任
同	復民戶困苦墾租欠難催解放地收款辦法
同	二月份部照無收入
同	呈報杏明已未損失案卷造册具復
同	茂旗報墾後王碾房十分子地畝
同	呈報在段總辦任內所領印花並未銷售
同	茂旗建築費旬報表
同	外人承領房基地辦法
同	呈洛職員不吸阿片連環保結
同	奉令新報墾地總徵一五建築費百分之五實業費
同	總局規定月解款洋一覽表
同	清理未放地畝
同	委任
同	丈放房基地
同	總局令飭查報荒地數目儘行移民實邊
同	征收茂旗及官莊子建費旬月報

同	征收茂旗荒價旬月報
同	征收官莊子荒價旬月報
同	茂旗建築費月報
同	茂旗荒價月報
同	十二年七月至十四年一月墊支經費
同	王文悅呈欠款由茂旗相抵
同	交代條例
同	劉季交接
同	復民欠及未放地畝案卷清竣再行辦理
同	造浚升科册
同	官莊子荒價月報
同	加收照費
同	呈報教堂租地情形
同	茂旗報墾白菜蒿地畝
同	墓荊召報墾地畝
同	丈地月報
同	勸小召子墓荊召廣化寺報墾
同	奉令捐撥官荒用作造林
同	奉令赴總局領獎品
同	關於撤地另放

槊字(無號)	關於各區查報已丈未丈地畝		
	巴汗惱包地裘世廉已領地畝荒價開單送核		
同	各項來文卷	官莊子建築費旬報	
同	關於經費先呈准後截留	同	請領單照
同	關於造發各項地旬報	同	關於總局借款
同	關於造發各項表月報	同	關於奉令抵擾茂旗荒價
同	呈復後王廳房地經費准照原案自二月一日開支	同	廣化寺荒價旬報
同	呈復襲租各款月報卷查清再行造報	同	催征民欠荒價
同	茂旗議領英綱根召荒價	同	葛荊召荒價旬報
同	關於鄂博行局旬月報	周子	征收紅油桿子逃戶地畝糧租
同	關於一五建築費運解道尹署	同	短租地內訊明分攤情事
同	呈滾原發李前任張師長提款收據清單	同	電令催交荒價
同	各項來文	同	茂旗征收荒價旬報
同	報解襲雜各款	同	茂東兩旗爭佔地界
同	劉陳兩任交接卷	同	解旗襲款擬定八條辦法及解通知書月報
同	短租加價	同	官莊子征收荒價旬月報
同	呈解印刷費	同	茂旗建築旬月報
同	房基地價旬報	同	官莊子建築旬月報
同	房基地建築費旬報	同	布告各地戶繳納荒價貼號概不收用
同	官莊子襲雜各款旬報	同	報解荒價並開單月報
	附 錄	同	各縣局應存襲雜各款未繳報明致有損失公象概不承
		同	茂旗貝勒坟塋被放襲越佔

附錄

周字 363 裁留建築費洋月報
同 383 書陳縣長交接各項款目及物品
同 400 丈地月報截止數目
同 401 報解墾務察爾墾款月報
同 402 茂旗報墾旬月報
同 403 官莊子報墾旬月報
同 409 茂旗征收建築旬月報
同 417 除押荒提支一成經費外餘款勿得妄提
同 418 報解荒價款項並借款起息
同 422 抗訟不交及無力繳納者撥地另放
同 423 譯懇固屬全墾餘荒夾荒辦法
（無字號） 寒總局令升科起征按年造冊
凌字 24 凌李任外交代
同 25 各項來文
同 26 呈請總局照准經費
同 27 墾雜月報
同 28 征收墾雜款旬報
同 29 本署三科人員委任
墾字 23 茂旗塔爾巴蒸等池撥超界餘丈
同 29 規定酌派稽查

同 74 發各行局短租照票
同 184 撤銷各行局
同 197 積欠薪津以地抵餉
明字 32 地戶歷曆大段墾地從重罰辦
同 33 報解節餘經費
同 37 各行局造報應存各物件等數冊
同 45 勘背頌荒大戶招工耕作
同 61 撥茂旗貝勒公布荒價款目
同 90 丈地月報
同 118 丈地截止數目月報
周字 243 茂旗清算丈放地畝
同 244 建築旬月報
同 246 莫爾根召請領地價款項
同 274 李宗倫拖欠墾款
同 112 呈報後店字警察分駐所收支經費
（無字）111 關於未辦各文件並候彙齊各案
墾字 1 預計算
烏字 13 呈解大小鄂博正雜款項
同（無號）大小鄂博旬月報

同	大小鄂博旬月報	同	2	荒價徵費徵收來文幷發收款三聯票據及旬月報告表冊
（無字號）	本行局各項文卷	同	2	勘丈地畝月報
同	旬月報	同	2	地價收支報解
同	勘丈大族西村村圖	同	2	地價收支報解
同	改租局務追加預算	宜字	3	經費支出造報表册及批廻
（無字）1	各機關移交公函	同	3	呈解徵起荒價並建築費
同	關于金融整理	同	67	徵收建築費旬月各報
同	清理茂達兩族押荒	同	68	擬請行局鈐記暫爲借用
同	開設徵收報解	同	70	徵收荒價旬月各報
同	掛號徵收報解	同	71	徵收荒價旬月各報
同	函票呈告	同	98	三四約地增加頭續招放及賞爾根圖訖齊名地
同	請領各種照票	（無字）1		組設行局來文
同	建築費收入報解	同	1	率發丈單及造送圖册
同	經費請領預計報告	同	1	經費支出計算
同	地價收入報解	同	1	續放地畝報告表
同	遼柔撥升呈請	貝字	1	率令禁煙
同	勘丈地畝月報	（無字）1		經費請領支出
同	跳費收入報解	同	1	附徵官莊子建築費報解
同	升邊調補知照	同	1	經官莊子荒價報解
同	各項規定知照	同	1	徵收短租報告
同	清查達茂兩族民欠押荒			
	2 附　　錄			

附錄

(四) 墾務第四分局墾地目錄

機關名稱	番號	種類	暇簿		
貝勒局		荒價賬一本			荒價第一本
同	(無字)1	丈放地畝旬月各報告	同	同
同	1	本局委員丈放地畝報告文件及函契底稿	同	同
同	1	續放官莊子地畝報告	同	同
同	1	解徵契款報解	同	同
同	2	解徵官莊子地契款報解	同	同
宜字		接收官行局未完事項	同	同
(無字號)		續報成立	同	同
同		丈地月報	同	同
同		呈添計算暨升科冊等項	同	同
同		雜卷	貝局	同
同		東公旗自收洪洞灘地畝稅租	同	同
同		雜項文件	同	同
同		接收任事各項及展限並歸併	同	同
同		收款月報	同	同
同		委任本局職員	同	同
27901號		烟後驗治局備案來文	同	同

貝勒地	征收荒價簿一本	
同	同	
同	荒價底賬一本	
同	同	
同	荒價底賬一本	
同	征收荒價簿一本	
同	同	
同	荒價底賬一本	
同	同	
同	征收荒價底賬一本	
同	荒價底賬一本	
同	同	
同	荒價底賬	
同	征收荒價底賬一本	
同	荒價底賬一本	
附錄	同	

三成局	荒價底賬一本	同
同	同	同
同	同	同
同	同	同
同	同	同
同	同	同
同	同	同
同	同	同
同	同	同
同	同	同
同	同	同
同	同	同
同	同	同

一八七

附　錄

三成局　荒價賬一本
同　同
三成地　征收荒價簿一本
同　荒價底簿一本
同　同
同　荒價底賬一本
同　同
同　荒價底賬一本
同　同
同　荒價底賬一本
同　同
同　荒價底賬一本

同　征收荒價賬一本
廣　局　荒價賬一本
同　同
同　同
同　同
同　同
同　同
同　同
同　同
同　同
同　同
同　同

廣局	同	同	同	廣義奎 征收荒價底賬一本	同	同	同	同	同	同	同	同	同	同	同	同
同	同	同	同	荒價底賬一本	同	同	同	同	同	同	同	同	同	同	同	附錄

一八九

同	同	同	同	烏蘭板申地畝行局	同	同	同	同	同	同	同	同	同	三四約甲
				1	2	3	4	5	6	7	8	9	10	11	12	14
同	同	同	同	押荒底簿一本	同	同	同	同	同	同	同	同	同	荒價賬一本

二一一

附錄

三四約 乙 荒價眼一本
同 丙 同
同 丁 同
官莊子 民戶認領中則地畝冊一本
同 民戶認領下則地畝冊一本
同 民戶認領鹻墓地地畝冊一本
同 民戶認領下則地畝冊一本
同 民欠中則地畝冊一本
同 民欠下則地畝冊一本
格那此老 同
同 房基底眼一本
官宇 地價簿一本
同 荒價簿一本
同 同
官莊子 民欠下則地畝冊一本

官莊子 民欠中則地畝冊一本
同 民欠荒價簿一本
同 同
同 同
廣義 荒價眼一本
同 同
小召子 荒價底眼一本
貝勒地 徵收荒價眼一本
廣義奎 徵收荒價簿一本
三成地 荒價底眼一本
三成局 荒價眼一本
同 同
官莊子 荒價簿一本

〔編者〕地政總署土地制度調查室囑託
滿鐵調查部包頭駐在員安齋庫治

成紀七三四年十月 （非賣品）

蒙古聯合自治政府
地政總署

編輯　厚和市新城乾泰泉北街二〇
　　　地政總署土地制度調查室
代表　內藤潮邦

印刷　大連市東公園町三十一番地
　　　滿洲日日新聞社印刷所
代表　鍋田覺治

绥远垦区清理丈放并荒租章程集

成紀七三七年十二月

調查資料第三號

前綏遠墾區清理丈放並荒租章程集

（附墾務機關沿革系統表）

蒙古聯合自治政府
內政部地政科

凡例

一、本資料は、現在地政科厚和分室に於て、整理刊行を續行せられてゐる尨大な前綏遠墾務總局保存資料の中から、土地の丈放・清理並に押荒・歲租・官租等に關する章程及び諸法規を拔萃、簡明に記述したものである。

一、本資料第一部の丈放並に清理章程は、察哈爾・烏蘭察布・伊克昭・土默特兩翼並に綏遠城八旗牧廠及び殺虎口台站地の丈放並に清理の爲に公布せられた章程の全てを含んでゐる。

一、本資料第二部の荒租章程は、該地方に於ける押荒・歲租・官租に關する章程であるが、簡々の地目に關するものは、便宜上全て第一部の丈放並に清理章程の中に組み入れた。

一、本資料第三部の土地關係法規は、當地域に公布せられたもの丶みを集録した。從つて、民國二十五年施行せられた土地法、同施行法正文及び民國十九年公布せられた鑛業法、同施行細則等の諸法令は、當地方の特殊事情によりその公布を除外せられた爲、こ丶には揭載を省略した。

一、察哈爾左右兩翼軍兵隨缺地、公共牧廠地及び操敎場等に關する章程は、所謂剔留章程に入るべきものとして、丈放章程とは別に第三部に編入した。

一、本資料第三部中に含まれてゐる民國十年及び十三年公布の蒙旗地內辦礦暫行簡章及び修正小礦業暫行條例は、當分室に於て整理保管中の前綏遠省實業廳の案件の中より拔萃抄錄したものである。

一、第二部の荒租章程並に第三部の土地關係法規は、當分室に於て新たに編纂したものであるが、第一部の丈放並に淸理章程は、調查資料第三號として成紀七三四年十二月タイプ刊行せるものに一部改訂又は增補を加へたものである。

凡例

一、附錄として卷尾に添附した墾務機關沿革・系統表は、成紀七三六年六月發行の調査資料第二十一號であるが、その組織內容に關する部分は、尨大なものとなるので省略した。

一、印刷の都合上、別册として發行した前綏遠墾區淸理丈放地圖は、各地目の所在をより明白ならしむる爲、當分室に於て新たに集錄したものである。

一、本資料の集成は、當分室全職員の協力によるものであるが、主として屬官八木富彌氏の擔當に成るものである。

　　第一部　屬官、李文興
　　第二部　屬官、鄒寬厚
　　第三部　屬官、白鵬搏
　　附圖　技佐、闕慕禮

一、本資料の刊行に當り、當初より指導を惜しまれなかつた安齋庫治氏に衷心から感謝の意を捧げる。

成紀七三七年十二月

內政部地政科長

柿田琢磨

解　題

蒙古自治邦を構成する内蒙の一半は、現在既にその社會的生産が農業に轉化し、蒙古社會の構成が著るしく變異してゐることによつて、他の一半と判然區別せられるが、この轉化と變異の過程は、端緒的には先行せる商業・高利貸資本により、終局的には之に追蹤せる支那移民の進出とこれに作ふ巨大な開墾により、最近三、四世紀の期間に於て、殊に清末を轉機として極めて急速な發展を遂げた。

この發展の過程に於て、この地方の社會的、經濟的轉換を促進する中心機關として活動したものは、開拓機關でもあり、又地政機關でもある綏遠墾務總局であつた。綏遠地方に於ける最初の蒙地開放の爲の特別な開墾機關として設置されたものは豊寧押荒局である。同局は光緒八年山西巡撫・張之洞によつて豊鎭に設置され、同十一年に至り一端閉鎖せられたが、二十五年には再び開設せられ、爾後察哈爾右翼開墾の特別機關としてその機能を果してきた。然し、光緒二十八年一月二十八日、兵部左侍郎・貽穀が欽命督辦蒙旗墾務大臣に任ぜられ、次いで同年五月歸化城に墾務大臣行轅が開設せられるに及んで、同押荒局は督辦豊寧墾務局に改組され、山西布政使の隸下から督辦蒙旗墾務大臣の隸下に移されるに至つた。綏遠墾務總局の組織と活動は、間接的にはこの豊寧押荒局の開設に始められたことによつて、より直接的には墾務大臣行轅が設置されたことによつて確立せられた。從つて、同墾務局が其の後事繼によつて其の機能を停止するに至る迄、約四十年間に亙つて、公布した辦法並に章程の殆んど全てを含んでゐる本資料によつて、吾々はその活動とそれによつて形成せられた複雑な各地目の所在と性質、土地それ自身の持つ性格の一斑を捉へる事が出來る。又、附錄として添附された墾務機關沿革、系統表によつて、これ等の土地が、何日、如何なる地點に開設された如何なる機關によつて辦理せられたか

一

解　題

を、そして各機關の系統、隸屬關係及び之が改併の模樣をも知る事が出來る。

然し乍ら、本資料は單なる一編の草稿集に過ぎない。從つて、此等各地目の報墾が如何なる政治的交涉によつて遂行されたかは明らかにする事が出來ない。そして又、その墾務事業が事變によつて中斷された爲に、幾許の土地を丈放し終へ、幾許の未徵押荒を殘し、又蒙族及び召廟・地商等の報墾者に分給すべき幾許の未給押荒額を剩してゐるかも明らかにする事が出來ない。併し、この問題は、現在續行されてゐる各地目の解說と、日下厚和分室に於て舊墾務總局職員によつて調查中の各地目の丈放地畝數竝に應徵・未徵・已徵押荒額及び各報墾者に對する應給・未給・已給押荒額の綿密な報告の結果により逐次解明される。

從つて筆者は此處では筒々の地目に關する解說は差し控へ、唯一般的な蒙地開墾の具體的な進展の狀況と、丈放に關する手續竝に二、三の用語につき簡單な解說を爲し、本資料を利用せられる方の參考に資する事とする。

當地方に於ける墾務の進展竝に蒙族に對する方策は、同一の條件、同一の時期に爲されたものではなく、槪ね察哈爾、土默特、烏伊兩盟の三つに大別する事が出來る。

では、先づ如何なる經過を經て墾務が進展せられたであらうか？

1. 墾務の經過

イ、察哈爾兩翼

山西巡撫竝に墾務大臣により當初企圖せられたのは、烏拉特旗（烏盟）に屬する三湖灣地方の開墾であるが、烏伊兩盟の反對により著手する事が出來ず、遂に抵抗の弱い察哈爾兩翼から開始する事となった。卽ち、光緒二十八年五月、豐鎭に

設置せられてゐた豐寧押荒局を豐寧墾務局に改組(同二十九年五月には、同局を豐鎭墾務局と寧遠墾務局に分離した)、察哈爾右翼四旗の丈放を開始した。次いで光緒二十八年十月には、察哈爾左翼墾務總局を張家口に設け、察哈爾左翼に當らしめることゝなつた。以後光緒三十四年迄に一應丈放事務を取纏め、各地方機關に殘務を引繼ぎ、前淸時代の墾務は終了したが、民國初年察哈爾墾務總局を新設、丈放を再開し、後察哈爾省建設廳に移管事變に及んだ。

ロ、土默特兩翼

土默特地方は早くも明時代より開墾せられ、淸末に於ては濕地、アルカリ地帶、山荒等を除く外は、殆んど耕地と化してゐた。從つて、墾務大臣・貽穀も土默特の墾務に對しては積極性を示さなかつた。光緒三十二年十月漸く淸査土默特地畝總局が歸化城に開設せられ、同三十三年土地整理の要求が提出せらるゝに及んで、光緒三十二年十月漸く淸査土默特地畝總局が歸化城に開設せられ、同三十三年土地の整理に著手するに至つた。同三十四年四月には再び淸理地畝總局として復活し、各分局を設けて淸理を續行した。其の後、民國五年七月には淸理地畝處と改稱、同十九年六月再び撤局されその事業は綏遠墾務總局に包含され事變に及んだ。

八、烏伊兩盟

烏伊兩盟は、當初頑强に抗墾したが、先づ伊盟の軟化により、光緒二十八年八月辦理烏伊兩盟墾務局が包頭に開設せられた。次いで同二十九年五月包頭に西盟墾務局が開設せられるに及んで該局は撤局接管され、同三十一年十月には西盟蒙旗墾務總局と改稱された。

又、同三十三年烏蘭察布盟蒙族墾務總局が歸化城に開設され、漸く兩盟墾務の進行をみるに至り、以後各分局並に行局に於て墾務が遂行せられたが、民國四年綏遠墾務總局が綏遠城內に設けられるに及んで、全部を統轄することゝなり、各

解　題

分局を設置して墾務を續行事變に及んだ。

以上、主として墾務機關の改變を辿り、墾務進展の經路を跡附けてみた。然らば如何なる方針によつて墾務は進展せしめられたであらうか？次に墾務の特性についてその概貌を探ることゝする。

2、墾務の特性

イ、察哈爾兩翼

察哈爾地方に於ける墾務の特性は次の諸點に要約する事が出來る。

A、旗には公共牧廠及び隨缺地を劃留し、他は全部官荒空閒地として丈放したこと。

B、丈放地と旗の關係は完全に斷絕したこと。

（民國十八年後は旗に每畝私租四厘を支給）

C、旗は押荒銀（拂下地價）の分給に與らなかつたこと。

D、王公牧廠を報效せしめ丈放したこと。

E、旗は歲租の支給を受けず、王公のみ私租の給付を受けたこと。

ロ、土默特兩翼

A、蒙漢土地關係の整理を目的としたこと。

B、地價又は加價（漢人から蒙古人又は召廟に對價を手交した土地から追徵したもの）の一部の分給を受けたこと。

（戶口地は二割、召廟地は五割、各報墾地は三割五分）

C、旗・召廟並に各報墾者は歳租の給付を受けたこと。

D、漢人に出典、出租した土地は全部整理されたこと。

八、烏伊兩盟

A、蒙旗並に地商・召廟等に報墾せしめた後丈放したこと。

B、各報墾者に押荒銀を分給したこと。

（徴收押荒銀の三割五分）

C、旗並に召廟に歳租を交付したこと。

以上要約したところは、極めて一般的な方針に過ぎない。

従つて、各地方共、歷史的に形成せられた各地目の性格によつて、その間方針に多少の變異と異例の存在する事は勿論である。

例へば、察哈爾地方に於ける那親王牧廠の如く報効を免ぜられたもの。或は土默特地方に於ける草灘牧地、同餘地、官粮地、絕戶地の如く官地と目され、旗は地價・歲租の分給に與らなかつたものゝ如きこれである。尚、土默特兩翼に於ける各地は、烏伊兩盟に於ける多くの報墾地と同樣に官租が徵收せられてゐた。清末の報墾にかゝるものは唯單に歲租が徵收せられ、二割乃至五割のものが官に歸し餘は蒙旗に分給されてゐたが、民國年間に至り、歲租と官租が分離するや、官に歸してゐた部分は新たなる名目によつて徵收されるに至つた。然し此處に特異の例として注目されねばならぬのは土默特の六成餘地である。同地はその徵收押荒の三割が拂ひ下げの諸經費に扣除され、殘餘の七割が、該旗に分給せられたが、特にその歳租は全部土默特旗に支給せられてゐた。從つて、現在も尙、同地は薩拉齊縣

解　題

による田賦徴收の圈外に置かれてゐるものゝ如くである。

又、伊盟達拉特旗に屬する永租地の如く、農民に永租の形で租放し、從つて押荒を徴收せず單に地租を徴收官蒙間に分割せるもの。達拉特旗の四成地及び四成補地竝に四子王旗の五合社、大靑膃包兩地等の如く、義和團事件の賠敎地として旗がその領有權を全面的に喪失した土地は、官產として農民に拂ひ下げられた爲に、蒙旗はその地價の分給に與らなかつた。但し五合社地のみは歲租が徴收され四子王旗に支給せられた點、特に注意せらるべきであらう。

この外、各召廟によつて報糅せられた各地、殺虎口台站地、綏遠八旗牧廠地等の如き、その分割方法に特異の樣式を持つてゐるろが詳細は第一部の章程を直接參照せられ度い。

以上の如く、幾多の例外はあるが、約百種に近い他の土地は槪して前記の如く大別する事が出來る。では如何なる原因によつてかゝる異る方針が遂行せられたのであらうかゝその要因は主として左の如き各蒙旗自身の持つ體制の相違によるものと思はれる。卽ち、

3、各蒙旗の特異性
　　イ、察哈爾

A、總管制にして察哈爾都統の直轄を受け、行政上何等の獨自性のないこと。

B、滿洲八旗制によつて旗民は官兵として再編成され、血緣的紐帶が解體せられたこと。

C、官兵は俸餉の支給を受けたこと。

D、一部は農耕に依存したが、大部分は牧畜を業としたこと。

ロ、土默特

A、盟長制（最初は郡統或は副郡統を出したが、後滿洲人が之に當つた）にして、綏遠城將軍の直轄を受け、行政上何等獨自性の無いこと。

B、八旗編成ではないが、旗民は官兵として各佐に編成されたこと。

C、戸口地を分給せられ、俸餉の支給を受けなかつたこと。

D、旗民は殆んど農耕に依存してゐたこと。

八、烏、伊爾盟

A、札薩克制にして綏遠城將軍の統轄を受けたが、旗内の行政に關しては干涉を受けず、獨自性の強かつたこと。

B、旗民は官兵でなく、血緣的紐帶を存續してゐたこと。

C、一部農耕に依存したが、殆んど遊牧を業としたこと。

以上の如き特質によつて、豪地の正式開放に當り、察哈爾、土默特が天下り的處置を受け、條件の惡かつたのに比し烏伊爾盟が牛強制的とは言へ、一應旗より報告すると言ふ形式をとり、條件も良好であつたことを諒解する事が出來る。

尚、各王公が私租の支給を受けたのは、彼等が從前私放によつてその生計を保つてゐた爲、又、土默特が地質・加價の分給、歲租の交付を受けたのは、旗民が完全に農耕に依存してゐた爲、共に之を給へなければ生活し得なかつた事に基因してゐるものと思はれる。

以上に於て、當地方に於ける墾務進展の狀況につき一應の解說を終へた。では此等の土地は如何なる手續を經て、正式に拂ひ下げられるに至つたのであらうか？

解題

七

解題

4、丈放の手續

　一般に、清朝は蒙地封禁の政策を採用し來つたと言はれてゐる。併し乍ら、かゝる政策が清初から採用せられたものでない事は、既に過去の研究の成果によつて明らかにされてゐない。即ち、康煕・雍正時代既に蒙地に在住する漢人は存在したが、清朝は之に對して單に收縮りをなすに止まり、未だその入殖を禁止するに至らなかつた。然し、其の後漢人農民の蒙地に進出する者漸くその數を增加するに從ひ、好適の牧野は加速度的に農耕地と化し、蒙古人の遊牧的生產樣式に脅威を與へるに至つた。

　蒙地封禁政策は、かゝる過程に於て蒙漢兩民族間の深刻な反日抗爭の表面化した乾隆年間に始めて採用せられるに至つたものである。即ち、乾隆帝は、蒙地を漢人に典質する事を禁じ、次いで支那內地流民の入蒙をも嚴禁し、蒙古人の保護懷柔を計るに至つた。

　其の後、歷代の皇帝は屢々論を下して、漢人農民の蒙地流入を禁止したるが、その實效なく、遂に光緒帝に至り封禁政策を撤廢し、蒙地の開墾をなすに至つた。

　既に前述した如く、この地方における正式の蒙地開放の行はれたのは光緒八年以後の事であり、その組織的活動の開始されたのは墾務大臣行轅の設置された光緒二十八年以後の事である。

　墾務機關による正式の蒙地開放の手續は、前記の如き各蒙旗の特殊性と、その墾務の特性並に各地目の歷史的に形成せられた性格の相違により、地域的にも年代的にも多少の變異を示してゐる。特に、當地方の如く事變によつて幾多の蒙地開放の手續未完了地區を殘すところに於ては、かゝる諸地區に對して採られたそれぐの手續の樣式、並にかゝる地區が蒙地開放の如何なる手續の段階に於て中斷せられ今日に及んでゐるかを知る事は、此等の諸地區に對する將來の處理

方策を確立する上に於て、最も緊要な事である。然し、その箇々に亙るものは、目下繼續されてゐる各地目の解説並に調査の結果に讓ることとし、こゝでは單に當地方に最も普遍的に採用せられた基本的な開放の手續――報墾地の丈放手續について概述し、本資料利用の參考に資する事とする、

イ、報墾の呈請

墾地の開放に當り、墾務機關は先づ報墾者たる各蒙旗又は名廟・地商等より、報墾地の交地印文を呈出せしめる。

この地方一般に慣用せられてゐる如く所謂『報公之地』の意と思はれる。國家に報效されて拂ひ下げられた察哈爾翼の王公牧廠、及び義和團事件の賠償金の代りとして國家に引き渡された所謂賠教地たる達拉特旗の四成地（現在薩拉齊縣の行政管轄區域內）、四成補地、四子王旗の大青膈包地（武川縣內）等が、決して報墾地と呼ばれてゐない事、殊に賠教地が所謂報墾地と不同のものたるをもつて、報墾地の章程と異る官產條例に準據して拂ひ下げらるべき事を指摘せられてゐる事實等によつて、こゝに言ふ報公とは、恐らく報效公家卽ち國家に寄附すると言ふ意味ではなく、國家に報告すると言ふ程の意味と解される。從つて、報墾地＝報公之地とは、正式に國家に屆け出て開墾した土地と解すべきである。

卽ち、正式に屆け出ずに各蒙旗等によつて勝手に私放された土地に對立する一般的稱呼と言ふ事が出來る。

從つて又、交地印文とは、蒙地の報墾に當り、各報墾者から官（淸朝時代は墾務大臣、民國時代は墾務督辦）に呈出せられた開墾の呈請書とみるべきであらう。この交地印文には、多く開墾せんとする地域の四至（境界）竝に廣狹及び各報墾者の氏名（主として報墾者が蒙旗なる時は札薩克、召廟なるときはその本人）等が明記され、稀には土地の拂ひ下げに際しての附帶條件をも記載する事がある。

解題

九

解題

この交地印文の呈出は、報墾地の拂ひ下げの場合にのみ必要とする手續である。從つて、官地と目される土地の丈放に際しては之を必要としない事言ふ迄もない。然し、報墾が報墾者の自發的意志に基くものなる制に基くものなるとを問はず、全て報墾者側からの呈請の形式を執らしめた事は報墾並に交地印文の持つ意義をも示唆するものとして看過する事が出來ない。

以上の諸點より、かゝる報墾の形式が、烏、伊兩盟地方に多く採用せられ、察哈爾に於ては殆んど之を見なかった事は、墾務の特性よりみて言ふ迄もない。然し、民國十八年以後、察哈爾地方に於ても、かゝる形式を採用するに至った事は（第二部・豪旗放墾辦法參照）、特に注目せらるべきであらう。

ロ、土地の勘丈

交地印文の呈出を俟つて、墾務總局は、自ら又は出先きの各機關をして、勘丈（測量）委員を現地に派遣せしめ、各豪族の役員と會同の上、報墾地の實測を爲す。

この勘丈の結果により始めてその實在面積竝に河川山道路沙棠等の不可耕地面積及び可耕の淨地地畝數が明らかにされる。從つて、この手續は單に報墾地の拂ひ下げの場合のみに限らない。これは報墾强要の最も露骨な表現である事を意味する。この報墾地の勘丈は、例外的には交地印文の呈出前に於ても强行される事がある。

八、丈放章程の制定

勘丈の結果に基き、各地の等則を決定し、各等則別に徵收すべき押荒額（荒價・地價）の單價竝に徵收すべき押荒銀の中から各豪族又は召廟・地商等の報墾者に分給すべき比率（應給劃分成數）及び押荒の徵收時期、徵收方法等一聯の丈放に必要な諸手續を規定する。

或は、又徵收すべき歲租並に官租等の升科（課稅）額の單價並にこれが啓徵年度等をも併せて規定する事がある。然し、これ等の諸手續は多く丈放の進展と共に規定され又屢々改變せられる。從つて、本資料第一部に集錄せられてゐる所謂丈放章程は、當分室の職員により、これらの諸手續のうち最後的に決定せられたものを綜合要約したものである。

二、土地の丈放

丈放章程の制定により、章程に照らして土地の丈放（拂ひ下げ）が實施されるも、多く次の如き手續を經るを普通とする。

　A、認　領

丈放に關する布告を爲すと共に、一定の期間を限つて土地の認領（土地承領の登記）を行ふ。此の場合、原住の農民に對してはその先買權が認められるを普通とする。原住の農民がその土地の承領（拂ひ下げを受ける）を願はない時は、土地を取り上げ他の者に拂ひ下げられる。（撥地另放）

この認領には登記料として掛號費の名目の下に手數料（洋一元）が徵收される。この掛號費を納入した者に對しては丈地執照（假稱）が賞給される。

この丈地執照には多くその土地の瞪形・四至・縱橫の弓數等が圖示されてゐる。從つて、それが單に執照と記載せられてゐる場合に於ても、その持つ意義は土地承領の登記卽ち認領の手續に對する憑證たるに止まる。

　B、繳　價

土地の認領と共に、農民に對する土地の使用が認許されるが、又押荒の徵收が開始される。

押荒の納入は二回乃至三回に亙る分割拂ひ込みが許されるが、一回に完納した者に對しては、特に種々の形でその功を賞

解　解

し、獎勵の方策が執られてゐる。分割納入の場合には、その等則に應じて分割納入すべき押荒の比率と時期が規定せられ、毎回の納入毎に受領證とも言ふべき收款執照(假稱)が發給される。

この收款執照には、座落・四至・等則等の外、地畝數竝に納入すべき押荒額及び納入せる額等が記載されてゐるが、その樣式は必ずしも一定してゐない。

尚、この徵價の過程に於て、規定せられた比率に基き、各報墾者に對し出先きの墾務機關より分給すべき押荒が支給せられる。

C、換　照

押荒が完納された場合には、その收款執照と引き換へに、農民の土地所有を證明すべき部照が塡給せられる。

收款執照と引き換へに塡給せられる部照は、前淸時代にあっては戶部から、民國時代にあっては財政部からその都度墾務機關に發給される。從って、これを戶部執照、財政部執照とも呼ぶが、地目・座落・四至・等則・地畝數等の必要な事項は全て墾務機關によって書きこまれる爲、未記入のものは通常空白執照と呼ばれてゐる。然し、廟地の丈放に際しては、戶部又は財政部から空白執照を發給せられない爲、特に墾務大臣又は墾務督辦等より廟地執照、廟地執照が塡給せられてゐる。

この所謂部照は、登記制の未發達な當地方に於ては、土地に對する所有權を證明する唯一の證據文件である。從って、土地の賣買により所有權が移轉する場合には、買主に手交せられる事は言ふまでもない。

尙この部照の塡給に際しても、手數料として照費が徵收されるが、貨幣が大洋に改元される以前に於ては、押荒銀に於ける一五加平(每兩百分の十五卽ち一錢五分を加徵せるもの)と同樣に、照費にも二三加平(照翌の百分の二十三、卽ち照費三錢のものは六分九厘となるが、實際には一錢に繰り上げ徵收された。)と言はれる火耗費(改鑄費)が附加せられた。

以上の如く、部照の填給によつて、換言すれば農民の正式な土地取得によつて、墾務機關による土地の拂下げは完了した事になる。從つて、其の後は每年の歲租・官租等の徵收、卽ち升科が行はれる譯であるが、これは行政の部門に屬する爲に、墾務機關から行政機關たる廳又は縣の地方官廳に、關係文書が引繼がれる。

以上に於て、墾務機關による土地丈放の手續に對する解說を終へた。然し、此處に注意せられねばならぬ事は、屢々指摘した如く、押荒納入に關する諸規定にも拘らず、相繼ぐ天災、人禍等の自然的又は社會的原因により、押荒の納入が決して規定通りに進行してゐない事である。數年乃至十數年を經て漸く完了するものも決して稀でなく、又事變によつて中斷せられた多くのものをも殘してゐる。從つて、部照を所持せぬ者と雖も、一樣に土地に對する所有權を全面的に否定する事は出來ない。なんとなれば、認領を受けた者、或は押荒の幾パーセントかを納入した者等があり、中にはその丈地執照・收款執照、甚しきは填給された部照をも災禍によつて紛失又は燒失した者もあるからである。更に其の後年月を經るに臨つて、農民間に對價の交附を經て土地が賣買せられるに至つては、將來の土地整理に一層の煩雜さを加ふるものと言はさるを得ない。幸に、吾々は燒失を免れた舊墾務總局關係文書を殆ど完全なる形に於て殘されてゐる墾務總局職員によつて、續けられてゐるが整理と調査の結果に大きな期待を持つものである。

最後に、土地問題に最も密接な關係をもつ升科について一應の解說を爲し、解題を結ぶこと\とする。

5、升科について

升科に關する規定の制定については、既に丈放章程の項に於て併せて記述した。然し之等升科の啓徵は、丈放進展の遲延と共にその年限を頗る遲らしてゐる。又、年々徵收せられる租額竝にその分割方法及び徵收方法等も、その徵收の過程

解 題

一三

解題

に於て社會的經濟的要因により、屡々幾多の變遷を經てゐる。丈放章程に繰り込まれてゐる升科の規定のみによつては、この繰り返された變異と轉化の過程は捉へる事が出來ない。從つて各地目の解説に於てその箇々につき詳細に言及する事とし、こゝでは本資料の第三部に編まれてゐる荒租章程の參考に資する爲、極めて簡單な解説を附する事とする。

イ、歳租

歳租の徴收は、墾務機關による正式な蒙地の開放と共に開始せられたもので、光緒二十六年以後の事である。歳租が烏蘭察布・伊克昭・土默特の地方にのみ見られ、察哈爾地方には見られない事は既に記述した如くである。

歳租が地代であるか、租税であるか言ふ事に就ては、人によつて各々その解釋を異にしてゐる。これに對する私見は、精確な考究の後に讓り、此處では單にその變異の跡を辿るに止め、敢て私見を加へない事とする。

民國初期に至るまで、この地方に於ては未だ歳租と官租の分化が現れなかつた。從つて此の時代に於ては、丈放の進展と共に升科規定によつて歳租のみが徴收され、その中から二割乃至五割の額が代徴する縣の手數料及び蒙族建築費と言ふ名目の下に官に控除され、殘餘が各報墾者に支給されてゐた。然るに、民國の中期兩者の分化が行はれ、新たに官租が徴收せられるに及んで、歳租は全額を報墾者に支給せられる事となつた。併し、此の場合官租の新たな加徴は、農民の負擔を增加するものであることが考慮せられ、多く歳租は從前各報墾者が分給せられてゐた額まで減徴せられ、官租も亦從前官に控除せられてゐた額を超過しなかつたものゝ如くである。その外、教育費、建築費等の附加稅も次第に加徴せられるに至つた。

この歳租と官租の分化に伴ふ歳租の全給は、ひいて蒙族自身の手による歳租徴收の要求を誘發した。この要求は民國十八年正式に認可され、從前縣によつて代徴されてゐた歳租の徴收は、以後族によつて行はれることゝなり事變に及んだ。

(第二部、各蒙旗徵收歲租辦法・土默特旗蒙租並に帶徵官租辦法參照）

各旗によつて歲租が自徵される場合、各旗はその領收證を發給してゐる。この領收證の中には執照と記載されてゐる者も見受けられるが、これが財政部執照・戶部執照等とその意義を異にする事は言ふ迄もない。

尚、武川縣に所在してゐる所謂圖克木地はその徵收される歲租が土默特旗並に烏盟六旗に分割されてゐたが、民國十一年更にその徵收方法が改正せられた。(第三部・圖克木地歲租改正辦法參照)この事は特に注目されねばならない。

ロ、另 租

另租は私租と同樣に察哈爾にのみ見られる。既に概述した如く察哈爾地方は旗に隨缺地・公共牧廠を割留した外は、官荒空閒地として丈放せられた。此の官荒空閒地からは、當初每畝銀四厘の另租が徵收せられる事になつてゐた。(第一部・丈放察哈爾左右兩翼及王公馬廠地畝辦法參照) 徵收された另租は、專ら新開地方の善後經費（業務の殘務處理の經費）に充當せられてゐたが、其の後奏明を經て一半を以つて各該廳の善後の需に充て、又一半を綏遠城將軍衙門の辦公經費に充當した。更に民國十年十一月施行せられた察哈爾區財政廳の割一田賦等閒章程（第二部參照）によれば、察哈爾區の辦公經費・勸學專款に充當せられる事になつた。この改正に於て、從來銀兩を以つて規定されてゐた另租も正課並に附收された私租、水草銀と共に、一樣に銀元を以つてその換算額を劃一規定された。卽ち銀四厘の者は洋六厘に、銀二厘の者は洋三厘に、銀二厘六毫の者は洋四厘に夫々改正された。

尚、此處に另租二厘六毫の者とは、從前蒙鐙、涼城地方に於ける新放の者（一般に察哈爾地方は大畝＝三六〇弓なるも、特に小畝＝二四〇弓なるဗ）に對して課せられたものゝ如くである。又銀二厘のものとは、元來私租二厘を徵收せるものに對して、後に另租二厘を加徵、計四厘を徵收し、他の私租・另租の徵收額との均衡を計つたものゝ如くである。

解 題

解題

八、私租

私租が察哈爾にのみ見られる事は前述の通りであるが、特に注意せられねばならない事は、所謂王公私租と旗私租の二種がある事である。

王公私租が、王公牧廠の散效により、從前私放によつて收租によつて生計を維持してゐた王公の生活を保護する目的の下に、縣によつて之を代徵し、各王公に支給する事が蒙務大臣貽穀によつて認許せられたものなるは既に記述した如くであるが、この王公私租も前項割一章程によつて民國十年より銀元に改正せられた事は另租に於けると同樣である。即ち銀四厘のものが洋六厘に換算せられたるが如きこれである。

次に旗の收入となる私租が何時頃から如何なる旗に許可せられるに至つたかは詳細な點は更に調査されねばならない。然し、現在厚和分室に保存されてゐる察哈爾區政府建設廳の極めて斷片的な資料によれば、民國六年以後の新丈放地から從前正黃旗及び正紅旗によつてなつてゐた私租が自徵されてゐたことのみが明らかにされる。

その外、前項に指摘した如く旗の收入となる二厘の私租が附徵されてゐた事が明らかであるが、この二厘の私租が王公に支給せられるものか、旗の收入となるものであるかについては分明してゐない。

然し、民國十八年以後、官荒空閒地から新たに銀四厘の私租が附徵せられる事になつた事は、特に注目せられねばならない。これは民國十七年に開かれた察哈爾區政府の第三次委員會議の議決に基き、該區建設廳によつて安籌された救濟蒙衆辦法に基くものであらう。(第三部・蒙旗放墾辦法參照)

尚、各王公が給付を受けてゐた私租の收得權が、民國二十一年に至り民戶に賣卻處分せられた事實がある事を指摘して、この項を結ぶ事とする。(第三部・察哈爾各王公出賣各種旗地私租章程參照)

以上に於て、一應墾務進展の狀況についての一般的な解說を終へた。然し、墾務の進展が現在までに如何に發展し又如何なる過程に於て中斷せしめられたかについては、尚今後の調査の結果を俟たねばならない。そして、又それは單に區切られた現在の解明のみに止まつてはならない。歷史的に形成せられた各地目は勿論、未開放のまゝ自由な收取と貸借のもとに放置せられてゐる各地域に於ても、その權利の內容は各々質的變異を示してをるがかゝる變異が如何なる事情により、如何なる過程を經て發展し來つたか又究明されねばならない。それと共に旗民の生活竝に生產の樣式が現在如何なる段階にあるかは、家族の體制が現在如何に發展又は解體しつゝあるかと言ふ事と共に、その史的發展の過程として正しく把握されねばならない。なんとなれば此等一聯の事象は、當地方に於ける諸施政と各家旗に對する最も適切な方策を生み出す鍵でもあるからである。

尚、當地方に於ける土地問題の槪況を知る爲に、最も適當な解說書として、安齋庫治氏の勞作になる左記資料がある事を記して、本解題を終へる事とする。

調查資料第二號　淸末に於ける土默特の土地整理
同　　　第五號　淸末に於ける綏遠の開墾（滿鐵調査月報拔萃）
整理墾務資料第二號　伊克昭盟・杭錦旗解說
同　　　　　第三號　同　　・達拉特旗解說
同　　　　　第四號　同　　・準噶爾旗解說
同　　　　　第六號　同　　・王愛召解說

最後に、本解題の執筆に當り、前地政科長・總務廳參事官兼經濟部參事官古屋素五郞氏の懇切な指導を仰いだ事を附記して、深謝の意を表すると共に、本稿の執筆者が內政部地政科屬官八木富彌である事を明記し、責任の所在を明らかにする。

成紀七三七年十一月

目 次

第一部 清理辦法並三丈放草程

第二部 荒租章程

第三部 土地關係法規

附錄 墾務機關沿革系統表

第一部 清理办法并丈放章程

目次

察哈爾都統衙門屬

丈放察哈爾左右兩翼及王公馬廠地畝辦法（光緒二十八年十二月十日奏放）…… 1

綏遠城將軍衙門屬

丈放綏遠八旗牧廠地畝辦法（光緒二十九年五月十七日奏放）…… 3

伊克昭盟屬

達拉特旗

辦理達拉特旗永和地畝章程（光緒二十九年九月十一日批准）…… 5

丈放達拉特旗賠教四成地畝辦法（光緒二十九年十二月七日奏放）…… 7

丈放達拉特旗四成補地辦法（光緒三十二年十一月二十一日奏放）…… 8

丈放五原城基地畝分別劃留暨放墾各項辦法（民國六年十二月二十七日核准）…… 9

丈放達拉特旗報墾地畝辦法（民國十四年七月三十日奉令核准）…… 12

丈放達拉特旗報墾河套民濟塔布教堂等渠地畝辦法（民國十八年一月十七日奉令核准）…… 13

丈放達拉特旗報墾五原隆興長偉恵併作各地辦法（民國十八年七月二十日奉令核准）…… 14

目次

丈放達拉特旗報墾河套養和渠地畝辦法（民國二十年十月二十三日奉令核准）……17

丈放達拉特旗報墾河套豐濟沙河通濟渠地以及和碩公中等地畝辦法（民國二十二年七月二十九日奉令核准）……19

丈放達拉特旗續報隆興長未放得基地畝辦法（民國二十三年十二月六日奉令核准）……53

杭錦旗

丈放杭錦旗報墾中東兩巴噶地畝辦法（光緒三十二年閏四月十三日奏准）……53

清理杭錦旗報墾（同前地）元亨利貞四段地畝清丈辦法（民國二十一年八月十五日奉令核准）……56

丈放杭錦旗報墾河套西巴噶地畝辦法（民國十五年一月二十四日奉令核准）……59

丈放杭錦旗報墾合碩公中舉地畝辦法（民國十九年三月四日奉令核准）……63

丈放臨河縣屬杭達爾旗陝壩等各村村基地辦法（民國二十一年九月二日奉令核准）……65

準噶爾旗

丈放準噶爾旗報墾黑界地地畝辦法（光緒三十二年閏四月十三日奏准）……66

郡王旗

丈放郡王旗報墾四段地畝辦法（光緒三十二年閏四月十三日奏准）……67

札薩克旗

丈放札薩克旗報墾黑驢子地畝辦法（光緒三十二年閏四月十三日奏准）……68

烏審、札薩克旗

丈放札烏兩旗報效萬壽地辦法（光緒三十二年閏四月十三日奏准）……69

目次

烏審族

丈放烏審旗報墾各地辦法（光緒三十二年閏四月十三日奏准）……三九

札薩克、郡王、烏審族

丈放札郡烏三旗報墾地畝擬議辦法（民國十三年十月二日奉令核准）……四○

鄂托克族

丈放鄂托克旗報墾察罕托輝等處地畝辦法（光緒三十二年閏四月十三日奏准）……四○

丈放鄂托克旗前報墾月牙湖等處地畝辦法（民國十二年九月二十八日奉令核准）……四二

王愛召

丈放王愛召報墾東西地畝辦法（光緒三十二年閏四月奏准）……四六

烏蘭察布盟屬

達爾罕族

丈放達爾罕旗報墾卓克蘇拉塔地畝辦法（光緒三十三年二月十六日奏准）……四九

丈放烏蘭察布盟達爾罕旗報墾三里半等處地畝辦法（民國二十一年十月六日奉令核准）……五○

茂明安族

丈放茂明安旗報墾小境帳房塔地畝辦法（光緒三十三年二月十六日奏放）……五三

丈放茂明安旗報墾格拉齨齨地畝辦法（民國八年六月九日奉令核准）……五五

目次

丈放通興功一帶地畝辦法（民國八年八月九日奉令核准）……………………………………………四
丈放茂明安旗報墾界內曼荊召地畝辦法（民國十五年七月二十九日奉令核准）……五四
丈放茂明安旗礎房十份子寧村地畝辦法（民國十五年一月一日奉令核准）……………………………………五九
丈放茂明安旗新報通興功北一帶地畝辦法（民國十五年七月十五日奉令核准）……………………………六三
丈放貝勒公布一約二等地畝辦法（民國八年八月九日奉令核准）……………………………………六五
丈放茂明安旗貝勒公布績報三約四約地畝辦法（民國九年四月一日奉令核准）……………………………八二
丈放茂明安旗報墾五福社貝勒地畝辦法（民國十六年七月十六日奉令核准）………………………………八三
丈放茂明安旗界內莫爾根召地畝辦法（民國十二年一月十一日奉令核准）……………………………八七
丈放茂明安旗報墾圖克齊召地畝辦法（民國十四年十月三十日奉令核准）……………………………八九
丈放茂明安旗界內廣化寺報墾臍名地畝辦法（民國十四年十一月二十五日奉令核准）……………………………九一
丈放廣覺寺報墾甲巴地辦法（民國十五年三月四日奉令核准）…………………………………………九二
丈放固陽廣義峯合窩堂等處街基地畝辦法（民國二十年九月十四日奉令核准）……………………………九三

四子王旗

丈放四子王旗報墾察罕依魯格勒圖地畝辦法（光緒三十三年二月十六日奏辦）……………………七三
丈放四子王旗報墾烏胡克圖地畝辦法（民國五年七月二十八日奉令核准）……………………………七五
丈放四子王旗報墾圖克木地畝辦法（民國八年六月九日奉令核准）……………………………七六
丈放四子王旗報墾武川縣傅東浙地東呼巴音腦包等處地畝辦法（民國十二年九月一日奉令核准）……七七

丈放嗬咇囵四子王旗赔教地亩办法（民国十五年六月二十四日奉令核准）……七六

清丈四子王旗报垦东新地亩办法（民国十五年七月二十八日奉令核准）……七七

丈放五合社四子王旗赔教地按清丈东新地办法（民国十八年四月六日奉令核准）……八○

丈放商人李世俊（即万亿号经理）报垦四子王旗忽济尔图地亩办法（光绪二十三年二月十六日奏办）……八一

丈放举人通泰报垦四子王旗苏济地亩办法（光绪三十二年二月十六日奏办）……八二

丈放民人石长喜等所报垦武川县高要亥尔都史憾包等处地亩办法（民国十三年四月二十三日奉令核准）……八四

丈放陞恒号报垦淖尔忽洞地亩办法（民国二十一年九月二十六日奉令核准）……八五

丈放地商于延报垦打拉开地办法（民国二十二年九月二日奉令核准）……八七

乌拉特前旗（即西公旗）

丈放乌拉特前旗报垦什拉胡鲁素、红门圆地亩办法（光绪三十二年一月二十日批准）……八九

丈放乌拉特前旗报垦河西喀鲁台地亩办法（光绪三十三年八月二十九日批准）……九一

丈放乌拉特西公旗报垦三湖湾中滩地亩办法（民国六年六月二日奉令核准）……九二

丈放乌拉特西公旗报垦五大村地亩办法（民国十年五月二十六日奉令核准）……九三

丈放乌拉特西公旗换报垦三湖湾河北地亩办法（民国十二年一月二日奉令核准）……九七

丈放乌拉特西公旗报垦乌兰捣包保思浩诸蒙古拉板朝号尔等处地亩办法（民国十五年十一月二十二日奉令核准）……一○○

丈放乌拉特前旗报垦柽盖木獬及东西垦汉一带地亩办法（民国十六年十一月十五日奉令核准）……一○一

丈放乌拉特前旗报垦佘太召地亩办法（民国十七年一月三日奉令核准）……一○四

目次

丈放烏拉特西中兩公旗報墾狼山灣並圖案博等處地畝辦法（民國十八年七月八日奉令核准）………一〇八

丈放西公旗報墾王幼女子地辦法（民國十九年八月十四日奉令核准）………一九六

丈放西公旗報墾烏良素黑土崖等處地畝辦法（民國二十年十二月二十一日奉令核准）………二一〇

丈放西公旗報墾毛驢特拉亥等處地畝辦法（民國二十一年十二月二十三日奉令核准）………二二一

丈放西公旗報墾宿亥灘等處地畝辦法（民國二十二年六月七日奉令核准）………二三三

丈放西公旗衍慶寺報墾秦一灘等處地畝辦法（民國二十一年九月六日奉令核准）………二五

丈放西公旗報墾黑沙兔等處地畝辦法（民國二十一年十月十五日奉令核准）………二六

丈放壹喜達圪登報墾東哈拉烏素地暨烏木桿達拉地辦法（民國二十一年七月二十八日奉令核准）………二九

丈放中公旗報墾西土城子地畝辦法（民國二十三年五月八日奉令核准）………二六

丈放中公旗報墾西牌界地畝辦法（光緒三十三年十月二十三日核准）………一〇

丈放中公旗報墾小余台地畝辦法（民國四年十一月三日奉令批准）………一二

丈放中公旗報墾余太地畝擬訂辦法（民國十四年五月五日奉令核准）………一三

丈放烏拉特中公旗報墾莫林河地畝辦法（民國十七年十月五日奉令核准）………一七

丈放中公旗報墾、干支澂卯獨、喊魯六、地畝辦法（民國十九年十月一日批准）………一七

烏拉特中旗（卽中公旗）

烏拉特後旗（卽東公旗）

丈放烏拉特後旗報墾紅洞灣地畝辦法（光緒三十三年九月二十五日批准）………一五九

目次

丈放烏拉特東公旗報墾包頭梁地畝辦法（民國六年八月二十六日奉令核准）......一三

丈放東公旗報墾東山溝四壩目戶口地畝辦法（民國八年六月十一日奉令核准）......二三

丈放烏拉特東公旗白彥溝一帶前明安灘等處地畝辦法（民國九年六月十一日奉令核准）......三二

丈放烏拉特東公旗戈壁灘等處地畝辦法（民國十年十二月二十三日奉令核准）......一三三

丈放烏拉特東公旗報墾烏蘭板申等處地畝辦法（民國十二年十月四日奉令核准）......一三七

丈放東公旗報墾大旗地畝辦法（民國十五年一月二十七日奉令核准）......一三八

丈放東公旗報墾大小鄂博西北等處地畝辦法（民國十五年一月二十七日奉令核准）......一三九

丈放東公旗報墾營盤召灣大努氣溝等處地畝辦法（民國十六年七月二十五日奉令核准）......一四一

丈放崑都崙召報墾東牌界地畝辦法（民國五年九月二十三日奉令核准）......一四四

丈放廣覺寺膳召地畝辦法（民國十二年七月二十四日奉令核准）......一四五

丈放商人袭世旗報墾自澄東公旗巴汙膵包地畝辦法（民國十四年八月十三日奉令核准）......一四七

丈放福應寺報墾膳召地畝辦法（民國十四年十一月二十五日奉令核准）......一四九

土默特旗屬

清理土默特旗六成餘地辦法（民國七年一月二十八日奉令核准）......一五八

修正清理土默特旗地畝章程（民國三年十二月二十九日奉令核准）......一五一

酌擬清查土默特旗地畝試辦章程（光緒三十三年三月初二日呈准）......一五六

目次

丈放土默特旗各項官灘餘地辦法（民國二十年九月二十八日奉令核准） ………… 一五九
丈放丹府報墾氊匠營子等村地畝辦法（民國七年九月七日奉令核准） ………… 一六一
丈放安綏報墾牌板申地畝辦法（民國十四年八月十五日奉令核准） ………… 一六二
丈放慶綏寺報墾十二製半營子等村地畝辦法（民國七年九月十六日奉令核准） ………… 一六三
清查歸武和薩托清六縣官浪地畝辦法（民國八年七月二十日奉令核准） ………… 一六五
丈放商人馮紹孔報墾購到豪地畝辦法（民國九年七月四日奉令核准） ………… 一六六
丈放土默特公報墾地畝辦法（民國十一年一月六日奉令核准） ………… 一六七
清理沙拉穆楞等處膳名地畝辦法（民國十四年二月十七日奉令核准） ………… 一六九
丈放席勒圖召報墾烏拉圖河附近荒地辦法（民國十四年五月六日奉令核准） ………… 一七〇
丈放普會寺報墾壹巴鄂博膳名地畝辦法（民國十三年五月九日奉令核准） ………… 一七一

一、殺虎口驛傳道衙門屬

丈放殺虎口驛站河東西十二台地畝辦法（光緒三十二年十二月十九日奏辦） ………… 一七三
酌擬殺虎口等處已放站地改辦官租善後章程（宣統二年十二月二十日奏准） ………… 一七五
清理殺虎口等處台站地畝辦法（民國九年十一月五日奉令核准） ………… 一七六

察哈爾都統衙門屬

丈放察哈爾左右兩翼及王公馬廠地畝辦法

一、察哈爾各旗墾地、及王公馬廠地畝、以三百六十号為一畝、百畝為一頃、五頃為一号
一、押荒不分等則、每畝徵收庫平銀二錢、加徵辦公銀一錢
一、於加徵辦公銀一錢之內、以六分作官局經費、四分作蒙旗協同辦墾公費
一、歲租每畝每年應徵正項庫平銀一分四厘、遇閏每兩加徵銀三分
一、每徵正銀一兩、臨徵耗銀五分
一、王公馬廠地、每畝徵私租銀四厘、由該地主向官領取
一、各旗墾地、每畝收歸公另租銀四厘、另款收存、專備辦理一切善後事宜之用
一、升科期限、其已墾之地、於收繳押荒之次年升科、未墾之地、則於繳納押荒後、試墾三年、再行升科
一、徵解升科糧銀、應需傾鎔火耗解費、每畝加收銀二厘一毫

光緒二十八年十二月十日奏放

第一部　清理辦法並丈放章程

綏遠城將軍衙門屬

丈放綏遠八旗牧廠地畝辦法

一、綏遠八旗牧廠地、係山土默特地內、恩賞綏遠城駐防官兵牧廠、原南北寬二百里、東西長三百里、坐落大青山後

一、丈放此項地畝、應徵荒價等則、規定如左

1. 上地、每頃徵收庫平銀四十兩
2. 中地、每頃徵收庫平銀三十兩
3. 下地、每頃徵收庫平銀二十兩

一、所收荒價、以四成留作辦墾經費、六成爲建立學堂、改練新操之需

一、歲租不分等則、每畝每年、應徵庫平銀一分四厘

一、每徵歲租正銀一兩、加耗銀五分

一、租銀應需傾熔火耗解費等、每畝加徵銀二釐一毫

一、升科期限、已墾之地、於繳納荒價之次年升科、未墾之地、於繳納荒價後、第四年再行啓徵

一、所收歲租、應全數歸公

一、每徵荒價正銀庫平一兩、隨徵一五加色、市平銀一分五釐

光緒二十九年五月十七日奏放

第一部　清理辦法並丈放章程

伊克昭盟屬

办理达拉特旗永租地亩章程

一、达拉特旗所有河北之地、由公开渠、渠到何处、地即报至何处、按年由官局招户垦种、于每年春季招租时、公平议定租额

一、按地之肥瘠、分为四等定租、规定如左

1 上上地、每顷每年租价库平银四十两

2 上次地、每顷每年租价库平银三十两

3 中地、每顷每年租价库平银二十五两

4 下地、每顷每年租价库平银二十两

一、地之肥瘠、分为四等收租、而上水、有春水、伏水、秋水之别、伏水最好、秋水次之、共浇伏水者、每顷加租银六两、浇秋水者、每顷加租银三两、以示区别

一、地租割分、除总提二成作为岁修、以及渠勇各项经费外、余作十成、以七成归公、三成归蒙旗

一、承租地户、即令永远承租、以便听其就地建屋、利于耕垦、如此则与平素置产永远为业者无异、凡欲租地者、先行来局报名取具殷实保状、认租何处地亩若干、指明地界、丈交清楚、出具领状、再由本局发给执照、如按年租价无欠、概不更租

一、凡地户认租若干顷、每年承交租银、以能否浇灌为断、如下游各地、倘遇渠水浅淤、不能上水、准其来局呈报、经本局查明如该地户承租地百顷、祇能浇地五十顷、即以五十顷收租、其未浇之地、概行免租、如不因水浅、无故自误者、不在此列

一、本年租银、于认租领照后、即行全数交清、以后定为每年春秋两季呈交、春季不得过三月、秋季不得过九月、均按库平交纳

一、承租地户、按年交租无弊、即令永远承种、倘有拖欠不能依限完纳者、由本局撤地、另行招租

第二部　清理辦法並丈放章程

一、原糾各地商、如有願成總認領、轉行分租散戶者、亦准其來局報名、須有切實舖保、按年承交租價、與民戶所租之地、量寫酌減、以示體恤、如非原糾僱商、不在此列

一、認租原地戶、日後不願承種、或以原地推租他人、准其來局報明、新地戶取其交保、出其認狀、售地戶出具推租甘結、以憑更換執照

一、地戶認租、欲種夏田、秋田者、或半種夏田、半種秋田、均須預先報明、再由本局分別發放、不得任意播種、致誤上伏水之期、倘該地戶報種夏田、復擬雜秋田者、臨上水時被淹、仍責令如數交租、以防淆亂

一、大渠、支渠、除此次挑通、仍按年歲修、由官經理外、其滾地各小支渠、星羅棋布、費工無多、應由該地戶等襄、以溫懋辦

一、地戶等滾灌青苗之時、於自己地內須預先築堤、不得淹及他人之地、亦不得私偷他人支渠之水、倘有此等情節、准其來局喊稟、以憑懲辦

一、本局修渠、凡渠永能到之處、一律招租認墾、共本年承租生地、有積棘紅柳、開荒稍費工本者、每頃地將頭一年租、遞減租價十兩、以後仍照數交租、如地內祇有蘆草、而無紅柳根棘者、不在此列

一、地戶認領之地若干、山本局編列號數、註明執照、凡遇春夏秋三季、上水滾地之時、本局派同委員監視、督飭渠頭、按照號數、挨次輪流滾灌、不得互有爭奪、倘有違草越地私滾者、准地戶稟報、由本局派員勘驗、其僅止四五分、勘不成災者、照章呈交租銀、不得藉詞拖欠其災至七八分以上者、應完秋租、即予蠲免、以示體恤、統由本局分別詳請核奪

一、達拉特旗每年應得租銀、由局於春秋兩季代收、該旗於夏冬兩季、備具印文、咨領、惟催租經費、及紙筆等項、擬於該旗租銀內、酌提若干、以資辦公

一、本局招致地戶認租、概不准無業游民承領、必須有殷實妥保、出其切結、方准認領、其已有妥保之地戶、准其互相出保

一、每徵正銀庫平一兩、隨徵一五加色、市平銀一分五釐

光緒二十九年九月十一日批准

丈放達拉特旗賠教四成地辦法、

一、達拉特旗以四成地二千頃、抵交賠教銀十四萬兩、山墾務公司墊款贖回、地歸公司丈放、該地東至准噶爾旗西界、西至舊教廠河灣迆西、直抵舊糧地、東南至二道壕、南至殷家營子教堂界、西南至黃河老岸、北則全與六成糧地相接、東西斜長七十里、南北寬十二里、至三四里不等、除沙鹼、柳林、河道、召廟、溝渠、及牛犋地外、共丈淨地一千二百三十五頃

一、丈放此項地畝、應徵押荒等則、分別如左

1、上　地、每頃徵收庫平銀一百一十兩

2、上次地、每頃徵收庫平銀九十兩

3、中　地、每頃徵收庫平銀八十兩

4、中次地、每頃徵收庫平銀七十兩

5、下　地、每頃徵收庫平銀六十兩

一、交款期限、領地時、先交一成、其餘綏至次年春秋兩季交清

一、所收押荒、全數歸公

一、該地每年應徵歲租等則、規定如左

第一部　清理辦法並丈放章程

第一部 清理辦法并丈放章程

1、上地、上次地、中地、每畝徵收庫平銀一分四厘
2、中次地、下地、每畝每年徵收庫平銀一分三厘
一、歲租正銀一兩、加耗銀五分、遇閏每兩增加銀三分
一、升科期限、於光緒三十年啟徵
一、每徵正銀庫平一兩、隨徵一五加色、市平銀一分五厘

光緒二十九年十二月七日奏放

丈放達拉特旗四成補地辦法

一、達拉特旗以四成地二千頃、抵交墾務公司代付賠教款銀十四萬兩、經派員實行勘丈、尚欠淨地七百餘頃、據該旗允由長勝渠口、東西北三面荒地內補交、是為四成補地、惟此地土脈磽瘠、必開渠引水澆灌、方可墾種、飭令將地增加、作為開渠工費、又該旗應償教款、尚有尼雅三千餘兩、仍由公司代償、該旗共補淨地一千四百二十頃

一、丈放此項地畝、應徵押荒等則、分列如左
  1、上地、每頃徵收庫平銀一百兩
  2、上次地、每頃徵收庫平銀九十五兩
  3、中地、每頃徵收庫平銀九十兩
  4、中次地、每頃徵收庫平銀八十五兩

一、所收押荒、全數歸公

一、該地每年應徵歲租等則、規定如左

1、上 地、每畝每年應徵庫平銀二分二厘

2、上次地、中地、每畝每年應徵庫平銀一分八厘

3、中次地、每畝每年應徵庫平銀一分四厘

一、每放地一頃、不分等則、每年應收渠租銀四兩五錢、如遇黃河水小、渠水不能澆灌之地、但徵歲租、免收渠租

一、升科期限、自光緒三十三年啓徵

一、每徵正銀庫平一兩、隨徵一五加色、市平銀一分五厘

光緒三十二年十一月二十一日奏放

丈放五原城基地畝分別劃留暨放墾各項辦法

一、城牆四圍計長一千二百四十一丈八尺四寸、城牆厚一丈六尺、城牆內留路二丈、城濠外留沿寬二丈、共計二十丈三尺五寸、合地四頃三十七畝七厘

一、衙署地基、長九十一丈三尺、寬六十六丈四尺、合地一頃一畝四厘

一、城內留南北路一道、寬四丈、長三百二十丈四尺五寸、合地二十一畝三分六厘

一、城內留東西路一道、寬四丈、長三百二十丈四尺五寸、合地二十一畝三分六厘

一、城內留高等小學校地基五十畝

一、城內留初等小學校地基五十畝

第一部 清理辦法並丈放章程

第一部 清理辦法並丈放章程

一、城內留街巷地一頃
一、城內留文廟地五十畝
一、城外留武廟地五十畝
一、城外留營房地基一頃
一、街道由五原城南門、至隆興長橋頭止、長一千八十丈、寬五丈、計九十畝、其中曲巷、臨時約留九十畝
一、距街較遠各村落之房院、均以房基地等則丈放
一、房基地擬分三則、上則每畝、庫平銀六兩、中則四兩、下則二兩
一、放墾耕種地畝、擬分三則、上地每畝、庫平銀六錢、中地每畝四錢、下地每畝二錢
一、放墾耕種地畝、應修枝子各渠、均由民戶自行修挖、須稟明該管長官勘准後、始行勳工、至開挖渠道、地畝勘放時、酌量劃留
一、放墾地內、義和各渠之水、准由民戶擇其相宜者、開挖枝渠平口澆水、惟渠口至寬不得過一丈二尺、亦不得於兩幹渠內、有打壩做閘情事
一、放墾地畝、無論房基耕種、不分等則、每畝升科銀二分、均於認領之次年、起徵升科銀兩
一、由五原城南門起、至隆興長橋頭修築馬路一道、長一百八十丈、寬五丈、其修築經費、就地另籌
一、除留各項公用地基外、約能放房基地四十餘頃、每頃以四百兩勻算、約能收押荒銀一萬六千餘兩
一、除留道路渠路外、約能放耕種地五百頃、每頃以四十兩勻算、約能徵押荒銀二萬兩左右

民國六年十二月二十七日奉令核准

丈放達拉特旗報墾河套地畝辦法

一、勘收達旗報墾河套地畝四至、計東至豐濟渠、以渠為界、南至杭錦旗界、西至杭錦旗界、西北至烏拉特旗界、北至五加河以南岸為界、東西長約一百里、南北寬窄不一、平均約五十里、共中沙灘、堿地、溝渠、道路、不堪耕種之地、居其多數、計堪以放墾者、約有五千頃、每頃平均以一百元計之、約可收荒價洋五十萬元

一、勘收界內土地、無水草之別、分生熟荒地可作三等、熟地作為上等、熟荒作為中等、生荒作為下等、其地價擬訂如左

3、下等地、每頃地價大洋八十元

2、中等地、每頃地價大洋一百元

1、上等地、每頃地價大洋一百二十元

一、押荒成數、擬照各豪旗劃分成案辦理、除提三成經費外、下餘七成、三成五歸公、三成五歸蒙

一、凡召廟附近地方、按照報墾第二條請求條件、准予四面各留空地三里、以符原議

一、收款期限、丈放之熟地、限領地一箇月內繳足六成、共餘四成、以一年繳清、熟荒地、限領地一箇月內繳足四成、一年內再繳三成、下餘三成、以一年半繳清、生荒地、限領地一箇月內繳足二成、一年內再繳四成、下餘四成、以二年半繳清、如逾限不繳暨繳價未清者、分別照章議罰

一、勘放此項地畝、定以二年半為限、一律辦理完竣、以收速效、而裕國課

一、局用經費、以全額收入全額十分之二為限、分二年半編造預算、所餘一成經費、歸公另儲

一、擬設墾務分局一處、名曰勘放達拉特旗報墾河套地畝局、查照臨河設治辦法大綱、由設治局兼管、並分設行局三處、第一局

第一部 清理辦法並丈放章程

第一部 清理办法并丈放章程

丈放达拉特旗报垦河套长济塔布教堂等渠地亩办法

一、刊发汉蒙合璧木质关防一颗，文曰勘放达拉特旗报垦河套地亩局之关防，以资信守

一、地亩局应设副局长一员，蒙员二员，按照报垦第六条请求条件，由该旗选员，咨请委充，以符原议

一、升科年限，以丈地之次年升科，例如十四年领地，十五年启征升科，余类推

一、官租岁租，不分等则，拟定每亩征收岁租大洋一分二厘，官租大洋一分八厘

一、官租全数归公，岁租全数归蒙，所有归蒙岁租、应由达旗自行收收

一、丈放之熟地，先准原垦原佃各花户，于丈放一筒月内，赴局报名、挂号承领、逾期不领、并不挂号者、得由地乡各户、或外来商民报领、熟荒亦如之、共余生荒各地，凡有愿领者、先期赴局报名挂号、以备挨次丈放

一、本办法如有未尽事宜、得随时呈请修正之

一、此项办法、俟呈奉令核准之日施行

民国十四年七月三十日奉令核准

一、达旗报垦河套地亩四至、计东至达旗报垦之四成补地、暨五湘河渠稍、及乌拉素海为界、南至达旗合少公中私垦地为界、西至杭旗报垦已放地为界、西北至达旗永和地为界、北至达旗报垦之四成补地为界、东西长约三十余里、南北宽约四十余里、共合面积六千余顷、以现状观测、内除沙碱、废渠、道路、及不能上水、不堪耕种者外、计堪以放垦者、约有二千余顷、平均以八十五元计之、约可收地价洋一十七万余元

一、該地界內、土地不論生熟、但以別土質能上水、不能上水、多收穫與少收穫、分作上、中上、中、下及不能上水之草灘地、五等地價、擬訂如左

1 上等渠地、每頃地價大洋一百二十元
2 中上等渠地、每頃地價大洋一百元
3 中等渠地、每頃地價大洋八十元
4 下等地、每頃地價大洋四十元
5 不能上水之草灘地、每頃地價大洋十元

一、該地界內之扒子補隆、土達拉圖、大有公等村、地居衝要、若劃作新村、尚屬合宜、其他村落、尚有三四十村之多、雖大小不一、將來勘放時、應否可以建作新村、臨時査酌情形、再行辦理

一、地價成數、擬照各蒙旗劃分成案辦理、除提三成經費外、下餘七成、三成五歸公、三成五歸蒙點、劃留養贍及割領地畝、至頃畝等則之分別、俟丈放時、再行辦理

一、此次勘放界內、尚行達旗人民數十戶、按照報墾第六條、暨第八條之請求條件、擬在住在地之土達拉圖廟圪堵等村、附近地

一、收款期限、丈放之上等地、限領地一個月內、繳足六成、以一年繳清、中上等地、限領地一個月內、繳足四成、共餘六成、以六個月為一期、計三期共一年半繳清、中等地、限領地一個月內、繳足三成、共餘八成、分四期、每六個月為一期、二年繳清、下等地及不能上水之草灘地、限領地一個月內、繳足二成、共餘八成、分二期繳清、以十個月為一期、共為一期、

二十個月繳清、如逾限不繳、暨繳價未清者、照章撤地另放、倘各該戶承領各則地、如能在於原定繳價成數以外、再交一成或二成、即可就近撥發修渠之用、以期渠早觀成、地多灌溉、俾各民戶多獲地利之益

一、勘定此項地畝、定二年為限、一律辦理完竣、以收速效、而裕國課

第二部 清理辦法並丈放章程

第一部　清理办法並丈放章程

一、局用經費、依照辦墾通則、以墾款收入、全額十分之二爲經費、各以一成提支

一、此項地畝、面積廣漠、距五較近、仍由該第五分局兼辦、惟丈地收款事務較繁、應在於抓子補隆適中地方、設立行局一所、以專責成、而收速效、即於十八年一月開辦、俾資進行

一、局內應設副局長一員、蒙員二員、按照該旗請求條件、由該旗選員、咨請委充、以符原議

一、升科年限、以丈清繳價完竣、發照之次年升科、例如十八年領地、十九年聲徵升科、餘類推

一、渠地之官租歲租、不分等則、擬定俟歐徵收歲租大洋一分二厘、官租一分八厘、至下等地、及草灘地、俟丈放後、臨時酌定情形、再行規定

一、官租全數歸公、歲租全數歸蒙、所有歸蒙歲租、應由達旗自行收取

一、丈放之熟地、先准原墾原佃各花戶、於丈放一個月內、赴局報名、掛號承領、逾期不領、並不掛號者、得由地鄰或外來商民報領、熟荒亦如之、至生荒各地、凡有願者、屆時以先赴局報名掛號者爲準、以備挨次丈放

一、領戶領地時、每頃須先繳掛號費一元、以掛號之先後、作爲丈放之次序

一、此項辦法如有未盡事宜得臨時呈請修正之

一、本辦法俟呈奉核准之日施行

民國十八年一月十七日奉令核准

丈放達拉特旗報墾五原隆興長街基耕作各地辦法

一、達拉特旗隆興長地畝、東至楊小子圪旦、西至劉四拉塔郎、以及同心德橋、南至四大股廟、北至趙二鎭圪旦、約四百八十餘

第一部 清理办法并丈放章程

顷、除达旗划留地、农林试验场地、公园地、公墓地、暨得进高粱不堪耕种等地、一百七十余顷外、城内约放得基地十四顷、城外约放得基地十九顷零、约放耕作地二百七十余顷、共约放净地三百余顷

一、丈放建筑地亩、应徵地价、计分十等、规定如左

甲等地、每亩徵收洋八十元
乙等地、每亩徵收洋七十元
丙等地、每亩徵收洋六十元
丁等地、每亩徵收洋五十元
戊等地、每亩徵收洋四十元
己等地、每亩徵收洋三十元
庚等地、每亩徵收洋二十元
辛等地、每亩徵收洋十五元
壬等地、每亩徵收洋十元
癸等地、每亩徵收洋五元

一、得基地每放一亩、附徵建设费洋五元

一、丈放耕作地亩、应徵地价、计分三等、规定如左

1、上地、每顷徵收洋二百元
2、中地、每顷徵收洋一百六十元

第一部 清理办法并丈放章程

3．下地、每顷征收洋六十元

一、耕作地上中等地一顷、附征建设费洋五十元、每放下地一顷、附征建设费洋二十元

一、耕作地每放上中等地一顷、附征建设费洋五十元

一、无论建筑与耕作各地、于征收地价内、附加地方学校建筑费一成

一、得基耕作各地、约共可收地价洋六万七千余元

一、地价则分成数、除提三成经费外、下余七成、以三成五归公、三成五归蒙

一、交款期限、规定如左

建筑地、限领地前、先缴六成、其余以三个月为一期、分两期交清

耕作地、限领地前、先缴四成、其余以四个月为一期、分两期交清

官租全数归公、岁租全数归家、所有归家岁租、应由达旗自行征收

升科年限、以领地之次年升科、如十八年领地、十九年起征升科、余类推

一、丈放此项地亩、拟以八个月为限、支放、收款、造报、一律办理完竣

一、耕作地、不分等则、每亩每年、征收官租洋一分八厘、岁租洋一分二厘

一、定于十八年五月十六日开始丈放

一、建筑地、先行分别划段、编号、并绘图、分色标明等则、依次丈放、以免凌乱、惟前项地亩划段、每段至多不得超过十亩五分以示限制

一、每户认领新得基地、其已建筑者、先尽原户认领、尚未建筑者、每户至多不得过两段、耕作地、每户不得过三顷

一、如原户早经建筑、数亩至数十亩者、准予变通全数认领、如仅筑墙圈土圐、而无建筑能力者、应按规定限制划留、其余另山

公家招放

一、未經建築之地、依掛號先後、挨次丈放、領戶不得逾越、以免爭執

一、丈放時、如已經建築之原戶、不在本縣境內者、限一箇月內、來局掛號承領、過期得由公家收回、另行招放、其建築房屋、並甲公家實令新領之戶按照市價補償、已經建築、而原戶無力承領、或承領而延不交價者、應由公家收回、另行招放、其建築房屋、應由新領之戶、按照市價補償之

一、領地後、如於半年內、不事建築、即行撤地另放

一、承領街基地、每段發給部照一張、如超過一段者、依次遞加、承領耕作地者、仍按樂章辦理

一、認領街基地一段、耕作地一頃、均收掛號費洋一元

一、本辦法自公布之日實行之

民國十八年七月二十日奉令核准

丈放達拉特旗報墾河套義和渠地畝辦法

一、勘收達拉特旗報墾河套義和渠地畝四至、東至通濟渠永和地土具、賢天生壕、西至杭錦旗舊墾界及城渠、南至通濟渠永和地界並舊老郭渠角子、北至烏家河、東西均約二十餘里、南北均約二十餘里、共合面積約二千一百餘頃、內除沙灘、城廢、溝渠、道路、及不能上水、不堪耕種地外、計堪以放墾地、約有八百餘頃、平均以一百元計之、約可收地價洋八萬餘元

一、勘牧界內、土地不論生熟、但分別土質、及得水易者、暨得水稍次者、分作上中下三等、地價擬訂如左

上地、每頃地價洋一百二十元

第二部 清理辦法並丈放章程

中地、每頃地價洋一百元

下地、每頃地價洋八十元

一、地價成數、擬照各蒙旗劃分成案辦理、除提三成經費外、下餘七成、三成五歸公、三成五歸蒙

一、查各縣建築城垣、及地方上公共一切建設、教育事項、需款挹注、仍應照章、每徵收地價百元、附加一成五建築費、五分實業費、五分文化教育基金、以資需用

一、此次勘收地畝、按照報墾條件、第九條之請求、並指界蒙員之要求、先行指定銀蔵橋、高三圪墶、十二渠牛、劉四拉等村地丈量回領淨地一百頃、至等則執照、應俟丈地辦法、奉令核准以後、再行規定填發、所有圖龍盖召養贍地、按照第十條、於該召四周、各劃留地二里、以示體恤

一、收款期限、擬不分等則、在丈地後十日內、一律先交地價四成、然後發給執照、其餘六成地價、分三期交納、每期半年為限計一年半交清、如逾限不繳、暨繳而未清者、照章計款、撤地另放

一、義和渠水利社、因修渠墊款、經奉呈准、擬每交地價百元、附徵修渠費洋三十元

一、勘放此項地畝、擬以一年半為限、一律辦理完竣、以收速效、而裕公蒙

一、查此項地畝應需經費、歸入該局預算、按照通案、以丈地收款各提一成開支、俾資補助

一、查此項地畝、均在五原境內、歸山第五分局辦理、即於本年十月一日開辦、俾資進行

一、局內設蒙員副局長一員、會丈蒙員二員、按照該旗請求條件、由該旗選員、咨請委充、以符原諾、至該員等所需薪津各費、應在該局預算範圍內支給

一、升科年限、以丈清繳價完竣、發照之次年升科、例如二十年領地、二十一年升科、餘類推

一、官岁租拟不分等则，每亩收官租洋一分八厘，收岁租洋一分二厘

一、官租全数归公，岁租全数归家，所有归蒙岁租，应由达旗自行收取

一、领户领地，每顷须先缴挂号费洋一元

一、丈放之熟地，先准原租种各花户，于丈放一筒月内，赴局挂号承领，如逾期不领，并不挂号者，得由地邻或外来商民，按挂号之先后报领，熟荒地亦如之，至生荒各地，凡有愿领者，届时先赴局报名，以挂号之次序为丈放之标准

一、无论承领熟荒各地，须先具领地请愿书，并须盖有商号水印，以作保证，方准挂号承领，听候丈放

一、本办法如有未尽事宜，得临时呈请修正之

一、此项办法，俟呈奉核准之日施行

民国二十年十月二十三日奉令核准

丈放达拉特旗报垦河套丰济沙河通济渠地以及和硕公中等地亩办法

一、达拉特旗报垦河套丰济渠地亩四至、东至皂火河渠为界、西至丰济渠为界、南至杭锦旗已放地界、北至五加河为界、东西平均约二十余里、共合面积约一千二百余顷、内除沙滩、城废、沟渠、声名庙养赡地、以及不能上水、不堪耕种地外、计堪放垦地、约有五百余顷

一、达拉特旗报垦河套沙河渠地亩四至、东至达旗已放地界、西至皂火河渠为界、南至杭锦旗已放地界、北至五加河为界、东西平均约十余里、南北平均约二十余里、共合面积约一千余顷、内除沙滩、城废、沟渠、道路、及不能上水、不堪耕种地外、计堪放垦地、约五百余顷

第一部 清理办法并丈放章程

一、达拉特旗报垦河套通济渠地亩四至、东至四成补地地界、西至溉和渠已放地界、南至杭锦旗及达旗已放地界、北至五加河为界、东西平均约二十余里、共合面积约一千顷左右、内除沙滩、城废、沟渠、道路、暨蒙民原留户口地、以及不能上水、不堪耕种地外、计堪放垦地、约有三百顷。

一、达旗报垦和硕公中地亩四至、东及东南均至西公旗已放地界、西及西北至杭锦旗地界、南至马厂地界、北至教堂渠地界东西平均约二十余里、南北平均亦至西公旗、内除沙滩、城废、沟渠、道路、暨蒙民公共牧马厂地、盐湖、以及不能上水、不堪耕种地外、计堪放垦地、约有四百余顷。

一、上项丰沙通三渠地亩、共合可放净地一千三百余顷、每顷平均以七十五元计、可收地价洋九万七千余元、又勘牧和硕公中地可放净地四百余顷、每顷平均亦六十元、共计可收地价洋二万四千余元、统计可放净地一千七百余顷、可收地价洋十二万一千余元。

一、四段地亩界内土地、不论生熟、但分别土质、及得水易者、暨得水稍次者、分作上地、中上地、中地、下地四等、地价拟订如左。

丰济沙河通济三渠地

上地、每顷地价洋一百二十元
中上地、每顷地价洋一百元
中地、每顷地价洋八十元
下地、每顷地价洋六十元

和硕公中地

第一部　清理辦法并丈放章程

上地、每頃地價洋一百二十元
中上地、每頃地價洋一百元
中地、每頃地價洋八十元
下地、每頃地價洋四十元

一、地價成數、擬照各蒙旗劃分成案辦理、除提三成經費外、下餘七成、三成五歸公、三成五歸蒙、
五分文化教育基金、以資需用

一、查各縣建築城垣、及地方上公共一切建設、教育事項、需款挹注、仍照章由徵收地價百元、附加一成五建築費、五分實業費

一、查豐沙通三渠水利社、均欠交永租款項、此次丈放此三渠地畝、擬援照丈放義和渠地、每收地價百元、附徵渠費一元五角、
用抵未解永租之款、如有餘時、再發給各該水利社、以作補助渠費之用

一、此次勘牧四段地內、按照該旗報墾條件、第六條之請求、凡城廢、沙灘、不堪耕種之地、劃作蒙民牧廠、丈竣時、發給執照

一、和碩公中地內、原有之陶頼白鹽湖地一塊、按照該旗報墾條件第七條之請求、劃作該旗軍民人等、自食自用

一、此次勘牧四段地內之名廟養贍、按照條件第八條請求、如各廟仍照舊草四周、各劃留地二里、並蒙民墳墓四周劃留之地、均
照舊草辦理

一、通濟渠地界內、有蒙民活保太阿骨多羅金卜音成汗唐貢山靖斯瓦茗細二王爺等戶口地、約三百餘頃、應作劃留地

一、和碩公中地界內、蒙民公共牧馬廠地、約一百餘頃、應作劃留地

一、達旗中召蒙民、請在豐濟渠地內、劃留戶口地、應准照辦、惟劃留畝數、俟丈放時、斟酌辦理

一、收款期限、按照新章、應一次交清、惟此四項地畝、對於收款困難特多、若令一次交清、誠恐不易招放、有碍進行、茲擬不

第二部 清理辦法非丈放章程

分等則、在丈地後十日內、一律先交地價四成、然後發給執照、其餘六成地價、分兩期交納、每期以六個月爲限、計一年交清
如逾限不交、贄繳而未清者、照章計款、撤地另放、並徵罰之
勘放此四段地畝、擬以十八個月爲限、一律辦理完竣、以收運效、面裕公豪
丈放此四段地畝、由第五分局辦理、所需經費、按照通案、以丈地收款各提一成提支、惟所提之款、連同丈放其他地畝取提
總數不得超過該分局假定預算、即自二十二年七月十六日、開始丈放
局內設蒙員副局長一員、會丈蒙員二員、按照該旗請求條件、由該旗選員、容請委充、以符原議、至該員等所需薪津各費、應由該局預算範圍內支給
升科年限、以丈清繳價完竣、發照之次年升科、例如二十二年領地、二十三年升科、餘類推
官租、擬不分等則、每畝官租洋一分二厘、歲租洋一分二厘
丈放之熟地、先准原租種各花戶、於丈放一個月內、赴局掛號承領、如逾期不領、並不掛號者、得由地鄰或外來商民、按掛號之先後報領、熟荒地亦如之、至生荒各地、凡有願領者、屆時先赴局報名、以掛號之次序、爲丈放之標準
官租全數歸公、歲租全數歸蒙、所有歸蒙歲租、應由達旗自行收取
領戶領地、每頃先繳掛號費洋一元
無論承領荒熟各地、須先具領地請願書、蓋有商號水印、以作保證、方准掛號承領、聽候丈放
本辦法如有未盡事宜、得隨時呈請修正之
此項辦法、俟呈奉核准之日施行

民國二十二年七月二十九日奉令核准

丈放達拉特旗續報隆興長未放街基地畝辦法

第一條 查此項續報地丈放辦法、應查照前放隆興長橋東街基地辦法辦理、以箏原案、而照劃一

第二條 查此段續報地畝、東至新開成渠、西至舊城渠遺址、南至義和渠、北至城垣、共淨地二十畝有奇、約可收地價洋七百餘元

第三條 查此項續報街基地、坐落在五原縣屬隆興長、應歸墾務第五分局辦理

第四條 查此項續報地畝、完全為建築地

第五條 查此項建築地、計分為四等、每畝應徵地價、按照前定等則、規定如左

丁等地、每畝地價洋五十元

戊等地、每畝地價洋四十元

巳等地、每畝地價洋三十元

庚等地、每畝地價二十元

第六條 續放此項街基地、每畝應徵附加建設費洋五元

第七條 每徵收地價百元、附加地方學校建築費一成、以資挹注

第八條 續放此項街基地、其已建築者先儘原戶認領、如未建築者、依掛號之先後、次第勘放、以免爭執、但每戶不得超過兩段以示限制

第九條 領地交款限期、規定如左

一 此項地畝丈放時、限領地後先交六成地價、其餘四成、以三個月為一期、分兩期交清

第一部 清理辦法並丈放章程

第一部 清理辦法並丈放章程

第十條 續放此項街基地、每段徵收掛號費洋一元

第十一條 續放此項地畝、自規定公布之後、所有從前掛號執據、概作無效

第十二條 地價成數、擬照各旗劃分成案辦理、除提三成經費外、下餘七成、三成五歸公、三成五歸蒙

第十三條 續放此項地畝、各以一成提支經費、但每月提支之款、連同丈放其他地畝所提之款、不得超過該分局原定二十三年度每月預算數目、即自二十三年十二月一日、開始丈放

第十四條 承領此項街基地畝、每段發給部照一張、按照新章繳納各費、其不足一段、亦以一段論、如超過一段者、依次遞加

第十五條 所有續放此項街基地畝、擬以三個月為限、辦理完竣、以收速效

第十六條 在丈放此項街基地畝、所擬辦法、均從簡規定、如丈放時、倘有發生其他情形、仍應查照前放隆興長街基地各辦法辦理

第十七條 本辦法自呈請奉令核准之日施行

民國二十三年十二月六日奉令核准

丈放杭錦旗報墾中東兩巴噶地畝辦法

一、勘放杭錦旗報墾中東兩巴噶地、東西長約二百三四十里、南北寬八九十里、五六十里、三二十里、十數里不等、四至、東至達拉特旗界、西至王文善舊渠、南至黃河、北至達拉特旗界、又黃托勒蓋黃河東畔一段、南北長九十餘里、東西寬五里、十里、二三十里不等、四至、東至藍鎮河、西至黃托勒蓋河、南至黃河、北至達拉特旗界、共計地約數千頃之譜

一、該旗丈放時、擬定押荒等則列左

第一部 清理辦法並丈放章程

1、該地歲租、等則列左

1、上地、每頃徵庫平銀一百兩
2、上次地、每頃徵庫平銀九十五兩
3、中地、每頃徵庫平銀九十兩
4、中次地、每頃徵庫平銀八十五兩
5、下地、每頃徵庫平銀八十兩

1、該地交價期限、領時先交四成、下餘六成、限一年交清

1、該地押荒收入劃分成數、先提二成渠費、餘以一半歸公、一半歸蒙

1、該地歲租、每頃每年徵庫平銀之次年啟徵

1、上地、每頃每年徵庫平銀二兩二錢
2、上次地、每頃每年徵庫平銀二兩
3、中地、每頃每年徵庫平銀一兩八錢
4、中次地、每頃每年徵庫平銀一兩四錢
5、下地、每頃每年徵庫平銀一兩四錢

1、該地升科年限、領地之次年啟徵

1、該地歲租收入劃分成數、一半歸公、一半歸蒙

1、該地不論上中下地、每頃每年、徵渠租庫平銀四兩五錢

1、該地押荒歲租、每徵正銀庫平一兩、臨徵一五加色、市平銀一分五厘

光緒三十二年閏四月十三日奏准

清理杭錦旗報墾元亨利貞四段地畝（同前地）清丈辦法

第一章 清理手續

一、杭錦旗報墾元亨利貞四段地畝，從前丈放領戶稀少，弓口過寬，餘荒夾荒，侵佔時爭，亟應挨次清理，以正經界、確定產權，以順洽民情爲主旨

一、清理手續，遵照頒發辦墾通則，並參酌該地情形擬定之

一、查此項地畝，該旗報墾原係四千餘頃，係屬大概估報，故除以放足原報地數外，尙有餘荒夾荒，並侵佔地畝，均應另行清理丈放之，以彌爭端

一、查此項地畝，從前賬簿及圖冊，倘可考證，惟丈地執照存根、前西盟局遺失無存、難以稽核，應將圖冊、並部照號數、交款數目，均照抄齊全，帶至地所，俾與各地戶所持之照票或部照、互相對證，而期覈實

一、清查此項地畝，手續紛繁，較與丈放新地，倘爲煩瑣，必須先將已放之地，花戶地畝、及已繳押荒各數目、分別查對清楚抄登底簿，以便根據清理

一、清理此項地畝、所有從前民戶已丈之地，必須沿村沿戶、按照前發丈地執照、或部照四至弓口，生行丈量，如有在弓口或四至以外之地、而未丈放者，一律歸公丈放之

一、清理此項地畝，按照丈地執照、或部照四至弓口丈量，如與所領正地超過太多，均作餘地丈放，不准該民戶藉口、多年經營成熟，久佔此無課之地權，應在照辦墾通則，照章除地，以示體恤，如有小地戶領地無多、所餘之地確係苦力耕成熟地、應體

察情形、量爲除地、而示格外體恤

一、清理此項地畝、一面淸理舊圖冊、査對於民欠數目、一面丈放除荒夾荒地畝、雙方併進、而收速效

一、淸理此項地畝、從前民戶已領之地、必須驗明該戶領地執照或部照、與圖冊無訛、方爲有效、如因匪亂、確被損失者、准由該戶報明領地年月、四至畝數、與圖冊相符、亦准有效、然必須取具該村社長等、切實保結存案、以後如有此項執照發現時、該村社長同負責任

一、淸理此項地畝、原領地戶不在此處、祇有經理人、或係租種者、如以原領地執照或部照存於他省爲詞者、應限二十日內寄來呈驗、逾期卽按圖冊淸理

一、淸理原放各民戶地畝、其前領過之丈地執照並部照、應由委員驗明、加蓋淸理字樣、以示區別、而便稽考

一、淸理此項地畝、所有從前領地之戶、已交之押荒數目、除已換有部照者呈驗外、其餘皆以呈繳總局收款數目、或原放地畝局所蓋印信或圖章、核與底簿收數合等爲標準、以外無論何項執照發生、槪作無效

一、此項除荒夾荒地畝、自此淸理之後、應以此次擬定辦法、分別領照年限、造冊升科、其造辦升科冊籍手續聿繁、亦卽在於淸理期內造辦妥協、以期敏速

第二章 丈放辦法

一、査杭錦旗報墾元亨利貞四段地畝、此次淸理、除照原案丈足四千一十餘頃外、尙有除荒夾荒可放之地、約有三千頃之譜、卽照此次所擬辦法、每頃應徵荒價、平均以六十元計之、約可收地價洋十八萬餘元

一、淸理除荒夾荒、並民戶侵佔地畝、按照前呈准續放餘地成案、徵收荒價、以洋計核、擬定等則、分水地四等、能澆水熟地爲上卡等、能澆水熟荒地爲中上等、能澆水草灘地爲下等、應徵荒價如左

第一部 清理擴洪並丈放章程

1 上等水地、每頃徵荒價洋一百二十元
2 中上等水地、每頃徵荒價洋一百元
3 中等水地、每頃徵荒價洋八十元
4 下等水地、每頃徵荒價洋四十元

一、徵收荒價、仍照定章、每百元附加一成五建築費、五分實業費、以資建設

一、遵令在於徵收荒價外、每百元附加五分社會文化事業基金費、以資挹注

一、清理餘荒夾荒則分荒價數、擬照辦墾通則辦理、除提三成經費外、下餘七成、以三成五歸公、以三成五歸蒙

一、清丈出餘荒夾荒地畝、先儘四鄰認領、共各民戶從佔地、仍飭原估戶認領、以示例外之優待、並章地戶舊日墾熟不讓之爭詞、如原戶實係不願承領、再行另放他戶、用示公允、倘逾限一個月內掛號認領、並即另行招放

一、清理此項地畝、承領之戶、於丈放後、須交全部荒價十分之四成、其餘六成上等水地限兩簡月內繳清、中上等中等水地、限四簡月內繳清、下等水地限六簡月內繳清、如有逾限不繳、或繳價不清者、照章計款、撤地另放、以示限制

一、清理此項地畝、手續紛繁、所有清理舊地丈放餘荒夾荒、擬以一年半為限、一律辦理完竣、以收速效、而裕國課

一、查此項地畝、面積廣大、東西長約二百餘里、南北平均寬約三十里、自非設立行局、難資策領、查此項地內、鄔家地村為適中地點、擬在該村設立行局一所、派員辦理、以專責成

一、清理舊地並丈放餘荒夾荒等事、關係極重、手續繁雜、擬由第五分局辦理、以事一權、按照放各地章程、酌設職員、以資清理、其職員表、另行呈請核定、所需經費、即由清丈出餘荒夾荒應提經費內、核實動支

一、查清理此項餘荒夾荒等地畝、所用經費、擬每月追加假定預算經費洋八百元、並按放地收款、各以一成提支、核計由本年八

月十六日起、實行清理

一、丈放之餘荒夾荒等地、應徵官租歲租、擬定不分等則、水地每畝徵收官租洋一分八厘、歲租洋一分二厘

一、前項官租全數歸公、歲租由該旗自行徵收

一、丈放之餘荒夾荒等地、升科年限、擬定以領地之次年升科、例如二十一年領地、於二十二年升科、餘類推、

一、清理之餘荒夾荒等地、每頃照章徵收掛號費洋一元、以資丈領

一、清理手續及丈放辦法、如有未盡事宜、得臨時呈請修正之

一、清理手續及丈放辦法、俟呈奉核准之日施行

民國二十一年八月十五日奉令核准

丈放杭錦旗報墾河套西巴噶地畝辦法

一、杭錦旗報墾河套西巴噶地畝四至、計東至本旗巳報墾地界、南至黃河老塄、西至阿拉善界、北至烏拉特、達拉特地界、南界長三十六里、北界六十四里、東界八十里、西界八十里、南窄北寬、平均約五十里、東西平均亦約八十里、以現時狀況觀測、共中沙灘及不能上水、不堪耕種之地、居其多數、計堪以放墾者、約有三千二百餘頃、平均以每頃一百元計之、可收荒價三十二萬元

一、該地界內、土地不論生熟、但以辨別土質、能上水不能上水、多收穫與少收穫、分作上中下三等、其地價擬訂如左

1　上等地、每頃地價大洋一百二十元

2　中等地、每頃地價大洋一百元

第一部 清理办法并丈放章程

3 下等地、每顷地价大洋八十元

一、押荒成数、拟照各蒙旗划分成案办理、除提三成经费外、下余七成、三成五归公、三成五归蒙

一、此次地内召庙四所、每名四面、酌留草厂地、周围以三里为限、所有居留之台吉人等、及召庙户口等地、亦在此地之内、又将新杨家河之西梅令庙之东、至乌拉特界进西之地一块、划给蒙业、作为永久产业、其常年收入、由该旗自收、以符该旗请求原议

一、此地内有花托罗盖界内、所有本旗副盟长已占地一段、计二十余顷、又本旗堪殊尔召香火地十余顷、均应查照划留、不在丈放之列、以符该旗请求原条件所开

一、收款期限、丈放之上等地、限领地一个月内缴足六成、共余四成、以半年缴清、中等地限领地一个月内缴足四成、半年内再缴三成、以一年缴清、下等地限领地一个月内缴足二成、一年内再缴四成、下余四成、以一年半缴清、如逾限不缴、暨缴价未清者、分别照章处罚

一、勘放此项地亩、定以二年为限、一律办理完竣、以收速效、面裕国课

一、局用经费、以筹款收入全额十分之二为限、分二年编造预算书、所余一成经费、归公另储、其员额经费表、另表规定之

一、拟设垦务局一所、共名曰勘放杭锦旗报垦河套西巴嘎地亩局、即设于强家油房、办理丈放收价各事、并分设分行局二所、局设于黄羊木头、北行局设于陕坝、分任丈地事宜

一、请刊发蒙汉合璧木质关防一颗、文曰勘放杭锦旗报垦河套西巴嘎地亩局之关防、以资信守

一、升科年限、以丈清缴价完竣、发照之次年升科、例如十五年领地、十六年启征升科、余类推

一、官租岁租不分等则、拟定每亩征收岁租大洋一分二厘、官租大洋一分八厘

一、官租全數歸公、歲租全數歸案、所有歸蒙歲租、應由杭旗自收

一、丈放之熟地、先准原墾原佃各花戶、於丈放一箇月內、赴局報名掛號承領、逾期不領、並不掛號者、得由地鄰或外來商民報領、熟荒地亦如之、至生荒各地、凡有願領者、屆期以先行赴局報名掛號者為準、以備挨次丈放

一、領戶領地時、每頃先繳掛號費一元、以掛號之先後、作為丈放之次序

一、本辦法如有未盡事宜、得隨時呈請修正之

一、本辦法呈准後、於十五年二月一日實行

民國十五年一月二十四日奉令核準

丈放杭錦旗報墾合碩公中墾地辦法

一、杭錦旗報墾合碩公中墾地一段、東至達拉旗界、西至黃河、南至黃河、北至洋人達拉爾渠、約共正地三百頃有零、除沙城、渠道、村落、膳名、不堪耕種地外、計可丈放上則淨地四十餘頃、中則淨地五十餘頃、下則淨地五十餘頃、統共淨地一百五十餘頃、以上中下三則渠水地、平均核計、每頃洋七十元、約可收洋一萬元有零

二、分局丈放此項地畝、按照十八年度規定辦法通案辦理

三、勘丈界內墾地、均屬熟荒、依長濟、塔布爾渠地價比較、並依報墾優待條件酌減、擬分三則丈放、共押荒數目如左

上則地、每頃押荒洋一百元

中則地、每頃押荒洋七十元

下則地、每頃押荒洋四十元

第一部 清理辦法並丈放章程

四、此項墾地丈放期限、擬即按照該旗報墾條件規定、自丈放日起、以兩箇月為辦竣之期、並依原議、由該旗自行承領、照章繳價

五、勘丈後、無論上中下地、每及淨地一頃、應交掛號費洋一元、並依押荒數目、每百元附加建築費洋十五元、實業費洋五元、文化基金洋五元、均隨押荒一併清繳

六、全部押荒、除該旗應得二五荒價外、計洋若干、統由該旗於兩個月丈放期內、按報墾條件所列交款辦法、如數撥交清楚、以符原議

七、押荒及附加各款交清後、即行照章發給部照

八、此項墾地、應依水地成案、於丈放後次年升科、官租每頃收洋一元八角、歲租每頃一元二角、見青徵租、並照向章、官租全數歸公、歲租全數歸家、山該旗自收

九、地內各廟共有兩處、應依該名前後三里、左右一里之限度內、分別劃撥、以資養膳

十、本辦法於呈奉核准之日施行

民國十九年三月四日奉令核准

丈放臨河縣屬杭達兩旗陝壩等各村村基地辦法

第一條 本辦法於丈放臨河縣杭達兩旗陝壩等九村村基地適用之

第二條 丈放陝壩等九村、按面積約合二十餘頃、除道路外、約可放村基淨地十五頃、平均每畝以二十元合計、共可收入三萬餘元、共村基地、平均價目分列於次

1 杭錦旗報墾西巴噶地內、陝壩會村基約放淨地三頃五十餘畝、每畝平均以二十元合計、約可收洋七千餘元

2 杭錦旗報墾西巴噶地內、下蠻會村基約放淨地二頃五十餘畝、每畝平均以二十元合計、約可收洋五千餘元

3 達拉特旗報墾賠教地內、大發公村基約放淨地九十餘畝、每畝平均以二十元合計、約可收洋一千八百餘元

4 杭錦旗報墾西巴噶地內、烏蘭淖村基約放淨地一頃五十餘畝、每畝平均以二十元合計、約可收洋三千餘元

5 杭錦旗報墾西巴噶地內、黃羊木頭村基約放淨地一頃四十餘畝、每畝平均以二十元合計、約可收洋二千八百餘元

6 達拉特旗報墾賠教地內、聖家營村基約放淨地四十餘畝、每畝平均以二十元合計、約可收洋八百餘元

7 杭錦旗報墾西巴噶地內、三道橋村基約放淨地四十餘畝、每畝平均以二十元合計、約可收洋八百餘元

8 杭錦旗報墾西巴噶地內、楊樹村基約放淨地三頃九十餘畝、每畝平均以二十元合計、約可收洋七千八百餘元

9 杭錦旗報墾西巴噶地內板斗中浪村基約放淨地五十餘畝、每畝平均以二十元合計、約可收洋一千餘元.

第三條　丈放建築房屋地基各等則、應徵地價數目、規定如左

甲等地每畝洋六十元

乙等地每畝洋五十元

丙等地每畝洋四十元

丁等地每畝洋三十元

戊等地每畝洋二十元

己等地每畝洋十元

庚等地每畝洋五元

第一部　清理辦法並丈放章程

第二部 清理辦法並丈放章程

第四條 丈放村基地畝、每徵收百元、均附加地方一成建築費、地方一成教育費等款、以濟公用

第五條 前項地畝之丈放、由綏遠墾務第六分局辦理

第六條 綏遠墾務第六分局、應依照村基區域範圍、先行規畫分別、按村劃段編號、並繪圖分色、標明等則、依次丈放、而免淩亂

第七條 每戶認領村基地、如已經建築房院者、先儘原戶承領、其未建築亦無原戶之地、即以掛號在先者承領之

第八條 凡各村內、除已經建築房院、無論地基多寡、應放給原戶不計外其餘尙未建築之空地、每戶准領一畝至二畝以示限制

第九條 丈放各村村基地、應由第六分局派員隨時查棧形勢、酌量剷留衖巷地基、以利交通

第十條 交款期限、無論已否建築各地、一經掛號、均一律交二成保證金、其餘八成、自丈放之日、限三箇月交淸、不得稍事拖欠

第十一條 前項應徵地價等款、如逾三箇月並不繳納、或繳而未淸者、除將預交二成保證金充公、其餘已交之款撥地外、餘領之地撤囘、歸公另放他戶、以昭炯戒

第十二條 丈放村基地畝、如有已建築之原戶、不在本村、因事外出、應限一箇月內、來局掛號、倘過期不領、得由公家另行招放、所有已建房院、應由公家責令新領戶、按照市價補償、如已經建築、而原戶無力承領、或認領延不交價者、即由公家收囘另放、其建築、應由新領戶按市價補償之

第十三條 丈放村基地、俟交淸地價後、均發給部照、以資管業

第十四條 丈放陝壩、下發會、大發公、烏蘭淖、黃羊木頭、聖家營子、三道橋等七村內、均有天主教堂建築房院、自應按照國際條約、另案辦理之

第十五條　丈放各處村基地畝、徵起地價、應以三成五劃給蒙旗、以待問章

第十六條　丈放此項村基地畝、所需經費、按照丈地收款各以一成提支核計、惟此項提支經費、業經第六分局二十一年度歲出預算數內編入、並不另加經費、擬自二十一年九月一日施行丈放、擬以六箇月為勘放期限

第十七條　丈放村基地、每畝徵收掛號費一元

第十八條　本辦法如有未盡事宜、得隨時呈請修正之

第十九條　本辦法自呈准後公佈日施行

民國二十一年九月三日奉令核准

丈放準噶爾旗報墾黑界地地畝辦法

一、勘放該旗報墾黑界地、西界由水坑博羅起、至東界黃河畔止、東西長二百二十里、南北寬七八里、至十餘里不等、約計可放地一千五百餘頃

一、該地押荒等則、分為四等列左

　1、上　地、每頃徵庫平銀六十兩
　2、中　地、每頃徵庫平銀四十兩
　3、中下地、每頃徵庫平銀三十兩
　4、下　地、每頃徵庫平銀二十兩

一、該地押荒收入、劃分成數、先提三成經費、餘以一半歸公、一半歸蒙

第一部　清理辦法並丈放章程

第一部 清理办法并丈放章程

一、该地岁租等则列左

1. 上地、每頃每年徵庫平銀二兩
2. 中地、每頃每年徵庫平銀一兩六錢
3. 中下地、每頃每年徵庫平銀一兩二錢
4. 下地、每頃每年徵庫平銀一兩

一、該地升科年限、領地之次年啓徵

一、該地歲租劃分成數、二成歸公、八成歸蒙

一、該地押荒歲租、每徵庫平正銀一兩、隨徵一五加色、市平銀一分五厘

光緒三十二年閏四月奏准

丈放郡王旗報墾四段地畝辦法

一、勘放郡王旗報墾該旗屬東南東西兩段地、自杭錦旗界、哈拉噶圖拉勒蓋、沿達拉特旗界、至神山鄂博、約一百七八十里爲西北界、山神山鄂博跟銅匠溝、向南至皂火河畔、約四五十里爲東界、山皂火河順大路、至哈拉噶圖拉勒蓋約一百四十里爲西南界、東段以銅匠溝作西北界、以牌界作東南界、約一百三四十里、至新廟爲東北界、以烏蘭木倫爲西南界又該旗添報南段新地一段、計東西長四五十里、南北寬二三十里不等、東至烏蘭木倫河水、西至濠賴溝、南至活機溝、北至驛路二顆樹、又報墾菅會廟地一段、計南北約長七八里、東西約寬六七里、東自庫極哩伯羅托羅蓋起、西至哈圖賴昆純林山、南至烏拉平托羅蓋、北自沙爾達普奏起、又續報皂火鹽道地一段、東山杭錦塔賓起、西至西杭錦交界止、約長三十餘

里、南面西山杭錦交界起、東至杭錦塔貢止、約長二十里、東寬約四五里、西寬約十二三里不等、共計地九千數百餘頃

一、該旗所報各地、擬定押荒等則列左

1. 上地、每頃徵庫平銀三十兩
2. 中地、每頃徵庫平銀二十兩
3. 下地、每頃徵庫平銀十兩

一、該地押荒收入劃分成數、先提三成經費、下餘一半歸公、一半歸蒙

1. 上地、每頃每年徵庫平銀二兩四錢
2. 中地、每頃每年徵庫平銀一兩
3. 下地、每頃每年徵庫平銀八錢

一、該地歲租等則列左

一、該地歲租收入劃分成數、二成歸公、八成歸蒙

一、該地押荒歲租、每徵正銀庫平一兩、隨徵一五加色、市平銀一分五釐

一、該地升科年限、領地之次年啓徵

光緒三十二年閏四月十三日奏准

丈放扎薩克旗報墾黑牌子地畝辦法

一、勘放扎薩克旗報墾黑牌子地、長不及五十里、寬八里許、東至郡王旗界、西至郡王烏審兩旗界、南至前報熟地界、北至黑牌

第一部 清理办法并丈放章程

一、该地押荒等则,分为四等列左
 1 上地、每顷征库平银三十两
 2 中地、每顷征库平银二十两
 3 下地、每顷征库平银十两
 4 沙城下地、每顷征库平银十两
一、该地押荒收入划分成数、先提三成经费、余一半归公、一半归蒙
一、该地岁租等则列左
 1 上地、每顷每年征库平银一两六钱
 2 中地、每顷每年征库平银一两二钱
 3 下地、每顷每年征库平银一两
 4 沙城下地、岁租领地三年后、察看情形再议
一、该地升科年限、领地之次年启征
一、该地岁租收入划分成数、二成归公、八成归蒙
一、该地押荒岁租、每征正银库平一两、随征十五加色、市平银一分五厘

了地界、约可放地一千数百顷

光绪三十二年四月十三日奏准

丈放札烏兩旗報效萬壽地辦法

一、勘放札烏兩旗報效萬壽地、東起圖林河鄂博、西止達古圖補圖、北起河拜素、南止巴格格布拉克、南北長五十餘里、東西寬二十里、至數里不等、其中張家河梁、可堪耕種者、畧屬寥寥、約可放地五百餘頃

一、該地押荒等則、按照黑牌地分為四等列左

1 上地、每頃徵庫平銀三十兩

2 中地、每頃徵庫平銀二十兩

3 下地、每頃徵庫平銀十兩

4 沙城下地、每頃徵庫平銀十兩

一、該地押荒收入劃分成數、除提三成經費、下餘悉數歸公

一、該地歲租等則、與札旗黑牌地同、至此項歲租收入、全數歸公

一、該地押荒歲租、每徵正銀庫平一兩、隨徵一五加色、市平銀一分五厘

光緒三十二年閏四月十三日奏准

丈放烏審旗報墾各地辦法

一、該旗報墾舊牌子地一段、東至札薩克旗、西至鄂托克旗、南至邊牆、北至牌柵、計長四百餘里、寬七八十里、又報墾新牌子地一段、東至札薩克旗、西至鄂托克旗、南至舊牌子、北至新牌子、計長四百二三十里、寬十餘里、又續報地一段、東至札薩克旗、西至鄂托克旗、南至舊牌子、北至新牌子、又報墾地一段、東至阿哥館之庫特格、西至鄂托克旗界、南至前報墾

第一部 清理辦法並丈放章程

第一部 清理辦法並丈放章程

地、北至鄂托克界、長百二三十里、寬八九十里至百里不等

一、此項地畝、應徵押荒等則、分別如左

1、上地、每頃徵收庫平銀三十兩
2、中地、每頃徵收庫平銀二十兩
3、下地、每頃徵收庫平銀十兩

一、押荒則分成數、除提三成經費外、餘以一半歸公、一半歸蒙

一、該地每年應徵歲租等則、分別如左

1、上地、每頃每年應徵收庫平銀一兩六錢
2、中地、每頃每年應徵收庫平銀一兩二錢
3、下地、每頃每年應徵收庫平銀一兩

一、歲租以二成歸公、八成歸蒙

一、升科期限、於丈放給領之次年啓徵

一、每徵正銀庫平一兩、隨徵一五加色、市平銀一分五厘

光緒三十二年閏四月十三日奏准

丈放扎郡烏三旗報墾地畝擬議辦法

一、扎郡烏三旗報墾地畝四至、長寬里數、以及約收荒價數目、分旗開列於下

甲、扎薩克旗報墾西南區荒地一段、東至烏拉廟大沙梁地方、西至烏審旗地界、南至萬壽地、北至巴汗柴達木遞南沙梁地方、並於該地北界、添報巴漢柴達木灘地十頃、平均按十四里計算、合正地一千零五十八頃四十畝、除不堪耕種地外、實可放淨地三百七十頃、約可收荒價洋一萬數百元

乙、郡王旗報墾東南區荒地一段、東至準噶爾界、南至布克河、西至鼠旮河、北至準噶爾界、並於鼠會河西添報沙地一段、平均按六十里計算、合正地一千三百八十二頃四十畝、除不堪耕種地外、實可放淨地五百五十三頃、約可收荒價洋一萬七千數百元

丙、烏審旗報墾東界荒地一段、西南至和宜各點包頭大路、正南巴哈柴達木大路、北至察汗諾地方、東南至察罕諾西沙梁及扎薩克旗界、正東至民地、東北正北西北均至民人呂候旦地、西界上邊至大塩路、下邊至包頭大路、並於西南界添報沙拉烏蘇河南地一段、因道途鴬遠、尚未前往收界、其東界按五十里、南北按六十里計算、合正地四千三百零九頃二十畝、除不堪耕種地外、實可放淨地二千一百五十四頃六十畝、約可收荒價洋六萬二千數百元

以上三旗所報墾地畝、除不堪耕種地外、共計可放地三千零七十七頃六十畝、約可收荒價洋九萬元上下

一、扎郡烏三旗地畝、應徵押荒、擬按地質優劣、分旗訂定於下

扎薩克旗

中等中上則、每畝一元

中等中下則、每畝六角

下等下上則、每畝四角

下等下下則、每畝二角

郡王旗

第一部 清理垦法并丈放章程

上等上上则、每亩十元
上等上中则、每亩一元二角
上等中上则、每亩八角
下等上则、每亩四角
下等中下则、每亩二角

乌审旗

上等上上则、每亩一元六角
中等中上则、每亩一元
中等上上则、每亩一元
中等中上则、每亩六角
下等下则、每亩三角
中等中上则、每亩八角
下等下上则、每亩四角
下等下下则、每亩二角

以上三旗所报垦地亩、应订外、共扎乌两旗、地多沙漠、土质较劣、故统以两等六则规定之其领

一、扎郡乌三旗报垦地亩、所收押荒、仍按向来各旗报垦成案划分、除提支三成经费外、下馀七成、以一半归公、一半归各该旗

一、扎郡乌三旗报垦地亩、应徵押荒、除郡王旗按三等九则拟订外、共扎乌两旗、地多沙漠、土质较劣、故统以两等六则规定之其领

一、扎郡乌三旗报垦地亩、距绥窎远、恐有鞭长莫及之虞、拟派会办一员、前往各该旗适中地方、设立办理伊盟扎萨克等旗地亩办公处一处、慇飭员司、分投丈放、以责迅速

一、会办办理此项地亩、拟由总局刊发木质关防一颗、名曰办理伊盟扎萨克等旗地亩垦务会办之关防、以昭信守

一、会办办理此项地亩、应支经费、按垦款收入全额十分之二为限、以八个月编造预算、另文呈请追加

一、丈放此项地亩、以及收款发照、统限八个月为竣事之期

一、地户领地时、先交押荒四成、下余六成、分为两期、限八个月缴清

一、地户於丈地时、应先缴押荒四成、容俟押荒全数交清、再行换给部照

一、扎郡乌三旗地亩、官岁各租等则、分旗规定於下

扎萨克旗

中等地岁官租每亩一分 下等地官岁租每亩五厘

郡王旗

上等地岁官租每亩一分五厘 中等地岁官租每亩一分 下等地岁官租每亩五厘

乌审旗

中等地岁官租每亩一分 下等地岁官租每亩五厘

以上三旗报垦地亩、官岁各租、因扎乌两旗地质较劣、并无上地、故官岁租率按中下两等拟订、其郡王旗仍分上中下三等规定之

一、扎郡乌三旗地亩、官岁各租启征年限、拟俟丈放地亩完竣後之第四年启征、该地土质甚劣、每年不能全数耕种、将来徵收官岁各租、拟按青苗为率、以示体恤

一、岁租全数归各该旗其领、官租全数归公、以符案章

一、丈放扎郡乌三旗地亩、承领者先期赴办公处挂号、听候派员按次丈放、按期交款、倘逾期不交、撤地另放、并将已交过押荒提三成充公、以示限制

一、前项办法、以呈奉核准日施行之

第一部　清理办法并丈放章程

丈放鄂托克旗報墾察罕托輝等處地畝辦法

民國十三年十月二日奉令核准

一、勘放該旗報墾各地、計察罕托輝地一段、東西長十餘里、南北寬二三里不等、又巴音托輝紅山嘴、即紅崖子、五堆子、桃勒虎廟灘、月牙湖、格爾杜道海、南北長約二百里、東西寬約一二里、或二十里不等、又哈巴圖阿麻等處地一段、南北約二十里、東西約十里、又察罕桃郭哩木南北約十里、東西約五里、共地九段

一、該地押荒等則、分為四等列左

1. 上地、每頃徵庫平銀四十兩
2. 中地、每頃徵庫平銀三十兩
3. 中下地、每頃徵庫平銀二十兩
4. 下地、每頃徵庫平銀十兩

一、該地押荒收入劃分成數、先提三成經費、餘一半歸公、一半歸蒙

一、該地歲租等則、擬定列左

1. 上地、每頃每年徵庫平銀二兩
2. 中地、每頃每年徵庫平銀一兩六錢
3. 中下地、每頃每年徵庫平銀一兩二錢
4. 下地、每頃每年徵庫平銀一兩

丈放鄂托克旗前報墾月牙湖等處地畝辦法

光緒三十二年閏四月十三日奏准

一、勘明鄂托克旗前報墾月牙湖等處地畝內、約計旱地二千八百餘頃、以二千八百頃、平均合算、可收銀五萬六千兩、照章折合、約收押荒洋八萬餘元

一、丈放押荒分為四等、援照原放鄂托克旗成案規定、擬訂如左

　上等旱地、每頃徵收銀四十兩

　中等旱地、每頃徵收銀三十兩

　中下等旱地、每頃徵收銀二十兩

　下等旱地、每頃徵收銀十兩

一、押荒成數、照章提用三成經費外、以一半歸公、一半歸蒙

一、歲課等則、援照原放鄂托克旗成案規定、擬訂如左

　上等旱地、每畝歲課銀二分

　中等旱地、每畝歲課銀一分六厘

一、該地押荒歲租、每徵庫平銀一兩、臨徵一五加色、市平銀一分五厘

一、該地歲租收入割分成數、二成歸公、八成歸蒙

一、該地升科年限、領地之次年啟徵

第一部 清理辦法並丈放章程

中下等旱地、每畝歲課銀一分二厘

下等旱地、每畝歲課銀一分

一、歲課二成歸公、八成歸蒙

一、局用經費、以舉款收入全額十分之二為限、以一年編造預算書、另案呈請追加

一、定名曰勘放鄂托克旗月牙湖等處地畝行局、山西盟局就近怦飭辦理、以收速效

一、勘收丈放地畝、連同造冊收款、以一年為限

一、刊發鈐記一顆、名曰勘放鄂托克旗月牙湖等處地畝行局之鈐記、以昭信守

一、徵收押荒期限、丈地後先繳荒價六成、方准承領、共餘四成、以三箇月為一期、兩期繳清

一、升科年限、因地方荒野、招種不易、從寬應以丈放給領之第四年啓徵升科

一、丈放此項地畝、領戶先須取具舖保、赴局掛號、備具承墾願清、填明村落地數、以便挨次丈放

一、前項辦法、俟呈奉核准之日施行

民國十二年九月二十八日奉令核准

丈放王愛召報墾東西地畝辦法

一、勘放王愛召報墾該召東西兩段地畝、東地長寬各十五里、計地一千二百餘頃、西地寬廣一百五十餘方里、計地八百餘頃、二共二千餘頃

一、該召所報之地、東段土質尚佳、西段次之、丈放時、擬定押荒區分四等、分別於左

1、上地、每頃徵庫平銀四十兩
2、中地、每頃徵庫平銀三十兩
3、中次地、每頃徵庫平銀二十兩
4、下地、每頃徵庫平銀十兩
一、該地押荒收入劃分成數、以一半歸公、一半歸召
一、該地歲租等則列左
1、上地、每年每頃徵庫平銀二兩
2、中地、每年每頃徵庫平銀一兩六錢
3、中次地、每年每頃徵庫平銀一兩二錢
4、下地、每年每頃徵庫平銀一兩
一、該地升科年限、自領地之次年啓徵
一、該地歲租收入劃分成數、先提一成經費、餘作十成劃分、二成歸公、一成歸郡王旗、七成歸召
一、該地押荒歲租、每徵正銀庫平一兩、隨徵一五加色、市平銀一分五厘

光緒三十二年閏四月奏准

第一部 清理辦法並丈放章程

烏蘭察布盟屬

丈放達爾罕旗報墾卓克蘇拉塔地畝辦法

一、該旗報墾卓克蘇拉塔地畝、東至乍素、西至哈拉哈少、南至烏蘭桃力蓋、北至邊墻、長寬約十五里許

一、該地押荒等則、分別列左

1. 上地、每頃徵庫平銀三十兩
2. 下地、每頃徵庫平銀二十兩

一、該地押荒收入劃分成數、先提三成經費、餘一半歸公、一半歸蒙

一、該地每年官歲租等則列左

1. 上地、每畝每年應徵官租洋一分二厘、歲租洋一分二厘
2. 下地、每畝每年應徵官租洋八厘、歲租洋八厘

一、所徵官租全數歸公、歲租全數歸蒙

一、升科期限、自民國十年分啓徵

一、每徵押荒庫平銀一兩、隨徵一五加色、市平銀一分五厘

光緒三十三年二月十六日奏放

查此項地畝於民國九年始擬其徵收官歲各租等則及升科年限奉令核准自民國十年分啓徵特此註明

第二部 清理辦法並丈放章程

丈放烏蘭察布盟達爾罕旗報墾二里半等處地畝辦法

一、勘放達爾罕旗報墾二里半等處地畝、坐落在武川縣西北、固陽縣東北、該地四至、東至達爾罕旗已墾地界、西至茂明安旗已墾地界、南至土默特旗已墾地界、北至達爾罕旗未墾草地、東西寬約平均十八里、南北長約六十里、共合面積計一千零八十方里內除沙石鹼灘道路、約可放淨地三千餘頃

一、勘放此項地畝、土質肥磽、地勢平坦、惟水地甚少、平地約佔全面積十分之七八、山梁地佔十分之二二、擬訂按三等九則丈放、計分定荒價數目如左

一、水地分為三等

上等水地、每頃荒價洋一百五十元

中等水地、每頃荒價洋一百二十元

下等水地、每頃荒價洋九十元

一、平地分為三等

上等平地、每頃荒價洋七十元

中等平地、每頃荒價洋五十元

下等平地、每頃荒價洋三十元

一、梁地分為三等

上等梁地、每頃荒價洋四十元

第一部 清理辦法並丈放章程

中等梁地、每頃荒價洋三十元

下等梁地、每頃荒價洋二十元

一、以上三項地荒價、按以該地全面積、約放淨地三千餘頃、以三千頃計算、每頃平均四十元合計、可收荒價洋十二萬元之譜

一、劃分荒價成數、擬照各豪旗向日報墾成案辦理、除提三成經費外、下餘七成、以三成五歸公、三成五歸蒙

一、歸蒙之款、於報墾時、由該旗要求就近劃分、應准在於第四分局按月撥付、以昭信守

一、收款期限、再限半年交清、荒地限領地一個月內繳足六成、共餘四成限一年內繳清、熟荒地限領地一個月內繳足四成、下餘二成、再限半年交清、荒地限領地一個月內繳足三成、一年內再繳三成、下餘四成、再限一年內繳清、如逾限不繳、暨繳價未清者、分別照章撤地另放

一、丈放之熟地、先准原墾戶承領、於丈地一個月內赴局、每頃呈交掛號費一元、經繩丈員勘丈規定等則後、再繳二成保證金方准掛號、繳足荒價成數後、發給丈地執照、如逾限不領、並不掛號者、得由地鄰各戶、或外來商民報領、熟荒地同、其餘生荒凡有願領者、生期赴局、按照呈繳掛號費保證金手續、報名掛號、以備按次丈放

一、查各縣建築城垣、及地方上公共一切建設教育事項、需款挹注、仍應照章徵收荒價百元、附加一成五建築費、五分實業費、五分文化教育基金

一、此項地畝、定以二年零六個月、一律辦理完竣

一、此項墾地、在固陽縣東北第四分局範圍以內、應責山第四分局辦理、惟丈地收款事務紛繁、自非設立行局、難收速效、查茂旗報放墾地內、烏蘭忽洞村、距此項墾地甚近、並且適中、擬在該村設立行局一所、派員辦理丈放事宜、以專責成

一、丈放此項地畝、所用經費、擬得月追加假定預算經費洋八百元、並按放地收款、各以一成提支、由二十一年十月十六日起、

第二部 清理办法暨丈放章程

实行丈放

一、本办法自呈准日施行。

一、官租全数归公，岁租全数归蒙自收。

一、平下地暨梁中下地，每亩每年征收官租大洋八厘，岁租大洋一分。

一、平地土中两等，暨梁土地每亩每年征收官租大洋一分五厘，岁租大洋六厘。

一、水地不分等则，每亩每年征收官租大洋三分，岁租大洋三分。

一、升科年限，以领地之次年启征升科，兹拟定每亩每年缴纳官租岁租数目如左。

一、查此项地亩、岁入岁出各数，该分局二十一年度预算案内、未曾列入、应即由实行丈放之日起、另行编造岁入岁出预算书、呈请追加、以符手续。

民国二十一年十月六日奉令核准

丈放茂明安旗报垦小壕帐房塔地亩办法

一、该地押荒等则、分别如左

1、上水地、每顷征库平银四十五两

2、中水地、每顷征库平银三十五两

3、上草地、每顷征库平银二十五两

一、该旗报垦小壕帐房塔地、东西长约十五里、南北宽约十三里

4 下旱地、每頃徵庫平銀一十五兩

一、該地押荒收入劃分成數、先提三成經費、餘以一半歸公、一半歸蒙

一、該地官歲租等則、分列於左

1 上水地、每畝每年徵收官租洋一分四厘

2 上旱地、每畝每年徵收官租洋六厘、歲租洋一分

3 下旱地、每畝每年徵收官租洋三厘、歲租洋五厘

一、升科期限、自民國十年分起照章啓徵

一、所收官租全數歸公、歲租全數歸蒙

一、每徵押荒庫平銀一兩、臨徵一五加色、市平銀一分五厘

光緒三十三年二月十六日奏放

查此項地畝於民國九年始擬具徵收官歲各租等則及升科年限奉令核准自民國十年分啓徵特此註明

丈放茂旗報墾格拉朥鴇地畝設局辦法

一、格拉朥鴇地畝、計坡地熟荒約六百二十餘頃、梁地熟荒約五百餘頃、擬訂等則如左

1 坡地熟荒訂爲中地、每頃收押荒大洋五十元

2 梁地熟荒訂爲下地、每頃收押荒大洋三十元、約可收大洋四萬六千餘元

一、該地純屬熟荒、先儘原種戶於丈竣後、一個月內報領、逾期不領者、由局另行招放

第一部 清理辦法並丈放章程

第二部 清理办法并丈放章程

一、该地收价限期、于丈竣后、本年先交全价六成、共余四成、得展至次年六月以前交清、逾期不缴者、撤地另放

一、领户无论领何项等则地亩、每顷先交挂号费大洋一元

一、该地与牧厂地相同、拟照牧厂成案、押荒收清后、察看情形、再订升科年限、呈请办理

一、该地应定岁租官租等则、俟该行局察看情形、拟订呈候核定、再行呈报

一、该地所收押荒、拟先提三成经费、共余按十成剖分、一半归公、一半归蒙

一、该行局、设于该地适中官庄子地方、定名曰官庄子垦务行局

一、该地丈地造册、暂委任牧厂垦务分局、监督指挥、以期便捷

一、该行局、以十二个月为限、即为撤局之期、其地价如有尼欠未清者、得由该管分局清理

一、该行局如有未尽事宜、随时报明该管分局、呈请办理

一、此项拟订丈地收价、以及剖分押荒各办法、自呈奉令准之日施行

民国八年六月九日奉令核准

丈放通兴功一带地亩办法

一、勘收茂明安旗报垦通兴功一带地亩、宽长各一百里、实地勘收计分四大段、其界址里数如左

一、通兴功西北段、北自通兴功起、西北至王碾房五分子南界、东北至三成地北边界、南至阿塔山后康兔沟板甲兔沟北口、东至三成地东边界员勒公布地、西至鲁公中西山冈滚庆鄂博 即脑 包溙 山西大道、东西宽约七十余里、南北长约三四十余里不等

一、广漠奎诸段、东至水泉子沟上默特旗界、南至五当召草地边界、西至达不浪沟乌兰托拉亥、西北至阿塔山后、东北至员勒公

一、腮烏素東北段、北自河漕鴬界、東至蓮三腦包、西至三盛地東邊界、廠汗峨賴開尹烏拉、西南至貝勒公布地東南至小號子粮地北邊界、東西寬約五十餘里、南北長約二十餘里

一、德凌背東段、東至達爾汗旗界、西至貝勒公布韓天元荒地、南至官莊子粮地北邊界、北至小號子南邊界、東西寬約三十餘里南北長約二三十里不等

以上四段地、平均計算、足符原報之地

一、此次勘牧地內、山河道路沙石磁片、不堪耕種之地、約居十分之五五、其餘生熟各荒、約居十分之四五、共地約二萬五千頃以上

一、勘牧界內、土地約分水地、平地、山地三項、因地面過於寬大、土質肥瘠不等、共荒價等則、自應詳爲區別、以示公允、茲擬訂如左

一、水地分爲三等、凡能修渠引水漑田者、不論淸水混水、皆入之、以能澆淸水者爲上等、能澆混水者爲中等、能澆水而土質較次者爲下等

上等水地、每頃荒價洋一百五十元

中等水地、每頃荒價洋一百二十元

下等水地、每頃荒價洋九十元

平　地

上等平地、每頃荒價洋七十元

　　第一部　淸理辦法并丈放章程

第一部 清理办法并丈放章程

山地

上等坡梁地、每頃荒價洋四十元
中等坡梁地、每頃荒價洋三十元
下等坡築地、每頃荒價洋二十元

以上三項地畝、水地極少、約二百頃、山地極多、平地次之、約二萬數千頃、平均每頃以三十元計算、約可收地價大洋七十餘萬元

一、押荒成數、擬照烏盟各旗劃分成案辦理、除提三成經費外、下餘七成、三成五歸公、三成五歸蒙、其中廣化寺八壁荊廟、小召、札薩廟各贍召地、暨櫈惱口、六分子、官牛旗、寫心濛等處戶口地、應分之地價、均由旗劃分、如臨時請求、由局撥發、得旗同意者、亦可照辦

一、凡召廟附近、照章酌留草廠地、由該分局臨時呈請酌定之

一、歲租官租等則、擬訂如左

　1　水地定為上則、每畝歲租大洋三分、官租大洋三分

　2　平地上中等地暨山地上等地、定為中則、每畝歲租大洋二分、官租大洋二分

　3　平地下等地暨山地中下等地、定為下則、每畝歲租大洋一分、官租大洋一分

一、歲租全數歸蒙、官租全數歸公

中等平地、每頃荒價洋五十元
下等平地、每頃荒價洋三十元

一、局用經費、以墾款收入全額之十分之二為限、分三年編造預算書、另案呈請追加

一、勘放之地、擬於二年內丈放完竣、逾冊收款、以三年為限

一、收款期限、丈放之熟地、限一年內、分期繳清、熟荒限二年內繳清、生荒限三年內繳清、逾限不繳、暨繳價未清者分別照章議罰

一、升科年限、以丈清繳價完竣、發照之次年升科、即第一年領照者、於第二年啟徵、餘依次類推

一、丈放之熟地、先准原墾佃各花戶、於丈放一箇月內、赴局報名掛號承領、逾期不領、並未掛號者、得由地鄰各戶、首先報領、其熟荒亦如之、其餘生荒各地、凡有願領者、先期赴局報名掛號、挨次丈放

一、前項辦法、俟呈奉核准之日施行、如有未盡事宜、暨應行修正之處、臨時呈明辦理

民國八年八月九日奉令核准

丈放茂明安旗報墾界內薹荊召地畝辦法

一、勘收薹荊召地二段、均坐落縣城西北二十七八里、共大段、東西長約二十里、南北寬約十二里、東北均界茂旗已墾地、西界東公旗地、南界廣化寺、除山河道路、不堪耕種外、約有可墾之地一百八十餘頃、小段東西長約三里、東北寬約六里、東南西均界茂旗已墾地、東北界照鵓兔溝口西北界阿桂溝口、除山河道路、不堪耕種外、約有可墾之地二十餘頃、合大小兩段、共計約有可墾地二百餘頃

一、此地即定名曰薹荊召地

一、所報之地、旣在茂旗報墾界內、擬參照茂旗報墾原案、分水下、山上、山中、山下四則

第一部 清理辦法並丈放章程

查所報之地、約有水下地五頃、餘山上地五十頃、山中地九十頃、山下地六十頃、共約二百餘頃、可收荒價洋六千餘元

一、此地應徵荒價、除提三成經費外、以三成五歸公、三成五歸旗
一、此地丈放經費、按墊款全額十分之二編造預算、共表另定之
一、此地限四箇月丈放完竣、造冊放款、以六箇月為限
一、所報之地、熱地居十分之九、生地居十分之一、放地收款、生地先交四成、熱地六成、其餘欠款、無論生熱、均以六箇月為限、如數交清、如逾期不交、照章撤地另放
一、熱地先儘原戶承領、限一箇月內掛號、如逾不領、再由其他商民認領、生荒亦須定期掛號、聽候挨次丈放
一、此地每畝先交掛號費一元、至收荒價時、每百元附徵建築費十五元、實業費五元、俟荒價全數交清、即行發給部照

（丁）山下、每頃徵收荒價洋二十元
（丙）山中、每頃徵收荒價洋三十元
（乙）山上、每頃徵收荒價洋四十元
（甲）水下、每頃徵收荒價洋九十元

一、此地官歲租共分三等

（甲）水下、每畝每年徵官租歲租各三分
（乙）山上、每畝每年徵官租洋一分五厘、歲租洋九厘
（丙）山中、山下、每畝每年均徵官租洋八厘、歲租洋五厘

一、官租全數歸公、歲租全數歸旗、以符墊章

一、此地升科、以丈放之次年啟徵
一、此地為數無多、毋庸另設分局、以節糜費
一、此地距固陽縣較近、應由該縣兼辦、以資便利
一、此項辦法、自呈奉核准、于十二月十六日施行之

民國十五年一月二十九日奉令核准

丈放茂明安旗報墾王碾房十份子等村地畝辦法

一、茂明安旗報墾後王碾房十份子等村一帶地畝一段、坐落縣城西北一百二十餘里、東至後王碾房九分子未墾地、南至魯公中未墾地、西至大梗已墾地、北至萬義隆通薩力木蘇大路、東西長約十七里、南北寬約八里、除沙石鹻灘不堪耕種外、可墾之地約五百頃

一、此地與大旗地界毘連、土質相同、擬參照大旗地押荒等則、分為三等

（甲）上　地、每頃押荒洋四十元
（乙）中　地、每頃押荒洋二十五元
（丙）下　地、每頃押荒洋十五元

此項地畝、約可放上地一百二十頃、中地二百頃、下地一百八十餘頃、每頃平均以二十五元計算、約可收荒價洋一萬二千五百元

一、此地押荒　除提三成經費外、以三成五歸公、三成五歸蒙
一、放地經費、按墾款全額十分之二編造預算、其預算表另定之

第一部 清理办法并丈放章程

一、此地限六个月丈放完竣、连同收款造册、以八个月为限
一、无论上中下地领地时、先缴押荒五成、下馀五成、限八个月交清、如逾期不交、照章撤地另放
一、领户人等、承领此项地亩、须先期前往挂号、以便挨次丈放
一、领地挂号时、每顷先缴挂号费洋一元、至缴押荒时、每百元随徵军事建筑费洋十五元、实业费洋五元
一、此地官岁租拟分三等
（甲）上地、每亩每年徵官租岁租各洋一分五厘
（乙）中地、每亩每年徵官租岁租各洋一分
（丙）下地、每亩每年徵官租岁租各六厘
一、此地官租全数归公、岁租全数归蒙、共归蒙岁租、由该旗自收、以符请求原案
一、升科年限、以荒价收清、发给部照之次年升科
一、此地为数倬五百顷、毋庸另设专局、以节糜费
一、此地坐落固阳县西北一百二十馀里、尚不较远、应由该县兼办、以资便利
一、此项办法、以呈奉核准、于十五年七月一日施行之

民国十五年七月一日奉令核准

丈放茂明安旗新报通兴功北一带地亩办法

一、茂旗新报垦地亩四至、计东至白灵地界、西至东公旗为界、西北至已放大旗地为界、南至该旗前报固阳县已放地为界、北至

一 該地界內之地、在該旗前報通興功地畝北、其地質土性、與前報之地相同、分水地、平地、梁地三項等則、擬按照前案辦理、以示一律、茲擬定如左

四千頃左右

山為界、東西長約一百餘里、南北寬窄不一、平均約二十餘里、其中山路沙礆不堪耕種之地、居共多數、計堪以放墾之地不過

一、水地分為三等

上等水地、每頃荒價洋一百五十元
中等水地、每頃荒價洋一百二十元
下等水地、每頃荒價洋九十元

一、平地分為三等

1 上等平地、每頃荒價洋七十元
2 中等平地、每頃荒價洋五十元
3 下等平地、每頃荒價洋三十元

一、梁地分為三等

1 上等梁地、每頃荒價洋四十元
2 中等梁地、每頃荒價洋三十元
3 下等梁地、每頃荒價洋二十元

以上三項地畝、水地甚少、不足十分之一、平梁地居共多數、每頃平均以三十三元計算、四千頃約可收荒價洋一十三萬二千元之譜

清理辦法並丈放章程

第一部 清理辦法並丈放章程

一、押荒成數、擬照各蒙旗劃分成案辦理、除提三成經費外、下餘七成、三成五歸公、三成五歸蒙

一、勘放此項地畝、定以二十個月、一律辦理完竣、以收速效

一、收款期限、丈放之熟地、限領地一箇月內繳清、共餘四成、限半年內繳清、熟荒地、限領地一箇月內、繳足二成、一年內再繳四成、下餘四成、限二十箇月繳清、半年內再繳四成、下餘二成、再限一年內繳清、荒地限領地一箇月內、繳足二成、一年內再繳四成、下餘四成、限二十箇月繳清、如逾限不繳、暨繳價未清者、分別照章議罰

一、局用經費、以舉款收入全額十分之三爲限、分二十箇月編造預算、所有一成經費、歸公另儲

一、擬設墾務分局一處、名曰勘放茂明安旗新報墾地墾務分局

一、刊發漢蒙合璧木質鈐記一顆、文曰勘放茂明安旗新報墾地墾務分局鈐記、以資信守

一、升科年限、以丈清繳價完竣、發照之次年、啟徵升科

一、官租歲租等則、擬按照該旗前報通興功地畝、核減案辦理、以昭劃一、擬訂如左

一、水地擬不分等次、定爲上則、每年待歉徵收官租大洋三分、歲租大洋三分

一、平地上中兩等、暨粱地上等、擬定爲中則、每年待歉徵收官租大洋一分五厘、歲租大洋九厘

一、平地下等、暨粱地中下兩等、擬寫下則、每年待歉徵收官租大洋八厘、歲租大洋五厘

一、官租全數歸公、歲租全數歸蒙、所有歸蒙歲租、應由該旗自收、以符原議

一、熟地先儘原耕種人承領、於丈放一箇月內、赴局報名掛號、照章交納荒價各款

一、領地各戶或外來商民報領熟荒地亦如之、其餘生荒各地、凡有願領者、先期赴局報名掛號、以備挨次丈放

一、前項辦法、俟呈奉核准之日施行

丈放貝勒公布一約二約等地畝辦法

民國十五年七月十五日奉令核准

一、勘收二約地、(即哈呢板申)計十八村地畝內、除山河道路不勘耕種地外、生熟荒地約七百餘頃、又韓天元毫一約地、計九村、生熟荒地約三百餘頃、兩約共計生熟荒地約一千餘頃

一、所收界內之地、在茂明安旗報墾札薩克地之中心、共地質土性與札薩克地同、其中水地、平地、山地、應訂地價等則、擬按照札薩克地、即通興功地畝等則辦理、不另擬訂、以示一律、內有混水地約二十餘頃、平地三百餘頃、山地七百餘頃、每頃平均以三十元計算、約可收地價大洋三萬餘元

一、押荒劃分成數、並應徵歲租官租各等則、擬均按照札薩克地即通興功規定辦法辦理

一、丈放該地應設之行局、統歸分局管理、以總其事、而便考核

一、行局經費、以全額收入十分之二爲定額、另編預算呈請追加

一、該地收款事宜、責成分局會任、以期劃一

一、升科年限、以繳價領照之次年升科

一、此項辦法、俟呈奉核准之日施行

民國八年八月九日奉令核准

一、本辦法如有未盡事宜、得隨時呈請修正之

第一部 清理办法非丈放章程

丈放茂明安旗貝勒公佈續報三約四約地畝辦法

一、茂明安旗貝勒公佈、續報之三約四約地畝、平均計算南北長二十餘里、東西寬約十餘里、計分四段、共界址里數如左

1. 後公羲社北叚、山羲合樓雙水泉雄鷄窰起、至西南界、東西寬約七八里、南北長約十餘里
2. 西公羲社北叚、山大漢圪都白銀合少東河沿起、至胡油房羊廠溝羊盖鋼鋼東南界、東西寬約十餘里、南北長約二三里
3. 大成西社東北叚、山漢沁溝至腦包溝習蘇塔子大成西、東西寬約二三里、南北長約五六里
4. 六合社北叚、山高家二櫃起、至大羲公上下三座茅庵公中渠西界、南北長約四五里、東西寬約二三里

以上四段、現在勘收地畝、應收荒價擬定等則如左

一、該地祇有平地山地兩項、除山河道路沙石城片、不堪耕種之地不計外、共計生熟荒地約九百餘頃

1. 上等平地、每頃荒價洋七十元
   中等平地、每頃荒價洋五十元
   下等平地、每頃荒價洋三十元
2. 上等山地、每頃荒價洋四十元
   中等山地、每頃荒價洋三十元
   下等山地、每頃荒價洋二十元

以上二項地畝、約計九百餘頃、平均以四十元計算、可收地價大洋三萬六千餘元

一、所收押荒、擬照茂旗劃分成案、除提三成經費外、下餘七成、三成五歸公、三成五歸蒙

一、歲租官租等則、擬訂如左

1 平地上中兩等、暨山地上等、每畝歲租大洋二分、官租大洋二分

2 平地下等、暨山地中下兩等、每畝歲租大洋一分、官租大洋一分

一、歲租全歸蒙、官租全數歸公

一、局用經費、以墾款收入全額十分之二爲限、分一年半編造預算書、呈請追加

一、勘牧之地、連同造冊收款、以一年半爲限

一、該地收款期限、援照官莊子墾地定章、本年先交全價六成、其餘四成、得展至次年六月以前交清、如逾限不繳、暨繳未清者照章撤地擬罰

一、升科年限、以丈清繳價完竣、發照之次年升科

一、熟地先盡原戶承領、惟須于丈放兩個月內、赴局報名掛號、逾期不領、及並未掛號者、得由地鄰報領、生荒各地、亦須先期赴局報名掛號、挨次丈放

一、局報名掛號費洋一元

一、前項辦法俟呈奉核准之日施行

民國九年四月一日奉令核准

丈放茂明安旗報墾五福社貝勒地辦法

一、勘丈新報五福社地畝四至、東至河漕巳報墾地爲界、西至巳放新報墾地界、南至巳放新報墾地界、北至邊牆路爲界、東西長

第一部 清理垦务并丈放章程

约二十八里，南北宽约八里，其中山路河溝沙域不堪耕種之地不計外，約可放生熟荒地五百頃左右，勘收界內之地，在該旗新報墾通興功北地畝東北，其地土質與前報墾之地相同，惟無水地，僅可分平地梁地兩項，應訂荒價等則，擬仍援照前案辦理，以示劃一，茲擬訂如左

一、平地分為三等

上等平地，每頃荒價洋七十元

中等平地，每頃荒價洋五十元

下等平地，每頃荒價洋三十元

一、梁地分為三等

上等梁地，每頃荒價洋四十元

中等梁地，每頃荒價洋三十元

下等梁地，每頃荒價洋二十元

以上兩項地畝、平地約居十分之六、梁地約居十分之四、每頃平均以三十元計算、五百頃約可收荒價洋一萬五千元之譜

一、荒價成數、照歷辦成案、除提三成經費外、其餘七成、三成五歸公、三成五歸蒙

一、勘放此項地畝限期、定為十二箇月、一律辦理完竣

一、收款限領地一箇月內繳押荒四成、共餘六成、分三期完繳、每三箇月為一期、如逾期不交、或繳未清者、分別照章議罰

一、局用經費、以墾款收入全額十分之三為限、分十二箇月編造預算書、所餘一成經費、歸公另儲

一、勘放前項地畝、擬設立行局一所、定名曰勘放茂明安旗報墾五福社貝勒地地畝行局、擬歸勘放茂明安旗新報墾地墾務分局

一、就近徵辦、不另刊鈐記

一、升科年限、以丈清地畝繳完荒價、發照之次年、啓徵升科

一、官租歲租等則、擬照該旗前報通興功北墾地辦法辦理、以歸劃一

一、官租全數歸公、歲租全數歸豪、其歸豪之歲租、由該旗自收

一、丈放之熟地、先准原戶、於丈放一箇月內、掛號承領、如逾限不領、且不掛號者、均由地鄰或外來商民報領、其無原戶荒地凡有願領者、即赴局掛號請領、依次丈放

一、領戶領地時、先繳掛號費一元、共完交荒價時、每百元隨繳建築費十五元、實業費五元

一、本辦法呈准後、於本年六月十六日實行

一、前項辦法、俟呈奉核准之日施行、如有未盡事宜、隨時呈請修正

民國十六年七月十六日奉令核准

丈放莫爾根圖克齊召地畝辦法

一、該召報墾東四約地畝、東西長約二十五里、南北寬約二十里、除山河、道路、沙石、城灘、不計外、約可放地二百一十餘頃

一、該地盡係坡梁、並無平衍之地、土質磽薄、計可放上等山地約二十餘頃、中等地約九十餘頃、下等地約百頃左右

一、該名報墾地畝、土質亦與茂旗墾地相埒、應徵荒價官歲各租等則、擬援照茂旗成案辦理、山上地、每頃押荒洋四十元、中地三十元、下地二十元、官歲各租、山上地、每頃每年各徵二元、下地一元、以歸一律

一、應徵押荒、平均計算、約可收五千元之譜

第二部 清理辦法並丈放章程

一、應給歸蒙押荒、該名擬向職局於徵啓時、應分若干、就近由職局領取、共歸蒙歲租、仿照東公旗報墾白彥溝地畝辦法、向民戶直接收取、以濟急需、而省周折

一、丈放該名地畝、約須一年、可以丈放完竣

一、該名應分押荒成數、擬請援照崑都崙召則分辦法

民國十二年一月十一日呈令核准

丈放茂明安旗界內莫爾根召報墾三約地畝辦法

一、莫爾根召報墾三約地一段、東西寬約八里、南北長約十五里、東至西南壕河廠汗坤兌河、南至召山東南界通包頭大路、西至董家塔河、北至白膈包、除山河、道路不堪耕種之地外、約有可墾之地三百七十八頃

一、所報之地、土質尚佳、既在茂明安旗界內、擬參照勘收茂明安旗墾地辦法、分爲三等七則、以昭平允

1. 上等水地、每頃徵收押荒洋一百五十元
2. 上等平旱地、每頃徵收押荒洋七十元
3. 中等平旱地、每頃徵收押荒洋五十元
4. 下等平旱地、每頃徵收押荒洋三十元
5. 上等山旱地、每頃徵收押荒洋四十元
6. 中等山旱地、每頃徵收押荒洋三十元
7. 下等山旱地、每頃徵收押荒洋二十元

第一部　清理懈法並丈放章程

查所報之地、約有上等水地八頃、上等平旱地十五頃、中等平旱地二十頃、下等平旱地三十頃、上等山旱地四十五頃、中等山旱地七十頃、下等山旱地一百九十頃、總計約可收荒價洋一萬一千八百餘元

一、此項地畝應徵押荒、除提三成經費外、以三成五歸公、三成五歸官

一、丈放此項地畝、應支經費、按繫款全額十分之二編造預算、共預算經費表另訂之

一、此項地畝丈放期限、以及收款造冊、統限八個月為竣事之期

一、此地畝生熟參半、領戶承領時、生地應先交荒價四成、熟地先交六成、其餘欠款、不論生熟、均以八個月為期、侯押荒全數交清、再行換給部照、以資管業、倘逾期不交、照章撤地另放

一、熟地先儘原戶認領、限一月以內掛號、逾期不領、准山地隣或其他齊民承領、生荒亦須先期掛號、以便挨次丈放

一、此項地畝、應徵官歲租、按照茂明安旗辦法、分別三等如下

2 上等水地、每畝應徵官租洋三分、歲租洋三分

2 上等平旱地、中等平旱地、上等山旱地、每畝均徵官租洋一分五厘、歲租洋九厘

3 下等平旱地、中等山旱地、下等山旱地、每畝均徵官租洋八厘、歲租洋五厘

一、官租全數歸公、歲租全數歸名、以符繫章

一、此項地畝、升科年限、以丈放完竣之次年啓徵

一、此項地畝為數無多、毋庸另設專局、以節縻費

一、此項地畝、坐落固陽縣正東七十里、相距不遠、應由固陽縣兼辦、以資便利

一、此項辦法、以呈奉核准後、於十四年十二月十六日施行之

丈放茂明安旗界內廣化寺報墾膳召地畝辦法

民國十四年十月三十日奉令核准

一、勘放廣化寺報墾膳召地畝一段、坐落縣城西北二十里、長寬各八里許、東至跑馬路、西至東公旗大路、南至通包頭大路、北至腦包山、除山河、道路、不堪耕種外、約可墾之地九十頃

一、此地即定曰廣化寺報墾膳召地

一、所報之地、均係旱地、既在茂旗界內、擬即參照茂旗報墾原案、分為四等

（甲）中等平旱地、每頃徵收荒價洋五十元

（乙）上等山旱地、每頃徵收荒價洋四十元

（丙）中等山旱地、每頃徵收荒價洋三十元

（丁）下等山旱地、每頃徵收荒價洋二十元

查所報之地、約有中等平旱地十二頃、上等山旱地十八頃、中等山旱地十六頃、下等山旱地四十五頃、共約九十頃、平均每頃收荒價洋三十元、共可收荒價洋二千七百元

一、此地應徵荒價、除提三成經費外、以三成五歸公、三成五歸寺

一、放地經費、按墾款全額十分之二編造預算、共預算表另定之

一、此地限四箇月丈放完竣、連同造冊收款、以六箇月為限

一、所報之地、熟地較多、生地次之、放地收款、生地先繳四成、熟地先繳六成、共餘欠款、無論生熟荒地、均以六箇月為限、

如數繳清、倘逾期不交、照章撤地另放

一、熟地先儘原墾戶認領、限一月以內掛號、逾限不領、准由其他商民承領、生荒亦須先期掛號、以便挨次丈放

一、此地官歲租、按照茂旗辦法、共分二等

（甲）中等平旱地、上等山旱地、每畝均徵官租洋一分五厘、歲租洋九厘

（乙）中等山旱地、下等山旱地、每畝均徵官租洋八厘、歲租洋五厘

一、官租全數歸公、歲租全數歸寺以符墾章

一、此地升科年限、以丈放完竣之次年啟徵

一、此項地畝、為數無多、毋庸另設專局、以節糜費

一、此項地畝、坐落固陽縣屬西北二十里、相距甚近、應由固陽縣兼辦、以資便利

一、此項辦法、呈准於十四年十二月一日施行

民國十四年十一月二十五日奉令核准

丈放廣覺寺報墾甲巴地辦法

一、廣覺寺報墾甲巴地三段（一）大甲巴、坐落縣城南梁、東至大路、南至河漕、西及北均界茂旗舊報荒地、約有淨地三十九頃（二）流里丁克甲巴、坐落縣城東南十七八里、東及北均界茂旗舊報荒地、南至溝、西至大路、約有淨地十六頃（三）商蓋甲巴、坐落縣城東南十五里、東及西均界茂旗舊報荒地、約有淨地十五頃、三共約淨地七十頃

一、所報之地、土質太薄、且含沙甚多、以其距縣城較近、擬仿照巴漢腦包地、價格分為三等

第一部 清理辦法並丈放章程

（甲）上地、每頃三十元
（乙）中地、每頃二十元
（丙）下地、每頃十元

一、查此項地約可放上地十頃、中地二十九頃、下地三十一頃、共計約可收洋一千一百九十元
一、所收荒價、除提三成經費外、共餘七成、以三成五歸公、三成五歸寺、共歸寺數目、擬請就地撥付、以符請求原案
一、收款期間、無論熟地荒地、於丈地後、均先繳五成荒價、共餘五成、以六個月為期、如數交清、如逾期不交、照章撤地另放
一、地戶領地時、每頃須先交掛號費一元、共不足一頃者、按畝計算
一、領地時、除交荒價外、無論何等地、每畝繳荒價百元、附徵建築費十五元、實業費五元、正雜各款、一律交清、即發給部照、以資營業
一、熟地先儘原戶認領、限一個月內赴縣掛號、逾期不領、准由地鄰或其他商民承領、生荒亦須先期掛號、以便挨次丈放
一、此地升科年限、應以丈放完竣之次年啓徵
一、此地限三個月丈放完竣、造冊收款、以六個月為限
一、官歲各租、無論上地、中地、下地、每畝徵收官租洋八厘、歲租洋五厘
一、官租全數歸公、歲租歸寺、以符請求原案
一、此項地畝無多、且離固陽縣甚近、可由縣署派員丈放、以節經費
一、丈放此地經費、按荒價收入全額十分之三、分三個月編造預算書、其預算經費表另定之
一、本辦法俟呈奉核准、於三月一日施行之

丈放固陽廣義奎合窰堂等處街基地畝辦法

民國十五年三月四日奉令核准

第一條　本辦法於丈放街基地適用之

第二條　本辦法所稱街基地、以固陽廣義奎合窰舊城內外、並合窰堂傑內爲範圍

第三條　街基地、不問其有無建築、凡可蓋建舖房市場、並住宅者、悉屬之、其等次略分三等如下

一、地當大街衝要之處者、爲上等地

一、地處適中者、爲中等地

一、地勢偏僻者、距離城市稍遠者、爲下等地

第四條　街基地地價、每畝規定如下

上等地、二十元

中等地、十五元

下等地、十元

第五條　凡承領街基地、得先掛號、每段隨繳掛號費洋一元、給予收據、聽候挨次丈放

第六條　繳納街基地價時、得依業務章程、每百元臨徵建築費十五元、賞菜費五元

第七條　街基地價、得於領地後一個月內先繳六成、其餘限三個月內、分兩期繳清

第八條　所收地價、除提三成經費外、下餘一半歸公、一半歸蒙

第二部　清理辦法並丈放章程

第一部 清理办法并丈放章程

第九條　本辦法自呈奉批准日施行

民國二十年九月十四日奉令核准

丈放四子王旗報墾察罕依魯格勒圖地畝辦法

一、四子王旗報墾察罕依魯格勒圖地、東界與萬億號通泰各地毗連、南北長約四十餘里、東西寬由一里至十數里不等

一、丈放此項地畝、應徵押荒等則、分別如左

1、上等地、每頃徵收庫平銀二十兩

2、下等地、每頃徵收庫平銀十二兩

一、交款期限、以三個月爲一期、初期內交五成、二期內交三成、三期交清

一、所收押荒、除提三成經費外、餘以一半歸公、一半歸蒙

一、該地每年應徵歲租等則、規定如左

1、上等地、每畝每年應徵歲租銀八厘

2、下等地、每畝每年應徵歲租銀四厘

一、升科期限、自民國元年啓徵

一、所收歲租和、全數歸蒙

一、每徵重銀庫平一兩、臨徵一五加色、市平銀一分五厘

光緒三十三年二月十六日奏辦

丈放四子王旗報墾烏胡克圖地畝辦法

一、四子王旗報墾烏胡克圖地畝、東至四子王舊地、西至三公旗地、南至牧廠中區、北至白銀腦包、南北長二百二十九里、東西寬五六里至十餘里不等、共合圭地一千二百餘頃、除山河、道路、沙冇、城灘、不堪耕種外、約可放淨地七百八十餘頃

一、該地約共可收荒價銀二萬八千餘兩

2、中地、每頭應收庫平銀三十兩

1、上地、每頭應收庫平銀四十兩

一、丈放此項地畝、廉徵荒價等則、分別如左

一、交價期限、認領上地者、每頭第一年交銀十四兩、第二年春季交銀十三兩、第三年春季交清、認領中地者、每頭第一年交銀十二兩、第二年春季交銀九兩、第三年春季交清

一、所收荒價則分成數、除提三成經費外、下餘七成、以一半歸公、一半歸蒙

一、該地每畝每年、應徵官歲各租等則、分別如左

2、中地應徵官租洋八厘、歲租洋一分

1、上地應徵官租洋一分、歲租洋一分五厘

一、官租全數歸公、歲租全數歸蒙

一、升科期限、定為三年、無論上中地、均自認領之第三年起徵

一、該地荒價、每徵正銀庫平一兩、臨徵一五加色、市半銀一分五厘

第一部 清理辦法並丈放章程

第七部 清理辦法並丈放章程

丈放四子王旗報墾圖克木地畝辦法

民國五年七月二十八日奉令核准

一、四子王旗報墾圖克木會盟地畝、約地二千五百頃、擬定等則如左
  地價定為四等、上等水地、每頃收荒價大洋八十元、次等水地、每頃六十元、上等旱地、每頃五十元、次等旱地、每頃三十元、平均每頃五十元計算、約可收入十二萬五千元
一、該地先由行局分段丈清、編列號次、水旱上次均配丈放、不得聽領戶抽領、以示限制
一、該地收價限期、於丈竣後、本年先交全地價六成、其餘四成、緩至次年六月底以前繳清、逾期不繳者、撤地另放
一、領戶無論領何項等則地畝、每頃先交掛號費大洋一元
一、該地擬於丈放交清地價發照後、次年升科、共歲租官租等則、俟該行局察看情形、擬定呈報、再行轉呈辦理
一、該地押荒歲租、剖分成數、應俟烏盟四子王旗、與土默特爭地案解決後、再由局規定、呈請核示
一、該地內酌留巧爾氣召香火地若干頃、應由該局斟酌擬定、或由召報領或酌免地價成數、以示優異、統俟該行局察看情形擬定後再行呈請辦理
一、擬設行局一所、於圖克木適中地點、定名曰圖克木地畝行局
一、該行局距綏較遠、暫委任牧廠墾務分局監督指揮、以期便捷
一、該地丈竣之期、以二年為限、即為撤局之期、如有尾欠未清者、得由該管分局清理
一、該行局、如有未盡事宜、隨時報明該管分局、轉呈辦理

一、此項擬定辦法、自呈奉令准之日施行

民國八年六月九日奉令核准

丈放四子王旗報墾武川縣舊東新地東畔巴音腦包等處地畝辦法

一、該地坐落武川縣東北五百餘里、東界察哈爾正黃旗、西界哈拉腦包補都黃山、南界巴音腦包、北至黃草窪海齊花膜、北大南小、形同牛角、東西平均寬約七黑餘、南北平均約長三十二里餘、以面積核算、計地一千九百餘頃、內除山河、道路、不堪耕種外、估計可種之地、約計一千頃餘

一、該地荒價擬分三等

  1 上地、每頃擬收銀元三十元
  2 中地、每頃擬收銀元二十五元
  3 下地、每頃擬收銀元二十元

一、該地平均以二十五元核計、可收荒價二萬五千餘元

一、領戶於領地時、先交荒價四成、其餘六成、分為二期、每半年交納三成、統限一年內交清

一、領戶於丈地後、前赴行局交納四成荒價、犁取荒證、一俟荒價全數交清、再行換給部照

一、領戶掛號領地時、每頃先交掛號費銀元一元

一、該地距武川縣過遠、不能兼顧、應在巴音腦包地方左近、設立行局、俾便丈放

一、設立行局應需人員經費、另表規定之

第一部　清理辦法並丈放章程

第一部 清理辦法並丈放章程

一、該地限於一年內招放完竣、倘有未完事件、由牧廠局策辦
一、應發給圖記一顆、名曰勘放四子王巴音腦包等處地畝行局圖記
一、該地應收牧荒價、擬照舊章、除三成經費外、下餘七成、以一半歸公、一半歸蒙
一、該地應徵官租歲租、擬定上地一頃徵官租銀元九角、歲租一元一角、中地官租七角、歲租九角、下地官租五角、歲租七角
一、該地應徵官各租期限、擬照圖克木地辦法、於丈地之第四年、由該管地方官所徵

民國十二年九月一日奉令核准

丈放贍囘四子王旗喇教地畝辦法

一、此地坐落大青腦包地方、東至土城租銀地界、西至烏蘭哈拉山、南至大路、北至峨勒文圪氣山、東西寬約十里至十五里不等、南北長約十一二里十五六里不等、約計正地八百三十餘頃
一、此地概係旱地、土質不佳、所有地價、擬分上中下三等、分別於下
　1、上地、每頃四十元
　2、中地、每頃三十元
　3、下地、每頃二十元
　平均以三十元計算約可收地價洋二萬五千元
一、地戶領地時、先交地價六成、共餘限六個月內交清
一、地戶於丈放後、交納地價六成、犁取丈地執照、俟地價全數交清、即換給部照、以資管業

一、地戶領時、先交掛號費一元

一、此地擬歸牧廠局簽放、往來文件、即用該分局關防、以期便利

一、丈放此地、以及收款造冊期、以半年竣事、不得展期

一、此地係屬官產、所有地價、除經費外、概行歸公

一、此地係屬官產、所有經費、應援官產條例、於十成之內、留支一成、以符定章

一、此地係屬官產、與蒙旗報墾地畝不同、應免徵歸蒙歲租、其官租一項、仍照章徵收、茲寫規定三等如下

1. 上地、每頃一元
2. 中地、每頃八角
3. 下地、每頃六角

一、此項辦法、以呈奉核准、於六月一日施行之

一、升科年限、擬以丈放給領地畝後之次年升科、由該管地方官照章起徵、概行歸公、以符定章

民國十五年六月二十四日奉令核准

清丈四子王旗報墾東新地地畝辦法

一、四子王旗所屬東新地畝、早年該旗因支台無款、分向商民人等息借後、因無力償還、將該旗地畝私賣與商民人等、永遠耕種抵還債款、共面積之廣狹、並地畝之數目、因該旗擋冊、於光緒二十五年間、被火焚毀、無從證明、現經調查所得、約有水旱地計共一萬七千餘頃之譜、平均核計、可收洋三十四萬餘元

第一部 清理辦法並丈放章程

一、此地多係熟地、擬分水旱兩等、各分三則、內有膴爾梁地畝、雖係荒地、但爲數無多、且坐落地勢較高、土質寒冷、種植頗難、擬比照旱地辦法、徵收地價、不另訂等則、玆分別規定如下

水上地、每頃應徵地價洋五十元
水中地、每頃應徵地價洋四十元
水下地、每頃應徵地價洋三十元
旱上地、每頃應徵地價洋二十五元
旱中地、每頃應徵地價洋十五元
旱下地、每頃應徵地價洋十元

一、地價成數、擬照各蒙旗劃分成案辦理、除提三成經費外、下餘七成、以三成五歸公、三成五歸蒙、但歸蒙人已收過租價者、共應分三成五、改歸民戶、山四子王旗代交

一、清丈此項地畝、以二年爲限、一律辦理完竣、以收速效、而裕國課

一、此項地畝、多係熟地、其地戶交款期限、無論水旱地畝、統限以丈清後一箇月內繳足六成、其餘四成、限半年內繳清、內有膴爾梁地、限六箇月內繳足四成、其餘六成、分兩期繳納、統限兩年內一律交淸、如逾期不交、暨繳價未清者、分別照章辦理

一、局用經費、以地價收入全額十分之二爲限、分二年編造預算、所餘一成、歸公另儲、其員額經費、另表規定之

一、擬設淸丈局一處、名曰四子王旗報墾東新地地畝局、卽設於武川縣屬烏蘭花地方

一、擬刊發漢蒙合璧鈐記一顆、文曰淸丈四子王旗報墾東新地地畝局鈐記、以資信守

一、升科年限、以淸丈二年後啓徵

一、官歲租等則、規定如下

水上地、每頭應徵官租洋一元二角、歲租洋一元

水中地、每頭官租洋八角、歲租洋六角

水下地、每頭官租洋五角、歲租洋四角

旱上地、

旱中地、

旱下地、

一、官租全數歸公、歲租全數歸蒙、所有歸蒙歲租、准由四子王旗自收

一、此地如係熟地、應准原花戶認領、如係荒地、凡有願領者、均准承領、但以先後為序

一、本辦法自呈奉令准後、於八月一日施行之

民國十五年七月二十八日奉令核准

丈放五合社四子王旗賠教地按清丈東新地辦法

一、四子王旗前因滿清光緒庚子年教案、賠撥教堂教民損失生荒三千六百六十六頃六十六畝、除贖回大青膶包二段不計外、餘出五合社教民墾種、仍有生熟荒地約三千頃、計旱上地六百頃、旱中地九百頃、旱下地一千五百頃、平均核計、約可收洋四萬三千五百元

一、此項生熟荒地、均係旱地、不分生熟、分別規定如左

旱上地、每畝徵洋二角五分、旱中地、每畝徵洋一角五分、旱下地、每畝徵洋一角

一、荒價成數、因此項地畝、係四子王旗賠撥教堂教民、地價已於該旗無關、微收荒價、遵照辦墾通則、除提三成經費外、其餘七成全數歸公

第一部 清理辦法並丈放章程

第一部 清理办法并丈放章程

一、丈放此项地亩，以一年半为限，一律办理完竣，以期迅速，而裕国课

一、丈放此项地亩，另设行局办理，以专责成，即名曰丈放四子王旗五合社地亩行局，所需经费员额，另行编造预算规定之

一、此项地亩，教民以取得耕种权，将来丈放时，无论生熟荒地，均俟原户优先承领，若原户不愿承领，即另行招放，以免荒废

一、承领此项地亩，应缴荒价，分两期征收，丈放时，先缴十成之六，其余四成，缓至半年后，全数清缴，不得拖欠

一、升科年限，以丈地之第三年启征。（如十八年丈放、二十年启征）

一、官岁租等则银洋，规定如左

1 旱上地、每顷应征官租洋八角、岁租洋六角

2 旱中地、每顷应征官租洋六角、岁租洋五角

3 旱下地、每顷应征官租洋五角、岁租洋四角

一、官租全数归公、岁租归蒙、所有归蒙岁租、俟丈放后、仍准四子王旗自行征收

一、本办法呈奉核准后施行

民国十八年四月六日奉令核准

丈放商人李世俊（即万亿号经理）报垦四子王旗忽济尔图地亩办法

一、四子王旗以忽济尔图地段、抵还积欠万亿号货款、该号商人李世俊、照章报垦、该地为斜方形、每面约二十五里、内有该商早已放出熟地六百余顷、其余均系荒地、一律归公丈放

一、丈放此项地亩、应征押荒等则、分别如左

1 上等地、每頃應徵收庫平銀二十兩

2 下等地、每頃應徵收庫平銀十二兩

一、交款期限、以三箇月爲一期、初期先交五成、二期內交三成、三期交滿

一、所收押荒、以一半歸公、一半歸商

一、該地每年應徵歲租等則、分別如左

1 已墾熟地、每畝每年應徵庫平銀一分

2 上等荒地、每畝每年應徵庫平銀八厘

3 下等荒地、每畝每年應徵庫平銀四厘

一、升科期限、熟地自宣統三年啓徵、荒地自民國元年啓徵

一、每徵正銀庫平一兩、隨徵一五加色、市平銀一分五厘

光緒三十三年二月十六日奏辦

丈放舉人通泰報墾四子王旗蘇濟地畝辦法

一、綏遠城舉人祖遺價買四子王旗蘇濟地一段、東至忽力波鄂博、西至四子王草地、南至喬玉地界、北至萬億號交界、東西長十三里餘、南北寬四里餘、呈報歸公丈放

一、丈放此項地畝、應徵押荒等則、分別如左

1 上等地、每頃徵收庫平銀二十兩

第一部 清理办法并丈放章程

丈放民人石长喜等所报武川县高要亥衙都史脑包等处地亩办法

光绪三十三年二月十六日奏办

一、每征正银库平一两、随征一五加色、市平银一分五厘
一、所收岁租全数归蒙
一、升科期限自民国元年启征
2、下等地、每亩每年应徵库平银四厘
1、上等地、每亩每年应徵库平银八厘
一、该地每年应徵岁租等则、规定如左
一、所收押荒、以一半归公、一半归该举人
一、交款期限、以三简月为一期、初期内交五成、二期交三成、三期交清
2、下等地、每顷徵收库平银一十二两

一、该地押荒拟分三等
1、上地、每顷拟收银元三十五元
2、中地、每顷拟收银元二十元

一、该地距可镇二百余里、东至察哈西界、西至四子王旗新土堆、南至四子王旗温玛尔兔积机堆、北至四子王旗草地、计地二千一百余顷、除沙佰、城滩、不堪耕种之地外、可种之地一千四百余顷、约可收押荒洋二万八千余元

B、下地、每頃擬收銀元十五元

一、該地應收荒價、照章除三成經費外、下餘七成、以一半歸公、一半歸民人石長喜等其領

一、該地距可鎮較遠、不能兼顧、擬准在高要亥爾等處左近地方、設立行局一處、俾便丈放

一、行局開辦時、擬發給鈐記一顆、名曰辦理高要亥爾等處地畝行局鈐記

一、行局經費、以墊款收入全額十分之三為限、以一年半編造預算、另文呈請追加

一、該地招放年限、先交荒價四成、共餘六成、分為三期、每六個月交納二成、統限一年半內交清

一、領戶於領地時、交山牧廠局彙辦

一、領戶於丈地後、前赴行局交納四成荒價、掣取荒證

一、俟荒價全數交清、再行換給部照

一、該地應徵官租、擬按上地每頃徵銀元九角、歲租一元一角、中地官租七角、歲租九角、下地官租五角、歲租洋七角

一、該地起徵官歲租期限、擬按照圖克木地辦法、於丈地之第四年啓徵

一、歲租全數歸豪、官租全數歸公、以符定章

一、前項辦法、以呈奉核准日施行之

民國十三年四月二十三日奉令核准

丈放陸恆號報墾淖爾忽洞地畝辦法

一、查此項地畝、坐落武川縣第一區東新地範圍以內、東至四子王草地、西至白靈地界、南至萬億號地界、北至打拉開新地、面

第一部 清理办法并丈放章程

积长宽约计三十二里见方，约合地五千五百余顷，除去山河、沟道、沙梁、碱滩、不堪耕种地、及哈同庙地六百顷，约共占十分之六、以及毗恒号不报垦牧斋草地五十顷外，约可放荒熟地二千二百五十余顷，每顷平均以十五元计，约可收洋三万二千余元

一、查此项地亩、与已丈放东新地毗连、丈放办法、拟按照东新地办法规定之

一、查此项地亩内、有该号资给人民七百余顷、应由该局与民人交涉、一律丈放、均先尽原户承领、如原户不领、或逃亡多年者、得专案呈请核办

一、查此项荒熟地亩、可同时布告限期、分别认领、除有主熟地按次清丈外、下余荒地、如系有主、限期两月内承领、过期不领、即归公另放、至无主荒地、由挂号在先者承领

一、查此地土质较劣、地户多系贫民、所有已垦之熟地、宜按照东新地成例、可免交保证金、以利进行、其余未放之荒地、挂号承领之人、须遵章先交二成保证金

一、此项地土质硗瘠、均系旱地、其等则应照东新地规定如下

旱上地、每顷应徵洋二十五元

旱中地、每顷应徵洋十五元

旱下地、每顷应徵洋十元

一、此项地有主无主熟荒各地、凡挂号认领者、须遵章每顷交挂号费洋一元

一、地价成数、援照各豪旗报垦划分成案办理、除提三成经费外、下余七成、以三成五归公、三成五归该号、惟该号已卖之熟地七百余顷、共应分三成五地价、改归承买之民户、即自应交地价内扣除、分别交领、报垦人不得过问、以昭公允

一、地戶於領地後、先交地價四成、餘六成陸續交清、但至遲不得過二年、如逾期不交、或交而未清者、即逾章按交價多寡為之割留地畝、餘地撤回、歸公另放

一、此地丈放後、先發給丈地執照、一俟地價交清、再行換發部照

一、勘丈此項地畝、如賣給人民之熟地七百餘頃、預計六個月勘丈完竣、其餘荒地、因土質磽瘠、擬定一年內、勘丈完竣

一、此項地畝、由第二分局負責丈放、所需經費、即按放地收款、各提一成開支、但所提之數、連同丈放其他各項地畝、提支總數、不得超過假定預算、即自二十一年十月一日、開始丈放

一、此項地畝、地質磽薄、民力拮据、如加徵建築、實業、文化、教育基金等費、恐難招放、擬援照東新地辦法、請免附加建築實業、文化、教育基金等費、以利進行

一、查此地荒熟不齊、升科年限自應分別規定、熟地於清丈後二年升科、荒地於丈放後三年升科、共應徵官歲租、規定等則如下

旱上地 每頃應徵官租洋八角、歲租洋六角

旱中地及旱下地 每頃應徵官租洋五角、歲租洋四角

一、官租全數歸公、歲租全數歸蒙、所有歸蒙歲租、准由四子王旗自收

一、本辦法自奉令公布之日施行、如有未盡事宜、得隨時呈請修正之

民國二十一年九月二十六日奉令核准

丈放地商于延報墾打拉開地辦法

一、查此項地畝、坐落武川縣第一區、西北與達爾忽洞地毗連、東至紅岱廟東梁、西至四子王草地、南至陞恒號地界、北至豪賴

第一部 清理办法并丈放章程

中文獨后貝灘哈拉文圪七哈達豪頓各少忽淶各計吠包前孔兌、面積長計十四里、寬四里、約計合地三百餘頃、除去山河、溝道、沙梁、城灘、不堪耕種地、約計五十餘頃外、可放荒熟地二百五十餘頃、每頃平均以二十元計、可收洋五千餘元

一、查此項地畝內、有地商下延賣給人民一百五十餘頃、應由該局與人民交涉、一律丈放、均先儘原戶承領、如原戶不領、或逃亡多年者、得專案呈請核辦

一、查此項荒熟地畝、可同時佈告限期分別認領、除有主熟地挨次清丈外、下餘荒地、如係有主限期二月內承領、過期不歸公另放、至無主荒地、山掛號在先者承領

一、此項有主無主熟荒各地、凡掛號認領者、須遵章每頃交掛號費洋一元

一、查此地土質磽疥、均係旱地、其等則規定如下

1. 上地、每頃應徵洋三十元
2. 中地、每頃應徵洋二十元
3. 下地、每頃應徵洋十五元

一、地價成數、援照各蒙旗報墾劃分成案辦理、除提三成經費外、下餘七成以三成五歸公、三成五歸地商、惟地商已賣之熟地一百五十餘頃、共應分三五地價、改歸承賣之民戶、即自應交地價內扣除、分別交領、報墾人不得過問、以昭公允

一、查該地土質磽疥、久旱不雨、地戶均極貧寒、地價碍難一次交清、須分期先交四成、下餘六成、陸續交納、至遲不得過二年

一、此地丈放後、先發給丈地執照、一俟地價交清、再行換發部照

一、如逾期不交、或交而未清者、即遵章按交價多寡寫之劃留地畝、餘地撤回、歸公另放

一、勘丈此項熟荒各地、預計三個月期丈完竣

一、此項地畝、由第二分局負責丈放、所需經費、即按丈地收款各提一成開支、但所提之數、連同丈放其他各項地畝、提支總數不得超過假定額算數目、即自二十二年九月一日、開始丈放

一、此項地畝、地質磽薄、民力拮据、如加徵建築、實業、文化、教育基金等費、恐難招放、擬援照達爾忽洞地辦法、請免附加建築、實業、文化、教育基金等費、以利進行

一、查此項荒熟不齊、升科年限、自應分別規定、熟地於清丈後、二年升科、荒地於丈放後三年升科、其應徵官歲租、規定等則如下

1、土地、每頃應徵官租洋八角、歲租洋六角

2、中地、每頃應徵官租洋五角、歲租洋四角

一、官租全數歸公、歲租全數歸蒙、所有歸蒙歲租、准山四子王旗自收

一、本辦法自奉令公佈之日實行、如有未盡事宜、得隨時呈請修正之

民國二十二年九月二日奉令核准

丈放烏拉特前旗報墾什拉胡魯素紅門圖地畝辦法

一、該旗報墾什拉胡魯素地、東以舊有山水大壩為界、西以達拉特並五加河為界、南至什拉胡魯南大車為界、由南界往北、接次丈放、俟足兩旗所報三十里畝之數止為北界

一、該旗報墾紅門圖地、東以本地舊壩為界、西以五加河為界、南以山水大壩為界、北以什拉胡魯素為界

一、該地押荒等則、分別列左

第一部 清理辦法並丈放章程

1. 上上地、每頃徵庫平銀一百二十兩
2. 上地、每頃徵庫平銀一百一十兩
3. 中地、每頃徵庫平銀一百兩
4. 下地、每頃徵庫平銀九十兩

一、以上各項地畝、交價限期、領地時、先交四成、餘以一年半交清
一、該地押荒收入剗分成數、先提二成渠費、餘以一半歸公、一半歸蒙
一、該地歲租等則、分列於左

1. 上上地、上地、每畝每年徵庫平銀二分二厘
2. 中地、每畝每年徵庫平銀一分八厘
3. 下地、每畝每年徵庫平銀一分四厘

一、以上各則歲租升科年限、係自宣統二年啟徵
一、該地歲租收入剗分成數、全教歸蒙、另徵二成租捐歸公
一、該地無論何項等則、每年每畝徵渠租庫平銀四分五厘、此項渠租、為按年修補渠工之費、其未經濬濰者、僅收歲租、不徵渠費
一、該地押荒歲租、每徵正銀一兩、隨徵一五加色、市平銀一分五厘

光緒三十三年一月二十日批准

查此項地畝、於宣統元年陸續放竣、經前信督辦奏定於宣統二年一律升科、特此註明

丈放烏拉特前旗報墾河西噶嚕台地畝辦法

一、該旗報墾河西噶嚕台地、東至中後兩旗爲界、西至本旗以放足原數爲界、南至達拉特旗界、北至黃河及中公旗爲界

一、該地押荒等則、分別列左

1 上上等上上則地、每頃徵庫平銀一百五十兩
2 上上等上則地、每頃徵庫平銀一百二十兩
3 上等上則地、每頃徵庫平銀一百兩
4 上等上中則地、每頃徵庫平銀八十兩
5 上等上次地、每頃徵庫平銀六十兩
6 中等上中則地、每頃徵庫平銀五十兩
7 中等中則地、每頃徵庫平銀四十兩
8 中等中次則地、每頃徵庫平銀三十兩
9 下等中下則地、每頃徵庫平銀二十兩
10 下等下則地、每頃徵庫平銀十兩

一、該地歲租等則、分列於左

第一部 清理辦法並丈放章程

一、以上各則地、交款限期、領地時、先交四成、餘以一年半交清

一、該地押荒收入剋分成數、先提三成經費、餘以一半歸公、一半歸蒙

第一部 清理辦法並丈放章程

1、上上等地、每畝每年徵庫平銀二分二厘
2、上等地、每畝每年徵庫平銀一分八厘
3、中等地、每畝每年徵庫平銀一分四厘
4、下等地、每畝每年徵庫平銀九厘

一、歲租全數歸蒙、另徵二成租捐歸公
一、升科期限、自宣統二年啓徵
一、每徵庫平銀一兩、隨徵一五加色、市平銀一分五厘

光緒三十三年八月二十九日批准

查此項地畝、於宣統元年陸續放竣、經前信督奏辦奏定於宣統二年一律升科、特此註明

丈放烏拉特西公旗報墾三湖灣中灘地畝辦法

一、本荒地塊名曰三湖灣中灘、計地二千四百餘頃、經西公旗報由本總局呈奉核准、令行包頭烏拉特三公旗地畝局（以下稱地畝局）即時丈放
一、丈放此項荒地價款、定爲上中下三則、上則地、每頃荒價大洋二百七十元、中則地、每頃荒價大洋二百四十元、下則地、每頃荒價大洋二百一十元
一、本荒地畝應分等則、由該地畝局實地查勘秉公酌定、報由本總局復勘核定之
一、此項荒地、無論上中下三則地、每頃另收渠費大洋三十元

一、此項荒地、係奉准勘放、由本總局刊發招墾布告、張貼局首及各市鎮、並登各報廣告、以期周知

一、凡有欲領本荒者、無論外來及當地各戶、須先赴該地畝局遵章掛號、備具承墾願書、填明地數、取具舖保、按照定章、先行繳納荒價六成、及渠費全額、由局兌收後、掣給該領戶收款憑單、以為准領憑證

一、各領戶已領有憑單者、即持赴荒所呈交派出之行局主任員查核、指明荒段眼同勘丈、俟丈畢、即由該行局發給四至正地淨地各數憑照、飭赴地畝局換領執照

一、各領戶應將所領行局之憑照、即時邀繳地畝局核明荒價、再由該局掣給蓋印聯三執照一紙、交該領戶收存、以憑管業

一、各領戶欠繳之四成荒價、統予兩限、每限期三個月、依限交清

一、各領戶如有拖欠荒價、不遵定限交納及迭催罔應者、遵照本總局呈准章程、撤地另放、其應繳荒價、按全數核扣三成、並將已繳過之渠費、一併充公、以示限制

一、本荒所有歲租水租及升科年限、俟本總局查酌該荒情形、分別另案呈請規定

一、本規則自呈奉核准公布日施行、如有未盡事宜、應由該地畝局臨時呈請本總局核遵辦理

民國六年六月二日奉令核准

丈放烏拉特西公旗報墾五大村地畝辦法

一、烏拉特西公旗報墾五大村地畝、東界中公旗已放之地、南界黃河西牌梅力更召卽廣法寺牌界、北界後套大路、約計地畝八百餘頃、約可收押荒洋九萬一千餘元

一、丈放押荒分為八等、擬訂如左

第一部 清理办法并丈放章程

一、押荒成数，拟照西公旗中滩地亩划分成案办理，以一半归公一半归蒙

一、岁租官租等则，拟定如左

1. 上等水地、每顷征收洋二百三十元
2. 中等水地、每顷征收洋二百元
3. 下等水地、每顷征收洋一百七十元
4. 上等旱地、每顷征收洋一百二十元
5. 上次等旱地、每顷征收洋九十元
6. 中等旱地、每顷征收洋六十元
7. 下等旱地、每顷征收洋三十元
8. 下下等旱地、每顷征收洋十元

1. 上等水地、每亩岁租洋三分、官租洋一分五厘
2. 中等水地、每亩岁租洋二分五厘、官租洋一分二厘
3. 下等水地、每亩岁租洋二分二厘、官租洋九厘
4. 上等旱地、每亩岁租洋二分、官租洋七厘
5. 上次等暨中等旱地、每亩岁租洋一分五厘、官租洋六厘
6. 下等暨下下等旱地、每亩岁租洋一分、官租洋四厘

一、岁租全数归蒙、官租全数归公

一、局用經費、以契款收入全額十分之二爲限、分一年半編造預算書、另案呈請追加

一、期收丈放之地、連同造冊收款、以一年半爲限

一、收款期限、水地連同上等旱地、丈地後先繳押荒四成、共餘六成、以四個月爲一期、均限一期繳清、中等以下旱地、丈地後先繳押荒三成、共餘以四個月爲領之期、公兩期繳清、如有逾限不清者、除撤地另放外、仍照章扣罰三成充公

一、升科年限、應以丈放給領之次年、起徵升科

一、熟地先儘原戶承領、於丈放一個月內、赴局報名掛號、逾期不領、得另行招放、至生荒亦須先期赴局掛號、挨次丈放

一、前項辦法、俟呈奉核准之日施行之

民國十年五月二十六日奉令核准

丈放烏拉特西公旗換報三湖灣河北地畝辦法

一、烏拉特西公旗換報三湖灣河北地畝共三段、東至五大村地界、南至三湖河、西至三湖河、北至赴套大路暨加格爾齊廟漫等處計地畝約五百七八十頃、約可收押荒洋七萬餘元

一、丈放押荒分爲五等、擬訂如左

1、上等水地、每頃徵收洋二百三十元

2、中等水地、每頃徵收洋二百元

3、下等水地、每頃徵收洋一百七十元

4、上上等旱地、每頃徵收洋一百六十七元

第一部 清理辦法並丈放章程

第一部 清理办法并丈放章程

一、押荒成数，拟照西公旗中滩五大村等地亩则分成案办理，除照章提用三成经费外，以一半归公、一半归蒙，惟此次系属东西两公旗报垦争执之案，前经议定归蒙一半之款，则写十成，以六成归东公旗，以四成归西公旗，复经职局核拟折中办法，以五成归东公旗，以五成归西公旗，藉昭公允

一、岁租官租等则，拟订如左

1. 上等水地、每亩岁租洋三分、官租洋一分五厘
2. 中等水地、每亩岁租洋二分四厘、官租洋一分二厘
3. 下等水地、每亩岁租洋二分、官租洋一分
4. 上上等旱地、每亩岁租洋二分、官租洋一分
5. 上等旱地、每亩岁租洋一分二厘、官租洋六厘
6. 中等旱地、每亩岁租洋一分、官租洋五厘
7. 下等旱地、每亩岁租洋八厘、官租洋四厘

一、岁租全数归蒙、官租全数归公

一、局用经费、以垦款收入全额十分之二为限、以一年编造预算书、另案呈请追加

一、丈放地亩、连同垦款收款、以一年为限

押荒成数
5. 上等旱地、每顷徵收洋一百二十元
6. 中等旱地、每顷徵收洋八十元
7. 下等旱地、每顷徵收洋四十元

一、徵收押荒期限、不論水旱地、丈放後先繳押荒六成、方准承領、共餘四成、以三個月爲一期、兩期繳清、如有逾限不清者、照章撤地另放、其應繳押荒、按全數扣罰三成充公、以示限制

一、升科年限、應以丈放給領之次年、啓徵升科

一、丈放此項地畝、領戶先須取具舖保、赴局掛號、備具承墾願書、填明村落地數、以便挨次丈放

一、前項辦法、俟呈奉核准之日施行

民國十二年一月二日奉令核准

丈放烏拉特前旗報墾烏蘭搗包保思浩諾爾古拉板朝號爾等處地畝辦法

一、烏拉特前旗報墾烏蘭搗包、保思浩諾爾、古拉板朝號爾等處地畝、連同房基地、計東至福合西房後砂梁、南至杜爾吉河、西至阿拉板圪拉地、北至哈拉號養及山麓、共面積約三千頃、內中砂石、城灘、溝渠、道路、不堪耕種之地極多、其堪以墾種之地、約有六百餘頃、多係混清水地、旱地無多、加以房基地價較高、合計約可收押荒地價洋十二萬元

二、勘放界內土地、除房基地價另行規定外、共餘水地居多、而水地又有清泥之別、均係熟地、押荒作兩等六則、即烏蘭搗包保思浩諾爾之混水地、作爲上等上則、清水地、作爲上等中則、及下則古拉板朝浩爾水地、作爲中等上則、及中則、下則、共每頃押荒數目、分別擬訂如左

上等上則地、洋三百元
上等中則地、洋二百五十元
上等下則地、洋二百元

第一部 清理辦法並丈放章程

中等上則地、洋一百六十元
中等中則地、洋一百二十元
中等下則地、洋八十元

三、旱地雖係生荒、但距烏布拉山溝水口不遠、擬提高押荒、以裕收入、可作三則、距水口近者、作爲上則、稍遠者、作爲中則、極遠又含有砂性者、作爲下則、共每頃押荒數目、擬定如左

上則旱地、洋八十元
中則旱地、洋四十元
下則旱地、洋二十元

四、房基地地價亦分兩等六則、即舖面房作爲上等上則、商號房院作爲上等中則、住戶房院作爲上等下則、空基地距街道較近勢較優者作爲下等上則、距街道較遠者作爲下等中則、又地居偏僻者作爲下等下則、共應徵地價數目、按畝計算、茲分別擬訂如左

上等上則、洋二十五元
上等中則、洋二十元
上等下則、洋十五元
下等上則、洋十元
下等中則、洋八元
下等下則、洋五元

五、烏布拉克旱荒地、准儘先由旗認領、以符原議、如該旗不領、方可由花戶地商購領之
六、公廟加巴地、按照該旗條件、其原來自種者、仍歸廟有、以示優異、而符原議
七、勘放此項地畝、以一年爲限、以收速效、而裕國課
八、擬設分局一所、名曰勘放烏拉特西公旗報墾後套地畝局、即設于烏蘭搞包地方、文曰勘放烏拉特西公旗報墾後套地畝局之鈐記、以期便利
九、擬刊發漢蒙合璧木質鈐記一顆
十、局用經費、以墾款收入全額十分之二爲限、以一年編造預算、所餘一成、歸公另儲、其經費表另定之
十一、分局應設蒙員二員、按照該旗請求條件、由旗遴員請委、以符原議
十二、此項地畝多係淸混水地、應准由原墾各花戶、于一個月內赴局承領、如逾期不領、准酌地鄰或外來商戶報領、房基地亦照此辦理、至旱地應照第五條辦理之
十三、收款期限、無論何項地畝、統限一個月內繳足六成、其餘四成、限十個月內分期繳淸、如逾限不繳、照章計款撤地
十四、領戶領地無論何項地畝、每頃應先交掛號費一元
十五、地戶交納地價時每百元應隨交建築費十五元、實業費五元
十六、押荒成數、擬照各旗劃分成案辦理、除提三成經費外、下餘七成、三成五歸公、三成五歸蒙
十七、升科年限、以丈地之次年、升科啓徵
十八、此地應徵官歲租、擬分別水旱房基各地、酌中規定如下

水地擬不分等則、每畝徵收官租洋三分六厘、歲租洋二分四厘

旱地擬不分等則、每畝徵收官租洋一分八厘、歲租洋一分二厘

第一部 清理辦法並丈放章程

房基地擬不分等則、按照水地辦法、每畝徵收官租洋三分六厘、歲租洋二分四厘

十九、官租全數歸公、歲租全數歸蒙、其歸蒙歲租、准由該旗自收、以符原議

二十、此項辦法、以早奉核准之日施行

民國十五年十一月二十二日奉令核准

丈放烏拉特西公旗報墾檀蓋木獨及東西曼漢一帶地畝辦法

一、烏拉特西公旗報墾檀蓋木獨及東西曼漢一帶地畝、業已照該旗報墾四至、詳細履勘收訖、約有水旱正地一千二百頃、按照等則估計荒價數目、共可收洋八萬八千餘元、其平均數每頃七十餘元、勘放時應設行局一日職局僉放西公旗報墾檀蓋木獨等處地畝行局俾便丈放

一、擬訂等則、係照地形土質、逐加考慮、計清混水地、應分為上則、中則二等、旱地應分為上則、中次則、下則四等、其水旱正地、荒價數目、即視等則高下、以為多寡之差、茲將水旱正地荒價洋數、分列如下

水地分為二則

1 上則清混水地、每頃應徵荒價洋一百八十元

2 中則清混水地、每頃應徵荒價洋一百四十元

旱地分為四則

1 上則旱地、每頃應徵荒價洋八十元

2 中則旱地、每頃應徵荒價洋五十元

3 中次则旱地　每顷应徵荒价洋三十元

4 下则旱地　每顷应徵荒价洋二十元

一、勘放此项地亩、定以十八个月一律办理完竣

一、荒价成数、照历办成案、除提三成经费外、其余七成、以三成五归公、三成五归蒙、半年缴清、中则及中次下则先交三成、余七成分三期、一年缴清、倘有逾限不交者、一半按照等则拨给地亩、一半撤地另放

一、清缴荒价、应於掛号领地一个月内、各遵规定成数、分期清缴、上则、中则、水地、及上则旱地、先交四成、余六成分两期、

一、勘放经费、按向办经案、先尽原户承领、如一个月内原户不领、再行招户另放、其生荒不在此数

一、此项报垦地亩、熟荒居多、遵照垦务厅章、以垦款收入全额十分之三为限、分十八个月内编造预算书、共余一成经费、归公另行存储

一、官岁两租、上则水地、每年每顷官租洋一元、岁租洋一元五角、中则水地、每年每顷官租洋八角、岁租洋八角、中次则下则旱地、每年每顷官租洋一元三角、岁租洋六角、

一、启徵官岁租年限、上则中则清混水地及上则旱地、十七年启徵、十六年放垦之中则中次则下则旱地、十八年启徵

一、凡领地一顷、不论水旱、须交掛号费洋一元、共完纳荒价时、每洋百元、随徵建筑费十五元、实业费五元

一、前项办法、应俟呈奉核准开绳丈放之日奉行、如有未尽事宜、得随时呈请修正之

民国十六年十一月十五日奉令核准

查西公旗报垦檀盖木独地亩、所拟办理章程、业於民国十六年十一月间、呈奉垦务督办核准照办、惟新放各地、附徵建筑实

第一部 清理辦法並丈放章程

業等費、奉令應照案增加、據墾務第三分局呈以饑饉之年、民力窮苦、擬請量予酌減荒價、暨常年官歲各租、以蘇民困、另行改定丈放辦法、於十七年十月二十二日、奉令核准實行、茲附錄於後

一、丈放擬蓋木獨等處水旱地畝、以西公旗報墾所指界址爲限

一、擬定徵收水旱地押荒洋數分作六等、水地定爲二等、旱地定爲四等、分別列左

上等水地　　每頃應徵押荒洋一百二十元

上次則水地　　每頃應徵押荒洋八十元

中等水地

中則旱地　　每頃應徵押荒洋六十元

中次則旱地　　每頃應徵押荒洋四十元

下等旱地

下則旱地　　每頃應徵押荒洋二十元

下下則旱地　　每頃應徵押荒洋十元

一、查所報之地約放淨地八百二十餘頃計可收押荒洋三萬二千餘元

一、放地經費按墾款全額十分之二、編造預算

一、此地應徵押荒除提三成經費外、餘一半歸公、一半歸蒙

一、此項報墾地畝、純係熟荒、應照墾務向章、先儘原戶承領、如原戶不領、再行招戶另放、以示體恤

一、交荒之期、於掛號領後、限二月內分別水旱地交納押荒、水地先交六成、共餘四成分作兩期、六個月交清、旱地先交四成、共餘六成分作三期、十個月交清、發給部照、以昭信守、倘逾限未滿者、撤地另放

一、此項報墾地畝距包較近、擬附於墾務第三分局派員丈放

一、丈放此項地畝曁造册收款期限、十個月為完竣之期

一、常年應徵歲租曁官租列左

上等水地　每年每頃應交歲租一元六角、官租一元二角

中等旱地　每年每頃應交歲租一元二角、官租八角

下等旱地　每年每頃應交歲租八角、官租六角

一、官租全數歸公、歲租全數歸蒙、以符墾章

一、擬訂啓徵、歲官租年限、水地於領墾後之第二年啓徵、旱地於領墾後之第三年啓徵、譬如十七年放墾之水地、由十八年啓徵、十七年放墾之旱地由二十年啓徵餘類推

一、每徵收押荒百元、臨徵實業建築費洋二十元

一、每領地一頃、先交掛號費洋一元

一、丈地蒙員二員、應領薪水、由公家照章發給

一、應交蒙旗之款、由第三分局每月收款、取具蒙旗印領、臨時按成撥付

一、此項辦法以呈准之日施行

中華民國十七年九月

第一部 清理辦法並丈放章程

丈放烏拉特前旗報墾佘太召地畝辦法

一、勘放烏拉特前旗報墾佘太召地畝四至、佘太召西渠道輻合西舖房西界起，東至白彥花東界，北至山麓墾地起，南至馬面忽洞及十五分子兩村南界，共面積約二千頃，內除道路、河灘、溝渠、沙石、不堪耕種地畝、及中公旗水旱地百餘頃、西公旗佘太召酌留西水道養贍地外、計可墾之地、約有一千餘頃、計溝混水地三百五十頃、每頃平均一百三十元、約收洋四萬五六千元旱地七百頃左右、每頃平均二十元、約可收洋一萬四千餘元、合計約共可收押荒地價洋六萬元上下

二、勘收界內清混水地、均係熟地、至旱地約有三成熟地、共餘多係生荒、押荒數目、分別擬訂如左

甲　清水地分三則

上則地　每頃三百元

中則地　每頃二百五十元

下則地　每頃二百元

乙　混水地分四則

上則地　每頃一百五十元

上次則地　每頃一百二十元

中則地　每頃八十元

下則地　每頃六十元

丙　旱地分三則

上則地　每頃三十五元

中則地　每頃二十元

下則地　每頃十五元

三、西水道西頭距山麓較近者、約有清混水地數十頃、依該旗報墾條件、應酌留二十頃、仍歸召廟耕種、以符原議

四、此項水旱生熟地畝、擬以設局開辦之日起、予限一月、先儘原墾花戶赴局認領、如逾期不領、准由地鄰或外來商戶報領

五、領戶於領地時、於兩個月內、先交押荒四成、共餘六成、分兩期、每四個月爲一期、限八個月內交清、旱地先交押荒三成、共餘七成、照水地亦分兩期、八個月內交清、如逾期不交者、照章計款撤地

六、押荒成數、擬照各蒙旗割分成案辦理、除提三成經費外、下餘七成、三成五歸公、三成五歸蒙、共歸蒙之款、按照要求條件劃撥蒙旗自收

七、此項地畝、以一年爲限、勘放完竣

八、升科年限、水地於丈地後次年升科、旱地於丈放完竣之第三年、升科啓徵

九、此項地畝、官租歲租擬分三等

旱　地　每畝應徵歲官租洋一分

清水地　每畝應徵歲官租洋一分八厘

混水地　每畝應徵歲官租洋一分四厘

第一部　清理辦法並丈放章程

第一部 清理办法并丈放章程

十、官租全数归公、岁租全数归蒙、岁租准山该旗自收、以符原议

十一、拟设分局一所、名曰勘放乌拉特前旗报垦余太名地亩局、即设于大余太、以期便利

十二、局用经费、按照垦款收入全额十分之二为限、以一年编造预算、所余一成、归公另储、其经费表另定之

十三、拟刊发蒙汉合璧木质钤记一颗、文曰勘放乌拉特前旗报垦余太名地亩局钤记、以资信守

十四、分局应设蒙员二员、按照该旗请委、山旗选员请委、以符原议

十五、领户领地、无论何项地亩、每顷应交建筑费一元

十六、地户交纳地价时、每百元应交挂号费十五元、实业费五元

十七、此项办法、于呈奉核准之日施行

民国十七年一月三日奉令核准

丈放乌拉特西中两公旗报垦狼山湾并图密淖等处地亩办法

一、西中两公旗报垦狼山湾并图密淖地亩、坐落在后套临河设治局境内、该地四至、东至千里庙西牌界地为界、西至阿拉善王爷地即甘肃边界为界、南至达拉特并杭锦两旗报垦各地为界、北至狼山山麓以下为界、该地东尾狼山、西属图密淖、依山傍渠、地势平衍、惟渊勘形势、自东北斜西南曲折一百三十余里、应分两段勘收、查图密淖地、东西长约十余里、南北宽约四十里、合面积约三千顷有奇、而狼山湾地、东西长约一百二十余里、南北宽约二三里一半里不等、平均宽以一里半计算、合面积约九百七十余顷、共合面积约三千九百余顷、内除沙石、城滩、沟渠、道路、约估面积三分之二、及不能上水、不堪耕种者、并划留户口地不计外、约可放地一千三百余顷、按照清淤水渠水各地、约放地亩数目计之、约可收洋一二万元有奇

第一部　清理辦法並丈放章程

一、該地界內、不論生熟荒地、但以辨別土質、能上水與不能上水、暨收穫之多寡、擬訂等則、酌定地價數目、擬分五等如左

1 上等清水地　每頃應徵荒價洋二百元
2 下等混水地　每頃應徵荒價洋一百六十元
3 上等渠地　每頃應徵荒價洋一百二十元
4 中等渠地　每頃應徵荒價洋一百元
5 下等渠地　每頃應徵荒價洋八十元

一、值建設時代、各縣建築城垣、及地方上公共建設事項、在所不免、亟宜籌款把注、擬照辦墾通則、在於徵收荒價、每百元附加一成五建築費、五分實業費、以資建設

一、遵令在於徵收荒價以外、每百元附加五分社會文化事業基金、以資把注

一、該地界內之西場三壩狼山灣等處、地居衝要、擬在於各處劃作新村、尚屬適宜、其他各處、可否建築新村、臨時查酌情形、再行辦理、

一、劃分荒價成數、擬照辦墾通則辦理、除提三成經費外、下餘七成、以三成五歸公、三成五歸蒙

一、該地界內、尚有該旗名廟六所、卽照各蒙旗報墾成案、在於各召廟周圍、劃留草廠地三里、以資膳召之需

一、此次該旗報墾請求條件內載、酌在於報墾界內、與該旗台吉輔菩名廟等、照章領回地畝、所需地價、卽在該旗應分押荒內坐扣、惟此項地畝、俟丈放時、再行分別等則、丈給祗領、並有蒙民數十戶、擬在於各地戶住址附近地方、照章劃留戶口地畝、以資養膳、

一、該旗報墾請求條件內載、遇有墳墓應時查酌情形、量留四圍道路、以免侵及墳墓、並將沙石、城灘、不堪耕種之地、俟丈放

第一部 清理辦法並丈放章程

完竣、仍劃歸該旗、作爲牧廠、以資牧畜之用

一、收款期限丈放之清混水地、及上等渠地、統限領地一箇月內繳足六成、共餘四成、以領地之日起、限三個月繳清、中等渠地、限領地一箇月內繳足四成、共餘六成、以六個月內繳清、下等渠地、限領地一箇月內繳足二成、共餘八成、以十二箇月內繳清、以上應納各項地價、倘領地各戶、如有逾期不繳、或繳價不清者、照章撤地另放、以示限制

一、勘放此項地畝、擬定十五個月爲限、一律辦理完竣、以收速效、而裕國課

一、此項墾地面積廣大、與陝壩村接近、應山第六分局籌辦、惟丈地收款事務紛繁、非設立行局、難資進行、查該報墾地內三塔村最爲適中地點、擬在該村設立行局一所、派員辦理、以專責成、即於十八年五月十六日開辦、俾資進行、而收速效

一、局用經費、依照辦墾通則、以墾款收入全額十分之二爲辦理斯墾經費、並按放地收款、各以一成提支

一、按照該旗報墾請求條件、會同行局辦理丈地收款事宜、而此項蒙員、應山該旗選派、咨請委充、用符原議

一、升科年限、以領地之次年升科、例如十八年領地、於十九年啓徵升科、餘類推

一、勘丈此項地畝、徵收官議各租、水渠各地、不分等則、擬定每畝每年應徵官租大洋一分八厘、歲租大洋一分二厘

一、官租全數歸公、歲租全數歸蒙、所有歸蒙歲租、應山該旗自行收收

一、丈放熟地、先儘原墾佃各花戶、於丈放之日起、限一箇月內赴局報名掛號承領、如逾期不領、亦不赴局掛號者、得由地鄰或外來之商民報領、熟荒地亦如之、至生荒各地、凡有願領者、屆時以先赴局報名掛號爲準、以備挨次丈放

一、領戶領地時、不論生熟荒地、每項先交掛號費一元、以資丈領

一、本辦法如有未盡事宜、得臨時呈請修正之

一、本辦法俟呈奉核准之日施行

民國十八年七月八日奉令核准

丈放西公旗報墾王幼女子地辦法

一、墾地面積、西公旗報墾王幼女子地、東至西公旗烏良素村私墾地、西至達拉旗私墾地、東北至達拉旗界、北至達拉旗合少公中地界、南至西公五台吉地界、約共正地三百五十餘頃、除沙城渠道、不堪耕種地外、可放上則淨地七十頃、中則淨地八十頃、下則淨地一百頃、共淨地二百五十餘頃、以三則渠水地平均計、每頃洋一百二十元、約收洋二萬九千餘元

一、地價劃分、此項地畝、劃歸為三分局管轄丈放、歸入十九年度收支預算通案辦理、可收地價、除照章以三成五歸蒙外、共餘六成五全數歸公

一、墾地等則　上地中地下地三則

一、地價數目　上地每頃一百四十元、中地每頃一百二十元、下地一百元

一、附加各款　每徵收地價百元、附加渠費四十元、建築費洋十五元、實業費洋五元、文化基金洋五元、並依正地每頃收掛號費洋一元、至前項附徵渠費、隨時撥解綏遠建設廳、用以修挖渠道

一、繳款期限　掛號丈地後、所有附徵渠費、地價及其他附加各款、先繳六成、即屇發丈地執照、共餘四成、限八個月內交清、換發部照、逾限不清者、除已繳款數撥地外、餘地撤回另放

一、領地限度　每戶承領地數、除不堪耕種地外、不得過一方里、即五頃四十畝

一、升科年限及租數　統於領墾後次年升科、照章丈清徵租、每年每頃徵收上地歲租洋一元二角、官租洋一元二角、中地歲租洋

第一部　清理辦法並丈放章程

第一部 清理办法并丈放章程

八角官租洋八角、下地岁租洋六角、官租洋六角

一、此项地亩、拟以一年放竣

一、附则 本办法自呈准日施行

民国十九年八月十四日奉令核准

丈放西公旗报垦乌良素黑土崖等地办法

一、垦地面积 东至乌蒙河、西至王幼女子地界、南至什拉克名之牌界地北界、北至达拉特旗地界、约共正地二百顷之谱、除沙城渠道、不堪耕种地约一百顷外、可放上则净地二十顷、中则净地三十顷、下则净地五十余顷、共计净地一百余顷、以上三则渠水地、平均每顷以一百二十元计之、约共收洋一万余元

一、地价划分 此项地亩划归第三分局管辖丈放、归入二十年度收支预算通案办理、所收地价、除照章以三成五归蒙外、共余六成五归公

一、垦地等则 分上地中地下地三则

一、地价数目 上地每顷一百四十元、中地每顷一百二十元、下地每顷一百元

一、附加款目 每征收地价百元、附加渠费洋四十元、建筑费洋十五元、实业费洋五元、文化基金洋五元、并依正地每顷收挂号费洋一元

一、缴款期限 挂号丈地后、所收附征渠费、须一次缴清、地价及其他附加各款、先缴六成、即填发丈地执照、共余四成、限八个月内交清、填发部照、逾限不清者、除照已缴款数授地外、余地撤回另放

一、領地限度　每戶承領地數、除不堪耕種地外、不得過一方里、(五頃四十畝)

一、升科年限及租數、統於領墾後次年升科、照章丈滿徵租、每年每頃徵收上地歲租洋一元二角、官租洋一元二角、中地歲租洋八角、官租洋八角、下地歲租洋六角、官租洋六角

一、丈放年限　此項地畝、擬以一年放竣

一、附則　本辦法自呈准日施行

民國二十年十二月二十一日奉令核准

丈放西公旗報墾乇驢特拉亥等處地畝辦法

一、查此項辦法、東至八百頃地界、西至兵營房直正通河、北至三湖河、南至黃河、約共正地六百頃許、除城廢沙灘、不堪耕種者外、約可放淨地三百餘頃、約可收押荒洋四萬元之譜

一、此項地畝、擬以渠水丈放、每頃所徵荒價洋、分作上中下三等如下

3　下則渠水地　每頃應徵荒價洋一百二十元

2　中則渠水地　每頃應徵荒價洋一百四十元

1　上則渠水地　每頃應徵荒價洋一百六十元

一、此項地畝內如開渠道、應由領地民戶按頃另行出資、交由管理機關負責開鑿

一、此項地畝由墾務第三分局負責丈放、所需經費、按放地收款各提一成開支、但所提之數、連同丈放其他各款地畝提支之款、不得超過假定預算數目、二十一年十二月十六日、開始丈放

第一部 清理辦法並丈放章程

一、此項應徵押荒洋、提支三成經費外、共餘七成、一半歸公、一半歸蒙
一、此項報墾地畝、所有熟荒應照墾務局章、先儘原戶於二十日內承領、如原戶過期不領、即以先掛號者承領
一、此項地畝於掛號領地時、照規定先交保證金三成、於丈地後、再交荒價六成、計共八成、其餘二成、於四個月內分二期交清（每一個月一次）交清後、發給部照、以資信守、倘逾限未清者、即遵章按交價多寡、剔留地畝、餘地撤回、歸公另放
一、此項地畝、擬於一年內丈放完竣
一、升科租數年限列左
　上則水地　每年每頃應徵歲租一元、官租一元
　中則水地　每年每頃應徵歲租八角、官租八角
　下則水地　每年每頃應徵歲租八角、官租八角
一、上項官歲租、統於領墾之次年、升科起徵
一、官租全數歸公、歲租全數歸蒙、所有歸蒙歲租、准由該旗自行徵收
一、每徵收押荒百元、附徵建築費十五元、實業費五元、文化基金洋五元、共洋二十五元
一、每項領正地一頃、先交掛號費現洋一元
一、應交蒙旗之款、由第三分局每月收款取其蒙旗印領、呈請核准後、隨時按成撥付
一、本辦法自呈准之日實行、如有未盡事宜、得隨時呈請修正之

民國二十一年十二月二十三日奉令核准

丈放西公旗報墾宿亥灘等處地畝辦法

一、查此項地畝、東至水洞樹灣、西至達拉地界、北至套大道、南至三湖河黃河、南北寬約六里許、東西長約二十里許、約正地六百五十餘頃、約放淨地四百頃、每頃平均按八十元計、約估能收洋三萬元左右

一、淨地四百頃內、水地約佔全面積八分之五、約計為二百五十頃、旱地約佔八分之三、約計為一百五十頃

一、此項地畝、擬分為水地旱地兩種、每頃徵收押荒數目列後

一、此項水地、擬分三等丈放、上則水地、每頃徵收押荒洋一百六十元、中則水地、每頃徵收押荒洋一百四十元、下則水地、每頃徵押荒洋一百二十元

一、此項旱地、擬分四等丈放、上則旱地、每頃徵收押荒洋六十元、上次旱地、每頃徵收押荒洋四十元、中則旱地、每頃徵押荒洋二十元、下則旱地、每頃徵押荒洋二十元

一、此項地畝內、如開渠道、應由領地民戶按頃出洋、交山管理機關負責開鑿

一、此項地畝、山墾務第三分局丈放、所需經費、按放地收款各提一成開支、但提支之款、連同丈放其他各地所提總數、不得超過該分局假定預算、即日二十二年六月一日、開始丈放

一、此地應徵押荒洋、除三成經費外、其餘七成、一半歸公、一半歸蒙

一、此項報墾地畝、應交各項附款、按照新章、須於領地後十日內一次交清

一、此項報墾地畝、所有熟荒、應照墾務向章、先儘原戶於十日內承領、共蒙民願回領者、須與原戶雙方商妥、按章辦理、如原戶及蒙民過期不領、即准先掛號者承領

第一部 清理辦法並丈放章程

第一部 清理辦法並丈放章程

一、此項地畝、應徵押荒、按照新章於領地後十日內、須全數交清、如逾期不交、即另放他人承領
一、此項地畝、擬於一年內丈放完竣
一、升科租數年限列左

上則水地 每年每頭應徵歲租一元四角、官租一元四角
中則水地 每年每頭應徵歲租一元、官租一元
下則水地 每年每頭應徵歲租八角、官租八角
上則旱地 每年每頭應徵官租四角、歲租四角
中則旱地 每年每頭應徵官租三角、歲租三角
上次旱地 每年每頭應徵官租二角、歲租二角
下則旱地 每年每頭應徵官租一角、歲租一角

一、上項官歲租、統於領墾之次年、升科起徵
一、官租全數歸公、歲租全數歸蒙、所有歸蒙歲租、准由該旗自行徵收
一、每徵收押荒百元、附加建築費十五元、實業費五元、文化基金五元、共洋二十五元
一、每領正地一頃、先交掛號費現洋一元
一、應交蒙旗之款、由第三分局每月收款、取具蒙旗印領、呈請核准後、臨時按成撥付
一、本辦法自呈准之日實行、如有未盡事宜、得臨時呈請修正之

民國二十二年六月七日奉令核准

丈放西公旗衍慶寺報墾奏一灘等處地畝辦法

一、查此項地畝、共計四段、東至蔣家海子黃蓋、西至東西箆三報商、北至巳放墾地、南至黃河、合共面積約二百頃、除河頭域灘、不堪耕種者外、約可放淨地一百頃之譜、可收押荒洋一萬餘元

一、此項地畝、擬以渠水地丈放、每頃所徵押荒、分作上中下三等如下

上則渠水地　　每頃應徵押荒洋一百四十元

中則水渠地　　每頃應徵押荒洋一百二十元

下則水渠地　　每頃應徵押荒洋一百元

一、此項地畝內、如開渠道、應由領地民戶按領出資、交由常地水利社員負責開鑿

一、此項地畝、擬由墾務第三分局派員丈放、每月提支經費、除該分局固定經費外、此地應以放地收款各提五厘開支、即自本年九月十六日、開始丈放

一、此地應徵押荒洋、除提支三成經費外、共餘七成、一半歸公、一半歸蒙

一、此項報墾地畝、多係熟荒、應照墾務向章、先儘原戶於半月內承領、如原戶過期不領、即以掛號之先後撥放

一、交荒之期、掛號領地後、先交押荒六成、保證金二成、計共八成、其餘二成、於八個月內、二期交清（每四個月一次）交清後發給部照、以資信守、倘逾限未清者、即遵章按交價多寡、為之劃留地畝、餘地撤回、歸公另放

一、丈放此項地畝、聲造冊收款期限、以八個月為完竣之期

一、升科租數年限列左

第一部　清理辦法並丈放章程

第一部 清理辦法並丈放章程

丈放西公旗衍慶寺報墾黑沙兔等處地畝辦法

民國二十一年九月六日奉令核准

一、本辦法自呈准之日實行，如有未盡事宜，得隨時呈請修正之

一、應交蒙旗之款，由第三分局每月收取具蒙旗印領，呈請核准後，隨時按成撥付

一、每領正地一頃，先交掛號費現洋一元

一、每徵收押荒費百元，附徵建築費十五元、襲業費五元、文化基金五元、共洋二十五元

一、官租全數歸公，歲租全數歸蒙，所有歸蒙歲租、准山衍慶寺自收

一、上項官歲租，統於領墾之次年，升科起徵

下則水地 每年每頃應徵歲租六角、官租六角

中則水地 每年每頃應徵歲租八角、官租八角

上則水地 每年每頃應徵歲租一元二角、官租一元二角

一、查此項地畝、東至中公旗私墾地、西至長太永村、暨西公旗戶口地、南至中公旗私墾地、北至殺气口子村、暨東公旗已報未放地、共合面積、約三百二十餘頃、內除中公旗地二十餘頃、暨沙石不堪耕種地一百五十餘頃外、約可放淨地一百五十餘頃之

一、此項旱地、每項徵收押荒洋、分作五等、臚列於後

譜、每頃按二十元計、約可收押荒洋三千餘元

上等旱地 每頃應徵押荒洋五十元

第一部 清理辦法並丈放章程

上次等旱地　每頃應徵押荒洋四十元
中等旱地　每頃應徵押荒洋三十元
中次等旱地　每頃應徵押荒洋二十元
下等旱地　每頃應徵押荒洋一十元

一、此地應徵押荒、除提支三成經費外、共餘七成、一半歸公、一半歸蒙
一、此項報墾地畝、均係熟荒、應照墾務向章、先儘原戶於半月內承領、如過期不領、即另行招放
一、此項地畝、擬由墾務第三分局派員丈放、每月經費、按放地收款、各提一成開支、但提支之數、連同丈放其他各項地畝、所提之款不得超過該分局假定預算數、即自二十一年十一月十六日、開始丈放
一、交荒之期、於掛號領地後、先交押荒六成、保證金二成、計共八成、其餘二成、於八箇月內、分兩期交清（每四個月一次）交清後、發給部照、以資信守、倘逾期未清者、即逾章按交價多寡、劃留地畝、餘地撤回、歸公另放
一、丈放此項地畝期限、以八個月為完竣之期
一、升科租數年限列左

上等上次等旱地　每年每頃應徵歲租八角、官租八角
中等中次等旱地　每年每頃應徵歲租六角、官租六角
下等旱地　每年每頃應徵歲租四角、官租四角

一、上項官歲租、統於領墾後之次年、升科起徵
一、官租全數歸公、歲租全數歸蒙、所有歸蒙歲租、准由衍慶寺自收

第一部 清理办法并丈放章程

一、每徵收押荒費一百元、附徵建築費二十五元、實業費五元、文化基金五元、共洋二十五元

一、每領正地一頃、先交掛號費現洋一元

一、應交蒙旗之款、由第三分局、每月收款取具蒙旗印領、呈請核准後、隨時按成撥付

一、本辦法、自呈准之日實行、如有未盡事宜、得隨時呈請修正之

民國二十一年十月十五日奉令核准

丈放西公旗大喇嘛壹菩達圪登報墾東哈拉烏素地暨烏木桿達拉地辦法

一、墾地面積、東哈拉烏素地一段、東至達拉界、南至大河、西至青爾噶朗圖廟地界臍召私墾地、北至烏木桿達拉地內白銀兔河前地畝一段、東至瑪呢吉斯及西商洛夙各都地南至大河、西至三保商五股私墾地、北至銀兔河、約正地二十頃、除不堪耕種地十頃、約淨地十頃、以上二段、共約正地八十頃、除不堪耕種地四十頃外、約共淨地四十頃、平均每頃以一百元計之、約共收洋四千餘元、照章以三成五歸蒙、六成五歸公

一、分局丈放此項地畝、按照十八年度規定辦法、通案辦理

一、墾地等則 上地中地下地三則

一、地價數目 上地每頃一百二十元、中地一百元、下地八十元

一、附加款目 每百元附加建築費洋十五元、實業費洋五元、文化基金洋五元、並依正地每頃收掛號費洋一元

一、繳款限度 掛號丈地後、應繳地價及附加各款、先交十分之六、填發丈地執照、其餘四成、限八個月內交清、填發部照、逾限不清者、除照繳過款數撥給地外、餘地另放

一、升科年限及租數、統於領墾後次年升科、照章丈潜徵租、每年每頃徵收上地歲租洋八角、官租洋八角、中地歲租六角、官租洋六角、下地歲租洋四角、官租洋四角、並照向章官租全數歸公、歲租全數歸蒙自收

一、附則　本辦法自呈准日施行

民國二十一年七月二十八日奉令核准

丈放壹喜達圪登報墾西土城子地畝辦法

一、查此地畝、東至求對新村地、西至達拉旗界、北至求對新村地、南至達拉旗界、約共正地三十頃許、除沙灘域賤、不堪耕種者外、約可放淨地二十頃餘、約可收押荒洋八百元之譜

一、此項地畝全部皆屬旱地、每頃所徵押荒洋分作三等列後

上則旱地　每頃應徵押荒洋五十元

中則旱地　每頃應徵押荒洋四十元

下則旱地　每頃應徵押荒洋三十元

一、此項應徵押荒、除提支三成經費外、共餘七成、一半歸公、一半歸蒙

一、此項地畝、由墾務第三分局負責丈放、所需經費、按放地收款各提一成開支但所提之數、連同丈放其他各項地畝提支之款、不得超過假定預算數目、即至二十三年五月十六日、開始丈放

一、此項報墾地畝、應照墾務局向章、先儘原戶於半月內承領、如原戶過期不領、即以先掛號者承領

一、此項地畝、應徵押荒、並各項附款、按照新章於領地後十日內全數交清、如逾期不交、即另放他人承領

第一部 清理办法并丈放章程

一、此项地亩、拟于二个月内丈放完竣
一、升科租数年限列左

上则旱地 每年每顷应徵岁租四角、官租四角
中则旱地 每年每顷应徵岁租三角、官租三角
下则旱地 每年每顷应徵岁租二角、官租二角

一、上项官岁租、统于领地之次年、升科起徵
一、官租全数归公、岁租全数归蒙、所有归蒙岁租、山蒙旗原报垦人自行徵收
一、每徵收押荒百元、附加建筑费十五元、实业费五元、文化基金五元、共洋二十五元
一、每领正地一顷、先交挂号费现洋一元
一、应交每旗之款、山第三分局每月收款、取具蒙旗原业主印领、呈请核准后、随时按成拨付
一、本办法自呈准之日实行、如有未尽事宜、得随时修正之

民国二十三年五月八日奉令核准

丈放乌拉特中公旗报垦、干支汉卯独、噶鲁台、地亩办法

一、该旗报垦干支汉卯独地计一段、噶鲁台地计三小段、干支汉卯独南北长六十余里、东西宽十余里数里不等、约可放地四百余顷
一、该旗所报各地、拟定押荒等则列左

1 蔴池闗地　每頃徵庫平銀二百兩
2 上上等上上則地　每頃徵庫平銀一百五十兩
3 上上等上中則地　每頃徵庫平銀一百二十兩
4 上等上則地　每頃徵庫平銀一百兩
5 上等上中則地　每頃徵庫平銀八十兩
6 上等上次則地　每頃徵庫平銀六十兩
7 中等上中則地　每頃徵庫平銀五十兩
8 中等中則地　每頃徵庫平銀四十兩
9 中等中次地　每頃徵庫平銀三十兩
10 下等中次則地　每頃徵庫平銀二十兩
11 下等下則地　每頃徵庫平銀十兩

一、以上各地交價限期、領地時先交四成、餘以一年半交清

一、該地押荒收入酌分成數、先提三成經費、餘以一半歸公、一半歸蒙

一、該地歲租等則列左

1 上上等地　每畝每年徵庫平銀一分八厘
2 上等地　每畝每年徵庫平銀一分四厘
3 中等地　每畝每年徵庫平銀一分

第一部　清理辦法並丈放章程

第一部 清理办法并丈放章程

4 下等地 每畝每年徵庫平銀九厘

一、歲租全數歸蒙、另徵二成租捐歸公

一、升科期限、自宣統二年啓徵

一、每徵正銀庫平一兩、隨徵一五加色、市平銀一分五厘

查此項地畝、於宣統元年陸續放竣、經前信督奏定、於宣統二年一律升科、特此註明

光緒三十三年十月二十三日批准

丈放中公旗報墾西牌界地畝辦法

一、中公旗西牌界地、東至崑都崙河西岸塔克勒格鄂博、西至糧地界址、南至糧地大路、北至山坡、南北長約十二三里、東西寬約八九里、合計正地六百餘頃

一、丈放此項地畝、規定押荒等則、分別如左

上地 每頃徵收庫平銀一百五十兩

上次地 每頃徵收庫平銀一百二十兩

中地 每頃徵收庫平銀九十兩

下地 每頃徵收庫平銀五十兩

一、所收押荒、以四成歸蒙、六成歸公、所需經費、由歸公項下動支

一、該地每年應徵官歲各租規定如左

上地　每頃徵收官租洋八角、歲租洋二元七角

上次地、中地　每頃徵收官租洋六角、歲租洋二元一角

下地　每頃徵收官租洋四角、歲租洋一元六角

一、升科期限、自領地之次年啓徵

一、官租全數歸公、歲租全數歸蒙

一、每徵押荒庫平銀一兩、隨徵一五加色、市平銀一分五厘

民國四年十一月三日批准

丈放中公旗報墾小佘台地畝辦法

一、中公旗報墾地、東至東公旗界、西至大佘太廟膳召地界、南至南山坡披水、北至北山坡披水、東西長約六十里、南北寬約十二三里四五里不等、平均約八里、計正地二千六百頃之譜、除山河、道路、沙石、峨灘、不堪耕種之地外、計可墾之地一千零五十頃

一、押荒擬分五等

上水地　每畝應徵押荒洋三元二角

上次水地　每畝應徵押荒洋二元四角

中水地　每畝應徵押荒洋一元六角

中次地　每畝應徵押荒洋一元三角

第一部 清理辦法並丈放章程

下地 每畝應徵押荒洋一角

在此項地畝、綜計平均每畝以四角三分計算、約可收押荒四萬五千餘元

一、領戶於領地時、上地上次地先交押荒六成、餘以半年為期限、以一期交清、中地先交押荒五成、餘以半年為期限、以兩期交清、中次地下地先交押荒三成、餘以半年為期限、以兩期交清、如逾期不交者、撤地另放

一、領戶於丈地後、前赴行局交納押荒、掣取荒證、一俟押荒全數交清、再行換給部照、以資管業

一、領戶掛號領地時、無論何等地則、每頃先交掛號費一元

一、此項地畝距包頭設治局、固陽縣、西盟局均遠、不能兼顧、應在該地適中地點、設立行局一處、歸包頭三公旗地畝局管轄、以收速效

一、行局應需人員經費表另定之

一、此項應需人員經費表另定之

一、此項經費、應按墾款全額十分之二編造預算清、另文呈請追加

一、行局應發鈐記一顆、名曰勘放中公旗報墾小余台地畝行局鈐記、以昭信守

一、此項地畝、應徵押荒、除照部章提三成經費外、以三成五歸公、以三成五歸蒙、其歸蒙之款、准照該旗要求條件、就地隨時劃撥、以昭信用

一、此項地畝、應徵官租擬分五等

上水地 每畝應徵官租三分、歲租二分五厘

上次水地 每畝應徵官租二分五厘、歲租二分五厘

中水地　每畝應徵官租二分、歲租二分

中次地　每畝應徵官租八厘、歲租八厘

下地　每畝應徵官租六厘、歲租六厘

一、官租則由公家徵收、歲租則由中公旗自行徵收、以符報墾請求原案

一、此項地畝啟徵官租、擬以丈放之次年升科

一、此項地畝、擬以設局開辦之日起、予限一月先儘原戶認領、再限一月儘原種花戶認領、如逾限不來局掛號、得另行招放、以示限制

一、此項辦法、以呈核准日施行之

民國十四年五月五日奉令核准

丈放烏拉特中公旗報墾佘太地畝擬訂丈放辦法

一、勘收烏拉特中公旗報墾佘太地畝、東至剛剛河、西至西公佘太召地六半分渠、南至大路、北至大路、約計正地一百一十四頃七十餘畝、內除河渠、道路、沙石、溝灘、不堪耕種地外、計可放淨地約八十餘頃、計溝混水地七十餘頃、每頃平均二百五十元、約收洋一萬七千五百元、旱地三十餘頃、每頃平均十五元、約收洋四百五十元、村基地二頃六十二畝三分、每頃以旱地三則照熟荒加增兩倍、平均四十五元、約收洋一百一十八元、合計共約收洋一萬八千六百八十八元

二、勘放界內清混水地、均係熟地、至旱地均係生荒、押荒數目、分別擬訂如左

甲　清水地分三則

第一部 清理辦法並丈放章程

上則地 每頃三百元
中則地 每頃二百五十元
下則地 每頃二百元

乙 混水地分四則

上則地 每頃一百五十元
上次則地 每頃一百二十元
中則地 每頃八十元
下則地 每頃六十元

丙 旱地分三則

上則地 每頃十五元
中則地 每頃二十元
上則地 每頃三十五元

三、此項水旱生熟地畝、擬開辦之日起、予限一月先儘原戶承領、如逾期不領、准由地鄰或外來之戶報領

四、領戶於領地時、清混水地於兩箇月內先交押荒四成、其餘六成分兩期、每四箇月為一期、限八箇月內交清、旱地先交押荒三成、其餘七成、照水地亦分兩期、八箇月內交清、如逾期不交者、照章計款撤地

五、押荒成數、擬照各蒙旗劃分成案辦理、除提三成經費外、下餘七成、三成五歸公、三成五歸蒙

六、此項地畝、以八箇月為期勘放完竣

七、升科年限、水地於丈地後次年升科、旱地於丈放完竣之三年升科啓徵

八、此項地畝官租歲租、擬分三等

清水地　每畝應徵官租洋一分八厘

混水地　每畝應徵官租洋一分四厘

旱　地　每畝應徵官租洋一分

九、官租全數歸公、歲租全數歸蒙、共歸蒙歲租、准由該旗自收

十、此項地畝、擬附於墾務第三分局辦理

十一、局用經費、按照墾款收入全額十分之二爲限、以八個月編造預算、所餘一成、歸公另儲

十二、丈地蒙員二員、應領薪水、由公家照章發給

十三、領戶領地、無論何項地畝、每畝應先交掛號費一元

十四、地戶交納地價時、每百元應隨交建築費十五元、實業費五元

十五、此項辦法於呈奉核准之日施行

民國十七年十月五日奉令核准

丈放中公旗報墾莫林河地畝辦法

一、中公旗報墾莫林河地畝四至、計東至東公旗桃賴庫倫召地、曁已放墾地、西至舊營盤東十二里東界、及胡賴海流圖口子、南

第二部 清理办法并丈放章程

至刘喜沟界、暨中公旗南山界、北至东公旗地界、暨中公旗北山界、东西长约六十里、南北宽三十里至五六里不等、宽窄平均十五里计、共合有面积四千八百六十顷、除山石、沟道、沙碱、高粱、及不堪耕种地外、按十分之二折合、正地四百八十六顷、再按六成折合、计勘放垦净地三百顷左右、每顷平均以二十五元估计、约可收地价洋七千余元

一、勘收地内、山石居多、平原实少、山洪泉水、均不足以资水利、惟赖天雨纯系旱田、拟定地价分为三等如左

上地　每顷地价洋四十元
中地　每顷地价洋三十元
下地　每顷地价洋二十元

一、按案每征地价百元、附加一成五建筑费、五分实业费、五分文化事业基金费、以资备用

一、地价成数、拟照各蒙旗划分成案办理、除提三成经费外、下余七成、三成五归公、三成五归蒙、归蒙之款、应按照成案、由分局就地分拨、以省周折、而昭信用

一、收款期限、上地限领地一个月内缴足六成、共余四成、以一年缴清、中地限领地一个月内缴足四成、共余六成、以六个月为一期、计三期共一年半缴清、下地限领地一个月内缴足二成、共余八成、分四期缴纳、每六个月为一期、二年缴清、如逾期不缴、暨缴价未清者、照章撤地另放

一、勘收此项地亩、定为二年为限、一律办理完竣、以收速效、而裕国课

一、丈放此项地亩经费、依照办垦通则、以缴款收入全额十分之二为标准、并按放地收款、各以一成提支

一、此项地亩无多、而可放地无多、距五原较近、仍由第五分局兼办之

一、局内应设会丈蒙员按照该旗请求条件、由该旗选派、咨请委充

一、升科年限、以領地之次年升科、例如十九年領地、二十年起徵、餘類推

一、此項地畝、不分等則、擬定每畝徵收歲租大洋八厘、官租大洋一分二厘

一、官租全數歸公、歲租全數歸蒙、所有歸蒙歲租、應由中公旗自行徵收

一、丈放之熟地、先准原墾原佃各花戶掛號、於一個月內赴局報名掛號承領、逾期不領、並不掛號者、得由地鄰或外來民戶報領熟荒亦如之、至生荒山溝各地、凡有願領者、屆時以先赴局報名掛號者為准、以備挨次丈放

一、領戶領地時、每頃須先繳掛號費一元、以掛號之先後、作為丈地之次序

一、本辦法如有未盡事宜、得隨時呈請修正之

一、此項辦法俟呈奉核准之日施行

民國十九年十月一日奉令核准

丈放烏拉特後旗報墾紅洞灣地畝辦法

一、該旗報墾紅洞灣地一段、東至土默特旗為界、西至烏拉前中兩旗為界、南至達拉特旗為界、北至黃河為界、東西長約二十餘里寬十里至一二三里不等、約可放地二百餘頃

一、該地擬定押荒等則列左

　1　上上等上上則地　每頃徵庫平銀一百兩

　2　上上等上則地　每頃徵庫平銀八十兩

　3　上等上則地　每頃徵庫平銀六十兩

第二部　清理辦法並丈放章程

第一部 清理办法并丈放章程

上等上中则地 每頃徵庫平銀五十兩
中等中上則地 每頃徵庫平銀四十兩
中等中則地 每頃徵庫平銀三十兩
下等中下則地 每頃徵庫平銀二十兩
下等下則地 每頃徵庫平銀十兩

以上各地交價限期、領地時先交四成、先提三成經費、餘一半歸公、一半歸蒙

一、該地押荒劃分成數、餘以一年半交清

一、該地歲租等則列左

1. 上上等地 每畝每年徵庫平銀一分八厘
2. 上等地 每畝每年徵庫平銀一分四厘
3. 中等地 每畝每年徵庫平銀一分
4. 下等地 每畝每年徵庫平銀九厘

一、歲租全數歸蒙、另徵二成租捐歸公

一、升科期限、自宣統二年啓徵

一、每徵正銀庫平一兩、隨徵一五加色、市平銀一分五厘

光緒三十三年九月二十五日批准

查此項地畝於宣統元年陸續放竣經前信恪辦奏定於宣統二年一律升科特此註明

丈放烏拉特東公旗報墾包頭梁地畝辦法

一、烏拉特東公旗報墾包頭梁地畝、東至石拉潭爾大路、並土默特界、西至崑都崙召東牌界地、並烏拉特中公旗界、南至黃河、並土默特地界、北至邊墻、南北長約三四十里、東西寬約二三十里不等、約合正地六千頃、共閒沙石城灘、不堪耕種之地、約佔十之七八、計可放淨地一千六百頃之譜

一、丈放該地應徵押荒等則、分別如左

1 上地 每頃徵收洋一百二十元
2 中地 每頃徵收洋六十元
3 下地 每頃徵收洋三十元
4 下下地 每頃徵收洋一十元

一、該地預計約共可收押荒洋七萬餘元

一、交價期限、上地丈地後、先交押荒四成、餘以六個月為一期、一期交清、中地下地下下地丈地後、先交押荒二成、餘以六個月為一期、兩期交清

一、該地每畝每年應徵官租各租、分別如左

1 上地 應徵官租洋八厘、歲租洋二分
2 中地 應徵官租洋六厘、歲租洋一分五厘

一、押荒劃分成數、除提三成經費外、下餘七成、以一半歸公、一半歸蒙

第一部 清理辦法並丈放章程

第一部 清理办法并丈放章程

3 下地、下下地 应征官租洋四厘、岁租洋一分

一、官租全数归公、岁租全数归蒙

一、升科期限、以领地之次年起征

民国六年八月二十六日奉令核准

丈放东公旗报垦东山沟四股目户口地亩办法

一、东山沟四股目户口登瞻地亩、约计八百余顷、拟定等则如左

1 上上地 能得满水者 每亩征收押荒银元二元八角

2 上地 能得上洪水者 每亩征收押荒银元二元二角

3 中地 地土平衍不能得水利者 每亩征收押荒银元一元二角

4 中次地 坡地中土质较厚者为中次地 每亩征收押荒银元四角

5 下地 坡地中土质稍薄者为下地 每亩征收押荒银元四角

6 下下地 坡地中未经耕种者为下下地 每亩征收押荒银元二角

一、该地耕种成熟者、先尽原户于丈清后一个月内报领、逾限不领者、由局另行招放

平均每亩以一元计算、约计可收押荒银元八万余元

一、該地收價期限、領戶於領地時、先交押荒全價六成、其餘四成、得殺至次年六月以前交清、逾限不交者、撤地另放

一、該地劃分押荒成數、擬先提三成經費、共餘一半歸公、一半歸該旗四屬目各戶口分領

一、該地官租歲租等則如左

上上地　每畝徵收歲租洋二分五厘、官租洋二分

上地　每畝徵收歲租洋一分八厘、官租洋一分五厘

中地暨中次地　每畝徵收歲租洋一分五厘、官租洋一分二厘

下地暨下下地　每畝徵收歲租洋一分、官租洋一分

一、該地於交清荒價發照之次年升科

一、該分局設於適中之薩拉齊縣城內、定名曰丈放東公旗東山溝戶口地畝分局、並刊發鈐記、以資信守

一、該地丈地造冊、以一年半為限、即為撤局之期、如有尼欠未清者、得委令就近分局清理

一、該分局如有未盡事宜、臨時呈請核示

一、此項辦法、自呈奉令准之日施行

民國八年六月十一日奉令核准

丈放烏拉特東公旗白彥溝一帶前明安灘等處地畝辦法

一、烏拉特東公旗報墾白彥溝一帶前明安灘等處地畝、東至茂明安旗暨五當召牌界地、西至烏拉中公旗界、南至烏拉山、北至明安山、約計地畝二千三百頃以上、約可收荒價大洋三萬九千餘元

第一部 清理辦法並丈放章程

一、丈放荒價分為五等、擬訂如左
1. 上等地 每頃徵收荒價洋一百五十元
2. 上次地 每頃徵收荒價洋一百元
3. 中地 每頃徵收荒價洋六十元
4. 中次地 每頃徵收荒價洋三十元
5. 下地 每頃徵收荒價洋十元

一、押荒成數、擬照烏盟各旗劃分成案辦理、除提三成經費外、下餘七成、三成五歸公、三成五歸蒙

一、歲租官租等則、擬訂如左
1. 上等暨上次地 每畝歲租大洋四分、官租大洋四分
2. 中地 每畝歲租大洋三分、官租大洋三分
3. 中次地 每畝歲租大洋二分、官租大洋二分
4. 下地 每畝歲租大洋一分、官租大洋一分

一、歲租全數歸蒙、官租全數歸公

一、局用經費、以墾款收入全額十分之二為限、分一年編造預算清、另案呈請追加

一、勘收丈放之地、連同造冊收款、以一年為限。

一、收款期限、上地上次地中地均於丈放後、先繳押荒四成、共餘六成、以四個月為一期、均限一期繳清、中次地與下地於丈地後、先繳押荒二成、共餘八成、以四個月為一期、均限兩期繳清、如有逾限不清者、除撤地另放外、仍照章扣留三成充公

一、升科年限、以丈清繳價完竣、發照之次年升科

一、熟地先儘原戶承領、於丈放兩個月內赴局報名掛號、逾期不領、及並未掛號者、得由地鄰報領、生荒各地亦須先期赴局報名掛號、挨次丈放

一、每頃應收掛號費現洋一元

一、前項辦法、俟呈奉核准之日施行

民國九年六月十一日奉令核准

丈放烏拉特東公旗戈壁灘等處地畝辦法

一、烏拉特東公旗報墾戈壁灘等處地畝、東至茂明安旗界、西至山官牛喉色爾勒吉台迤東劈水、至白廟子騾子濠止為界、南賁巴台梁後劈水為界、北由清達木廟之坡順額勒斯齊克至姚姓地北界止為界、約計地畝一千九百八十餘頃、以上約可收荒價洋二萬九千六百五十餘元

一、丈放荒價分為五等、擬訂如左

1 上等地　每頃徵收荒價洋一百五十元
2 上次等地　每頃徵收荒價洋一百元
3 中等地　每頃徵收荒價洋六十元
4 中次等地　每頃徵收荒價洋三十元
5 下等地　每頃徵收荒價洋十元

第一部 清理辦法並丈放章程

一、押荒成數、擬照烏盟東公旗前明安灘口彥溝等處地畝成案辦理、除提三成經費外、下餘七成、三成五歸公、三成五歸蒙

一、歲租官租等則、擬訂如左

1. 上等暨上次等地　每畝歲租洋二分、官租洋二分
2. 中等暨中次等地　每畝歲租洋一分五厘、官租洋一分五厘
3. 下等地　每畝歲租洋一分、官租洋一分

一、歲租全數歸蒙、官租全數歸公

一、局用經費、以繫款收入全額十分之三爲限、分一年編造預算書、另案呈請追加

一、勘收丈放地畝、連同造冊收款、以一年爲限

一、收款期限、上地上次地中地、均於丈放後先繳押荒四成、共餘六成、以四個月爲一期、限以兩期繳清、中次地與下地均於丈地後、先繳押荒二成、共餘八成、以四個月爲一期、限以兩期繳清、如有逾限不清者、除撤地另放外、仍照章扣罰、三成充公

一、啓徵歲租官租年限、均以丈地給領之次年啓徵

一、熟地、先儘原戶承領、於丈放兩箇月內、赴局報名掛號、逾期不領、及並未掛號者、得由地鄰報領、生荒各地、亦須先期赴局報名掛號、挨次丈放

一、前項辦法、俟呈奉核准之日施行

民國十年十二月二十三日呈報核准

丈放拉烏特東公旗報墾烏蘭板申等處地畝辦法

一、烏拉特東公旗報墾烏蘭板申等處地畝、東至前放戈壁灘地、西至中公旗、南至巴嘎努齊山背窪水、北至小鄂博河漕北、胡油厉止、地質不及戈壁灘中次以下之地為多、上中地較少、除去沙石道路不堪耕種者外、約計地九百餘頃、平均以三十元估計、可收荒價二萬七千元之譜。

一、該地荒價分為五等、擬訂如左

1. 上等地　　每頃徵收荒價洋一百五十元
2. 上次等地　每頃徵收荒價洋一百元
3. 中等地　　每頃徵收荒價洋六十元
4. 中次等地　每頃徵收荒價洋三十元
5. 下等地　　每頃徵收荒價洋十元

一、押荒成數、擬照前放戈壁灘等處地畝成案辦理、除提三成經費外、下餘七成、三成五歸公、三成五歸蒙

一、歲租官租等則、擬訂如左

上等地暨上次等地　　每畝歲租洋二分、官租洋二分
中等地暨中次等地　　每畝歲租洋一分五厘、官租洋一分五厘

一、歲租全數歸蒙、官租全數歸公

一、丈放地畝、連同收款造冊、以一年為限

第二部　清理辦法並丈放章程

第一部 清理辦法並丈放章程

一、啓徵歲官各租年限、均以丈放給領之次年啓徵

一、局用經費、以墾款收入全額十分之三爲限、分十二個月、編造預算書

一、收款期限、無論何等地畝、均限於丈地後、先繳押荒六成、其餘四成、以四個月爲一期、限以兩期繳淸、如有逾期不淸者、除撤地另放外、仍照章扣罰三成充公

一、熟地先儘原戶承領、於丈放一箇月內赴局報名掛號、逾期不領及並未掛號者、得由地鄰或其他商民報領、生荒各地、亦須先期赴局報名掛號

一、無論生熟地於掛號時、每頃須先交掛號費一元、以便挨次丈放

一、以上辦法、俟呈奉核准之日施行之

民國十二年十月四日奉令核准

丈放東公旗報墾大旗地畝辦法

一、東公旗報墾大旗地畝一段、坐落縣城西北一百四十餘里、東至阿拉恩格爾桑爾毛蘇太、南至東公旗舊墾地、西曁北均至台大路、東西長約六里、南北寬約二十里、除山河道路不堪耕種外、約有可墾之地四百頃

一、此地與大小鄂博西北地畝土質相同、擬參照大小鄂博原案、押荒分爲三等

甲 上地 每頃押荒洋四十元

乙 中地 每頃押荒洋二十五元

丙 下地 每頃押荒洋一十五元

一、此項地、約可放上地九十頃、中地一百八十頃、下地一百三十頃、每頃平均二十五元、約可收荒價洋一萬元

一、無論上中下地領地時、先繳押荒五成、下餘五成、限八箇月交清、如逾期不交、照章撤地另放

一、領地掛號時、每頃先繳掛號費洋一元、至繳荒價時、每百元隨徵軍事建築費洋十五元、實業費洋五元

一、此地、官歲租擬分三等

甲 上地 每畝每年徵官租歲租洋各一分五厘

乙 中地 每畝每年徵官租歲租洋各一分

丙 下地 每畝每年徵官租歲租洋各六厘

一、此地、押荒除提三成經費外、以三成五歸公、三成五歸蒙、其歸蒙之款、准照該旗要求之條件、就地劃撥、以昭信用

一、官租由公家徵收、歲租由東公旗自收

一、犂款收濟、立即發給部照發部照之次年、升科啓徵

一、此地限六箇月丈放完竣、收款造冊、以八箇月爲限

一、放地經費、按犂款全額十分之二編造預算、共預算表另定之

一、本辦法自呈准日施行

民國十五年一月二十七日奉令核准

丈放東公旗報墾大小鄂博西北等處地畝辦法

一、東公旗報墾地東至官牛犋、西至中公旗地界、南至南山邊塔、北至北山分水、東西長約三十里、南北寬約二十里、計正地三

第一部 清理辦法並丈放章程

一、押荒擬分三等

上地　每畝應徵押荒洋四角

中地　每畝應徵押荒洋二角五分

下地　每畝應徵押荒洋一角五分

此項地畝約可放上地二百頃、中地四百頃、下地七百頃、總計約可收押荒洋二萬八千五百元

一、此項地畝純係生荒、向無人烟、距固陽縣較遠、不能策顧、應在該地較近之保爾汗廟地方、設立行局一處、仍歸固陽縣管轄、俾便指揮

一、行局應發鈐記一顆、共文曰、勘放東公旗報墾大小鄂博西北等處地畝行局之鈐記、以昭信守

一、行局經費、按照墾款全額十分之二編造預算、共預算業另定之

一、此項地畝限于一年半內、將丈地收款造冊各事宜、一律辦理完竣

一、此項地畝、應徵押荒、除照部章、提三成經費外、以三成五歸公、三成五歸蒙、共歸蒙之款、准照該旗要求之條件、就地隨時割撥、以昭信用

一、領戶與領地之時、無論上中下地畝、應先交押荒五成、餘以一年爲期、分兩期交清、如逾期不交、撤地另放

一、領戶于丈地後、前赴行局交納押荒、墾取丈地執照、一俟押荒全數交清、再行換給部照、以資管業

一、此項官歲租擬分三等

上地　每畝應徵官租一分五厘、歲租一分五厘

千二百四十頃之譜、除山河道路沙石城灘不堪耕種之地外、計可墾之地、一千三百頃

中地　每畝應徵官租一分、歲租一

下地　每畝應徵官租六厘、歲租六厘

一、官租則由公家徵收、歲租則由東公旗自收、以符報墾請求原案

一、此項地畝啓徵官租擬以丈放之第三年升科

一、此項辦法、以呈奉核准之日施行之

民國十五年一月二十九日奉令核准

丈放東公旗報墾營盤召灣及大努氣溝等處地畝辦法

一、東公旗報墾營盤召灣爾德泥溝、二合永、蔡家渠、章不浪溝、應州渠、白亮塔、沙它國、色氣諾哈木溝、沙壩子根子廠、桃賴口、大成公、賈金灣、椎家溝、澆興德窰溝等處、係從前該旗報墾、前明安灘白彥溝地畝、所剗留其黃草笙、係黃河淤澄村基地、係前明安灘白彥溝包頭梁福應專等處報墾、應放之地、惟查清洪水地、僅止數頃、旱平坡地、約有四百九十餘頃、村基地、四十餘頃、計共五百餘頃、每頃平均以六十元估計、約共可收荒價洋三萬餘元、又大努氣溝等處地畝、北至戈壁灘已墾地、西至烏蘭板已墾地、南至明安灘已墾地、東至茂明安旗、除山溝道路沙石不堪耕種之地外、計堪墾放地二百四十頃左右、每頃平均以二十五元估計、共可收荒價洋六千元之譜、總計共約可收荒價洋三萬六千餘元

一、勘收營盤召灣等地、土質較優、於大努氣溝等處地畝、共等則分別擬訂如左

甲　營盤召灣等地

水地分爲二則

第一部 清理辦法並丈放章程

旱地分爲五則

上則清水地　每頃應徵荒價洋三百元
上則洪水地　每頃應徵荒價洋一百二十元
上則旱地　每頃應徵荒價洋六十元
中則旱地　每頃應徵荒價洋五十元
中次則旱地　每頃應徵荒價洋四十元
下則旱地　每頃應徵荒價洋三十元
下下則旱地　每頃應徵荒價洋一十元

村基地分爲五則

上則地　每畝應徵荒價洋五元
上次則地　每畝應徵荒價洋三元
中則地　每畝應徵荒價洋二元
下則地　每畝應徵荒價洋一元
下下則地　每畝應徵荒價洋五角

乙　大努氣溝等地

旱地分爲三則

上則旱地　每頃應徵荒價洋四十元

中則旱地　每頃應徵荒價洋二十五元

下則旱地　每頃應徵荒價洋十五元

一、荒價成數、照歷辦成案、除提三成經費外、共餘七成、以三成五歸公、以三成五歸蒙

一、勘放此項地畝、定以十二箇月一律辦理完竣

一、收款限領地二箇月內繳荒價四成、共餘六成分三期完繳、每三箇月爲一期

一、勘放經費、照向辦成案、以墾款收入全數十分之二爲限、分十二箇月、編製預算書、共餘一成經費歸公、另行奏諸

一、勘放此項地畝、倂設地畝局一所、名曰勘放東公旗墾營盤名灣、大努氣溝等處地畝局

一、刊發木質鈐記一顆、文曰勘放東公旗報墾營盤名灣大努氣溝等處地畝局鈐記、以資信守

一、升科年限、淸洪水地、以丈放之次年升科、啓徵官歲租、旱地以丈放之第三年升科、啓徵官歲租

一、官歲租等則、仿照前明安澫辦法、分別擬訂如左

甲　營盤名灣等地

上則淸洪水地　每年每頃、應徵官租洋二元

上則與中則旱地　每年每頃、應徵官租洋一元五角、歲租一元

中次則旱地、與下則旱地　每年每頃、應徵官租洋一元、歲租洋一元

下則旱地　每年每頃、應徵官租洋四角、歲租洋六角

乙　大努氣溝等地

上則與中則地　每年每頃、應徵官租洋一元、歲租洋一元

第一部 清理办法暨丈放章程

下则地、每年每顷、应征官租洋四角、岁租洋六角

一、官租全数归公、岁租全数归蒙、共归蒙岁租、由该旗自收

一、勘放之熟地、于一個月内、先儘原户掛號承領、如原户逾限不領、且不掛號者、均由地鄰或外來商民掛號請領、無原户之荒地、凡有願領者、均准赴局掛號請領、依次丈放

一、商民掛號領地時、應先繳掛號費一元、共完繳荒價每百元、隨徵建築費十五元、實業費五元

一、本辦法、自呈准後、於七月一日施行

民國十六年七月二十五日奉令核准

丈放崑都崙召報墾東牌界地畝辦法

一、崑都崙召報墾東牌界地、東西寬約八里、南北長約十四里、除滿渠道路沙石城灘不堪耕種外、約可放淨地六百頃

一、丈放此項地畝、應徵押荒等則分別如左

1 上上地 每頃應徵庫平銀一百二十兩

2 上地 每頃應徵庫平銀八十兩

3 中地 每頃應徵庫平銀五十兩

4 下地 每頃應徵庫平銀二十兩

一、該地頃計約共可收押荒銀二萬七千餘兩

一、押荒劃分成數、以五成歸公、一成歸東公旗、四成歸崑都崙召

一、該地、每頃每年應徵歲租分列如左

1 上上地　應徵庫平銀二兩二錢
2 上地　　應徵庫平銀一兩八錢
3 中地　　應徵庫平銀一兩四錢
4 下地　　應徵庫平銀一兩二錢

一、所收歲租以一成充作經費、餘作十成、以三成歸公、七成歸召

一、升科期限、自民國六年起、一律啓徵

一、該地押荒歲租、每徵正銀庫平一兩、隨徵一五加色、市平銀一分五厘

民國五年九月二十三日奉令核准

丈放廣覺寺膳召地畝辦法

一、廣覺寺報墾地四至、東至那林笈都、西至柴惱包、西南至後店子、東南至楊靠山、北至劉房溝、南山畔、東西長一百五十里、南北寬五六十里至一二十里不等、共中山嶺溝渠河漕道路居十分之三、堪以放墾者、不過十分之七、旱地居其多數、沿溝略有水地、為數無幾、約可放水旱各地一萬頃、徵收押荒平均以五十元計之、約可收洋五十萬元

一、擬定徵收水旱各地押荒銀數、分作三等九則、水地定爲上等、旱地定爲中下兩等、分別列左

上等水地

1 上則地　每頃應徵押荒洋二百元

第一部　清理辦法並丈放章程

第一部 清理辦法並丈放章程

2 中則地 每頃應徵押荒洋一百六十元
3 下則地 每頃應徵押荒洋一百二十元
中等旱地
1 上上則地 每頃應徵押荒洋一百元
2 上則地 每頃應徵押荒洋八十元
3 上中則地 每頃應徵押荒洋六十元
下等旱地
1 中下則地 每頃應徵押荒洋四十元
2 中則地 每頃應徵押荒洋三十元
3 下則地 每頃應徵押荒洋二十元

一、所收押荒、除提二成辦墾經費外、共應剖分歸公歸名、即仿照崑都崙召地辦法、以三成五歸公、三成五歸名、共餘一成歸亮嘉活佛、以資香燈之需

一、交荒之期限、於掛號領地後一個月內、先繳足六成、共餘四成、以一年繳清、發給部照、以昭信守

一、勘放此項地畝、定以二年為限、一律辦理完竣、以收速效、而裕國課

一、設局經費、照墾務向章、以二成開支、所有員額經費、另表規定之、惟該名現報之地、面積廣大、幅員遼濶、招墾收款、事極殷繁、請於分局內特設副局長一員、俾資協助

一、擬設分局一所、共名曰勘放廣覺寺贍召地畝分局、即於包頭鎮内、藉收敏捷速效、並分設行局三所、共名曰第一行局、設於

永豐村、第二行局設於慶豐村、第三行局設於安豐村

一、擬請刊刻分局行局木質關防鈐記、以昭信守

一、常年應徵官租歲租等則、亟應規定、以裕國課、茲仿照茂旗墾地辦法、分作三等、水地定為上等、旱地定為中下兩等、應徵官歲各租則列左

1　上等水地　每年每頃應徵歲官租洋各三元

2　中等旱地　每年每頃應徵歲官租洋各二元

3　下等旱地　每年每頃應徵歲官租洋各一元

一、劃分租金辦法、官租係數歸公、歲租係數歸名、由該名直接向民戶收取、以便隨時香燈之需

一、擬訂啟徵官歲租年限、水地於領墾後之第二年啟徵、旱地於領墾後之第三年啟徵、譬如十二年放墾之水地、由十三年啟徵、旱地由十四年啟徵、餘類推

一、本章程如有未盡事宜、得隨時呈請修正之

一、本章程自呈奉核准之日施行

民國十二年七月二十四日奉令核准

丈放商人裴世廉報墾自置東公旗巴汗腦包地畝辦法

一、勘牧商人裴世廉報墾巴汗腦包地畝一段、東西寬約十二里、南北長約十二里、東至以放戈壁灘地界、東南與已放烏蘭板

第一部 清理辦法並丈放章程

甲地連界、西至山以劈水為界、南至山以腦包為界（即巴汗腦包）山南為已放烏蘭板甲地北界、北至黑山石頭北以大河漕為界、除山河道路不堪耕種之地外、約有可墾之地三百餘頃、每頃平均以二十元計算、約可收荒價洋七千餘元

一、所報之地、土質不佳、半係沙梁、較與東公旗前報之烏蘭板甲中次以下地畝相同、故應徵荒價、茲擬援照烏蘭板甲中次以下等則規定、擬分三等、以易招放

1　梁上地　每頃徵收荒價洋三十元
2　梁中地　每頃徵收荒價洋二十元
3　梁下地　每頃徵收荒價洋十元

一、荒價提成數目、援照商人馮給孔報墾成案、除提三成經費外、共餘七成、以三成五歸公、以三成五歸商

一、員額經費、以十分之二為限、所餘一成、儘數歸公、以昭核實

一、收款期限、無論何等地則、均於丈放後先交五成、其餘以八箇月為期、如數交清、如逾期不交、則照章撤地另放

一、丈地後、先發管業執照、一俟荒價全數交清、再行發給部照、以資管業

一、此項地畝、限六箇月丈放完竣、造冊收款、以八箇月為限

一、升科年限、以發照之次年、升科啟徵

一、熟地先儘原戶認領、限一箇月內赴縣掛號、逾限不領、准由地鄰或其他商民承領、生荒亦須先期赴縣掛號、以便挨次丈放

一、此項地畝、每頃須交掛號費一元

一、此項地畝無多、不再另設專局、即由固陽縣就近派員丈放、以節經費

一、蒙官各利、無論何等地則、擬每畝徵收歲租洋一分、官租洋一分

丈放福應寺報墾贍召地畝辦法

民國十四年八月十三日奉令核准

一、此項辦法、以呈奉核准日施行之

一、福應寺報墾地畝、東至薩縣墾局已放土默特地、西至崑都崙召已放東牌界地、南至已放土默特地、北至北山披水、均係報墾應放之地、計有四百餘頃

一、擬定徵收水旱地押荒洋數、分作六等、水地定為兩等、旱地定為四等、分別列左

上等水地　　每頃應徵押荒洋二百四十元

上次則渾水地　每頃應徵押荒洋一百元

上等旱地　　每頃應徵押荒洋五十元

中等旱地　　中則旱平地　每頃應徵押荒洋三十元

　　　　　　中次則旱平地　每頃應徵押荒洋二十元

下等旱地　　下則旱坡地　每頃應徵押荒洋十元

　　　　　　下下則旱坡地

一、此地應徵押荒、除提三成經費外、餘一半歸公、一半歸寺

查所報墾之地、約有四百餘頃、計可收押荒洋一萬元

一、放地經費、按墾款全額十分之二、編造預算、其預算表另定之

一、歲租歸東公旗門收、官租全數歸公

第一部 清理辦法並丈放章程

一、此項報墾地畝、純係熟荒、應照墾局向章、先儘原戶承領、如原戶不領、再行招戶另放、以示體恤

一、交押荒之期、於掛號領地後、限一月內分別水旱地、交納押荒、水地先交六成、共餘四成、分作兩期、半年交清、旱地先交四成、共餘六成、分作三期、一年交清、發給部照、以昭信守、倘逾期未清者、撤地另放

一、此項報墾地畝、距包較近、不另設立行局、即附設於包頭設治局、派員丈放

一、丈放此項地畝、暨造冊收款期限、以六個月為完竣之期

一、常年應徵歲租官租列左

上等水地 每年每頃應徵歲租洋一元六角、官租洋一元二角
中等水地 每年每頃應徵歲租洋一元二角、官租洋八角
下等旱地 每年每頃應徵歲租洋八角、官租洋六角

一、官租全數歸公、歲租全數歸寺、以符墾章

一、擬定啓徵歲租官租年限、水地於領墾後之第二年啓徵、旱地於領墾後之第三年啓徵、譬如十四年放墾之水地、山十五年啓徵、十四年放墾之旱地、由十六年啓徵、餘類推

一、每領地一頃、先收掛號費洋一元

一、領戶應交押荒、每百元外加徵軍事建築費洋十五元、實業費洋五元

此項辦法以呈奉核准於十二月一日施行之

民國十四年十一月二十五日奉令核准

土默特旗屬

酌擬清查土默特旗地畝試辦章程

第一條 此次辦理清查、宜將各佐牧地、戶口地、絕戶地、及召廟各地、逐項分別丈量、確知其數、無令牽混

第二條 蒙古戶口地畝、多係典給民人、得過價值、地已非共所有、應准實出地價、照舊管業、性所出地價、多寡不等、須各按地則、飭再繳價歸公、發給印照、以憑執守、自後永以印照寫據、不准該蒙戶爭奪原地、並應另定歲租章程、由官署按年徵收、轉給原主、另發原主領租照據、以憑領取、租項詳章列後、至租典約據、名目不同、有所謂活約、定以年限取贖者、大都展轉相仍、屢次加價、寬展年限、核其所得銀數、往往浮於地之所值、錢債糾纏訟獄、此次查地、正宜清澈其源所有租典約據、無回贖字樣、及雖有回贖字樣、而期限未滿者、均照繳價給照章程辦理、惟有暫行活租一項、約內無年限、無永和字樣、但言錢到即行回贖者、此或出十一時急需、權行質押、若遽令民戶繳價認領、似覺稍未允洽、然聽其久懸不結、則查地亦難于久待、擬由局出示曉諭『凡此項地畝、限令于兩月內取贖、如逾限不贖、仍照民戶繳價領照章程、一律辦理、以免參差

第三條 戶口地畝轉相租典、更易多主、無復當日撥地舊觀、令欲一一查丈、應先查驗租典約據、質詢兩造、如確係得價出價、並無別項弊端、及朦混影射情弊、方准照第二條辦理

第四條 凡租典戶口地之戶、曾經出過地價、經局驗明約據、確無欺偽、應照約內所註畝數四至、核實勘丈、如丈有缺少、即照此次丈明之數、核實給領、倘或餘多、劃出歸公、仍准該戶認領、此項餘地、如過十畝以上、應照規定原地價值加倍飭繳、不及十畝者、仍與原地、一律辦理、共私墾公地、並無約據可憑者、如有弊端、亦准原種之戶承領、惟地由私墾、從前並未出價此次承領、應照第七條歸公地畝辦法、飭令加倍繳價、方准承領

第一部 清理辦法並丈放章程

第一部 清理辦法並丈放章程

第五條 如遇有假造約據、無論係蒙戶冒領地主、抑係民戶希圖得地、及民蒙通同作弊、一經查出、立將假約扣留、其所指地畝歸公另放、或有一地數約、彼此爭執者、應由局詳查來歷、持平判斷、倘所爭均有不實、與無約之地等、亦即撤地歸公

第六條 有戶口地之蒙戶、如自分地以來、自行耕種、並未出典出租、考之檔冊、果確有可憑查、其現地數目、亦無出入、應另發給印照、准其照舊管業、免繳地價、以示體恤

第七條 各佐絕戶地畝、向係該佐官辦等私收租錢、此次清查、不究既往、惟撤地歸公、一律另放、准其承領、惟地山私墾、從前並未出過地價、此次承領、亦應照第七條加倍繳價章程辦理

第八條 凡各佐草灘牧地、有經民戶私墾成熟者、不答既往、應查明一律丈放、准其承領、若草灘牧地、未經開墾、仍歸公放領、上地每畝一兩六錢、上次地一兩二錢、中地八錢、中次地四錢、下地二錢、下下地一錢、若草灘牧地、歸公放領之地、上地每畝一兩、上次地一兩六錢、中地一兩二錢、中次地八錢、下地四錢、下下地二錢、以示區別

第九條 各項地畝、肥瘠懸殊、必須多分等則、以定地價、茲擬區為上則、上次則、中則、中次則、下則、下下則六等、凡係加價之地、上地每畝一兩六錢、上次地一兩二錢、中地八錢、中次地四錢、下地二錢、下下地一錢、若草灘牧地、歸公放領、上地每畝二兩、上次地一兩六錢、中地一兩二錢、中次地八錢、下地四錢、下下地二錢、以示區別

第十條 各項地畝、歲租數目、應亦按照地則分別、酌定擬上地、每畝每年徵銀二分二厘、上次地二分、中地一分八厘、中次地一分六厘、下地一分二厘、下下地一分

第十一條 所有名廟各地、亦均係取過租戶地價、應一律照戶口地畝辦理、按則加價、發給地戶印照、准其管業、惟所收此項地價銀、擬以一半歸公、一半歸廟、傅瓷香火、並發給該廟、取租照據、俟屆砍後、仍由該召廟、向各地戶、照新定租章收取租銀、不得額外增收、該各地戶、亦不得延欠不交、及照章減交、違者、准該召廟及該地戶赴官理訴、立請究辦、以息紛爭

第十二條 所有加收戶口地價銀、若一概歸公、該地主不無缺望、擬提出十成之二、發給原主、用示體恤、歸公之地、不在此例、惟該各蒙戶、既知地畝歸官辦、難保無仍向租戶籍口贖僞名、私有勒索情事、應請嚴行示諭、自此以後、凡係取過租戶地價之地、以原約爲憑、統歸查地局淸查辦理、不准該原戶私再取價、以防擾累

第十三條 各項地畝、應徵歲租、仿照糧串式樣、刷印徵租聯單、鈐用戶司關防、於地戶納租淸訖後、墾罩發給、仍存根備查、其應得戶口歲租之蒙戶、應將領租印據、赴本佐領呈驗、彙齊轉洋、參領移知徵租局領取、抑或該蒙戶與地戶、同住一村、擬自向地戶收取亦可、准從其便、惟必須先由本旗佐領彙報參領移知徵租局、墾出徵租聯單、飭由本佐領轉交食租蒙戶、憑此取租、俟取租淸訖後、卽將聯單交給地戶、以昭憑信、其廟召地畝、擬自向地戶取租者、亦照此辦理、至地在外廳薩城較遠、應于徵租時、派員前赴廳治設立分局、照章徵收、所有經費、卽於租銀內酌提、以資辦公

第十四條 各項地畝、經局挨次淸丈、應先發給領戶照條、註明應交地價數目、限期飭繳、俟繳淸後、卽換給印照、以憑執守

第十五條 此項領地印照、及領取歲租印據、均請山軍署刊發、會用副都統軍印信、以昭信守、每張地照、擬收紙張費銀三錢、每張租據、擬收紙張費銀一錢、此外無絲毫浮費

第十六條 所有應收地價歲租銀兩、均照東西各墾局向章、按庫平核收外、加一五火耗、別無浮費

第十七條 此次辦理淸查、所需經費、應請仍照西盟、及台站各墾局章程、由地價內提取二成、以資辦公

第十八條 各項地畝內、有沙磧不堪耕種及僅可種植樹株之地、應於六等地則外、另行酌核辦理

第十九條 各地畝內、有別用水利者、聞蒙民有收取水租之事、亦或立有約據、應一併查明、另定章程

第二十條 凡領戶交齊地價、承領印照後、如或將地轉賣、該買主須於一年內、赴土默特戶司報明過割、將原照繳銷、另換執照

第二部 淸理辦法並丈放章程

第一部 清理辦法並丈放章程

副軍兩署、合用印信、以期與前一律、每換地照、應令該地戶照買價、每兩繳銀五厘、共用錢交易者、亦以銀按市價核算、發照時一面註冊、一面知照該地所隸廳署、查照備案、如該地戶買地已逾一年、匿不報明、一經查出、或被告發、照應繳銀數、加倍賠罰、用示懲儆

仍應

第二十一條 蒙戶私典地畝、自應准共加價承領、惟蒙種蒙地、宜與民戶稍有區別、擬俟勘查確實後、將此項地價減半核收、以示格外體恤、若或假冒、及民戶矇託、一經查出、定必嚴行懲辦

第二十二條 以上各條、如蒙

核定、應請將大致辦法先行

奏咨立案、並請刊發告示、俾衆週知、如有未盡事宜、及有應行變通之處、隨時聲明辦理

光緒三十三年二月初二日呈准

查本辦法、嗣於光緒三十三年三月間、據奏辦清查土默特地畝總局總辦王德榮稟請、前擬章程分爲六則等級、不爲不多、而中地八錢、中次四錢、下地二錢、其間相去倍蓰、仍覺不甚合用、茲擬變六則爲八則、區爲上則每畝一兩六錢、上中則一兩二錢、上次則八錢、中上則六錢、中次則三錢、下則二錢、若草灘牧廠、未經開墾、歸公另放之地上則每畝二兩、上次則一兩二錢、中上則八錢、中次則四錢、下則三錢、下下則二錢、凡私種私租、應行加倍繳價者、亦照八則、按則計算、以昭平允、至每畝原定一分八厘、中次則、一分六厘、下下則一分、又查今右籍非土默特旗之人、而亦持執收租約據者、推其所由、大抵與土默特人、至交至戚、或因借貸、而以地爲償、或因無子、而地歸其女、

此項地、擬仿照戶口地提地價二成、歸其本人辦法、提出二成、發給原收租人、以爲回贖之値、經督辦墾務大臣貼發、批准有案（此條粘存於丁字第二八號卷內）特此簽註

修正淸理土默特旗地畝章程

一、土默特地畝、經前任貽督辦擬定章程、設局淸查、計杳丈十餘佐之地、因事中止、而民蒙爭執、訟獄繁興、有已交淸地價領照者、有交價過半而僅領小照者、糾葛滋生、懸案未結、現爲便民蒙正經界、裕庋支、息訟端起見、將該旗地畝、接續前案、一律淸查、並將貽督辦所定章程、增益修改、以期民蒙兩便

一、蒙古戶口地畝、前次查丈、已經交淸地價、領有大照者、仍准照舊管業、繼續有效、俟財政部部照頒發後、再行換給

一、蒙人戶口地畝、如典給民人確係得過典價、已繳未盡者、除已繳地價照抵外、應如數補繳、柳山淸理地畝總局發給新照、俟財政部部照頒發後、再行換給、嗣後蒙人、不得再向爭奪原地

一、戶口地畝、租典約據、名稱互異、情形互異、有活約地、有永和地、如活約地、則定有年限、到期收贖者、活租地、則年限無定、錢到卽贖者、永和地、則永遠和種、許退不許奪者、此三項典約內、如活約永和兩項、大都展轉相仍、屢次加價、歷年所得銀數、往往逾於地之所値、錢債興訟、判斷無從、今擬凡租典約據、內無回贖字樣、及雖有回贖字樣、而期限未滿者、准照第三條之規定辦理、惟活租一項、無年限、無永租字樣、約內載明錢到回贖、應准該旗蒙人於本年陰歷八月底以前、備價回贖（口外秋收、多在八月、地主收租、卽在此時、故贖地期限、依此規定）自行耕種、如逾限不贖、仍由原種地戶繳價、共辦法卽照第三條之規定

第一部 淸理辦法並丈放章程

第一部 清理辦法並丈放章程

一、凡未經查丈之地、租典各戶、確係出過典價、約據驗無欺偽、即照約內半落四至、及頃畝數目、核實清丈、如溢於原約之數、應將溢出餘地充公、限期兩月、仍先准原戶按照地質等次繳價認領、如逾限不能認領、再由公家另行招放

一、民戶私墾公地、並無約據、捏稱蒙人招租者、而實係無租之地、寬其既往、仍准原戶認領、惟地由私墾、應按地質等則、飭令加倍繳價、但如逾兩個月、原戶不能認領、即將該地畝另行招放

一、蒙人自種之戶口地畝、歷年自行耕種、並未出典出租者、擔冊確有可憑、應由該佐領等出具切結、准其照舊管業、於財政部照未頒發以前、暫行發給局照、並免繳地價、以示區別

一、各佐絕戶地畝、一律歸公、如現有民人墾種、從前確係出過典價、或年租者、仍准原租戶管業、惟應照戶口地繳價章程辦理、其無人墾種者、另行招放

一、各佐草灘牧廠、或山原戶認領、地價歲租、一律歸公、共認領繳價、應照地質等次辦理

一、召廟香火地、凡租戶出過租價者、應一律照戶口地章程辦理、其所收地價、仍舊以一半歸公、一半歸召、以資香火

一、叅查前次丈放過戶口、民佃、官灘、召廟、絕戶地、九千九百八十五頃六十一畝、應繳地價庫平銀二十二萬二千一百三十六兩有零、已繳地價銀二萬四千七百十二兩五錢九分八厘五毫、又浮收地價庫平銀三百八十兩二錢一分二厘三毫、八絲八忽、計未徵銀尚有一十九萬七千餘兩、此次接續清查、應由清理地畝總局、查照擔冊底簿、分別戶口、召廟、各項地畝、及民欠花戶、仍由右翼首佐清查起、傳齊花戶質詢、如無別項藉辭、即照章繳價換照、以省手續之煩、而免重丈之累、俟將前項十餘佐之地清釐就緒、以次推廣清丈、（前項繳價期限、由清理地畝總局臨時察看情形、規定呈核）

一、各佐地畝所定歲租、上地每畝每年二分二厘、上次地二分、中地一分八厘、中次地一分六厘、下地一分二厘、下下地一分卷

一、佐薩屬各佐地畝、向由蒙戶永租於民、僅得押租過約錢文、與歸化之典地不同、而租錢每畝自薩市錢三四十文至數百文千餘文

不等、共租錢每畝百文以上者、酌減二成、餘均一律照舊、租單照蒙約原收錢數填寫、共官灘牧廠另放之地、仍按定章辦理等情、經貽任批准照辦在案、此項歲租、如歸化各佐租戶典租出價、此次復繳價管業、每年所出歲租、應照前案減牧二成、薩屬地畝、民戶僅出過押租、與歸化典租不同、每年應徵歲租、共租錢每畝百文以上者、仍照前案減牧二成、餘均照蒙約原數填列以利民蒙

一、各佐地畝、前次清丈所定項畝等則、積欠地價、應遂續清理、催款換照、所有地價等則、仍按前定辦法區分八則、上則每畝一兩六錢、上中地每畝一兩二錢、上次地八錢、中上地六錢、中地四錢、中次地三錢、下地二錢、下下地一錢、以免紛更

一、各戶口名廟地畝加收地價、仍照前章提出二成、發給原主、以示體恤

一、各戶口名廟地畝清丈後、每年應收歲租、以八成爲蒙戶名廟養贍香火之資、以二成爲報效國家之用、其收租手續、由清理地畝總局察看情形、另行規定呈核

一、此項領地、無論從前有無領取各照、俟財政部照領發後、一律補給或換給、至領取歲租印照、由本都統刊發、飭由清理地畝總局轉給民蒙、以昭信守、其前次執照、及私立約據、一律繳銷

一、清理地畝總分各局、所需經費、應照墾務章程、由應徵地價內、實用實銷

一、本章不分漢蒙回族、官民一體遵守、如有假造契約、冒稱地主、或民人勾結蒙人、將租種之地、托爲蒙人自種、一經查出、立將該地充公、並將民蒙懲處

一、清丈各地畝、於民戶認領後、先行呈繳地價五成、下餘五成、分兩期呈交、以一年爲限

一、清理地畝、如有因界址懸礙發生訴訟、應由清理員隨時處理、其情節重大者、送請總局、轉送審判衙署核辦

一、清理地畝、應先期知會該管知事、幫同照料、並酌派警察若干名、爲傳喚地戶及遞送文件之需、應給津貼、由清理地畝總局

第一部 清理辦法並丈放章程

一五七

第一部 清理辦法並丈放章程

呈擬核定

一、本章程專屬規定土默特地辦法、共清八縣地畝及辦理土默特地畆各事項、由清理地畝總局體察情形、另訂詳章呈核

一、本章程自公布日施行

一、本章程如有未盡事宜、准由清理地畝總局酌量情形、詳請本都統修正、咨部查核

民國三年十二月二十九日奉令核准

清理土默特旗六成餘地辦法

一、土默特六成地畝、在薩縣境內西南、與達拉特及準噶爾旗、以黃河為界、因黃河南移、涸出地畆、以西南四成、劃歸達拉特旗、東北六成、歸土默特、名為六成地

一、該地面積為九百七十餘方里、合正地五千餘頃、前經管撫丈放過三千餘頃、倘應有餘地二千頃、照章清理

一、清理此項地畆、應以所領部照、及薩縣魚鱗冊為根據

一、地戶所呈部照、內載明坐落四至、及頃畆數目、應由原戶指領、如在丈與照載及魚鱗冊相符、准其照舊管業、倘有溢出之數、即屬餘地、歸公另放

一、丈放餘地等則、分列如左

　1　上上地　每頃徵收庫平銀六十兩
　2　上　地　每頃徵收庫平銀五十兩
　3　中　地　每頃徵收庫平銀四十兩

4 下　地　每頃徵收庫平銀三十兩

5 下下地　每頃徵收庫平銀二十兩

一、荒價劃分成數、除提三成經費外、餘作十成、以三成歸公、七成歸蒙

一、各地戶承領餘地、先繳荒價五成、共餘五成、限一年繳清、違則撤地另放、並扣罰三成經費

一、丈出餘地、先儘原戶備價認領、以一箇月為期、如逾限不領、即行另放

一、常年歲租、參照原放成案、規定如左

　上上地、上地　每頃每年徵收庫平銀一兩四錢

　中　地　每頃每年徵收庫平銀一兩二錢

　下　地、下下地　每頃每年徵收庫平銀一兩

一、歲租全數歸蒙

一、升科期限、均於放地之次年啓徵

一、每徵正銀庫平一兩、臨徵一五加色、市平銀一分五厘

民國七年一月二十八日奉令核準

丈放土默特旗各項官灘餘地辦法

第一部　清理辦法並丈放章程

一、查有官灘餘地、宜先儘原種地戶認領

一、曾經丈過之地、應將領地執照呈驗、以免重夜

第一部 清理辦法並丈放章程

一、如無原戶、共中並無糾葛者、先儘現種地戶承領、如現種地戶不願承領、或無現種地戶者、方准他戶儘先掛號者認領

一、自布告之日起、限至二十日內、原戶持出正式契約、來局認領、過期另放

一、應交地價、限一期交清

一、每頃收掛號費洋一元

一、查此項地畝、應需薪旅等費、擬仍照從前呈准、由徵啟地價項下提支一成、以資進行

一、應徵地價等則、分別如左

1、上地　每頃徵收洋一百六十元
2、上中地　每頃徵收洋一百二十元
3、上次地　每頃徵收洋八十元
4、中上地　每頃徵收洋六十元
5、中地　每頃徵收洋四十元
6、中次地　每頃徵收洋三十元
7、下地　每頃徵收洋二十元
8、下下地　每頃徵收洋十元

一、每年應徵官租等則、分別如左

1、上地、上中地、上次地三則、每頃徵收官租洋三元
2、中上地、中地、中次地三則、每頃徵收官租洋二元

3、下地、下下地二則、每頃徵收官租洋一元

一、於丈放給領之次年、一律啓徵

民國十二年九月二十八日奉令核准

丈放丹府報墾氈匠營子等村地畝辦法

一、丹府氈匠營子地、在托克托縣東北五十餘里、東界土默特旗戶口地、並歸化城召廟地、西界托縣大糧地、並驛站地、南界土默特旗戶口地、並歸化城召廟地、北界歸化城召廟地、南北長約十一二里、東西寬約八九里至三四里不等、以面積計之、約有地五六百頃、地勢不平、大半沙鹼、其中耕種之地、不過二百餘頃、約可收押荒庫平銀四千兩

一、丈放此項地畝、應徵押荒等則、分別如左

1 上地 每頃徵庫平銀四十兩

2 中地 每頃徵庫平銀三十兩

3 下地 每頃徵庫平銀二十兩

4 下下地 每頃徵庫平銀十兩

一、所收押荒、先提三成經費、下餘以一半歸公、一半歸丹府

一、丈放時先交押荒六成、下餘四成、每三箇月交二成、兩期交清

一、此項地畝、每年應徵官歲租等則、規定如左

1 上地 每頃徵官租洋三元、歲租洋二元

第一部 清理辦法並丈放章程

2 中　地　每頃徵官租洋二元、歲租洋一元五角

3 下地、下下地　每頃徵官租洋一元、歲租洋一元

一、官租全數歸公、歲租全數歸丹府

一、升科期限、以領地之次年啟徵

一、該地押荒、每徵正銀庫平一兩、隨徵一五加色、市平銀一分五厘

民國七年九月七日奉令核準

丈放安續報墾牌樓板地畝辦法

一、安續報墾地畝面積、東西長約五六里、南北寬約二三里不等、除不堪耕種外、約放地五十頃之譜、每頃平均以二十五元計算、約收地價洋一千元

一、地價擬分三等、訂列於下

上地　每頃應徵洋四十元

中地　每頃應徵洋二十五元

下地　每頃應徵洋十元

一、該地應收地價、援照報墾成案、照章除提三成經費外、餘以一半歸公、一半歸報墾人安續具領

一、該地坐落在歸綏縣南六十里、村名牌樓板、因地無多、直接由總局派員丈放、以簡廳費

一、丈放此項地畝、按以一箇月竣事、一箇月實支經費洋一百四十五元、所餘之款、計洋五十五元、如數歸公、以昭核實

一、各地戶領地時、先交地價五成、共餘五成、擬限四個月一律繳清

一、地戶交納地價時、應每百元隨交建築費十五元、實業費五元

一、地戶於丈地後、交納地價五成、掣取收款執照、俟地價全數繳清、再行換給部照

一、官歲租則、援照普行局規定成案、稍事變通、擬訂如左

上地 每頭官租五角、歲租一元
中地 每頭官租三角、歲租八角
下地 每頭官租二角、歲租五角

一、該地啓徵官歲租期限、擬以丈地之次年啓徵

一、官租全數歸公、歲租全數歸報墾人安穩自行徵收

一、丈放此項地畝、凡有原戶願領者、先赴辦公處掛號、聽候挨次丈放、按期交款、如逾期交不足額者、照章撤地另放、並將交過地價、扣留三成充公、以示限制

一、地戶承領此項地畝、每頭須先繳掛號費洋一元

民國十四年八月十五日奉令核准

丈放慶緣寺報墾十二犋牛營子等村地畝辦法

一、該寺呈報十二犋牛營子等四十二村膳名熟地、距薩縣南約九十里、距綏遠西南約二百四五十里、距托城北約八十里、又報墾太歲營子、滿水井荒地約七八十里、界於黑河爾岸之間

第一部 清理辦法並丈放章程

一、該地原界東西二十里、南北二十里、原報約有千數百頃、現在因河身及糧地蘇木佔據、原界已不可考、東段之地約有七八百頃、西段之地約有四百餘頃、約計可收庫平銀一萬五千兩

一、該地應徵押荒等則、分別如左

1 上次地 每頃庫平銀八十兩
2 中上地 每頃庫平銀六十兩
3 中地 每頃庫平銀四十兩
4 下地 每頃庫平銀二十兩

一、押荒劃分成數、以一半歸公、一半歸名

一、該地每年應徵官歲租等則、分別如左

1 上次地 每頃徵官租洋三元、歲租洋二元
2 中上地、中地 每頃徵官租洋二元、歲租洋一元五角
3 下地 每頃徵官租洋一元、歲租洋一元

一、官租全地歸公、歲租全數歸名

一、升科期限、以領地之次年啓徵

一、每徵正銀庫平一兩、隨徵一五加色、市平銀一分五厘

民國七年九月十六日奉令核准

丈放慶緣寺報墾郭縣營子地畝辦法

一、慶緣寺報墾郭縣營子十二村地畝、東與和林縣界毗連、西與托縣大糧地毗連、南與丹府地界毗連、北與慶緣寺草廠毗連、面積約計二百頃、內除蒙民戶口地四五十頃、又沙石、城灘、溝壑、道路、不堪耕種地約五六十頃外、約可放地八九十頃

一、丈放此項地畝、擬定押荒等則、分別如左

上次地　每頃徵收庫平銀八十兩

中上地　每頃徵收庫平銀六十兩

中地　　每頃徵收庫平銀四十兩

下地　　每頃徵收庫平銀二十兩

下下地　每頃徵收庫平銀十兩

一、所徵押荒銀兩、以一半歸公、一半歸寺

一、此項地畝、每頃每年應徵官歲租等則、規定如左

上次地、每頃應徵官租洋三元、歲租洋二元

中上地、中地　每頃應徵官租洋二元、歲租洋一元五角

下地、下下地　每頃應徵官租洋一元、歲租洋一元

一、所徵官租全數歸公、歲租全數歸蒙

一、升科期限、應於清丈後遞推至第三年啓徵

一、每徵押荒庫平銀一兩、隨徵一五加色、市平銀一分五厘

民國八年七月二十日奉令核准

清查歸武和薩托清六縣官糧地畝辦法

一、清查此項地畝、定名曰清查歸武和薩托清六縣地畝局

一、清查歸綏縣十五溝、清水二汛、暨土默特廠地和、武川縣大青山後空閒廠地、四旗空閒廠地、和縣營產地、白旗糧地、大糧地、薩縣廠地、托縣馬廠地、清縣大糧地、綜計地畝一萬餘頃

一、清查地畝地價等則、分為四等、擬定如左

上等地　每頃徵收地價洋四十元
中等地　每頃徵收地價洋三十元
下等地　每頃徵收地價洋二十元
下下等地　每頃徵收地價洋十元

一、徵收地價除提三成經費外、儘數歸公

一、各縣原徵米折地租畝捐、仍按照舊章辦理、報解財政廳、以符定例

一、刊發漢蒙合璧文鈐記一顆、名曰清查歸武和薩托清六縣地畝局之鈐記、以資信守

一、局用經費、以地價收入全額十分之二為限、分兩年編造預算書、另案呈請追加

一、清查地畝、連同收款造冊、定兩年期內辦竣

二、清查地畝、民戶持有官照糧單者、丈量後、照章令共繳納地價、為永遠管業、其私墾取巧偷種者、按照所定地價等則、酌加十分之二徵收、以示區別

一、地價限以清查後一年內分期繳清、逾期不繳、暨繳價未清者、分別議罰、或將地撤回、招戶另放

一、前項辦法、以呈奉核准日實行之

民國九年七月四日奉令核准

丈放商人馮紹孔報墾購到蒙地辦法

一、商人馮紹孔報墾購到土默特鎮國公色一峯乃莫溝荒地一段、東至邊牆、西至哈拉兎大路百吉地為界、南至乃莫溝南山分水北至乃莫溝北山圪兖胡同南山分水、東西計長十七里、南北計寬七里、約能開墾地四百八十餘頃、約可收押荒八千餘元

一、徵收押荒、擬分五等如左

上上地　每頃應徵押荒洋五十元

上地　每頃應徵押荒洋四十元

中地　每頃應徵押荒洋三十元

下地　每頃應徵押荒洋二十元

下下地　每頃應徵押荒洋十元

一、押荒提成數目、即撥照商人萬億號通泰等舊章、除提三成經費外、所有七成、一半歸公、一半歸商

一、員額經費、限十分之三、以符定例

第一部　清理辦法並丈放章程

第一部 清理辦法暨丈章程

一、押荒除報地商人應領外、公家應徵之款、以一年為限、分三期交款、丈放後、先交四成、共餘六成、以六箇月為一期、分兩期交清、以示體恤

一、丈地後、先行發給執照

一、丈放此項地畝、不另設局、即由總局派員積極辦理、限三箇月內丈放完竣、以節經費

一、此項地畝、係由該地戶自行報領、所有掛號費、應照歷來辦法、免予徵收

一、員額所需軍馬各費、以丈地進冊告竣之日截止、嗣後價款等事、屆時察酌情形、即由就近之地畝分局辦理

一、本辦法自呈准之日實行

（一）每年應徵歲租、既經商人馮紹孔與土默特鎮國公自行商訂、職局即不另行規定）

民國十一年一月六日奉令核准

丈放土默特公報墾地畝辦法

一、土默特公報墾地畝面積、東西約長二十里許、南北寬約十里至五六里不等、除山河、道路、沙石、城灘、不堪耕種外、約放淨地一千頃之譜、每頃平均以三十元計算、約收押荒洋三萬餘元

一、押荒擬分四等、訂列於下

上地　每頃押荒洋四十五元

中上地　每頃押荒洋三十五元

中地　每頃押荒洋二十五元

下　地　每頃押荒洋十五元

一、應收押荒、按照各旗報墾成案、照章除提三成經費外、餘以一半歸公、一半歸土默特鎭國公

一、所報之地、遠處後山、宜在察汗鄂彔村、設一行局、名曰勘放土默特鎭國公報墾戶口地畝行局、直接總局管轄、督飭進行、以收速效

一、總局刊發木質鈐記一顆、名曰勘放土默特鎭國公報墾戶口地畝行局鈐記、以責遵守

一、行局經費、以墾款收入全額十分之二爲限、以一年半完全竣事

一、各地戶領地時、先交押荒六成、共餘四成、分爲兩期、以四箇月爲一期、統限一年內繳清

一、地戶於丈放地後、先赴行局交納押荒五成、塹收款執照、一俟押荒全數繳清、再行換給部照

一、官歲租則按照普行局規定成案、稍事變通、擬訂如左

上　地　每頃徵官租洋一元二角

中上地　每頃徵官租洋一元

中　地　每頃徵官租洋八角、歲租洋一元

下　地　每頃徵官租洋六角、歲租洋八角

一、官租全數歸公、歲租全數歸土默特鎭國公

一、歲租按照東公各旗報墾成案、割歸土默特鎭國公、自行收收、以歸一致

一、升科年限、以丈放後之第二年啓徵(例如民國十四年丈放、應於十六年啓徵)

一、丈放此項地畝、凡有原戶願領者、先赴行局掛號、每頃付掛號費洋一元、聽候挨次丈放、按期交款、如逾期交不足額者、照

第一部 清理辦法並北放蒙地

清理沙拉穆楞等處膽召地畝辦法

民國十四年二月十七日奉令核准

一、前項辦法、以呈奉核准日實行之

一、清理席力圖名召所報沙拉穆楞緊寶莊等處膽召地畝、綜計三千餘頃、約收地價洋六萬七千餘元

一、設局清理此項地畝、定名曰清理沙拉穆楞等處膽召地畝分局

一、清理此項地畝、地價等則、分為四等、擬訂如左

1 上等地 每頭徵收地價洋四十元
2 中等地 每頭徵收地價洋三十元
3 下等地 每頭徵收地價洋二十元
4 下下等地 每頭徵牧地價洋十五元

一、徵收地價、除提三成經費外、參照各旗報墾劃分辦法、以一半歸公、一半歸召

一、刊發漢蒙合璧鈐記一顆、文曰清理沙拉穆楞等處膽召地畝分局鈐記、以資信守

一、局用經費、以地價收入、按照向章以全額十分之二為限、分一年編造預算書、另案呈請追加

一、清理地畝、連同牧款造冊、定以一年期內辦竣

一、清墾地畝、先償原戶認領、如原戶情願具結退地、再行放給新戶、以示限制

章撥地另放、並將交通押荒扣留三成充公、以示限制

一、應交地價、限以清理秋牧後、先交四成、下餘六成、以一年半為限、分兩期交清、以示體恤、如逾限不交、暨交價未清者、分別處罰、或將地撤囘、招戶另放、

一、地戶交清地價後、頒發部照、以資管業、

一、席力圖名原有蒙租、仍歸該召自收、所有歷年民欠、由分局代為清查收撥、以維香火而資養贍、

一、前項辦法、以呈奉核准之日實行

民國十二年一月八日奉令核准

查本辦法、關於民國十二年三月間、因該地各社大戶甲會藍順自玉等請求、核減等則價目、茲經墾務總局呈明墾務督辦、另定等則、核減收入、全額為五萬五千元、其等則上地改為每頃徵收地價洋三十五元、中地二十五元、下地一十五元、下下地取銷、期限以一年半竣事、其他各條與本辦法大致相同、於民國十三年六月間、經財政部核准有案（此案粘存於福字第三號第四卷內）特此簽注

丈放席勒圖召報墾烏拉圖河附近荒地辦法

一、席勒圖召報墾地、坐落後山烏拉圖河附近地方、南界中格舍鄂博、西南界查汗河、西界黃牛八子梁、西北吉慶鄂博、北界包拉哈圖、東北界桃色圖鄂博、東界草地包爾版甲、東南界卡銀步浪後身之查汗鄂博、四面寬長各十五里、除山河道途不堪耕種之地外、計可放淨地三千頃

一、此項地係該召黑徒養贍地畝、擬請全數領回、似可毋庸另設專局、以節糜費

一、該地純係草灘、土質不佳、每頃押荒、均以十元計算、應收洋三萬元

第一部 清理办法并丈放章程

一、此项地由总局派员丈放，限期一月竣事

一、此项地押荒、除照章提三成经费外、余以一半归公、一半归召

一、所提三成经费、除实支五百五十四元外、其未支之款、仍数归公

一、此项地系原报领、所有官岁各租、应请一律豁免、以免牵扯

一、此项办法、自承奉核准日施行之

民国十四年五月六日奉令核准

丈放普会寺报垦查巴鄂博膳召地办法

一、普会寺报垦查巴鄂博等处膳召地亩、东西宽约十余里、南北长约二十余里、除山河、道路、沙石、城滩、不堪耕种外、约地九百八十余顷、可收荒价洋三百余元

一、押荒拟分六等、订列于下

上地　　每顷大洋六十元

上中地　　每顷大洋五十元

中地　　每顷大洋四十元

中次地　　每顷大洋三十元

下地　　每顷大洋二十元

下下地　　每顷大洋十五元

一、该地应收押荒、拨照沙拉木棱召报垦成案、照章除三成经费外、下余七成、以一半归公、一半归召

一、该地远处后山、拟在查巴鄂博等处适中地点、设立行局一处、名曰勘放普会寺查巴鄂博等处地亩行局、暂归清理沙拉木棱等处膳召地亩分局、就近管辖、督饬进行、以收速效

一、發給鈐記一顆、名曰勘放普會寺噶巴鄂博等處地畝行局之鈐記

一、行局經費、以繫款收入全額十分之二爲限、以一年半編造預算、另文呈請追加

一、放地收款、以一年半爲竣事之期

一、地戶領地時、先交押荒六成、其餘四成、分爲二期、統限一年半繳淸

一、地戶於丈放後、前赴行局交納押荒六成、墾取荒證、一俟押荒全數繳淸、再行換給部照

一、官歲租擬分三等、訂列如左

上地、上上地 每頃官租一元五角

上地、上中地 每頃官租一元、歲租一元五角

中地、中次地 每頃官租六角、歲租一元二角

下地、下下地 每頃官租四角、歲租八角

一、該地啓徵官歲租期限、擬以丈地之第四年啓徵

一、歲租全數歸召、官租全數歸公

一、丈放此項地畝、凡有願領者、先期赴行局掛號、聽候挨次丈放、按期交款、如逾期不交足押荒、撤地另放、並將所交押荒三成充公、以示限制

一、地戶承領此項地畝、每頃須先交掛號費洋一元

一、前項辦法、以呈奉核准日施行之

民國十三年五月九日奉令核准

殺虎口驛傳道衙門屬

丈放殺虎口驛站河東西十二台地畝辦法

一、驛站地在土默特旗境內者、爲八十家子、新店子、和林格爾、薩祿慶、歸化杜爾格等處六台、四至長寬里數不等、在河西鄂爾多斯各旗境內者、爲東素海、吉克素泰、巴彥布拉克、阿魯烏爾圖、巴爾素海、察汗札達亥等處六台、河西各站四至、東西四十七里、南北四十里、台在中心

一、此項地畝在歸化和林等處者、擬照察哈爾右翼草程辦理、在伊克昭盟鄂爾多斯六旗境內者、查其附近何旗即照該旗現行章程辦理

一、河東土默特境內六台、不論上中下地、每畝徵押荒庫平銀三錢

一、河西鄂爾多斯部內、頭二台上地每畝徵押荒庫平銀六錢、中地四錢、中下地三錢

一、河西鄂爾多斯部內、三四五台、上地每畝徵押荒庫平銀三錢、中地二錢、中下地下地二錢

一、各地除徵押荒外、另加押荒地價、其數目多寡不等、以地之腴瘠、臨時酌定、每畝由二三錢、至一兩餘、或數兩不等

一、河東鄂爾多斯房基地、祇徵地價、自每畝數兩起、至一百四十兩不等

一、河東歸化和林兩站房基地、不徵押荒、祇徵地價、並免升科、但於放領收價後、發給將軍印照

一、河西各台草灘地、不徵押荒地價、亦不填發部照、在河西者、並免升科

一、此項押荒、在河東者、提三成之一作墾局經費

一、押荒除提墾務經費外、餘以一半歸之公家、以一半歸之驛站、作爲管站司員公費、及驛站應差之需

光緒三十二年十二月十九日奏辦

第一部 清理辦法並丈放章程

酌擬殺虎口等處已放站地改辦官租善後章程

一、查河東土默特境內六台、河西鄂爾多斯境內六台、共十二台、除河西第六台之地、未經丈放外、餘均由民人領墾、至站兵宜如何贍養、尚未明定章程、自應妥籌善後、以示體恤、然墾民既已認墾於前、自宜安業於後、案查站地未經丈放以前、站兵原非自種、亦係招人領墾、常年賠收私租、坐食其利、今爲利兵利民起見、化私爲公、仍與民人、改爲官租、不收荒價、按年租金、仍充台用、如此兵民兩無虧損、庶可相安、以爲善後辦法

一、現既改辦官租、從前已繳荒價各戶、准其按年攤抵租金、惟攤抵成數、宜示公平、以免兵民彼此爭執、擬於該地應收租銀項下、分年按五成扣抵、俟抵清後、再按全數徵收、以昭平允、各墾戶應交租銀、不准稍有拖欠、此項地畝、並不准轉賣他人、如該墾戶等遇有事故、務即報明該管地方官、轉稟將軍衙門、換給租照、照章納利、不得私相授受、隱匿不報、如敢故違、定行查明究辦

一、站地租金、擬分上中下三等、上地每頃租銀三兩、中地二兩五錢、下地二兩、荒地一兩五錢、園子水地六兩、查河東六台、共放過民人上地十二頃三十餘畝、中地三十四頃二十餘畝、下地八百八十四頃餘畝、荒地四百七十七頃九十餘畝、園子水地二頃四十餘畝、河西六台、除第六台之地、未經丈放外、共放過民人上地二百二十四頃五十餘畝、中地四百九十八頃六十餘畝、中下地即下地六千二百五十九頃九十餘畝、照前定租價、約計河東可歲收銀二千五百兩、河西可歲收銀一萬兩除提管站司員衙門公費三百兩、及各廳徵收經費一成外、共餘以之贍養站兵、惟初辦之時、倘須攤除舊收荒價、必無此數、俟試辦一年後、究得實數若干、再行咨報立案

一、此項租銀、按境割歸該管各廳官徵收、按期徵齊、由各站向官領取、即於歲收租銀項下、待兩內酌提一錢、以爲各廳徵收經

费、馀俱尽徵尽解、不得短欠、并严定各廳徵收考成、使知遵守、倘遇荒歉之時、碍難徵收如數、應由該管各廳詳報將軍衙門、轉飭各該台站、派員會廳公同勘驗、實在被災幾成、准綏至下年帶徵、以昭覈實、而杜弊端

一、私租舊戶、當經丈放時、多因徵收荒價、不顧認領、由官另招新戶、放給承領、舊戶見有利可圖、難免不出頭爭領、現酌定辦法、除新戶已繳荒價、概不准舊戶爭執、以杜取巧、而免輾轉外、其餘未交荒價、及繳而未清新戶之地、准由委員酌核成數、丈撥給與新舊戶分租、用示體恤、免共滋生事端、惟一經領照後、毋論何人、俱不得藉端滋擾邊者究治

一、頒發新照、按照花戶姓名頃畝數目、及上中下地則、已交荒價銀若干、每年應繳租銀若干、派員分赴各台、一一填註、永遠遵守、其前墾局所發荒條、及間有發過部照者、一併收回、免致分岐不一

一、查台站各地、先經放墾、繼徵查辦、其前四年未收租項、斷難照收、業據該管站司員稟詳轉據各站兵等公同寰覆、情願不取、實屬深明大義、應即照准、現在前經開辦、時已歲莩、所有歲租、准自明年起徵、以前概從寬免

一、以上各條辦法、係仍以台站之款、供台站之用、業經出示曉諭在案、但恐該站兵等、狃於前此議給津貼、虚言不肯見信、現每站先賞銀五十兩、除河西第六台之地、並未丈放、未經賞給外、計十一台、共賞過銀五百五十兩、藉資感勸、此係專為站地墾章、他處不得援以為例

一、站兵養贍既足、所有驛站、亟應臨時整頓、應如何添購馬匹、挑選站兵、擬令管站司員、妥為核議、並傳遞公文之法、能否仍照郵政局辦理、改良一切、以期款無虚糜、事無偏廢

一、查何東西各站路綫、直延至陝甘邊境、現在張綏浦同鐵路、業經開辦、歸太電綫、亦經安設、郵政日見擴充、口內站務較簡、當此拓邊增廳之際、似宜將殺虎口管站司員衙門、移駐歸化以外、就便管理口外站務、將來所以聯陝甘暨各省之交通、速三省

第一部 清理办法并丈放章程

清理杀虎口等处台站地亩办法

甲 关于清理事项

一、查贴前将军奏请开放台站地，原寓移民实边、维持台家之意。嗣以办理未尽适宜，以致经营全台计画，因案停顿。信前将军到任后，规定改荒为租办法，乃结束一时权宜之计，本非根本解决。民蒙交受其困，兹为发展台务、整顿垦政起见，亟应继续清理。

一、清理台站地亩，不设专局，拟附设总局内办理，名曰清理杀虎口等处台站地亩处、选派委员，以专责成，而收速效。

一、清理台站地亩，河东河西拟设行局二所，河东者名曰清理台站地第一行局，初设于托城，一名曰清理台站地第二行局，初设于萨县所属包头镇，依次择适中地点清理，双方进行，期收速效，地亩处暨两行局，业于十月一日设立，着手办理。

一、第一第二两行局均领发钤记，以昭信守。

一、台站地亩处人员，承总办办理台站一切事宜。

之文报者，端赖于此，拟统俟官租办竣后，体察情形，奏明办理。

宣统二年十一月二十一日扎发施行，是年十二月二十日奏准。

查于宣统三年三月间，据办理杀虎口等处站地善后公所委员胡懋钱禀请，前牧过河西各台站草滩地价分别，有无抵，并拟丈留草滩地，以作站兵牧马之场等情，当经绥远城将军督办垦务塑岫批示，查民户前领此项草滩地，交过地价，仅一百三十五两四分，应即由收存站地荒价项下动支如数发还以昭平允，仰即查明各户，转饬请领有案。

（此案粘存于办理杀虎口等处站地善后公所卷宗站字第八号卷内）特此签注

一七八

第一部 清理辦法並丈放章程

一、役虎口台站管理處處長、請委以台站地畝處會辦員名義、酌給薪水、以資襄助

一、每台站堂蓋或昆都擬委以隨同協辦蒙員、酌給津貼、以便清理時、查丈地畝、不至有所遺漏

一、清理台站地畝、若按從前原定押荒地價兩項併徵、似嫌太重、自應酌予減輕、以示體恤、擬豁免地價、只收押荒、一律改做洋碼、其押荒等則、視地之肥瘠寫別、如地質實係磽瘠、應由職局臨時詳查、呈請督辦核減、以恤民艱

一、清理台站地畝、係繼續前案辦理、所有豁免地價、只收押荒、應先公布週知以袪懷會

一、台站地、除河西第六台未丈放外、計已丈過十一台、共地八千三百九十四頃三十一畝五分三厘八毫、共應徵押荒銀十四萬八千七百九十兩八錢一厘四毫、已收過銀四萬九百六十兩三分七厘五絲、淨欠交押荒銀十萬七千八百三十兩七錢六分四厘五絲、此次清理、仍按原數變通酌定押荒價目、改徵洋碼、至前收之款、仍舊有效、歸入押荒款內核算

一、從前收過歸化站各戶地價銀四千四百一十五兩七錢八分四厘、均為有效、一供歸入押荒款內核算、以昭平允

一、台站地畝、押荒等則規定如左

河東各台

園子上水地　　每頃徵收押荒洋三百元

園子中水地　　每頃徵收押荒洋二百四十元

園子下水地　　每頃徵收押荒洋二百一十元

上地　　每頃徵收押荒洋一百元

中地　　每頃徵收押荒洋六十元

下地　　每頃徵收押荒洋四十五元

第一部、清理办法并丈放章程

荒地每顷征收押荒洋三十元

河西第一第二台

上地　每顷征收押荒洋一百三十元
中地　每顷征收押荒洋八十元
中下地　每顷征收押荒洋四十五元
下地　每顷征收押荒洋三十元

河西第三第四第五三台

上地　每顷征收押荒洋五十元
中地　每顷征收押荒洋三十元
下地　每顷征收押荒洋十五元

以上约合收洋二十二万六千元

河西察罕札达垓台即河西第六台

查河西第六台、原未丈放、前经派员调查报告、垦种之地、约数百顷、惟土质硗瘠、沙石居多、兹从轻酌定押荒、俾易招放

中地　每顷征收押荒洋十五元
下地　每顷征收押荒洋十元

以上约合收洋七千元

一、河东归化、和林两站旗基地、计六顷八十八亩七分八厘一毫五丝、每顷地价自数两至一百四十两不等、共应征银四千五百七

兩五錢六分四厘八毫、已收過地價銀一千三百八十四兩八錢六分一厘、尚欠銀三千一百二十二兩七錢三厘八毫、以六七三五九三七五折合洋四千六百三十五元八角八分六厘、此次淸理、一律按照洋元折扣計算、仍收地價、不徵押荒、並發給郡統印照准免升科、亦不另定等則、所有地譜權、仍歸各該站丁自行收取、如有房主窘困、不能呈繳地價者、應由本局查察情形、呈請核減、以示體恤

一、河西草灘地三千三百二十八頃七十六畝八分、仍令該台悉數報墾、除撥給各台草地、其餘悉數淸丈、惟查此項草地、僅河西第一二台尙有可耕之地、下餘均係沙磧、不堪耕種、祗能牧畜、從前不分等則、僅收地價、不收押荒、此次淸理徵收押荒、免收地價、發給郡統印照、將來應由本局查察情形、酌收歲租、寬予起徵年限、呈請核定、以示體恤、其押荒等則列左

上則草灘地　每頃徵收押荒洋一十五元
中則草灘地　每頃徵收押荒洋一十元
下則草灘地　每頃徵收押荒洋三元
下下則草灘地　每頃徵收押荒洋一元一角六厘

以上約共合收洋一萬元

統計河東西各台站、應收押荒房基地價、草灘押荒共合約收洋二十四萬七千六百三十五元八角八分六厘、內除前已收過荒價銀四萬五千三百七十五兩八錢二分一厘三毫五絲、折合洋六萬七千三百六十三元七角八分外、淨應約收洋一十八萬二百七十二元一角六厘

一、淸理入手、以各地戶持有前將軍印發租照寫憑、按照照內地畝數目淸丈、如丈有溢出原數、仍須照章補繳押荒如有不願補繳者則將餘地歸公另放、共押荒已繳淸者、可將原領印照呈繳本局註銷、即行發給部照、以便管業

第一部 清理辦法非丈放章程

一、歲租應徵等則、依照從前原案之規定、仍由台站管理處派員照舊自行徵收、以免紛更

一、台站地畝應收官租、一俟清理告竣後、再行查看情形、另案呈請核奪辦理

一、清理台站地畝、連同造冊收款、以一年半為限

一、清理經費、擬以現計收入全額十分之三為限、按一年半編造預算、另案呈請追加

一、清理時先儘原戶承領、如有不願認領之戶、得由地鄰報領、最後方准他戶認墾

乙 關於籌畫台丁生計辦法

一、河東六台、河西十二三四五六、自此次清理後、所有丈放各台地歲租、全數歸台、為台兵養贍、按年由各台章京等仍照舊章直接徵收、共章京昆都台兵等、如何分配、由台站管理處、照舊辦理

二、河西第六台、章京昆都台兵等依管理處此次呈准之規定、撥給台丁每戶墾地八頃、章京辦公地一百頃、公共草廠地六十九頃七十畝、此外可墾之地、歸公丈放、所有歲租、全數歸台、仍照前條辦理

三、凡墾地內召廟香火地、未經丈放者、應酌予割留、惟不得適用台丁撥地辦法、將來如有私墾者、仍歸公家丈放

四、凡墾地外不堪耕種之地、全數撥給台丁及召徒人等為各台公共牧廠、共餘七成、以三成五歸公、以三成五歸台、下餘五厘、仍撥歸台、以抵補

五、全台丈放之地、收入押荒除提三成為墾局經費外、共餘七成、以三成五歸公、以三成五歸台、下餘五厘、仍撥歸台、以抵補

歷年各台、以和抵荒、五成歲租、用示優待台豪之意、如何分配、由台站管理處酌核辦理

民國九年十一月五日奉令核准